Bernd Küster (Hrsg.)

Die Weser

1800–2000

Donat Verlag

Die Deutsche Bibliothek – CIP-Einheitsaufnahme

Die Weser 1800-2000 / Bernd Küster (Hrsg.). – Bremen : Donat, 1999
ISBN 3-931737-99-3

Begleitbuch zur Ausstellung „Die Weser 1800-2000" in der Kunsthalle und dem Küstenmuseum Wilhelmshaven, dem Stadtmuseum Holzminden, dem Museum Nordenham und dem Mindener Museum sowie in dem Rathaus der Stadt Nienburg und in der Stiftung Fritz und Hermine Overbeck, Bremen

Umschlag-Fotografie: Rüdiger Lubricht, Porta Westfalica, 1999.
Ausschnitte: Hans Meyboden, Blick auf Bremen. Josef Apportin,
An der Weser, 1972. Rudolf Koch, Weserlandschaft, um 1930.
Rudolf Jahns, Weserlandschaft, 1928. Ronald Franke, Weserbergland, 1998.

Lektorat: Helmut Donat, Bremen
Umschlaggestaltung und Layout-Entwurf: Designbüro Möhlenkamp, Bremen
Layout und Lithos: Toni Horndasch, Bremen
Druck: ASCO-Druck GmbH & Co. KG, Bremen

Inhalt

Vorwort

Kann von einer eigenen Kultur des Weserraumes die Rede sein? Wenn es sie gibt, dann ist sie sicher nicht das Erzeugnis der beiden zurückliegenden Jahrhunderte. Was berechtigen kann, den Blick auf das Thema vom Beginn des 19. bis zum Ende des 20. Jahrhunderts zu begrenzen, das ist die mit dem Ausgang des 18. Jahrhunderts anbrechende Epoche radikalen Wandels, die die Folie unseres Versuchs bildet, den Weserraum als Teil in einem kulturgeschichtlichen Prozeß zu begreifen.

Die Weser war Ort und Thema der Kultur, auch in neuerer Zeit. In ihrem dezentralen Landschaftsraum aber wurden Veränderungen und Bewegungen der Kulturgeschichte verhalten reflektiert, kaum hervorgebracht. Der Nachklang blieb entsprechend unspektakulär, so daß ein Eindruck von Gleichmaß und Kontinuität überwog. Doch wie im historischen, so ist auch im kulturellen Leben längs der Weser zwischen 1800 und der Gegenwart eine Wandlung zu beobachten, die gravierender war als alle Wandlungen in der Geschichte des Menschen zuvor.

Als natürliche Grenze hat die Weser immer auch einen politischen Stellenwert eingenommen. Sie trennte Königreiche, Kleinstaaten und Besatzungszonen, ihr zur Seite verliefen militärische Bewegungen, bis zur Mitte dieses Jahrhunderts wurde sie umkämpft. Sie ist ein stilles Opfer der Geschichte, und aus ihrem Schatten konnten, so schien es, kaum eigene kulturelle Leistungen hervortreten. Dabei genügt ein Blick in die Vergangenheit, um das zu widerlegen. Im 17. Jahrhundert war aus einem Kreis von Adelsgeschlechtern längs der oberen Weser eine durchaus originäre Kultur hervorgetreten, deren baugeschichtliche Zeugnisse noch heute höchste Beachtung finden. Doch blieb auch in der Ausprägung eines Phänomens wie der Weserrenaissance ein Zitieren auffällig, das Aufnehmen und Zueigenmachen fremder, in diesem Fall aus Italien importierter Ideen. Es nährte lange die Behauptung, in dieser Landschaft sei „kaum der Boden für Außerordentliches gegeben. So entwächst diesem Land für die Künstlergeschichte kein einmaliges Genie, kein als Persönlichkeit packender Name von mehr als landschaftgebundener Bedeutung. Solche Vollbringer hochmögender Dinge kommen durchweg von auswärts zur Weser gezogen (ihre Aufzählung nähme kein Ende), obwohl eigentlich hierzulande ein hartnäckiger Widerstand gegen Fremdkulturen genährt wird.“[1]

Viel besser als das Beklagen fremder Einflüsse wäre die Frage nach dem Vorteil aus dieser Situation. Ist nicht innerhalb des Weserraumes im Lauf der Jahrhunderte ein Modell von kultureller Eigenheit erwachsen, das sich eben nicht selbst genügt, sondern die Fähigkeit zur Adaption entwickelt, also einbezieht und übersetzt anstatt auszugrenzen? Etwas Übertriebenes oder Schwelgendes, etwas wie barockes Pathos, das alles kommt innerhalb dieses so kargen und doch so reichen Kulturraumes nicht vor. Man könnte es mit einer unbegünstigten Naturlandschaft vergleichen, worin üppige Vegetation fehlt, wo auf hartem Boden jedoch eine Vielzahl seltener Blüten gedeiht, deren Schönheit nicht mit dem Spektakulären gleichzusetzen ist. So in der Kultur des Weserraumes: hier herrscht der Charakter einer moderaten, einer ernsten, selten heiteren Gelassenheit, der die Strenge der Landschaft spiegelt und wie diese den Übertritt vom Sinnlichen ins Meditative erlaubt.

Vielleicht hat es auch in diesen Breiten ein Zuviel an Unkultur gegeben, um das Sinnliche als gefällige Kompensation aller Dramen und Tragödien der Historie zu akzeptieren. Der Protestantismus richtete in seiner Rationalität die Mentalität in weiten Teilen aus, die katholisch beeinflußte Muse hatte dagegen keine allzu große Chance zu wirken und zu bestehen. „Frisia non cantat!“ – In Friesland singt man nicht.

In Friedrich Schillers „Xenien“ (1796/97) geben Weser und Elbe eben folgendes von sich:

> *„Von der Sonne fliehen wir weg,*
> *die Grazien scheuen unsere Ufer,*
> *von Thors krächzenden Stimmen geschreckt.“*

Etwa 450 Kilometer mißt der Lauf der Weser, auf welchem man, wie Matthäus Merian 1646 in seiner „Topographia Hassiae“ schreibt, „uff Höxter, Hameln, Minden, Nienburg, Bremen und so fort nach der Hohen See oder dem Meer fahren kan.“

Die Weser ist Grenzfluß gewesen, aber kein Schicksalsstrom geworden. Sie teilte keine modernen Staatsgebilde. Sie war ein wichtiger Verbindungs- und Handelsweg, doch war sie als solcher vor allem in ihrem Unterlauf bedeutend, letztlich bestärkt durch Bremerhaven als einen der größten Auswandererhäfen Europas. Solcher Weltöffnung im unteren steht ein vergleichsweise liebliches Bild im oberen Lauf gegenüber, wo der Wasserweg heute weniger an Industrien als an Freizeitwelten vorbeiführt. Zwischen beiden Hemisphären der Weser gab und gibt es scheinbar keinen stimmigen Zusammenklang, kein einheitliches Bild, wie es an anderen Flüssen leichter zu finden ist.

Weserspiegelung, 1997

„Die Weser ist anders. Die Gegensätze im Bild ihrer Landschaft sind größer, der Wechsel jedesmal hart und unvermittelt. Die Geologie des Flußtales ist so kompliziert wie kaum irgendwo sonst. Die Geschichte des Weserlandes ist voll Tragik, voller verdorbener Möglichkeiten, voller Unrecht in der langen Auseinandersetzung zwischen dem Menschen und seinem Fluß. Kein schiffbarer Fluß in Deutschland ist so lange so schlecht behandelt worden wie die Weser; keiner ist so nachhaltig das Opfer politischer Irrtümer und staatspolitischer Zersplitterungen gewesen. Bei keinem ist es heute so notwendig wie bei ihr, endlich gutzumachen und nachzuholen."[2]

Dieses Buch wurde zusammengestellt, um eine Ausstellung zu begleiten, die die Weser im Spiegel der bildenden Kunst dieses Zeitrahmens zeigt, ausgehend von Dokumenten der Romantik bis hinein in die Malerei unserer Zeit, die nach Jahrzehnten der Abstinenz die Landschaft als Sujet wiederentdeckt hat. Das Ausstellungsbild kann mehr sein als ein Kaleidoskop der unterschiedlichen Regionen, die die Landschaft durchfließt. Bilder berichten vom Zustand der äußeren, aber immer auch in subjektiver Perspektive, also von der inneren Natur, die erlebt. In der Abfolge der Stile ist eine historische Entwicklung der Wahrnehmung enthalten, die von anderen als künstlerischen Gegebenheiten abhängt. Und so liegt es nahe, den Betrachtungsrahmen auszuweiten und mit ins Blickfeld hineinzunehmen, was die Kultur umfängt oder bedingt: die Erschließung der Landschaft durch den schiffbaren Strom, die geologischen Veränderungen seines Laufs und seiner Ufer, die Reflektionen der Weser in Mythen, Märchen und Literatur. Mehrstimmig wird von der Weser erzählt, vom Schicksal eines gerühmten und geschundenen Stromes, und noch vor wenigen Jahren schien es so, als erreiche er nicht mehr lebend das Ende des 20. Jahrhunderts. Auch das hat er überwunden und ist mit einem vielfach erhöhten Freizeitwert und damit neuer Lebensqualität wiederauferstanden.

Zwei Jahrhunderte Weser sind nur ausschnitthaft zu zeigen, in Exempeln aus Kulturgeschichte, Wissenschaft und Kunst. Das Erleben des Stromes nicht zu ersetzen, ihm aber Hintergrund und Tiefe zu geben, das ist der Auftrag dieser Publikation. Zu ihrem Erscheinen haben maßgeblich die Autoren, Fotografen und der Verleger beigetragen, denen an dieser Stelle sehr zu danken ist. Ermöglicht wurde das Projekt „Die Weser 1800-2000" durch großzügige Unterstützung der Kulturstiftung der Öffentlichen Versicherungen in Oldenburg.

Bernd Küster

Anmerkungen

1 Ernst Wolfgang Mick, Die Weser, München/Berlin 1962, S. 10

2 Karl Löbe, Das Weserbuch. Roman eines Flusses, Hameln 1968, S. 11

Herbert Schwarzwälder

Schiffsreisen auf der Weser von 1776 bis 1900

Bei der Auswertung der Beschreibungen von Schiffsreisen auf der Weser ist einiges zu bedenken. Der Personenkreis der Verfasser ist dadurch eingegrenzt, daß diese die Fähigkeit und das Bedürfnis besitzen mußten, ihre Erlebnisse zu Papier zu bringen. Bildung und Temperament spielten dabei eine entscheidende Rolle. Auch der Zweck der Reise war von Bedeutung. Es konnte sich um die Abfassung eines amtlichen Berichts, etwa eines Truppen-Journals, um den Bericht eines Boten oder um die Relation eines Diplomaten handeln. Mancher machte sich auch Aufzeichnungen, um sie zu einer gedruckten Darstellung zu verwenden, andere schrieben ihre Gedanken auf, weil es ihnen Spaß machte. Vielfach wurden nur kurze Notizen über den Reiseweg gemacht, ohne daß sie zu einem Erlebnisbericht erweitert wurden. Nicht jeder Reisebericht war also ein schwärmerisches Bild von den Schönheiten der Weser.

Reisen auf dem Fluß waren von den technischen Möglichkeiten abhängig, und diese bestimmten auch das Erlebnis: Flöße und Bockschiffe trieben flußabwärts; flußaufwärts mußte mit Pferde- oder Menschenkraft getreidelt werden; Segeln, Rudern und Staken gegen den Strom war schwierig. Unterhalb Bremens konnte die Flutwelle genutzt werden. Überall gab es auch Sände, Steinbarrieren, enge Brückendurchfahrten usw., die von allen Reisenden beobachtet und beschrieben wurden. Diese Überlegungen machen deutlich, daß keine der Reisebeschreibungen ein Gesamtbild zeichnet, sondern, daß alle Texte nur Ausschnitte bieten. Ob sie bei wissenschaftlicher Auswertung ergiebig sind, hängt von den Erwartungen ab, die man an sie stellt.

Soldatenwerbung in einer Kleinstadt. Viele deutsche Staaten, insbesondere Hessen, „vermieteten" Truppen. Kupferstich aus dem 18. Jahrhundert in Flemings Werk „Der vollkommene deutsche Soldat", 1726

Schiffstransporte hessischer Truppen 1776-84

Am Anfang sollen hier Aussagen von Kriegstagebüchern einiger hessischer Truppenteile stehen, die 1776-82 weserabwärts, 1783/84 aber weseraufwärts fuhren. Es handelte sich um Soldaten, die die Engländer im Kriege gegen die aufständischen Amerikaner einsetzten. Es liegen Abmachungen mit dem Schiffer Daniel Bauermeister aus Münden vom 14. Februar und 15. März 1776 über den Transport der hessischen Truppen und ihrer Bagage von Hannoversch Münden bis Vegesack vor.[1] Der Schiffer stellte für den Transport des Gepäcks zwei Böcke[2] und zwei Bullen[3]. Das Verstauen der Bagage übernahmen Bauermeister und seine Helfer; die Truppe stellte eine Wache als Begleitung.

Über den Transport erfahren wir folgendes: Auf einem großen Bock mit hinterem Aufbau konnten 200 Mann untergebracht werden; sie mußten auf Holzbänken sitzen. Zum Schutz vor schlechtem Wetter wurden die Böcke und Bullen mit Dielenbrettern abgedeckt. Abends gingen die Truppen an Land und schliefen in Massenquartieren, da an Bord keine Liegemöglichkeit vorhanden war. Für den Transport von Münden bis Vegesack waren 8-10 Tage vorgesehen. Bei 12 Stunden Fahrt am Tage hätte die Reisegeschwindigkeit 3 ½ Stundenkilometer betragen. Die

Kosten betrugen je Bock und Bulle einschließlich Zoll und Herrichtung für den Truppentransport 1 000 Reichstaler, was einem heutigen Kaufwert von etwa 100 000 DM entsprach. Dabei ist zu bedenken, daß auch die Kosten für die Rückfahrt der leeren Schiffe an den Ausgangsplatz (Hannoversch Münden) eingeschlossen waren. Das aber waren die Transportkosten für nur 200 Soldaten. Bei der Beförderung von einigen tausend Soldaten, waren also erhebliche Summen im Spiel. Offenbar mußten viele Soldaten zu Lande nach Lehe marschieren, weil das billiger war.

Auf dem Schiff des Eigners Bauermeister saßen die Leute – wie gesagt – auf Bänken. Die Soldaten des Regiments Erbprinz lagen an Bord der Böcke. Im Journal[4] heißt es: „Auf den Böcken liegen die Leute bei weitem nicht so bequem wie auf den englischen Transport-Schiffen [den Seeschiffen also] und können nicht die geringste Motion [Bewegung] machen." Wir würden sagen: Sie drängten sich wie die Heringe. Vielfach „setzen sich die Leute … auf das Deck, um frische Luft zu schöpfen, wovon verschiedene, weil sie keinen Halt auf dem Deck des Bootes haben, in die Weser fielen und ertranken … Die Weser hat uns mehr Menschen gekostet als die ganze Fahrt nach Amerika und die Retours von da nach Europa."

Es überrascht, daß manche Truppe 1776 nach Lehe marschierte, aber auf der Rückreise 1784 zu Schiff weseraufwärts transportiert wurde. Das Journal des Regiments Platte[5] mit Aufzeichnungen von April/Mai 1784 kennzeichnet vor allem die Schwierigkeiten einer Schiffsreise auf der Oberweser. Der Übergang von Seeschiffen auf Kähne[6] in der Wesermündung war bei Sturm schwierig und gefährlich. Die Kähne nutzten die Flutwelle, segelten aber auch. Man benötigte zwei Tage bis Vegesack und einen weiteren Tag bis Bremen. Hier stiegen die Soldaten auf Bremer Böcke um. Nur wenige Einzelheiten der Fahrt werden erwähnt: Es war schwierig durch die Brückenjoche in Hoya zu fahren; in Nienburg übernachtete man und besichtigte bei dieser Gelegenheit das Zeughaus. Im preußischen Minden durften Unteroffiziere und Gemeine nicht an Land gehen, weil die Gefahr bestand, daß die Preußen sie abwarben. Im preußischen Gebiet mußte man preußische Marschkommissare als Aufpasser aufnehmen.

Flachbodige Weserkähne unterschiedlicher Größe mit einem oder zwei Masten auf der Weser unterhalb Bremens, Ausschnitt aus einer Gouache des Bremer Künstlers Daniel Albrecht Ernsting, um 1806

Flachbodige „Böcke" auf der Weser; im Hintergrund die Weserbrücke, Ausschnitt aus einem Kupferstich von C. Ermer nach einer Zeichnung des Bremer Künstlers Stefan Messerer

Ähnlich sind auch die Berichte anderer hessischer Truppenteile; doch enthalten sie weitere Informationen. So wurde das Regiment von Losberg auch[7] in Lehe auf Weserkähne verfrachtet. Diese legten sich längsseits an das Seeschiff, und dann stiegen die Soldaten um. Auch in diesem Falle wechselten die Soldaten in Bremen von den Kähnen auf Böcke. Sowohl auf den Kähnen als auch auf den Böcken übernachteten die Soldaten an Bord; nachts wurde geankert, am Tage gefahren.

Es stellt sich die Frage, wie man flußaufwärts gegen den Strom vorankam. Eine kurze Bemerkung gibt darüber Aufschluß: „Das Fahren geht von Bremen aus wegen der vielen Gräben [am Weserufer], welche die Pferde passieren müssen, und wegen der Krümmungen [des Flußverlaufs] sehr langsam"; die Böcke wurden also von Bremen aus flußaufwärts mit Pferden getreidelt. Oberhalb von Baden – so heißt es – „wurden die Pferde rechts übergesetzt"; es wurde nun also vom anderen Ufer aus getreidelt. Die Böcke hatten [Steuer-]Ruder; die Schiffer hantierten zudem mit langen Stangen, mit denen sie die Richtung korrigieren konnten. Doch reichte das bei widrigem Wind oft nicht aus. Dann ist noch von einem Hindernis in der Weser oberhalb von Landesbergen die Rede: Man passierte „Liebenau, einen gefährlichen Ort, wo viele große Steine mitten im Wasser liegen, und der Strom

Karlshafen mit Mündung der Diemel in die Weser, kolorierte Lithographie von L. Niebour, 1845

[ist] dort sehr stark". In Minden mußte die Brücke passiert werden; dabei wurden die Masten niedergelegt. Die Böcke hatten also Masten, wahrscheinlich um die Treideltaue zu befestigen. Nach Minden kam man nur langsam voran, weil die Schiffe „mit Hilfe verschiedener Bauern – statt der Pferde – gezogen wurden". Es ist bemerkenswert, daß von Bremen bis Hameln 13 Tage benötigt wurden. Nimmt man an, daß am Tage etwa 12 Stunden gefahren wurde, so betrug die Geschwindigkeit der Schiffe weniger als 2 Stundenkilometer.

Während die hessischen Regimentsjournale recht nüchtern die äußeren Umstände der Flußreise schildern, gibt der Fähnrich Karl Ludwig August von Münchhausen[8] eine äußerst farbige Darstellung eines Rekrutentransports aus dem Jahre 1782. Die Einschiffung erfolgte in Karlshafen, das damals wie heute hessisch war. In Hameln ging es durch eine Schleuse; dabei „fiel uns ein Rekrut in das Wasser, wurde aber gerettet." Bei dem schlechten Wetter war die Fahrt in den „Backtrögen" recht ungemütlich; bisweilen wurden sie ans Ufer geworfen, „wobei das possierlichste ist, daß allemal die Rekruten unter Verdeck mußten und die Jäger mit der Büchse zum Feuern ordentlich auf dem Anstand stehen müssen, um, wenn einer [der Rekruten] entweichen wollte, auf selbigen sogleich zu schiessen." In Rinteln lagen sie vier Tage fest. „Wir haben uns hier ... recht gut amüsiert." „Dieser Tage ... hat die Fürstin von Bückeburg mein Schiff besehen." Das war die 21jährige Juliane, Gemahlin des fast 60jährigen Philipp Ernst von Schaumburg-Lippe, die dann nach dem Tode des Gemahls [1787] mehrere Jahre eine tüchtige Regentin ihres Duodez-Staates war. Bei Vlotho warf der Sturm einige Böcke an Land; bei zweien von ihnen brach das Ruder, und es war eine Reparatur erforderlich. Unter der Brücke von Minden mußten die Schiffe „an einem langen Tau den Strom rückwärts hinuntergelassen werden." Unterhalb von Nienburg stürmte es. „Die Böcke stießen öfters aneinander, daß alles krachte [und sie] fuhren öfters auf das Ufer..., daß wir meinten, alles ginge entzwei." Bei Drakenburg blieben die Schiffe wegen des Windes länger liegen.

Treideln von Böcken durch Menschenkraft unterhalb von Minden, im Hintergrund die Weserbrücke von Minden und die Porta Westfalica, um 1875

Hier sind nun Bemerkungen eingeschoben, die das Wesen der Landschaft kennzeichnen: Münchhausen wollte auf die Jagd gehen und schrieb: „Es kommt demjenigen, der Berge gewohnt ist, wunderlich vor, daß man nichts als Hecken vor sich sieht. Drum kommen einem alle Häuser und Bäume noch einmal so groß vor, als sie wirklich sind ... Zuweilen erhebt sich hie und da ... ein Sandberg im flachen Felde ... Hie und da findet man im flachen Felde Bienenhäuschen mit Stroh gedeckt." Weiter berichtete er: „Hierzulande ist schon nichts als geschrotenes Brot, welches aber schmackhafter als das Weißbrot [ist]; auch ist hier Pumpernickel. Es ist, wie es scheint, ein armes Land. In Nienburg, [so] habe ich bemerkt, werden schon Fahrzeuge [Schiffe] gebaut, welche auf der See gebraucht werden können. Es soll auch zur Nienburg ein prächtiges Epitaphium, in Marmor geschnitten, von unserer Familie sein.[9] Ich habe es aber ... nicht zu sehen bekommen."

Die Reise führte weiter über Hoya nach Norden. Münchhausen notiert: „Bis an den Eisenberg gefahren; dieser ist ein hoher Sandberg, an welchem die Weser dicht herfließt und alle Jahr etwas davon abnimmt ... Oben drauf liegt ein kleines Dörfchen oder, um die Wahrheit zu sagen, nur ein Wirtshaus mit einigen Bauernhäusern. An der Weserseite des Berges, dessen Abhang ungefähr zwei oder drei Bauernhäuser hoch ist, ist alles weißer Sand, der beständig abrieselt [und] in welchem große und kleine Feuersteine von besonderer Güte stecken. Ich habe einige gesehen, die unser Schiffer an Bord brachte, die weit größer waren als ein Menschenkopf mit Löchern darin. Der Sand liegt ordentlich lagenweise weiß und gelb, als ob es die Weser vor Zeiten dahin geschwemmt hätte, was aber nicht möglich ist. Auf den Feuersteinen sind öfter allerhand Figuren in wunderbarer Art, so daß schon viele in einigen berühmten Naturalien-Kabinetten gesammelt worden sind." Es folgen einige Bemerkungen, die Züge einer in jener Zeit beliebten Naturschwärmerei zeigen: „Der Prospect dieses Berges nebst unseren Schiffen und der mit großen und kleinen Schiffen verschönerten Weser, auf die man 1 1/2 Meilen weit hinuntersehen kann, fand ich heute abend, als wir hier ankerten, so schön oder vielmehr meinen Augen so neu, daß ich [das Bild] gerne gezeichnet hätte."

In Bremen ging Münchhausen mit einigen Freunden in die Stadt, die ausgiebig besichtigt wurde. Er beschrieb das Zeughaus, den Bleikeller, das Wasserrad an der Brükke, eine Werft, den Ratskeller und die Stadtbibliothek; auch beobachtete er ein Nordlicht, und es gab Schwierigkeiten mit desertierenden Rekruten. Nach einigen Tagen fuhren die Soldaten auf den Bockschiffen nach Vegesack, wo sie auf Weserkähne umstiegen. Jeder Kahn hatte eine kleine Jolle, mit der die Verbindung zum Ufer hergestellt wurde, um sich etwa mit Verpflegung zu versorgen. Da

Die hannoversche Festung Nienburg an der Weser, Ausschnitt aus einer Landkarte des Nürnberger Verlegers Homann unter dem Titel „Ducatus Brunsvicensis", etwa 1740

die Seeschiffe in Lehe noch nicht eingetroffen waren, ankerte man einige Tage vor Vegesack. Münchhausen ging mit einigen Offizieren an Land und machte eine interessante Beobachtung: Sie besuchten „einen kleinen Wald, in dem etwas über 600 Reiher-Nester oben auf den Gipfeln der Bäume [waren]; auf einem Baum zuweilen 3 bis 4 Nester. Die Reiher sind hier ... in solcher Menge, daß sie fast die ganze Heide bedecken. Wir haben zum Spaß einige mit der Kugel-Büchse geschossen."

Die Flotte von 30 bis 40 Weserkähnen setzte sich wieder in Bewegung, und Münchhausen merkt an: „Wir haben heute einige Braunfische, wie man sie hier nennt, gesehen[10]. Selbiger Fisch ist nämlich ... 5-8 Fuß lang, hat einen dicken Kopf und einen breiten, aus dem Wasser ragenden Schwanz. Sie schossen durch die Wellen wie ein Pfeil ... und sprangen ziemlich hoch aus dem Wasser". Schließlich erreichte man Lehe, wo die Übernahme auf die Seeschiffe erfolgte.

Johann Gottfried Seume (1763-1810), Stahlstich von 1869

Möglicherweise befand sich in dem von Münchhausen beschriebenen Transport auch der berühmte Dichter Johann Gottfried Seume (1763-1810), der, als Student von Werbern aufgegriffen, unter die hessischen Soldaten gesteckt wurde. Er war ebenfalls, wie er in seiner „Selbstbiographie" festhielt, 1782 in einem hessischen Soldatentransport, den man auf Böcken weserabwärts beförderte. In der Nähe von Hameln sonderte man die Preußen aus, die vorübergehend aus den Böcken aussteigen und um das preußische Gebiet bei Minden herummarschieren mußten, bevor sie wieder auf die Böcke kamen. Seume brachte folgende Gedanken zu Papier: „Es würde mir ein hoher Genuß gewesen sein, an der Hand eines Freundes und Geschichtskenners die Partien der Weser von Corvey bis Bremen zu besehen, wo die Schönheiten der Natur durch den Gedanken der alten, jetzt verlorenen Nationalehre magisch beleuchtet werden; aber damals war unsere Reise ein sklavisches, dumpfes Hinstarren auf die Gegenden, wo ehemals Männer für ein besseres, nicht so üppiges Vaterland kämpften." Dabei dachte Seume an Arminius und Bonifatius und schreibt dann: „Von Bremen bis Bremer Lehe fuhren wir in anderen Fahrzeugen [Weserkähnen], die schon See halten können, aber sich nicht weit von den Küsten entfernen. Unbekümmert legte ich mich abends hin und schlief mitten auf dem Strome und war sehr verblüfft, als unsere ganze kleine Flotte des Morgens am Ufer ganz trocken da saß und wartete, bis die Flut sie wieder emporhob."

Die Schönheiten der Unterweser: Naturschwärmerei am Anfang des 19. Jahrhunderts

Am Anfang des 19. Jahrhunderts wurde die Naturschwärmerei des vorangegangenen Jahrhunderts vielfach in die Reisebeschreibungen aufgenommen. Sie bezog sich schon früh auch auf die Landschaft der Oberweser, vor allem auf das Weserbergland; die Unterweser ließ im allgemeinen nur im Bereich von Vegesack mit den hübschen Uferpartien die romantischen Herzen höher schlagen; sie rückte durch „Lustfahrten" nach Helgoland und Bremerhaven ins Blickfeld vieler Menschen.

Das zeigt sich etwa in einem Aufsatz von August Philipp Daeves[11], der 1794 in Stadthagen an der Oberweser geboren wurde. Sein Vater zog nach Bremen und handelte mit Glas und Porzellan. Der Sohn betätigte sich als Literat und schrieb Artikel für den „Bürgerfreund", den er von 1822 bis 1840 redigierte. Er war ein typischer Journalist seiner Zeit, blieb aber im großen und ganzen unpolitisch. Er hatte eine schwärmerische Ader; das zeigt sich in der Schilderung einer Pfingstfahrt nach Helgoland 1819[12], die er mit zehn Freunden unternahm. Am 29. Mai um 3 Uhr morgens bestieg man in Bremen eine Schellfischschaluppe, die die Gesellschaft nach Elsfleth bringen sollte; von dort aus wollte man in einer holländischen Schnick[13] weiter nach Helgoland. „Bei gänzlicher Windstille wußten sich unsere Schiffer vermöge langer Ruder so gut fortzuhelfen wie möglich. Neben Lankenau gerie-

Die spätgotische Backsteinkirche von Warfleth auf dem Weserdeich bei Berne, Zeichnung des Bremer Künstlers Johann Georg Walte, um 1852

Vegesack, davor der Dampfer „Bremen", links das hohe Ufer („Bremer Schweiz"), rechts das Werftengelände, kolorierte Lithographie von L. Niebour, 1845

ten wir auf Sand, und nur mit Hilfe eines Bootes, in welches die Hälfte der Equipage stieg, passierten wir die Charybdis der Weser." „Vegesack mit seinen freundlichen Höhen und seinen Masten, das hohe sandige, mit Buschwerk bedeckte Ufer, von dessen Rand hin und wieder ein Pavillon oder eine Laube freundlich herabblickte", entsprach so recht dem romantischen Geschmack des Reisenden. Zur Schwärmerei regten aber auch schöne Dörfer und eine Viehherde an einem Hang an, der Laubkranz eines Eichenwaldes, Wiesenmatten in lebendigem Grün, verschwommene Segel auf dem Strom, die Warflether Kapelle „mit hohem Rietgrase umgeben, wie ein Greisenbild ernst und mahnend". Diese Bilder ließen die unbequeme Lage im engen Raum der Schellfischschaluppe vergessen. In Elsfleth stieg man in die holländische Schnick um, mußte aber wegen der Ebbe noch warten und besichtigte den Ort, „der sich mit seinen reinlichen massiven Häusern in einer geraden Straße an den mit Bäumen bepflanzten Deich lehnt." Immer wieder ist von herrlichen Weiden die Rede. „Die Natur scheint hier sehr freigiebig zu sein und die Mühen der Arbeiter mit milder Hand zu vergelten."

Abends fuhr die Schnick von Elsfleth ab und war „genötigt bei Nordwind beständig zu lavieren." Nachts hielt man sich unter Deck auf; es gab Kojen für 8 Personen, die anderen schliefen in Hängematten. Am Morgen erreichte man die Wesermündung und setzte bei ablaufendem Wasser die Fahrt fort. „Der Himmel war sehr heiter, eine Menge Delphine wogte ganz nahe an unserem Schiff vorbei, der See zu. Das Ufer an der linken Seite war längst verschwommen bis auf einige Watten und einzelne Türme der oldenburgischen Küste." Ausführlich wird der Aufenthalt in Helgoland beschrieben. Zurück ging es mit dem Schiff bis Brake, wo damals im allgemeinen die Endstation für Seeschiffe war, und von dort mit der Extrapost, also zu Lande, nach Bremen. Die Schilderung bleibt schwärmerisch-subjektiv und wenig informativ.

Ebenfalls im „Bürgerfreund"[14] erschien 1822 die Beschreibung einer Reise von Bremen aus zur Robbenjagd auf der Jade. Der Artikel ist anonym, doch ist es nicht ausgeschlossen, daß Daeves ihn verfaßt hat, der in diesem

Der Raddampfer „Weser" war der erste, der auf dem Fluß verkehrte. Lithographie um 1830

Der Raddampfer „Bremen", der zweite dieses Namens, vor Bremerhaven, Ausschnitt aus einem Gemälde von Carl Justus Fedeler, um 1830

Jahr die Redaktion der Zeitschrift übernahm. Die Reise fand im Sommer 1821 statt, und es ist bemerkenswert, daß sie mit dem Dampfer „Weser" begann, der bei Lange in Vegesack gebaut und vom Kaufmann Schröder bereedert wurde. Die „Weser" war der erste Dampfer, der seit Mai 1817 auf der Weser verkehrte[15] und von Bremen nach Vegesack, Elsfleth und Brake fuhr. Der Verfasser bestieg den Dampfer in Bremen. „Bei Vegesack gingen wir an Land und nahmen im einladenden Havenhaus, dem besten Gasthaus auf unserer ganzen Reise, einige Erfrischungen ein." Nach zehn Minuten ging die Fahrt weiter, wobei man durch „die schnelle Fahrt und die vorüberfliegenden Gegenden und lachenden Wiesen" in eine heitere Stimmung versetzt wurde. Bei Brake stieg man aus. Der Ort kam dem Verfasser „öd" vor. Mit der Mietkutsche reiste man weiter durch Rodenkirchen, „dessen Kirche wie eine Veste vom hohen Berge herabragt", Esensham, dann durch Butjadingen an den Jadebusen, wo man Robben jagte.

Fahrten nach Bremerhaven 1838-1844

Die Dampfschiffahrt wurde für Ausflügler auf der Weser immer anziehender. Das bezeugt u.a. die Darstellung einer Bremerhaven-Reise durch eine der zahlreichen schriftstellernden Frauen, die Norddeutschland in der ersten Hälfte des 19. Jahrhunderts hervorbrachte: Hedwig Hülle geb. Hoffmeier (1794-1861)[16]. Sie stammte aus Ovelgönne, wo ihr Vater Advokat war. Mit 19 Jahren heiratete sie den Bremer Kram- und Gewürzwarenhändler Liborius Hülle, und nach dessen Tode zog sie nach Varel. Hedwig Hülle übersetzte die Odyssee, veröffentlichte mehrere Gedichtsammlungen und schrieb Zeitschriftenartikel, so auch für die „Frauenzeitung" in Leipzig im Oktober 1838. In ihr ist eine Correspondenz-Nachricht über eine Dampferfahrt nach Bremerhaven abgedruckt.[17] Sie fand an einem trüben Sonntag mit dem Raddampfer „Bremen" statt, der an einem Tage hin- und zurückfuhr und seit Juni 1838 im Einsatz war.[18] Um 6 Uhr betrat Hedwig Hülle mit ihrer Begleitung das Schiff; es verfügte über eine für etwa 20 Damen bestimmte, halbrunde Kabine im Hinterteil, die sehr elegant und durch Fenster erhellt war. Eine größere Kabine sollte den Herren vorbehalten sein, doch hielten sich auch hier Damen auf, soweit sie den Zigarrenrauch ertragen konnten. Über Vegesack heißt es, daß „der bedeutende Schiffbauplatz ... den Ort ... wichtig [mache]. Es lag eben ein großes Handelsschiff beinahe vollendet auf dem Stapel neben vielen kleinen, großen, alten und neuen Schiffen und kläglichen Wracks. [Vegesack] ist als vielbesuchter Sommeraufenthalt der reichen Bremer hübsch gebaut und [hat] eine romantische, durch Gartenanlagen gezierte Uferhöhe". In Elsfleth hielt der Dampfer nicht an. Brake galt als hübscher Flecken, „der früher durch alle Art Verkehr belebt war, jetzt tot und still daliegt, nur selten von Schiffen besucht" – eine Folge der Gründung Bremerhavens.

Fast schwärmerisch wird die Darstellung des damaligen Bremerhaven: „Eine Linie von Masten, in bedeutender Ausdehnung freundlich blinkende Häuser von der einen Seite, von der anderen an ein schirmendes Fort [Fort William] gereiht. Der Anblick vom Verdeck ... hatte etwas Hoffnungbeflügelndes und führte eine Ahnung in die Seele von den Gefühlen des heimkehrenden Seemanns, der nach langer Meerfahrt des Hafens Mastenwald winken und zur Rast einladen sieht." In Bremerhaven gelandet, heißt es: „Jede neue Anlage hat etwas Erfreuliches, und dieser erst seit wenigen Jahren aus dem Nichts erstandene Ort mit seinen schöngepflasterten Strassen, mit seinen hübschen Häusern ... bietet dem Gedanken an eine beginnende Handelsstadt außerordentlich großen Spielraum."

Die Gesellschaft hielt sich nur $2^1/2$ Stunden in Bremerhaven auf; die Zeit war vor allem mit Schiffsbesichtigungen ausgefüllt. „Zuerst betraten wir den Johannes[19], ein hübsches Schiff mit einer freundlichen Cajüte, in welcher das bekannte Bild des genannten Jüngers als Schutzpatron hing. Das geräumige Mitteldeck diente gegen 200 Auswanderern zum Aufenthalt. Wir blickten von oben her in ein buntes Menschengewimmel von Männern, Weibern und Kindern, die zum Teil hoffnungslos genug aussahen, als ob sie der Heimat zum Widerstreben valet sagten. Durch ein Gemisch von Stimmen, Kindergeschrei und Lachen tönten die Akkorde einer Guitarre als die einzig harmonischen versöhnend hinauf".

„Das zweite Schiff, ein schöner Dreimaster, hieß Copernicus[20]. Vom Deck bis zum untersten Raume eine echt holländische Reinlichkeit, die den Sinn des Besitzers, eines bremischen Kaufmanns bekundete. Die eben neugemalte und äußerst schöne Cajüte war so einladend, daß mich in ihrem weichen Damastsopha eine rechte transatlantische Sehnsucht überfiel ... Alles in diesem freundlichen Aufenthalte für Passagiere glänzte von Mahagoniholz und Messing, die Vorhänge waren von grüner Seide. Einem großen Spiegel gegenüber hing ein gutes altes Ölbild des Copernikus."

„Als wir dies Schiff verließen, rief uns eine junge Reisegefährtin vom Hafendamme zu, ob wir schon die beiden Neuseeländer auf dem Schiffe 'Virginia' gesehen ...

Auswandererschiff, Zeichnung von Robert Geißler, 1866

Das Vollschiff „Copernicus" mit einer Galionsfigur am Bug; am Heck die Bremer Flagge, am hinteren Mast die Reedereifahne (Gloystein & Gevekoht), Ölgemälde Carl Justus Fedelers von 1837, im Focke-Museum Bremen

Wir verneinten und wurden dringend aufgefordert hinzugehen. Es war so still auf demselben [Schiff], als ob niemand an Bord befindlich. Endlich erblickten wir in der Küche einen fremd aussehenden berunzelten Mann beschäftigt, Kartoffeln zu schälen". Eine Verständigung bahnte sich an. Man betrachtete die „auf seinen Händen eingeätzten Bracelets" (Armbänder), fand auch den anderen Neuseeländer und forderte ihn auf, in die Kajüte heraufzukommen. Anfangs sträubte er sich und blieb auf der Treppe stehen, lachend und die Augen niederschlagend. „Wir sagten einige englische und spanische Worte zu ihm, die er teilweise verstand und radebrechend beantwortete. Sein ganzes Gesicht, bis auf eine kleine Stelle auf den Backen, war mit Arabesken tatteiert [tätowiert], die bis an die Ohren reichten ... Der junge Steuermann desselben [Schiffes] sagte uns, daß dies das erste Schiff sei, welches von Bremen nach Neuseeland auf den Walfischfang gegangen und diese Neuseeländer die ersten [seien], die nach Bremen gekommen [und] vom Kapitän aus Mangel an Leuten als Matrosen mitgenommen" wurden.

Die Schiffsbesichtigungen Hedwig Hülles in Bremerhaven berührten bereits das Problem der Auswanderung. Eine Eisenbahnverbindung nach Bremerhaven existierte erst seit 1862, und die Fahrt mit der Kutsche über ungepflasterte Straßen war beschwerlich und zudem noch teuer. Da die Weserkähne durchweg Importgüter nach Bremen transportierten, aber oft ohne Warenladung nach Bremerhaven zurückkehren mußten, nahmen sie manchmal Auswanderer auf, die in Bremerhaven die Seeschiffe bestiegen. Der Erlebnisbericht des Kupferschmiedemei-

Der eiserne Raddampfer „Telegraph" vor Bremen, links die Holländermühlen am Stephani- und Doventor, Ölgemälde von Carl Justus Fedeler, um 1845, im Focke-Museum

sters Friedrich Höhne[21] ist dafür ein beredtes Beispiel. In Form von Briefen verfaßt, die aber wohl fiktiv sind, lagen ihm vermutlich flüchtige Reiseaufzeichnungen zugrunde, die im Erlebnisbereich sicher zuverlässig waren. Höhne stieg in Bremen in einem Gasthof der Neustadt ab. Nach unerfreulichem Warten wurden die Auswanderer am 25. Juni 1839 auf Weserkähne verladen. Es „war bis Mittag alles so geordnet, daß jeder noch notdürftig sein Plätzchen zum Liegen hatte. Als aber am Nachmittag noch einige fünfzig Juden mit ihren sämtlichen Sachen ebenfalls in dem schon sehr beengten Raum untergebracht werden sollten, so wurde von Neuem alles drüber und drunter geworfen und [es war] nur so weit Platz zu bekommen, daß sämtliche Passagiere, wenn auch wie Heringe, zusammengeschichtet im Zwischendeck dem Hafen [in Bremerhaven] zugeschickt werden konnten". Die Fahrt dauerte 1½ Tage. „Ein anhaltend starker Wind [versetzte] das Schiff beständig in schaukelnde Bewegung, wodurch die Seekrankheit sich sofort einstellte und ein Erbrechen erfolgte, welches umso beschwerlicher war, da bei dem engen Zusammenliegen ein gegenseitiges Beschmutzen nicht vermieden werden konnte." Da die Reisenden immer unter Deck waren, sahen sie nichts von der Weser und ihrem Ufer.

Zu den witzigsten journalistischen Äußerungen über die Unterweser gehören die von Friedrich Engels[22]. Dieser war 1838-41 Kaufmannslehrling in Bremen und schrieb nicht nur Briefe an Freunde und Verwandte, sondern auch Zeitungsartikel über die gesellschaftlichen und kirchlichen Zustände in Bremen. Mit einer Dampferfahrt beschäftigt sich ein Brief an seine Schwester Marie vom 7./8. Juli 1840 und ein Zeitungsartikel, den er mehr als ein Jahr später für das „Morgenblatt für gebildete Leser" in Stuttgart schrieb. Der Brief sagt etwas über Bremerhaven und enthält einige geistreiche Bemerkungen über Mitreisende; der Bericht für die Zeitung ist ausführlicher und gibt anschauliche Beobachtungen während der Dampferfahrt mit dem „Roland"[23] von Bremen nach Bremerhaven wieder. Es war eine Sonntagsfahrt zu ermäßigten Preisen und das Schiff entsprechend voll; Angehörige aller Stände waren vertreten. Eine große Zuschauermenge hatte sich eingefunden. „Die Ausfahrt aus Bremen ist von der Weser gesehen sehr hübsch: Links die Neustadt mit ihrem langen baumbepflanzten Deich, rechts die Anlagen des Walls, die sich hier [am Stephanitor] bis an die Weser erstrecken und von einer kolossalen Windmühle gekrönt werden. Dann aber kommt die bremische Wüste, rechts und links Weidengebüsch, sumpfige Wiesen, Kartoffelpflanzungen und eine Masse Braunkohlfelder". Es regnete und stürmte. Vegesack bezeichnete Engels als „die Oase in der bremischen Wüste; in Vegesack gibt's Berge von 60 Fuß Höhe, und der Bremer spricht wohl von der Vegesacker Schweiz ... Der Flecken selbst bietet der Weser eine anmutige

Front dar. Ehe man hinkommt, sieht man eine Menge Schiffsrümpfe in der Weser liegen, teils ausgediente, teils hier neugebaute ... Gleich hinter Vegesack versucht das Sandmeer wirklich bedeutende Wellen zu schlagen und senkt sich ziemlich steil in die Weser hinein. Hier liegen die Villen der Bremer Aristokraten, deren Anlagen das Weserufer eine kleine Strecke hin wirklich sehr verschönern. Dann kommt wieder die alte Langeweile."

Engels unterhielt sich unter Deck mit einigen Fahrgästen, doch fühlte er sich bald durch die nichtssagenden Gespräche gelangweilt und ging wieder an Deck, wo er sich auf den Radkasten stellte. Eine erfreuliche Abwechslung bot Brake, „dessen Häuser und Bäume einen effektvollen Hintergrund zu den auf der Weser liegenden Schiffen bilden." In Bremerhaven „fuhr das Dampfboot in die Geeste, ... aber die Passagiere drängten sich trotz Ermahnungen des Kapitäns nach dem Vorderteil des Schiffes; die Ebbe hatte den niedrigsten Stand erreicht, und mit einem Ruck war der 'Roland', der Repräsentant der bremischen Unabhängigkeit, auf den Sand geraten. Die Passagiere zerstreuten sich, die Maschine arbeitete rückwärts, und 'Roland' kam glücklich von der Sandbank."

Über Bremerhaven schreibt Engels: Es „ist hier alles bremisch, von der Bauart der Häuser bis zur plattdeutschen Sprache der Einwohner ... Von der Anfahrt der

Vegesack und die „Bremer Schweiz" mit den Villen reicher Bremer Bürger, im Hintergrund die Schornsteine der Grohner Keramikindustrie. Stahlstich auf einer Bremer „Städterose", etwa 1870

Dampfschiffe aus hat man gleich den besten Überblick über das Ganze: Ein schöner breiter Quai, in dessen Mitte das kolossale Hafenhaus in mißratenem antiken Stil hervorragt, der Hafen in seiner ganzen Länge mit allen seinen Schiffen, links und jenseits desselben das von hannöverschen Soldaten besetzte kleine Fort[24] ... Wir gingen im Regen den Quai entlang. Hier und da bot eine Seitenstrasse einen Blick in das Innere des Ortes: alles rechtwinklig, die Straßen schnurgerade, die Häuser häufig noch im Bau begriffen."

Beengtes Leben im Zwischendeck eines Auswandererschiffes, Holzstich in der Leipziger Illustrierten Zeitung, 1849

Engels besichtigte ein Auswandererschiff. „Die Leute waren noch fröhlich, sie hatten noch nicht die letzten Schollen des heimischen Bodens betreten; aber ich habe gesehen, wie nahe es ihnen geht, wenn sie wirklich die deutsche Erde für immer verlassen ... Es sind fast lauter treue deutsche Gesichter – ohne Falsch, mit kräftigen Armen...; [es sind] wahrlich nicht die Schlechtesten, die ihr Vaterland verlassen." Engels beschreibt die gesellschaftlichen Verhältnisse, die nach seiner Meinung die Auswanderung verursachten. Sehr eindrucksvoll ist die Schilderung des Gegensatzes, der sich bei dem Vergleich der eleganten, goldverzierten Mahagoni-Kajüte mit dem Zwischendeck auftut. „Da unten aber ist's fürchterlich ... Um das Zwischendeck läuft eine Reihe Betten herum, mehrere nebeneinander und je zwei übereinander. Eine drückende Luft herrscht hier, wo Männer, Weiber und Kinder wie Pflastersteine auf der Straße aneinander gepackt liegen." Engels gibt die Worte einer Frau wider, die „unter bitteren Tränen" gesteht: „Wenn sie das gewußt hätte, wäre sie lieber zu Hause geblieben."

Zu den bemerkenswertesten Reisebeschreibungen des 19. Jahrhunderts über Norddeutschland gehört die von Otto Erich Wehrhan (1795-1860)[25]. Er war ein schlesischer Pastor, der wegen theologischer Streitigkeiten sein Amt verlor und sich als Schriftsteller und Porträtmaler durchschlagen mußte. Als er eine Stelle bei der alt-lutherischen Gemeinde in Hamburg erhoffen konnte, reiste er im Mai 1841 dort hin; doch die Pläne zerschlugen sich. Er wanderte nach Bremen, wo er 48 Porträts anfertigte. Am 20. November fuhr er mit dem Schiff weiter nach Bremerhaven. Es lag schon etwas Schnee, und es war noch dunkel, als er das „zischende Dampfschiff Telegraph"[26]

Abfahrt der Teilnehmer an der 22. Versammlung der Naturforscher und Ärzte nach Bremerhaven, Holzstich in der Illustrierten Zeitung, 1844

bestieg. Wehrhan setzte sich in der Kajüte „an das glühende eiserne Öfchen in der Mitte", vertauschte seine nassen Schuhe mit gefütterten Pantoffeln und rauchte eine Zigarre. Als es hell wurde, läutete die Schiffsglocke und der Dampfer legte ab. „Schnell ... kam [Mittels-]Büren heran, dessen Pfarrdach – denn weiter ragte vom Hause nichts über den Damm [Deich] herüber – und spitzem grauen Kirchtürmchen ich im stillen einen Gruß zusendete[27]. Dann [näherte sich] das wirklich recht malerische, am Berggelände hinaufgruppierte Vegesack..., und die Weser ward nun immer breiter und breiter. Einen sehr unterhaltenden Anblick gewährten auf dieser Fahrt die Tausende, ja, die Hunderttausende von wilden Enten, welche in schwarzen Wolken..., oft 4 oder 5 solcher Wolken zugleich, hier hoch über unseren Häuptern leichte Schwankungen machten." Mit allerhand Leuten saß Wehrhan in der Kajüte: „Lotsen, Matrosen und andere Schiffsleute mit niedrigen breitgeränderten, mit langer Hinterschleppe versehenen Hüten aus schwarzgeteerter Leinwand, die bekannte legère Schifferschlinge um den Hals, in dunkelblauen kurzen Kapotröcken von kalmückartigem Tuche und im Munde die Zigarre. Von [ihrem] Plattdeutsch verstand ich kein Wort."

Es ist auffallend, daß wir über das Ufer und die Dörfer nichts erfahren. „In der Ferne am rechten Ufer zeigte sich rötlich schon das viereckige hannöversche Kastell [Fort William] mit aufgepflanzter Flagge, welches, dicht bei Bremerhaven, diesen bremischen Ort fast drohend bewacht und ihn, wenn es wollte, in einer halben Stunde in Schutt und Asche legen könnte." Um 12 Uhr erreichte der „Telegraph" Bremerhaven. Wehrhan beschreibt den Ort und fährt weiter nach Lehe, von wo aus er das Land Wursten und das Land Hadeln durchwandert und nach Ritzebüttel gelangt. Über Hamburg und Berlin kehrt er nach Dresden zurück, wo seine Frau und sechs Kinder lebten. Zum Broterwerb schrieb er weiterhin Bücher und malte Porträts.

Drei Jahre später (1844) hatte die Unterweser ihr großes Erlebnis: Im September fand in Bremen die 22. Versammlung deutscher Naturforscher und Ärzte statt, wozu auch eine Dampferfahrt nach Bremerhaven[28] gehörte. Drei festlich geschmückte Schiffe nahmen am 22. September morgens um 8 Uhr 500 bis 600 Personen an der Schlachte an Bord. Man fuhr „unter freudiger Begrüßung von beiden Ufern durch Zuruf, Flaggen und Kanonendonner in rascher Fahrt nach Vegesack". Die drei Schiffe legten sich der Werft gegenüber, wo die Gesellschaft das von Herrn Johann Lange erbaute größere Seeschiff 'Minna' vom Stapel laufen sehen sollte[29]. Auf das gegebene Zeichen senkte sich die bremische Flagge nach üblicher Sitte, bis der schlanke majestätische Bau vom Lande in die Flut hinabglitt." Man fuhr an Elsfleth und Brake vorbei, „wo alle Schiffe festlich mit Flaggen geschmückt waren und wo die am Strande versammelten Bewohner jedes einzelne der passierenden Dampfschiffe mit Freudenschüssen und jubelndem Zurufe begrüßten."

In Bremerhaven bildete „zu beiden Seiten der Landungsbrücke in festlichem Aufzuge eine Reihe junger Matrosen mit oben aneinander gelegten Rudern ein Spalier, durch welches die Landenden an den Rand des Hafenbassins gelangten und sich mit Betrachtung der mit Flaggen aller Nationen reich geschmückten Flotte, der Schleuse und der nächsten Umgebung des Hafens beschäftigten". Im Umzug ging es mit Musikbegleitung um den Hafen. In der Festhalle neben dem Hafenhaus gab es ein Diner für 600 Personen. Die Halle „war von außen und innen mit weiß und roten Draperien mit Eichenlaub verziert. Vor der Halle lagen die Boote eines Südseefahrers mit Geräten etc., welche beim Walfange benutzt werden,

Hölzerne Festhalle in Bremerhaven, erbaut für den Empfang der Naturforscher und Ärzte im September 1844, Lithographie im Amtlichen Bericht der Tagung, 1845

Dampfer „Hermann" vor der „Steinmühle", kolorierte Lithographie von L. Niebour, 1845

nebst Ankern und Tonnen. Über dem Eingang hinter dem bremischen Wappen zeigte sich eine Andeutung der Flagge, welche auch auf dem in der Mitte des ganzen Platzes für die Musik errichteten Pavillon wehte. Die Rückwand dem Eingang gegenüber zierte ein großes rotes Hanseatisches Kreuz auf weißem Grunde, umgeben von blankpolierten Oktanten, Sextanten, Ferngläsern und Sprachröhren". Man speiste, lauschte der Musik, brachte Toaste aus, die von Böllerschüssen begleitet waren. Der berühmte Bürgermeister Johann Smidt hielt eine Ansprache. Schiffsbesichtigungen, u.a. der „Kepler"[30], „Copernicus"[31] und „Olbers"[32], auch die eines Walfängers mit drei Masten und eines neuen Auswandererschiffes, schlossen sich an; des weiteren suchte man die Spülschleuse[33] auf. Um Mitternacht trat man die Rückfahrt an.

Oberweserfahrten 1843-46

Auch die Passagierfahrt auf der Oberweser wurde sehr bald von Dampfern übernommen, was das Treideln überflüssig machte. Ein anonymer Artikel im Bremer „Bürgerfreund" von 1843 mag das verdeutlichen.[34] Am 3. Oktober 1843 erfolgte von Bremen aus die Probefahrt des Dampfers „Hermann", benannt nach Hermann dem Cherusker, der mit seinen Mannen die Römer unter Varus 9 n. Chr. vernichtend geschlagen hatte. In 50 Minuten erreichte man Dreye. In Nienburg gab es einen herzlichen Empfang durch „eine versammelte Menge, die hier durch Fahnen und Blumen die Ankunft des Helden [des Dampfers 'Hermann'] feierte; [es] folgte ein frohes Mahl in dem Saale des Blauen Hauses ... Ein Transparent mit dem Bilde des mit Dampfkraft gefüllten Hermanns prangte am Ende der Tafel, darunter das Motto:

'Was die Eintracht hat gebaut,
Wird dem Schild der Kraft vertraut.'"

Patriotische Trinksprüche ertönten. Erst am nächsten Morgen setzte man die Fahrt fort. „Die Brücke [von Nienburg] ist leicht zu passieren durch ihre schönen gewölbten Bögen von Quadern."[35] „Nun gings durch blühende Auen und abwechselnde Bilder des Ufers ... Auch Hügel erheben ihre bewaldeten Häupter, und freundliche Wohnungen lächelten von ihnen herunter." Überall am Ufer sah man grüßende Menschen und hörte Salutschüsse. In Minden „hallten nun die Ufer von Triumphmärschen wider als Zeichen der glücklichen Ankunft ... Zwei große Schiffe [bildeten] eine Ehrenpforte für den Hermann, indem ihre mit Blumen umwundenen Masten durch Flaggen vereinigt waren." Der Verfasser geriet ins Schwärmen ob der touristischen Zukunft der Weser: „Während Albions Söhne [die Engländer] in Scharen den Rhein und die Elbe besuchen, hat die Weser bisher die Gelegenheit entbehrt, diese Glückskinder der Gegenwart herüber zu ziehen...; aber bald wird die Schiffahrt ihnen das Westfälische Tor öffnen ... Von hier an wurde der [Dampfer] Hermann wie ein Freudenbringer bei den Uferbewohnern begrüßt. Die Stadt Vlotho feierte mit gespanntem Interesse die Überwindung der sogenannten Vlothoer Gosse, eines

Raddampfer der Oberweser-Dampfschiffahrts-Gesellschaft oberhalb von Minden, kolorierte Lithographie von L. Niebour, 1845

reißenden Strudels, der ohne Schwierigkeit durchschifft wurde". Etwas später erklang im „Chorgesang der Schiffahrtsgesellschaft [das] Nationallied 'Was ist des Deutschen Vaterland?'" In Hameln erfolgte die Begrüßung durch „Kanonen, Flaggen, Girlanden und Lebehochs ... Am Landeplatz senkte sich eine Zugbrücke herunter; über sie hin schritten die Jungfrauen festlich geschmückt." Doch bei Hameln gab es Schwierigkeiten. Wegen der Schleuse[36] mußte umgeladen und, da der „Hermann" zu breit war, „die Radkästen abgenommen werden." Für den späteren Oberweserverkehr waren folgende Dampfer vorgesehen: Die „Wittekind" von Bremen bis Hameln, die „Hermann" von dort bis Hannoversch Münden und die „Eduard" bis Kassel. Man hoffte auf tägliche Dampferfahrten. Vor allem wird Hameln gepriesen. „Die Luft ist mild und durch die umgebenden Berge wärmer als unterhalb." Man passierte Dörfer und Schloß Hehlen[37], ebenso die Schiffsbrücke[38] von Bodenwerder und schließlich Holzminden. „Die schönen Ufer waren vom hellsten Vollmondschein beleuchtet, als Kanonen und Raketen ... den Empfang verkündeten." Auch der plötzliche Regen vermochte die Begeisterung nicht zu dämpfen. Neben dem Gewerbefleiß in Holzminden werden vor allem die Steinbrüche hervorgehoben. Beim Abschied am 8. Oktober regnete es wieder: „Corvey – Höxter – Fürstenberg mit seiner Porzellanmanufaktur und andere Orte fliegen vorüber." Danach wurde es schwieriger: „Der Herr Wasserbau-Inspektor Buchholz aus Hameln, der diese Fahrt begleitete, sprach die Meinung aus, daß innerhalb zwei Jahren der Strom von Münden ab im Stande sein werde, Dampfschiffe bis 60 Pferdekräfte zu tragen." In Münden erneute Begeisterung: „Die herzliche Aufnahme der biederen Mündener war die Krone des Triumphzuges des Hermann. Münden hat das mit Konstantinopel und New York gemein, daß die äußerste Spitze der Stadt ein schöner Garten ist, wo aber kein Serail, keine Batterie, sondern ein schöner Pavillon steht inmitten lieblicher Gartenanlagen." Man feierte ein großes Fest mit einem Diner „von mehr als hundert Couverts" und patriotischen Reden.

Der Optimismus über die Entwicklung der Oberweser-Dampfschiffahrt war groß. „Die Weserufer geben dem Rhein nichts an Schönheit und historischem Interesse nach, wenngleich erstere auf einen kleinen Umfang beschränkt sind, so erschließt der Schlüssel Bremens doch ein Paradies, welches gewiß nicht ermangeln wird, zum Wallfahrtsort der Verehrer der schönen Natur zu werden, wenn wir die Gelegenheit dazu schaffen."

Die Jahre des Vormärz und der Revolution von 1848 waren die hohe Zeit des witzigen Journalismus – oft im Gewand der Anonymität. Und auch die Weser war bisweilen das Objekt geistreicher Formulierungen, so etwa in „Reisebilder" unter dem Pseudonym eines Friedrich Bakulus aus Bremen, der sich auch Malkontentus Bakulus nannte. Er gehörte zum großen Kreis schriftstellernder Lehrer dieser Zeit. Die „Reisebilder" wurden 1846 im „Bürgerfreund" in Bremen veröffentlicht[39], also drei Jahre nach Eröffnung der Oberweser-Dampfschiffahrt. Den ersten Teil seiner Reise über Hannover nach Leipzig legte Bakulus mit dem Dampfer „Wittekind“ auf der Weser von Bremen bis Nienburg zurück. Eine Viertelstunde vor der Abfahrt stand er an Deck und warf der Vaterstadt „tausend schmerzdurchdrungene Abschiedsküsse zu ... Ich unterdrückte männlich die hervorbrechenden Tränen, denn eben schlugen die Räder [Schaufeln des Raddampfers] ein.“ Offenbar fuhr man bei der Holzpforte ab, nahm dann aber Kurs auf die Weserbrücke. Einer rief: „Um Himmelswillen, Kapitän, ... Sie fahren uns ja wieder nach Bremen hinein!“ Der Kapitän beruhigte: „Der Schein trügt. Die Weser ist so eigensinnig, daß sie uns zwingt, eine Strecke zurückzufahren. Sogleich geht's wieder besser.“ Der Fahrgast beruhigte sich und „warf einen verächtlichen Blick auf die Weser und ihre traurigen Sandbänke und bestellte sich ein Glas Madeira.“ Und spöttisch heißt es über die Anstrengungen, das Fahrwasser zu verbessern: „Den ganzen Sommer über habe ich doch nun schon zwei Männer daran arbeiten sehen, dein Bett zu vertiefen, und doch willst du [die Weser] diese Bemühungen um deine Verbesserungen nicht annehmen?“

Unter munterem Geplauder vergaß der Verfasser eine Schilderung der Uferpartien, und „so überraschte uns allzufrüh der Anblick der schönen Weserbrücke bei Nienburg; der alte Wittekind [der Dampfer] machte mit seinem stolzen Haupte eine devote Verbeugung vor seinen jungen Landsmänninnen, die von der Brücke herab mit ihm [dem Dampfer Wittekind] liebäugelten und erreichte bald sein allerliebstes Ruheplätzchen an dem Rasenabhang des Weserufers. Der erste Schritt vom Dampfschiffe auf das feste Land hinüber versetzte uns auf hannoverschen Grund und Boden, und das erste, was uns dort empfing, war natürlich ein Zollgebäude ... Die hannoversche Kontrolle ist übrigens bei weitem weniger streng als die preußische; der Zöllner fand meine Beweisführung, daß ein Schulmeister zollbare Gegenstände nicht leicht bei sich führe, triftig und ließ mich ungeschoren. Meinen Reisegefährten ging es nicht so gut; sie mußten sich einer Visitation unterwerfen. Der Zöllner vermutete bei dem Tonkünstler etwa Kompositionen von revolutionären Liedern.“ Über Nienburg sagt der Verfasser: „Ich wüßte eigentlich nichts über die Stadt selbst zu sagen; sie ist eben solch einförmige leidlich helle Stadt ohne irgend eine hervorstechende Eigenschaft, wie dergleichen kleine Provinzstädte zu sein pflegen.“

Von Nienburg aus wollte der Verfasser mit dem Omnibus des Gastwirts Rathjen namens „Merkur“ weiterreisen, doch dieser war nicht „bei der Hand“, und so wurde er „in einen andern Wagen gepackt“, der den Namen „Wellington“ trug. Dieser hatte „außer dem Cabriolet mit dem Hauptwagen noch eine Abteilung, in der gerade vier Personen bequem sitzen konnten.“

Weserfahrten in Reiseführern und in der Literatur 1843-79

Alle Reisen auf der Weser in der ersten Hälfte des 19. Jahrhunderts zeichnen noch eine Biedermeieridylle. Nur wer genauer hinschaut oder auch hinhört, erkennt manches, was diese idyllische Welt störte. Während zunächst Ruderboote, Segel- und Treidelschiffe lautlos oder plätschernd dahinglitten, rumpelten seit 1817 auf der Unterweser und seit 1843 auf der Oberweser Raddampfer mit hohen Schornsteinen, die Rußwolken in den Himmel bliesen. Und auch die trostlosen Truppentransporte sowie die zusammengepferchten Auswanderer im Zwischendeck der Seeschiffe wollten nicht recht zum romantischen Bild des friedlichen Flusses passen. Doch die Landschaften an der Weser blieben zunächst noch das, was sie immer gewesen waren: Sanfte Höhen und grüne Wiesen, freundliche Dörfer und Kleinstädte wie aus dem Bilderbuch. Die Eisenbahnstrecken, die seit den 40er Jahren gebaut wurden, kreuzten nur an wenigen Stellen das Wesertal; auf den Straßen blieb noch bis zum Ende des Jahrhunderts alles beim alten: man sah auf ihnen nur Fußwanderer, Reiter und Fuhrwerke.

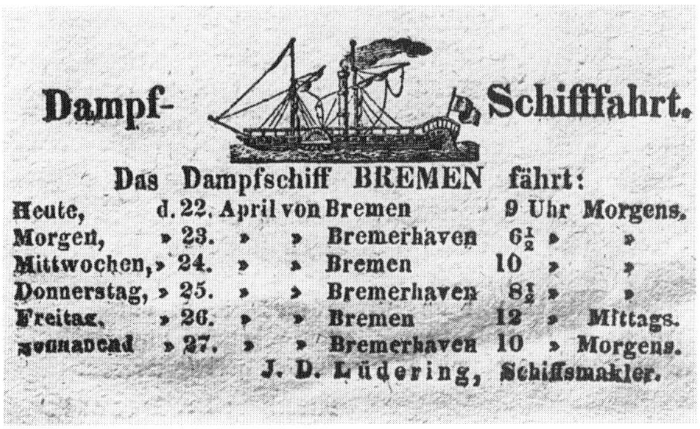
Dampf- Schifffahrt.
Das Dampfschiff BREMEN fährt:

Heute,	d. 22. April von	Bremen	9 Uhr	Morgens.
Morgen,	» 23. » »	Bremerhaven	6½ »	»
Mittwochen,	» 24. » »	Bremen	10 »	»
Donnerstag,	» 25. » »	Bremerhaven	8½ »	»
Freitag,	» 26. » »	Bremen	12 »	Mittags.
Sonnabend	» 27. » »	Bremerhaven	10 »	Morgens.

J. D. Lüdering, Schiffsmakler.

Fahrplan des Dampfers „Bremen“ für den Verkehr zwischen Bremen und Bremerhaven, Zeitungsanzeige von 1840

Die Passagierfahrten mit dem Dampfer bekamen ihren festen Plan.[40] Von Bremen aus verkehrten 1848 die Schiffe „Bremen“, „Roland“ und „Gutenberg“ von der Schlachte aus (Kalkstraße) täglich jeden Morgen und Nachmittag nach Bremerhaven. Der Passagierpreis betrug in der 1. Kajüte 48 Grote, in der 2. Kajüte 30 Grote; das entspricht etwa einem heutigen Kaufpreis von 70 und 40 DM. Während der Saison gab es regelmäßig Dampferausflüge nach Helgoland, Norderney und Wangerooge. Die Dampfer „Paul Friedrich August“, „Hanseat“ und „Oldenburg“ übernahmen auch die Tour nach Olden-

Dampfer „Blücher" vor Bremen in Höhe der Ansgarikirche, Ausschnitt aus einer Gesamtansicht von Bremen, kolorierte Lithographie von L. Niebour, 1845

burg; der „Blücher" legte jeden zweiten Tag um 5 Uhr am Altenwall ab, um nach Münden zu dampfen. Die Preise für die Fahrt zu Berg und zu Tal waren unterschiedlich. Daran änderten sich in den nächsten Jahrzehnten nur die Fahrpläne und Kosten. Man fuhr zum Vergnügen, oder man nutzte die Weserstrecke als Teil einer größeren Reise; besonders die Zahl der Auswanderer nahm auf den Weserdampfern zu. Auch Ausflüge mit Ruderboot und Segelschiff gehörten um 1865 zum touristischen Angebot[41] in Bremen: Ruderboote kosteten je Stunde 6 Grote, Segelschiffe etwa 8 Grote, wenn die Fahrgäste selbst rudern oder segeln wollten. „Am Osterdeich sind jederzeit kleine Fahrzeuge zu mieten. Wer stromauf rudern will, hält sich zunächst an der rechten Stromseite, wo die Boote liegen, und rudert möglichst dicht um die Spitzen der Schlengen herum und immer wieder in die Buchten hinein; so ist dem Strom am leichtesten zu begegnen. Segelschiffe zu führen, setzt die betreffenden Kenntnisse voraus." Den Stadtführer, dem diese Informationen entnommen sind, brachte Robert Geißler zum 2. Deutschen Bundesschiessen in Bremen (1865) heraus; er war für die zahlreichen Gäste gedacht, die sich in diesem Jahr in Bremen aufhielten. Geißler (1819-93), aus Göttingen stammend und zunächst Miniaturmaler für Pfeifenköpfe und Tassen, besuchte die Kunstakademie in Kassel und war zwischen 1855 und 1866 sowohl Lithograph als auch Schriftsteller in Hamburg und Bremen. Er gab nicht nur Stadtführer und andere geographische Bücher heraus, sondern lieferte auch Holzstichansichten für Familienzeitschriften. 1866 ging er nach Berlin und zog 1880 in seinen Geburtsort Göttingen, wo er als Journalist und Illustrator tätig war. Schon vor dem Bremer Stadtführer hatte er 1863, als er noch in Göttingen lebte, das Buch „Die Weser"[42] publiziert. Drei Vorgänger regten ihn zu dieser Arbeit an: Theodor von Kobbes „Wanderungen an der Nord- und Ostsee" in der Reihe „Das malerische und romantische Deutschland" von 1840[43], das einen Abschnitt über Bremen enthielt, und vor allem in der gleichen Reihe „Das Weserthal von Münden bis Minden", das der Dichter Franz Dingelstedt

1840/42 verfaßte[44]; 1845 war dann noch A. Engels „Weserbuch“ mit reicher Illustration erschienen.[45]

Es zeigt sich also deutlich, daß die Weser seit etwa 1840 für manche Literaten zum Thema und für viele Menschen zum landschaftlichen Erlebnis wurde; Dampferfahrten auf dem Fluß avancierten sogar zur touristischen Mode. Insofern hatte Robert Geißler Unrecht, wenn er in seinem Weserbuch 1863 schrieb: „Die reizenden Ufer der Weser sind in weiteren Kreisen fast unbekannt, ein Umstand, der sich wohl am leichtesten daraus erklärt, daß mit Ausnahme Bremens, keine große Stadt an ihren Gestaden liegt.“ Auch diese Begründung ist falsch: Viele Reisende suchten sicher nicht die großen Städte, sondern romantische Flußlandschaften. Geißler schreibt: „Dieses Buch soll dazu beitragen, die Aufmerksamkeit des Reisepublikums auf jene prächtige Gegend zu lenken. So ist es geboten, daß Wort und Bild sich hauptsächlich an die Oberweser von Münden bis Minden halten, dann aber, mit Übergehung der malerisch unbedeutenden Partien von Minden bis Bremen erst von dieser Handelsmetropole an den Faden der Beschreibung wieder aufnehmen, wo das maritime Leben mit allen seinen interessanten Anhängseln aufs neue dazu angetan ist, in reichem Maße zu fesseln.“ Auch für Geißler stand also das romantische Erlebnis im Vordergrund. Er war ein geschickter Publizist, der genau wußte, wie man ein populäres Buch gestalten mußte; er mischte schwärmerische Landschaftsschilderungen, Anekdoten, Historisches und selbst Erlebtes; zudem schätzte er die journalistische Zuspitzung.

An der Oberweser herrschte die alte Idylle weiter, viel Neues war nicht mitzuteilen: Hier und da erhob sich der Schornstein einer Glas- oder Papierfabrik, in Hameln hatte man 1839 eine neue Kettenbrücke gebaut und die Schleuse modernisiert; die Porzellanmanufaktur Fürstenberg war in neuester Zeit „in Privatbesitz übergangen,

Zwei vornehme Herren mit Zweispitz in einem Boot, am Heck die bremische Staatsflagge, Ausschnitt aus einer Stadtansicht von Joseph Jacquemier, Lithographie um 1860

Anlegestelle der Dampfschiffe in Bremen an der Kalkstraße (Stephaniviertel), rechts im Hintergrund die Packhäuser auf dem Teerhof, Foto 1864

und es soll seitdem das auch früher schon vortreffliche Fabrikat noch eine ungemeine Vervollkommnung erfahren haben und weit billiger geworden sein.“

Die Gesellschaft auf dem Dampfer war sehr gemischt: „Unter den … Passagieren ist eine Anzahl oberdeutscher Auswanderer, welche mit Recht den Flußweg nach Bremen vorziehen. Die Gesellschaft ist bunt und interessant; solch ein Flußdampfer ist ein kleiner Staat im Staate. Wo fänden sich so mancherlei Volkselemente zusammen, die einen gemeinsamen Weg wandeln und doch in sich so unsäglich verschieden sind … Vorn auf der Spitze des Schiffes lagert sich jenes Häuflein Vaterlandsmüder, Amerikasüchtiger. Es sind buntgekleidete Bauern aus dem Oberland“. Geißler berichtete manches über das traurige Schicksal dieser Auswanderer. Unter den Gästen waren zudem Uferbewohner, die z.T. stationsweise mitfuhren; hinzu kamen „zwei Jäger vom Solling, einige Schüler der großen Gewerbeschule zu Holzminden, eine reisende Künstlergesellschaft von der Sorte, wie sie sich auf Jahrmärkten mit der Trompete ankündigte, und einige beurlaubte Soldaten.“ Hinten auf dem Schiff waren die Passagiere „aristokratischer“: Ein blasses Mädchen, eine ältliche Dame, einige Göttinger Studenten, drei Engländer.

Die Strecke von Minden bis Bremen überschlägt Geißler, weil sie dem Reisenden wenig bietet; er will auch nicht über künstlichen Champagner, Biscuit und Zichorie aus Nienburg, Senf aus Eystrup usw. berichten, und so setzt er seine Schilderung erst in Bremen fort. Das Buch erschien 1863, ein Jahr nachdem die Eisenbahn nach Geestemünde eingeweiht worden war. Geißler meint, man möge den Schiffahrtsweg vorziehen, da er geruhsamer und romantischer sei; es ist aber bezeichnend, daß er bis Bremerhaven nur Vegesack und Elsfleth mit seinem Ge-

Ludwig Franzius (1832-1903), Foto um 1890

werbefleiß erwähnt. Ausführlich wird aber Bremerhaven beschrieben.

Im Anhang erfährt man Einzelheiten über die Dampfschiffahrt auf der Unter- und Oberweser, über die Leichterschiffahrt auf der Unterweser usw. Und hier wird eine grundlegende Änderung deutlich: An die Stelle der Segelschiffe und des Treidelns mit Pferde- und Menschenkraft ist weitgehend das Ziehen von Kähnen durch Dampfschiffe getreten.

Unter den Reiseführern, die sich auf die Weser beziehen, nimmt einer von 1879 mit dem Titel „Baedekers Unterweser [Bremen bis Burgwall]" eine Sonderstellung ein. Er wollte „ein poetischer Führer für literarische und andere Gesellschaften" sein und war daher in Versen verfaßt. Der Autor nennt sich „Baedeker sen.", den lyrischen Anhang schuf „Baedeker jun.", die Vorrede „Frau Baedeker", und den Anzeigenteil redigierte „Fräulein Baedeker". Das Buch ist im Reisehandbuchverlag „Baedeker in Bremen" erschienen. Die kleinen Skizzen des Büchleins sollen von „Meisterhand" stammen. Die Veröffentlichung hat aber nichts mit dem Baedeker-Verlag in Leipzig, ja, überhaupt nichts mit einer Person namens Baedeker zu tun. Verfasser und Verleger bleiben ungenannt und lassen sich nicht mit Sicherheit ermitteln. Der bekannteste Bremer Autor von Gelegenheitsgedichten und Verleger lustiger Texte war in dieser Zeit der aus Ostfriesland stammende Karl Tannen; der Stil des Buches spricht für ihn als Verfasser. Die Darstellung ist nicht ohne unfreiwillige Komik. Das Vorbild war sicher Wilhelm Busch, doch die Verse sind erbärmlich; auch die Skizzen von „Meisterhand" sind laienhaft und flüchtig. Dennoch haben die Verse des dünnen Büchleins einen gewissen Reiz; sie deuten auf manche Veränderung an der Weser hin. Die Dampferfahrten waren nicht ganz ohne Pannen, und die Gastronomie am Weserufer hatte einen schlechten Ruf. So empfiehlt der Poet, man möge in größerer Gesellschaft reisen, dann ließen sich Schwierigkeiten besser überstehen. An Bord gebe es nur „Blümchenkaffee" und „angesäuertes Lagerbier"; in den Gasthöfen am Flußufer sei man auf die Versorgung größerer Gesellschaften nicht eingerichtet. Die Weser war immer noch ein wenig geschätztes Reisegebiet:

„Ach, wie oft muß doch der Leser
Seine Heimath an der Weser
Von wildfremder Länder Kindern
Hören sehr heruntermindern!
Wie der Sohn des Berges lacht,
Wo die Gegend sich verflacht!
Ohne Berge, ohne Reben
Meint er, könne man nicht leben.
Sumpf und Heide, Marsch und Moor
Kommt ihm unerträglich vor."

Der Verfasser bemüht sich um so mehr, das Gegenteil zu beweisen. Die Schlachte, wie bisher der Hafen Bremens,

Dampfer „Bremen" und ein Weserkahn in der Höhe der Stephanikirchenweide, in der Bildmitte der Reparaturbetrieb des Norddeutschen Lloyd, Ausschnitt aus einer Gesamtansicht der Industrien auf der Stephanikirchenweide, Zeichnung und Lithographie von Carl Hertzog, um 1860

findet aber beim Poeten keine besondere Beachtung. Als Neuigkeiten werden die Eisenbahn und die Fabriken auf der Stephanikirchenweide erwähnt:

„Rechts siehst Du in langen Ketten
Herrliche Maschinenstätten.
...
Wohlbekannt ist jedem Leser
Die Aktiengesellschaft Weser.
...
Für die große deutsche Flotte
Liefert sie Kanonenboote.“

Über Walle und Gröpelingen war damals noch nicht viel zu sagen; aber auf der linken Weserseite sah man bei Woltmershausen bereits die Vorbereitungen zur Weserkorrektion.

„Und Du fragst Dich, wozu dienen
Dort die mächtigen Maschinen
Und die ungeheuren Mengen
In den Strom gebauter Schlengen?
Diesen herrlichen Genuß
Schuf der Baurath Franzius
Daß sein Bett, worin er liefe,
Nach und nach den Strom vertiefe.
...
Ach, der Mann ist gut und willig,
Doch ist sein Projekt nicht billig.“

Über Rablinghausen und Lankenau gab es nicht viel zu berichten. Und bei Oslebshausen konzentrierte sich die Aufmerksamkeit auf die 1871/74 erbaute große Strafanstalt. Der Poet fragt nach der Bedeutung des „steilen Steinhauses“:

„Alsobald erkennst mit Bängniß
Darin Du das Staatsgefängnis.
Leider kann man nur mit Schaudern
Über diese Anstalt plaudern,
Denn die Zinnen und die Dächer
Bergen schreckliche Verbrecher,
Leute, die sich gar nicht schämen
Andern etwas wegzunehmen,
Oder, die sich ein Vergnügen
Machen vor Gericht zu lügen,
Solche, die mit großen Summen
Durchgegangen, müssen brummen
Neben jenen, die voll Tücke
Fälschen Wechsel, Aktenstücke.
Über alle schwingt der gute
Schnepel jetzt die Bessrungsruthe.“

Nun, „der gute Schnepel“ war der Strafanstaltsdirektor August Ludwig Carl Schnepel, dem der Inspektor Zoglowek, der Oberaufseher Lüpke, ein Hausgeistlicher, ein

Die Strafanstalt in Oslebhausen, im Volksmund auch „Rotenburg“ genannt, unrealistische Skizze aus „Baedekers Unterweser“, 1879

Hausarzt, ein Hauslehrer und andere Personen zur Seite standen, um die Insassen zu disziplinieren oder zu bessern.

Auf der linken Weserseite folgte Seehausen „mit altem Dom“ und Hasenbüren:

„Beide liegen sehr entlegen
Und der Mensch hat dort deswegen
Fast im Umkreis einer Meile
Ungeheure Langeweile.“

Grün und eintönig war es weit und breit, und am rechten Weserufer grüßte „die mutterlose Kirche“ von Mittelsbüren. Aber es war nicht mehr die alte, sondern ein Neubau von 1846/47. Bei der Deutung des Namens geht das Gedicht in anekdotische Breite: Der häßliche Bauer Scholz war ein Junggeselle, der schließlich eine ebenso häßliche Frau fand. Bei der Trauung in der Kirche stieg die Statue der erschrockenen Mutter Gottes von ihrem Thron und verschwand. Die Kirche war dadurch „mutterlos“ geworden.

Bei Grohn, St. Magnus und Vegesack kommt der Poet ins Schwärmen:

„Oben auf des Berges Spitze
Liegen schöne Sommersitze.
...
Dort im Winde sieht man Mühlen
Langsam mit den Flügeln wühlen.
...
Wie in Lohengrin die Schwäne
Segeln auf der Lesum Kähne.“

Vegesack war ruhig und reinlich. In Fähr stieg der Poet aus und begann zu wandern. Vorbei am Wätjenschloß durch blühende Gärten, gelangte er zum Burgwall, damals noch eine ländliche Gastwirtschaft.

Das hohe Ufer bei Vegesack mit „Windeck", Landsitz des Kaufmanns und Reeders Johannes Tidemann, Zeichnung und Lithographie des Hamburger Künstlers W. Heuer, um 1860

„[Und] an diesem Platz, juchhe,
Wartet unser Dejeuner."

Die Verbindung einer Dampferfahrt mit einem Spaziergang in der „Bremer Schweiz" war in jener Zeit sehr beliebt.

Weserfahrten am Ende des 19. Jahrhunderts

In der zweiten Hälfte des 19. Jahrhunderts gewannen Eisenbahn und Landstraße für den Verkehr immer mehr an Bedeutung. Während die Weserschiffahrt ihre Rolle beim Transport von Massengütern bewahrte, beschränkte sich die Personenschiffahrt weitgehend auf „Lustfahrten". Bei den Sehenswürdigkeiten an der Unterweser erhalten Industrieanlagen größeres Gewicht.

Im Rahmen der Heimatbewegung wurde die Weser oft besungen und beschrieben – teils schwärmerisch, teils aber auch sachlich informierend. Die sorgfältigsten Beschreibungen lieferte der Lehrer Lüder Halenbeck (1841-95); seine „50 Ausflüge in die Umgegend von Bremen" von 1893, faßten jahrzehntelange Erfahrungen und mehrere ältere Arbeiten[46] zusammen und aktualisierten sie. Hier wird nicht romantisiert oder anekdotisch ausgeschmückt, sondern sorgfältig unterrichtet; es ist kein Buch zum Lesen, sondern zum Nachschlagen und nennt Brükken, Gebäude, Industrieanlagen und Orte mit zugehörigem historischem und statistischem Detail.

Der Dampfer nach Vegesack legte in Bremen an der Kalkstraße ab; die Schlachte wird nicht mehr erwähnt, denn sie hatte ihre Funktion als Hafen verloren. Der Weserbahnhof hinter der Eisenbahnbrücke bestand aus drei massiven Schuppen; 1865 war ein Holzschuppen hinzugekommen, der von den Bauten des 2. Deutschen Bundesschießens auf der Bürgerweide übernommen worden war. Sicherheitshafen und Woltmershauser Kanal dienten der Schiffahrt, auf der Stephanikirchenweide standen der Reparaturbetrieb des Norddeutschen Lloyd und die AG „Weser". Beachtung fand das Becken des Hafen I, dessen Bau, Ausstattung und Leistungsfähigkeit genau vorgeführt werden. Der Holz- und Fabrikenhafen war seit 1889 entstanden, der Ausbau noch nicht abgeschlossen; zu ihm gehörten Holzlagerplätze, ein Sägewerk und die Hansamühle. Danach folgten Dörfer, Wiesen und Weiden, Landgüter und Gastwirtschaften; man sah die Kirchen von Seehausen und Mittelsbüren. Ausführlich wird die Geschichte des Schönebecker Sandes an der Lesummündung beschrieben. Dann folgt wieder die Industrie von Grohn bis Vegesack (Norddeutsche Steingutfabrik, Tauwerkfabrik, Baumwollspinnerei und -weberei). Der Vegesacker Hafen war gerade im Rahmen der Weserkorrektion umgebaut und vertieft worden.

Auch eine Fahrt von Vegesack nach Bremerhaven wird von Halenbeck festgehalten. Zu jedem Ort findet man kurze, bisweilen auch längere historische Informationen. Im großen und ganzen hatten die Dörfer ihren ländlichen Charakter bewahrt, obwohl einige von ihnen kleinere Werften und Hafenanlagen besaßen. Bei Farge wird die damals bedeutende Steingutfabrik Witteburg vorgestellt. Überraschend ist die Mitteilung, daß sich auf dem linken Weserufer unterhalb von Rekum seit 1887 die Anlagen einer holländischen Lachsfischerei mit einem 1,7 km langen Leitdamm befanden. In der Wesermündung werden Militäranlagen genannt, die 1870-73 entstanden: die Forts Langelütjen 1 und 2 auf Inseln, das Fort und die Erdbatterie Brinkamahof am Leher Weserufer.

Ansicht der Steingutfabrik Witteburg bei Farge. Ausschnitt aus einer Ansichtskarte von 1897, Chromolithographie

Partie am Hafen von Hameln; rechts Bockschiffe mit überdachtem Laderaum, Ansichtskarte von 1903, Lichtdruck mit chromolithographischem Überdruck

Die Dampfschiffahrt änderte im Laufe der Zeit ihre Schiffe, Termine und Abfahrtstellen, im Überblick aber läßt sich folgendes für das Ende des 19. Jahrhunderts sagen: Die Oberweser-Dampfschiffahrtsgesellschaft in Hameln betrieb um 1910 die Schiffe „Kaiser Wilhelm", „Kronprinz Wilhelm", „Kaiser Friedrich", „Fürst Bismarck", „Graf Moltke" und „Braunschweig" auf der Strecke Münden-Hameln. Sie fuhren aber nur während der Sommersaison von Anfang Mai bis Ende September. Von Hameln nach Minden verkehrte ein Dampfer im Sommer an Sonn- und Festtagen; häufiger waren Schiffe von Minden zur Porta Westfalica unterwegs.

Jan Oeltjen, Bootshafen an der Weser, Öl/Leinwand, 1929, Landesmuseum Oldenburg

Auf der Unterweser war vor allem der Norddeutsche Lloyd mit einigen „Luxusdampfern" vertreten. Zu den langsamen und nostalgischen Raddampfern traten schnellere Schraubendampfer hinten. Es gab Touren nach Vegesack bzw. Farge, Bremerhaven und zu den Nordseebädern. Die Abfahrt nach Bremerhaven erfolgte am Kopf des Hafens 1 (später Europahafen); wer eine Karte löste, war auch zur Besichtigung eines Ozeandampfers berechtigt. Im grossen und ganzen handelte es sich um „Lustfahrten", manche Passagiere reisten lieber mit dem Schiff als mit der Eisenbahn nach Vegesack oder Bremerhaven. Der Weg auf dem Wasser war billiger und auch „romantischer". Beliebt waren zudem die Kaffeefahrten zu den Badener Bergen in der Sommersaison sowie an Sonn- und Feiertagen. Die Abfahrt erfolgte am Franziusdenkmal (Große Weserbrücke). Hafenrundfahrten wurden erst seit 1925 von der Weser-Linie GmbH (Bernhard Wilhelm Riedemann) von der Schlachte aus angeboten. Später war die Schreiber-Reederei auf sie konzessioniert.

Anmerkungen

1 Niedersächsisches Hauptstaatsarchiv Hannover: Hann. Des. 41 v, Nr. 29
2 Bock, eigentlich „Bukke"; ein flachbodiges Schiff aus Buchenbrettern. Versuch eines bremisch-niedersächsischen Wörterbuches. Bd. I, Bremen 1767, S. 155: „Ein plattes Fahrzeug, das die Weser auf und ab fährt".
3 Versuch eines bremisch-niedersächsischen Wörterbuches. Bd. I, S. 159: „Eine Art platter Schiffe; wird so genannt nach den eichen Bolen".
4 Gesamthochschulbibliothek Kassel 4°, Mskr. Hass. Nr. 161 und 161 a.
5 Gesamthochschulbibliothek Kassel 4°, Mskr. Hass. Nr. 160, S. 437 ff.
6 Sie gehörten zum Typ des Ewers, hatten einen flachen Boden und wurden durch zwei Seitenschwerter stabilisiert. Es gab Versionen mit einem Mast und zwei Masten, einem größeren und einem kleineren. Die große Ladeluke gestattete die Aufnahme großformatiger Lasten; sie war überdacht. Die Länge des Weserkahns betrug 15-25 Meter; er hatte 5-30 Last. Bremen besaß 1840 142 Weserkähne, die Zahl nahm dann ab, um 1900 verschwand er von der Weser. Friedrich Wilhelm Brandt, Der Weserkahn. In: Nils Aschenbeck/ Wolf-Dietmar Stock (Hrsg.), Die Weser. Eine Flußfahrt von der Aller bis zur Nordsee, Fischerhude 1998, S. 58 f.
7 Gesamthochschulbibliothek Kassel 4°, Mskr. Hass. Nr. 228
8 Staatsarchiv Bückeburg Dep. 6 GHA, Nr. 661
9 Gemeint ist das Holzepitaph des Heerführers Hilmar von Münchhausen († 1573) und seiner Gemahlin mit einer gemalten Darstellung des im Tempel lehrenden Jesus.
10 Eine Delphinart (Delphinus Phocaena L.) mit kurzem abgerundeten Schnabel, fast in der Mitte des Körpers liegender Flosse und mit einem Körper, der oben braun, unten hell ist. Er ist 1,20 bis 1,50 Meter lang, war in der Nordsee häufig und folgte gern den Schiffen.
11 Über ihn vgl. Bremische Biographie des neunzehnten Jahrhunderts, Bremen 1912, S. 104
12 Der Bürgerfreund, 4. Jg., 1819; er erschien bei Jöntzen in Bremen und enthielt vor allem kulturelle Aufsätze, aber auch Beiträge zu lokalen Angelegenheiten.
13 Versuch eines bremisch-niedersächsichen Wörterbuches. Bd. IV, Bremen 1770, S. 893: „Ein kleines Fahrzeug, Kahn, Nachen, Boot." Schon im Mittelalter als kleineres Transportschiff überliefert.
14 Der Bürgerfreund, 7. Jg., 1822, Nr. 8
15 Günter Benja, Niederweser-Lustfahrten, Bremen 1983, S. 10 ff.; Peter-Michael Pawlik, Von der Weser in die Welt, Hamburg 1993, S. 160 (= Schriften des Deutshen Schiffahrtsmusuems, Bd. 33). Die „Weser" war ein 23,7 Meter langer und 4,1 Meter breiter Raddampfer, der 1833/34 abgewrackt wurde.
16 August Freudenthal/Julius Graefe, Bremer Dichter, Bremen 1875, S. 145-150; Bremische Biographie des neunzehnten Jahrhunderts, S. 230 f.
17 Frauenzeitung, hrsg. von Louise Marezoll, Leipzig 1838, S. 581 ff.
18 Der erste Raddampfer „Bremen", bei Johann Lange in Vegesack gebaut, lief am 12. November 1833 vom Stapel; er wurde von der Werft selbst bereedert und übernahm die Tour zwischen Bremen und Bremerhaven. Das 27,8 Meter lange und 6,2 Meter breite Schiff hatte manche Mängel und wurde Anfang Mai 1838 außer Dienst gestellt. Am 15. Juni 1838 begann die zweite „Bremen" ihre Fahrt. Der 38,3 Meter lange und 6,3 Meter breite Raddampfer, ebenfalls von der Werft bereedert, verkehrte bis 1847 zwischen Bremen und Bremerhaven, war aber auch im Seebäderdienst zwischen Bremerhaven und den Nordseeinseln (Wangerooge, Norderney) eingesetzt; an seine Stelle trat ein Dampfschiff aus Eisen, das auch den Namen „Bremen" erhielt. P.-M. Pawlik, Von der Weser in die Welt, S. 181 f. und S. 193 f.
19 Das Vollschiff „Johannes" entstand 1828 auf der Werft von Bosse in Bremen-Burg für die Firma Gebr. Kulenkampff in Bremen. Kapitän war 1831-39 Hermann Sengstake. Das Schiff wurde der Nordamerikafahrt übergeben und ist im Frühjahr 1844 auf der Reise nach Baltimore mit 150 Passagieren verschollen. P.-M. Pawlik, Von der Weser in die Welt, S. 370.
20 Das Vollschiff „Copernicus", 1835 auf der Werft von Johann Lange in Vegesack 1835 für die Bremer Firma N. Gloystein und Söhne gebaut, war in der Fracht- und Passagierfahrt nach Nordamerika eingesetzt. Kapitän war Heinrich Haeslop. Das Schiff wurde 1846 bei Baltimore beschädigt und abgewrackt. P.-M. Pawlik, Von der Weser in die Welt, S. 186 f.
21 Wahn und Überzeugung – Reise des Kupferschmiede-Meisters Friedrich Höhne in Weimar über Bremen nach Nordamerika und Texas in den Jahren 1839, 1840 und 1841, Weimar 1844
22 Dierk Rodewald (Hrsg.), Friedrich Engels über die Bremer. Briefe, Aufsätze, Literarisches, Bremen 1966; vgl. auch Hans Polger/Michael Knieriem, Friedrich Engels als Bremer Korrespondent des Stuttgarter „Morgenblatts für gebildete Leser" und der Augsburger „Allgemeinen Zeitung", Trier 1975 (= Schriften aus dem Karl-Marx-Haus, Heft 15)
23 Gebaut 1839 auf der Werft von Hermann Heineken in Bremen, war das Schiff sowohl auf der Ober- als auch auf der Unterweser tätig. Auf der Oberweser versah es Dienst in der Schleppschiffahrt, indem es Bockschiffe zog. Es war 39 Meter lang und über den Radkästen 11,14 Meter breit. Es blieb bis 1847 im Einsatz. Johannes Lachs, Schiffe aus Bremen, Bremen 1994, S. 92; G. Benja, Niederweser-Lustfahrten, S. 20 ff.
24 Gemeint ist der Backsteinbau des Forts William, der 1830-34 an der Einfahrt zum Hafen als Zeichen hannoverscher Landeshoheit errichtet und 1869 abgebrochen wurde. Herbert und Inge Schwarzwälder, Bremerhaven und seine Vorgängergemeinden. Bd. 2, Bremerhaven 1977, S. 140-143 (= Veröffentlichungen aus dem Stadtarchiv Bremerhaven, Bd. 2)

25 Otto Friedrich Wehrhan, Norddeutsche Reise, Dresden 1842

26 Gebaut 1839/40 in Millwall bei London für die Bremer Firmen Eduard Hagedorn und Carl Theodor Gevekoht. Das Schiff verkehrte zwischen Bremen und Bremerhaven, diente aber auch den Seebädern als Beförderungsmittel. Es war etwa 43 Meter lang und hatte 80 Last. 1872 wurde das Schiff verkauft. G. Benja, Niederweser-Lustfahrten, S. 22 f.; Johannes Lachs, Schiffe aus Bremen, Bremen 1994, S. 74

27 Gemeint ist die mittelalterliche Moorlose Kirche, die 1845 abgerissen und neu errichtet wurde.

28 Amtlicher Bericht über die zweiundzwanzigste Versammlung deutscher Naturfreunde und Aerzte in Bremen im September 1844, Bremen 1845. Die „Illustrierte Zeitung" in Leipzig gab zu diesem Ereignis eine Sondernummer heraus.

29 Das Schiff lief bei Lange in Vegesack am 22. September 1844 vom Stapel. Auftraggeber war die Bremer Firma Faber & Fletcher. Die Bark, 30,9 Meter lang und 7,9 Meter breit, war in der nordamerikanischen Passagier- und Frachtschiffahrt eingesetzt, wurde 1859 nach Brake verkauft und in „Planet" umbenannt. Das Schiff diente nun als Walfänger und ist 1863 nach Norwegen veräußert worden. P.-M. Pawlik, Von der Weser in die Welt, S. 205

30 Vollschiff, 1841 von Johann Lange in Vegesack für N. Gloystein Söhne in Bremen gebaut, 1857 von F. Möller Söhne erworben und 1860 nach London verkauft. P.-M. Pawlik, Von der Weser in die Welt, S. 203

31 Siehe Anmerkung 20

32 Vollschiff, 1838 von Johann Lange in Vegesack für F. Delius erbaut; Auswandererschiff. Nach Beschädigung bei Bordeaux 1848 in den Besitz französischer Eigner gelangt und umbenannt in „Peruana", dann (1849) in „Astronome". Der Verbleib des Schiffes nach 1856 ist unbekannt. P.-M. Pawlik, Von der Weser in die Welt, S. 195 f.

33 Die Schleuse des Hafens, später des „Alten Hafens"; sie wurde oft gespült, um sie vom Schlamm zu befreien. Das war ein vielbeachtetes Spektakel.

34 Die Dampfschiffahrt der Oberweser. In: Der Bürgerfreund, 28. Jg., Nr. 82 und 83, 12. und 15. Oktober 1843

35 Eine Steinbrücke mit 5 Bögen; 1813 wurde der mittlere Bogen von den Franzosen gesprengt; nach einer provisorischen Lösung (1814) 1828/29 wieder hergestellt. 1903 entstand eine neue Brücke.

36 In Hameln war der Werder, eine Insel in der Weser, seit dem Mittelalter durch Wehren bzw. „Schlagden" mit dem Flußufer verbunden, wodurch ein Wasserfall von etwa zwei Metern Höhe entstand. Die Schiffe mußten über eine Rutsche gezogen, aber zuvor entladen werden. 1733 baute man eine Schleuse, die aber für die Dampfschiffe seit 1843 zu schmal und nicht tief genug war, sie mußten entladen und der Radkasten abgebaut werden. 1860-73 errichtete man eine breitere Schleuse.

37 Ein Renaissance-Schloß, das Fritz von der Schulenburg 1579 erbauen ließ.

38 In der zweiten Hälfte des 19. Jahrhunderts durch eine feste Brücke ersetzt.

39 Der Bürgerfreund, 31. Jg., September/Oktober 1846

40 So im Neuesten Wegweiser durch Bremen und seine Umgebungen, Bremen 1848, S. 79 f. Der Vorläufer: Wegweiser durch Bremen und seine Umgebungen, Bremen 1839

41 Robert Geißler, Bremen. Ein Führer durch die Stadt und ihre Umgebungen, Bremen 1865, S. 77

42 Göttingen 1863

43 Wanderungen an der Nord- und Ostsee, Leipzig um 1840

44 Kassel und Leipzig 1840/42

45 Hameln 1845

46 Etwa 10 Hefte Ausflüge in Bremens weitere Umgebung, 1878-1880; Eine Dampfschiffahrt von Bremen nach Vegesack, 1878

Rainer Halpaap

Die Weser – Ein archäologischer Rückblick

Mag es auch größere, bedeutendere mitteleuropäische Flüsse geben, die Weser ist sicherlich einer ihrer eigenwilligsten und interessantesten, zugleich einer der Hauptflüsse Deutschlands. Sie nur unter dem Blickwinkel der letzten 200 Jahre zu sehen, hieße sie nicht zur Kenntnis zu nehmen, zu bedeutend war ihre gestaltende Kraft auf Landschaft, Siedlung, Mensch und Wohlstand.

Entsprungen ist sie nicht aus einer Quelle, sondern aus dem Zusammenfluß zweier anderer. Von diesem Orte aus sich mühsam durch das Bergland windend, fand die Weser erst vor Jahrtausenden an der Grenze zur norddeutschen Tiefebene ihren freien Lauf. Fast scheint es, als sei erdgeschichtlich nur der erste Teil des Weges das Verdienst des Flusses selbst, der Rest vielmehr ein Geschenk der Vorzeit, insbesondere eiszeitlicher, südwärts gerichteter Spültäler. So waren es dort vor allem die Eiszeiten, namentlich die vorletzte, welche der dortigen Landschaft jeweils neue Gestalt verliehen und die Weser auf ihrem Weg nach Norden vor immer neue Aufgaben stellte. Sie meisterte diese mit Beharrlichkeit und fand ihr heutiges Bett, aus menschlich überheblicher Sicht nur verfeinert von den wasserbaulichen Maßnahmen des 19. und 20. Jahrhunderts. Spuren jener Eiszeit sind allenthalben anzutreffen, darunter Moränen im Bereich von Neuenknick nördlich von Minden, aber auch so massives Transportgut wie die Liebenauer Steine, den Weserschiffern alter Zeit berüchtigtes Hindernis und in ähnlicher Form auch bei Stolzenau und Schweringen anzutreffen.

Doch zurück zum Ausgangspunkt des Flusses. Erst per definitionem einigte man sich auf den Ursprung der Weser bei Hannoversch Münden durch den Zusammenfluß von Werra und Fulda. Erstere ist Hauptquellfluß und eigentlicher, vom Südwesthang des Thüringer Waldes kommender Urprung der Weser und mit 293 km Länge nur 185 km kürzer als die Weser zwischen Hannoversch Münden und Nordsee. Wie wir noch erfahren werden, scheint es auch namentliche Verbindungen zu geben, vielleicht Hinweise einheitlicher Wurzel. In ihrer Landschaft gar hatten beide ähnliche Schwierigkeiten zu bewältigen. Wesentlich kürzer hingegen ist mit 154 Stromkilometern die auf der Wasserkuppe in der Rhön entspringende Fulda.

Geographisch vereinfachend wäre die Weser in Ober-, Mittel- und Unterweser einzuteilen, dabei jeweils eigenständige Landschafts- und Siedungsräume auf insgesamt 120 Höhenmetern zwischen Hannoversch Münden und Bremerhaven durchlaufend. Bezeichnend ist in diesem Zusammenhang der Oberlauf der Weser, welcher zwischen Münden und Porta Westfalica auf 107 km Luftlinie 198 Stromkilometer aufweist. Die Ursache hierfür liegt in den zahlreichen geologischen Hindernissen, welche der Fluß zu überwinden hatte. Dabei durchfloß die Weser vor allem in den Warmzeiten fein abgestufte Klimalandschaften, welche auch geologisch unterschiedlichen Ursprungs sind.

Das oft kilometerweite Tal der Mittelweser wurde in der Vergangenheit regelmäßig vom Frühjahrshochwasser überflutet. Dies ist trotz Regulierung in manchen Jahren auch jetzt noch so, wenngleich in bescheidenerem Maße. Dabei wurde das Auetal mit Flutlehm aus den Lößgebieten erhöht, so daß regelrechte Uferrücken entstanden, die auch heute zu beobachten sind und deren Schichten pro Saison im nicht gesetzten Zustand einige Zentimeter betragen können. Inzwischen sind weite Bereiche der Talaue landwirtschaftlich nutzbar; sie dienen häufig als Weiden oder gar als Ackerflächen für anspruchsvollere Getreidesorten.

Im Laufe der Zeit formte die Weser geologische Formationen ganz unterschiedlicher Epochen. Wir erwähnen sie, weil sie entweder den Lauf des Flusses selbst oder den Charakter und die Geschichte späterer Siedlungsräume maßgeblich bestimmt haben, denken wir an die Salzlagerstätten und die damit verbundenen salzhaltigen Quellen. Sie waren schon in germanischer Zeit so sehr von Bedeutung, daß es im Jahre 58 n. Chr. zwischen Chatten und Hermunduren zu kriegerischen Auseinandersetzungen kam.[1] Und noch heute prägen mineralhaltige Quellen die

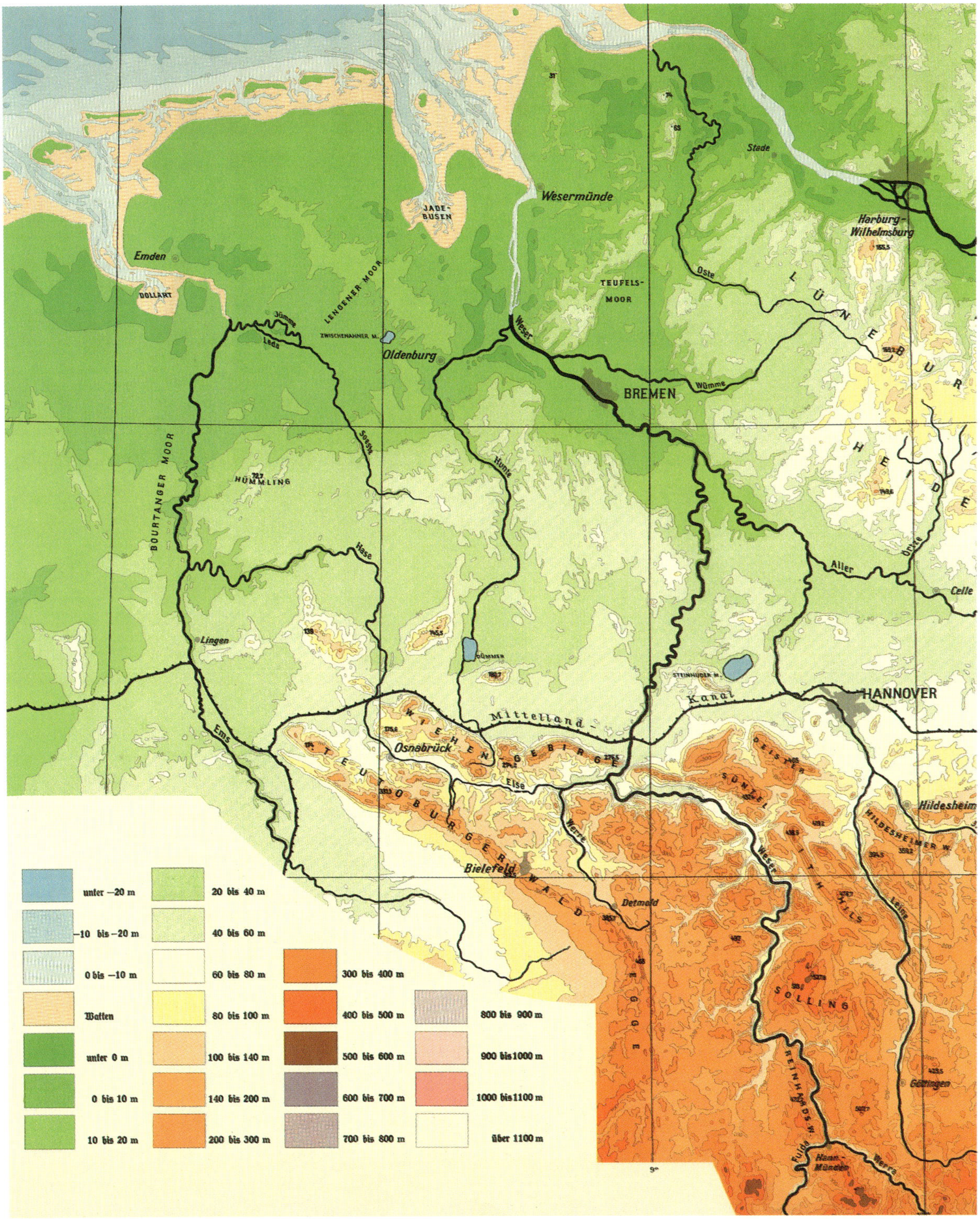

Karte des Weserlaufes,
Ausschnitt aus dem „Atlas Niedersachsen", 1934

Kur- und Bäderlandschaft vor allem westlich der Oberweser.

Aus dem Ende des Erdaltertums (Paläozoikum), dem jüngeren Abschnitt des Perms, stammen die Zechsteinformationen des bis vor etwa 250 bis 225 Millionen Jahren

Blick in das norddeutsche Tiefland während der Saaleeiszeit vor etwa 200 000 Jahren, Fotografie nach einem Modell im Regionalmuseum Xanten

bestehenden Zechsteinmeeres. Sie enthalten gerade für Niedersachsen ganz wesentliche Bodenschätze, darunter Stein- und Kalisalze, Gips sowie Erdgas und Erdöl führende Dolomite. Auch im Bereich der Weser spielten sie eine wichtige Rolle, so in Bodenwerder mit seiner Gipsgewinnung in moderner Zeit. Über diesem liegt zwischen Münden und Holzminden das prinzipiell in gleicher Weise wie Helgoland entstandene Oberweser-Buntsandsteingewölbe, welches die Weser in Jahrmillionen bis zu 200 m Tiefe durchschneiden konnte. Dies aber reichte nicht aus, um später auch dem Menschen und seinen Bedürfnissen ausreichend Platz zu geben. So verblieb mit dem etwa 50 x 60 km messenden Sollinggewölbe eine zwar reizvolle Waldlandschaft, Verkehr und Handel aber machten einen großen Bogen darum, im Osten durch den Leinegraben und im Westen durch den Eggegraben, beide spätestens im Mittelalter ausgewiesene Verkehrswege. Das Tal der Weser aber blieb in diesem Bereich bis in die Neuzeit außerordentlich verkehrsfeindlich, und auch die beiderseitigen Hochflächen von Brahm- und Reinhardswald nahmen nur ungern Siedlungen auf.

Überwinden konnten die letzten Eiszeiten die Mittelgebirgsschwelle nicht mehr, aber sie gaben durch ihre z.T. mehrere hundert Meter starken Ablagerungen dem präglazialen Untergrund die Möglichkeit, dem nacheiszeitlichen Meeresspiegelanstieg zu entkommen. Zugleich verliehen sie Mittel- und Unterweser sein in mächtigen Grundmoränen verlaufendes Urstromtal. Spuren der Elster-Eiszeit wurden so wesentlich von der Saale-Eiszeit überdeckt, daß sie nur noch durch Bohrungen feststellbar sind. Beide dürften in etwa den Bereich der Oberweser zwischen Hameln und Bodenwerder erreicht haben. Bestimmend für die Gestalt von Landschaft und Weser in ihrem Unterlauf aber wurde die Saaleeiszeit. Sie schuf mit ihren Schmelzwassern das weite Urstromtal von Aller und Weser und dies entgegen der Fließrichtung der heutigen Flüsse.

Auf diese Weise erhielten auch die ersten, durch menschliche Relikte definierten Epochen Nordwestdeutschlands, die Alt- und Mittelsteinzeit, zur Entwicklung von Klima, Landschaft und Vegetation ihre Vorgaben von der über die Randzonen des Mittelgebirges hinwegreichenden Saaleeiszeit. Damals wurden Flora und Fauna bis über die Alpen hinweg verdrängt. Die bis heute vergleichsweise Artenarmut in Tier- und Pflanzenwelt ist noch immer Folge hiervon. Denn anders als im nordamerikanischen Raum war aufgrund der Alpenbarriere ein Ausweichen nach Süden kaum möglich.

Der letzte wirkungsreiche Kältevorstoß der Weichsel-Eiszeit brachte dem norddeutschen Raum eine weitgehend baumlose, nur in den Sommermonaten von Rentier- und Mammutherden aufgesuchte Tundrenlandschaft. Es war die Zeit des Jungpaläolithikums, des jüngsten Abschnittes der Altsteinzeit. Erst im Verlaufe des Spätglazials, des ausgehenden 11. bis 9. Jahrtausends, stellten sich mit zunehmender Erwärmung erste kältetolerante Pflanzen ein. Mitte des 8. Jahrtausends zur Zeit des Boreals dürften weite Teile wieder mit anspruchslosen Baumarten wie Birken und Kiefern bewaldet gewesen sein. Aber erst im 6. Jahrtausend setzten die für die Folgezeit typischen Eichenmischwälder ein, die wir auch auf den beiderseitigen Weserterrassen antreffen.[2] Nach Durchschreiten des nacheiszeitlichen Klimaoptimums vor bereits 5 000 Jahren fällt zwar der Gedanke an die nächste Eiszeit schwer, ist aber Realität.[3]

Äußerungen des Menschen während jener frühesten Zeiten sind rar, reichen in Niedersachsen bislang bis in das Interglazial zwischen Elster- und Saaleeiszeit zurück, besitzen somit ein Alter von um die 400 000 Jahre. Von der Weser sind solche frühen Nachweise bislang nicht bekannt. Einer der berühmtesten Funde aus dem Weser-Aller Bereich stammt aus der ca. 125 bis 115 000 Jahre zurückliegenden Eem-Warmzeit. Es ist die etwa 2,5 m lange hölzerne Lanze von Lehringen bei Verden. Sie war aus Eibe gefertigt und steckte noch zwischen den Rippen des für jene Zeit typischen Waldelefanten.[4]

Aber auch schlichtere Funde kommen vor. Nicht selten werden sie beim Kiesabbau z.T. unterhalb des heutigen Grundwasserspiegels entdeckt. Beispiel hierfür sind die mittelpaläolithischen Baggerfunde aus der Weser bei Drakenburg an der Mittelweser, wo Artefakte wie Schaber und Faustkeile sowie Reste von Mammut und Ren angetroffen wurden. Formenkundlich gehören sie in das Jungacheuléen.[5] Aber auch ältere und jüngere Formen sind nachweisbar und treten auch andernorts als Bagger- oder Einzelfunde auf. Aus dem Mittelwesergebiet südlich wie nördlich von Minden kennen wir aus dem Grenzbereich zwischen Hochterrasse und Flußmarsch Stellen, an denen auch mittelsteinzeitliche Gerätschaften zum Vorschein gekommen sind. So fanden sich Rengeweihbeile nicht nur in den Kiesbaggereien von Babbenhausen und Werste, sie wurden auch wie in Minden bei Baumaßnahmen entdeckt.[6]

Die zunehmende Bewaldung blieb nicht ohne Folgen für die Lebensweise der bis dahin in offenen Landschaften lebenden, späteiszeitlichen Rentierjäger. Auch die Tierwelt unterlag einem Wandel. Standwild löste die jahreszeitlichen Ressourcen folgenden Herdentiere ab. Zunehmende Vegetation verhinderte gewohnte Weiträumig-

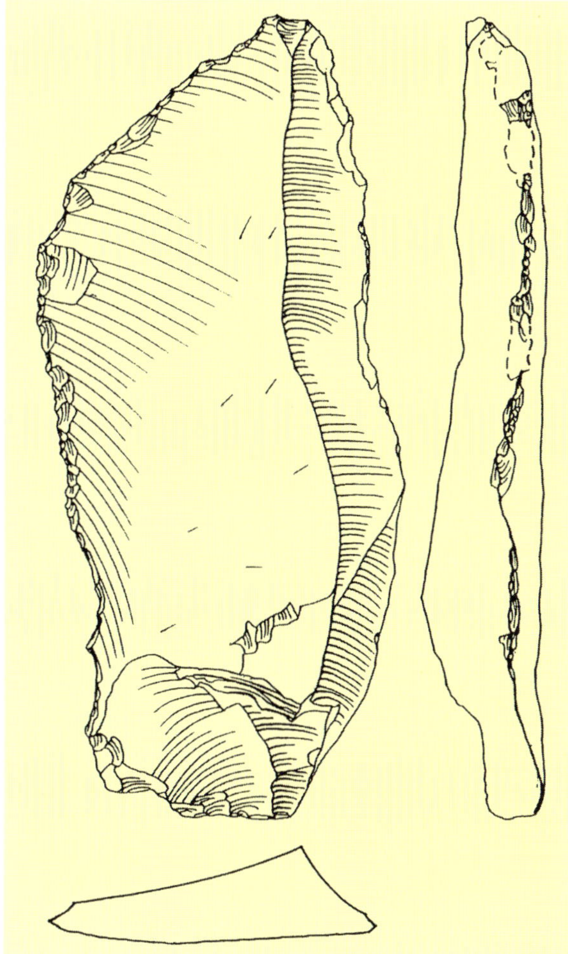

Retuschierte, etwa 12 cm lange Feuersteinklinge aus einer Kiesgrube bei Drakenburg an der Mittelweser (nach Häßler 1991)

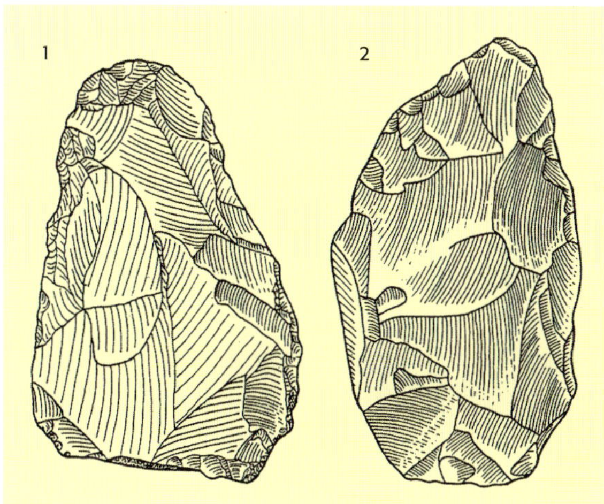

Faustkeile der mittleren Altsteinzeit: 1 Minden, 2 Petershagen-Windheim, Kreis Minden-Lübbecke

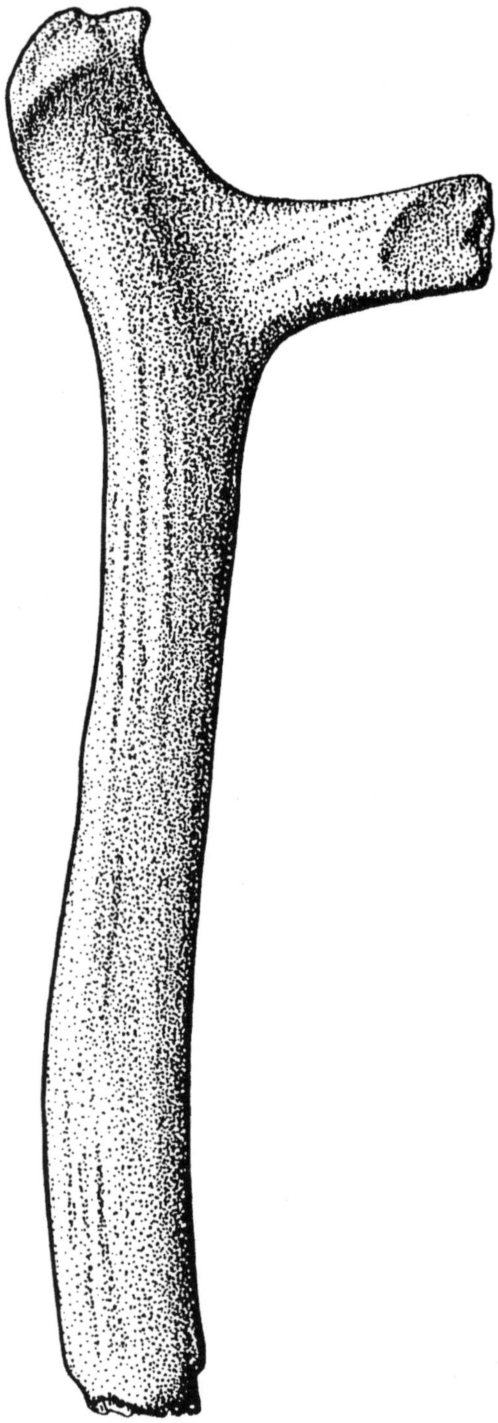

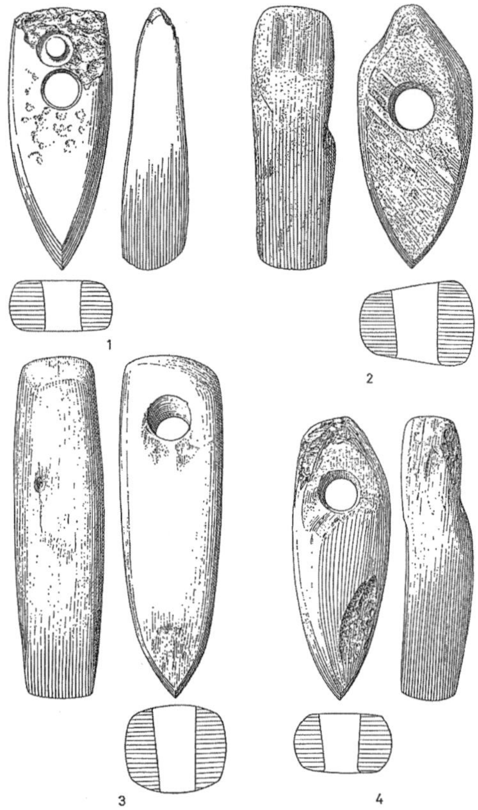

Steinzeitliche Äxte aus Bremer Weserfunden:
1 Bremen-Neustadt, 2 Bremen-Rekum, 3 Stadtwerder in Bremen-Hastedt, 4 Baggerfund (nach Brandt 1969)

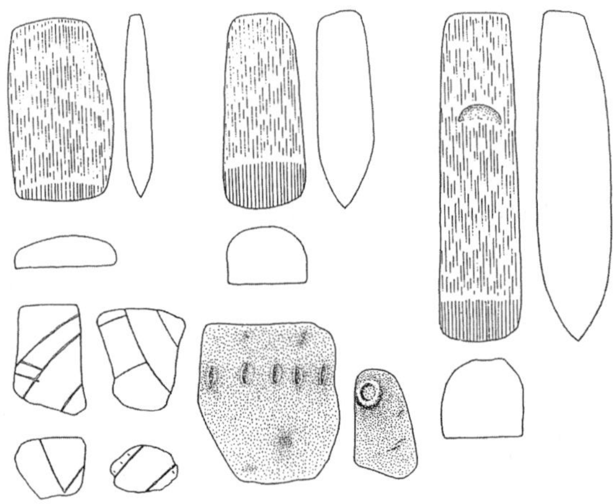

Lesefunde aus der linienbandkeramischen Siedlung von Minden-Dankersen, Kreis Minden-Lübbecke (nach R. Plöger 1990)

Mittelsteinzeitliches Rengeweihbeil aus Minden (Rathausneubau)

keit und befreite die Menschen von großflächigen, von Sommer und Winter diktierten Streifzügen. Alles wurde engräumiger, stand- und dauerhafter. So ist der Wandel zur lokalen Produktionswirtschaft zu einem gewissen Grad auch im kulturellen Fortschritt der Mittleren Steinzeit zu suchen.

Die eigentlichen Impulse fortschreitender Bodenständigkeit mit Domestikation und Getreideanbau aber kamen von Süden. Neolithische Siedler rodeten zur Anlage ihrer Siedlungen und Ackerflächen einen Teil des Waldes. Was davon im Umfeld der Siedlungen nicht unmittelbar betroffen war, wurde durch Waldweidewirtschaft genutzt. Vieh schickte man in die Eichenmischwälder der Weserterrassen, im Herbst gar betrieb man Laubheuwirtschaft, indem man die beblätterten Äste der Bäume beschnitt und für die Winterfütterung bewahrte.[7] So bildeten sich stetig mehr oder minder gut regenerierende Hudewälder.

Aber obgleich schon damals die Landschaft erstmals nachhaltig vom Menschen beeinflußt war, konnte sich die Vegetation immer wieder erholen. Für den aus neolithisierten Bereichen kommenden Menschen war die Weser Weg und Lebensraum zugleich. Hinweise darauf geben uns vegetationsgeschichtliche Untersuchungen. Danach dominierte seinerzeit noch immer der Wald, je nach Standort in unterschiedlicher Zusammensetzung. Waldfrei waren lediglich ausgedehnte Vermoorungszonen in den Niederungsgebieten vornehmlich beiderseits von Mittel- und Unterweser sowie der unmittelbare, aufgrund der Einwirkung von Salzwasser betroffene Küstenstreifen der Wesermündung. Die Uferrücken hingegen waren wieder bewaldet.[8]

Ganz sicher war es damals wärmer als heute, vielleicht gar ein wenig trockener. Es war die postglaziale, etwa gegen 3 000 v. Chr. endende Warmzeit. Deshalb dürfte die Weser seinerzeit die Nordsee ein wenig früher erreicht haben. Vor allem Laubwälder bestimmten das damalige Flachland beiderseits der Weser, bevorzugt Eichenmischwälder. War der Boden karg und sandig, fand man die Eichenwälder durchsetzt von Birke und Eberesche, war er nährstoffreicher, waren neben der Eiche auch Linde, Ulme und Ahorn anzutreffen. Buche und Hainbuche kamen erst später hinzu. Nadelhölzer spielten damals mit Ausnahme des Harzes keine große Rolle mehr. Bewaldet war insbesondere auch die heute von Wiesen und Weiden geprägte Flußmarsch der Weser. Innerhalb der von periodischer Überschwemmung geprägten Auenlandschaft dominierten ausgedehnte Bruchwälder.

Gemeinhin gelten die noch im 19. Jahrhundert landschaftsprägenden Hünen- oder Megalithgräber Norddeutschlands als *das* Zeichen jener beschriebenen Steinzeit des Ackerbaus.[9] Heute wissen wir, daß sie lediglich ein optisch herausragender Aspekt des Grabwesens jener frühen Ackerbaukultur Nordwesteuropas, der Trichterbecherkultur waren. Die erste aus dem südosteuropäischen Raum fortschreitende Ackerbaukultur, die Linearbandkeramik, erreichte schon im Verlaufe des 5. Jahrtausends auch den Raum von Werra, Fulda und Oberweser unter Bevorzugung der dortigen Lößböden. Ein weiterer Strang der Aufsiedelung des Oberwesergebietes mag auch aus dem südlichen Lippebereich über die Soester und Warburger Börde gelangt sein. Charakteristische Tongefäße, aber auch Gerät dieser Ackerbaukultur, streuen entlang der Weser weit nach Norden, wie Beispiele aus Minden-Dankersen und ein Gefäß aus der Wesermarsch bei Verden zeigen.[10] Einkorn, Emmer, Zwergweizen, Nackt- und Spelzgerste wurden als Getreidesorten genutzt. Jünger

Mammutzahn aus Weserkiesen einer Kiesgrube in Petershagen-Windheim, Kreis Minden-Lübbecke

Gefäße der Trichterbecherkultur von dem Hohen Weg (Außenweser) bei Fedderwardersiel, Landkreis Wesermarsch

1 Becher mit Schnur- und Fischgrätenverzierung der Einzelgrabkultur aus Heimsen, Kreis Minden-Lübbecke,
2 Zonenbecher von der Heimser Riehe, Kreis Minden-Lübbecke

hingegen sind solche der Rössener Kultur, deren Zeugnisse vor allem im Bereich des Göttinger Beckens, aber auch auf den Weserterrassen nördlich der Porta Westfalica anzutreffen sind. Hinzu treten vereinzelte Fundstellen der Michelsberger Kultur im Bereich der Oberweser. Erwartungsgemäß stehen bei der Aufsiedelung die landwirtschaftlich ergiebigen Lößflächen im Vordergrund. Zeugnisse jener auf den beiderseitigen Hoch- und Niederterrassen siedelnden Ackerbauern fördert aber auch die Weser dort zu Tage, wo sie einst weit mäandrierend die Terrassen streifte. Die zeigen unter anderem Bremer Weserfunde.

So durchfloß die Weser zwei bedeutende Kulturkreise, an Mittel- und Unterweser seit dem 4. Jahrtausend v. Chr. jenen der Trichterbecherkultur und an der Oberweser schon etwa 1 000 Jahre früher Bereiche der Bandkeramik. Scharfe Trennungen sind nicht möglich, eher schemenhafte Durchdringungen feststellbar, wobei der Fluß selbst zusätzliche Unterteilungen in östliche und westliche Zonen liefert. In dem lößbedeckten Mittelgebirgssaum dominieren statt der in Norddeutschland üblichen Großsteingräber die sogenannten Steinkisten bzw. Galeriegräber. Dies aber sind mehr statistische Unterscheidungen. Steingräber an der oberen Weser sind in der Regel den Westfälischen Galeriegräbern zuzurechnen. Ihr Vorkommen vornehmlich im Bereich des Berglands zeigt, daß ihre Form durch das dort andersartige Baumaterial, vor allem plattenartiges Steinmaterial, bestimmt ist.

An der Grenze zur Frühbronzezeit stehen die Becherkulturen, benannt nach ihrer charakteristischen Keramik. Auch sie sind an der Weser nachgewiesen, vornehmlich im südlichen Mittelweserbereich. Stellvertretend für andere, von beiderseits der Weser stammende Becherfunde (Ovenstädt, Neuenknick, Werste, Ilvese, Windheim etc.), seien zwei Becher aus Heimsen, Kreis Minden-Lübbecke, genannt.[11]

Grundlage bronzezeitlicher Siedlungen, von denen zahlenmäßig noch nicht allzu viele bekannt sind, waren jene in der Jungsteinzeit veränderten Naturräume, ergänzt durch Äcker, Weiden und aufgelichtete Wälder, in welche jeweils neue Pflanzenarten eindrangen. Kennzeichnend für den etwa von 2 000 bis 700 v. Chr. reichenden Zeitabschnitt ist die nun als Hauptwerkstoff für Geräte und Schmuck sich durchsetzende Bronze. Während dieser Zeit bilden sich vielfältige, mehr oder weniger regionale oder gar lokale Kulturgruppen, welche die Weser durchschneidet. Trotz dieses verbindenden Momentes, der durch den Lauf des Flusses geschaffenen Zugänglichkeit, scheint der jeweils umgebende Landschaftsraum kulturell bestimmender zu sein.

So ist es nicht verwunderlich, daß in der frühen und älteren Bronzezeit das Mittel- und Unterwesergebiet sich in die vorhandene Umgebung des Nordischen Kreises einordnet (Sögel-Wohlde Kreis), während das Oberwesergebiet auch Einflüsse der süddeutschen Hügelgräberkultur kennt. Diese Unterschiedlichkeit setzt sich bis in die jüngere Bronzezeit fort, ergänzt durch eine Vielzahl lokaler Gruppen und schlägt sich auch im Fundstoff beiderseits der Weser nieder. Dabei zeigt sich einmal mehr, wie sehr

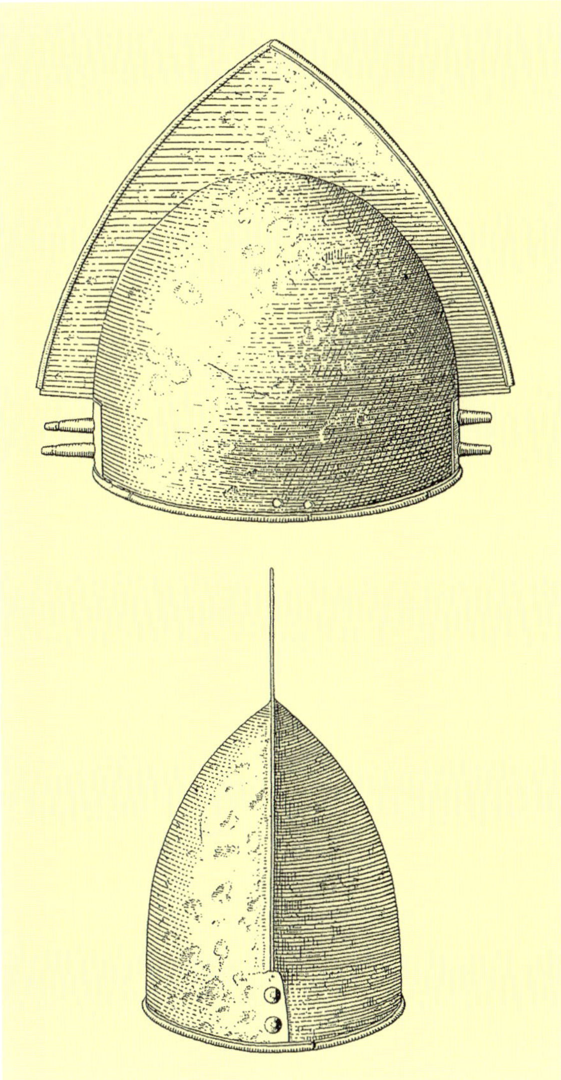

Kammhelm der jüngeren Bronzezeit aus der Lesum bei Bremen (nach Jacob-Friesen 1963)

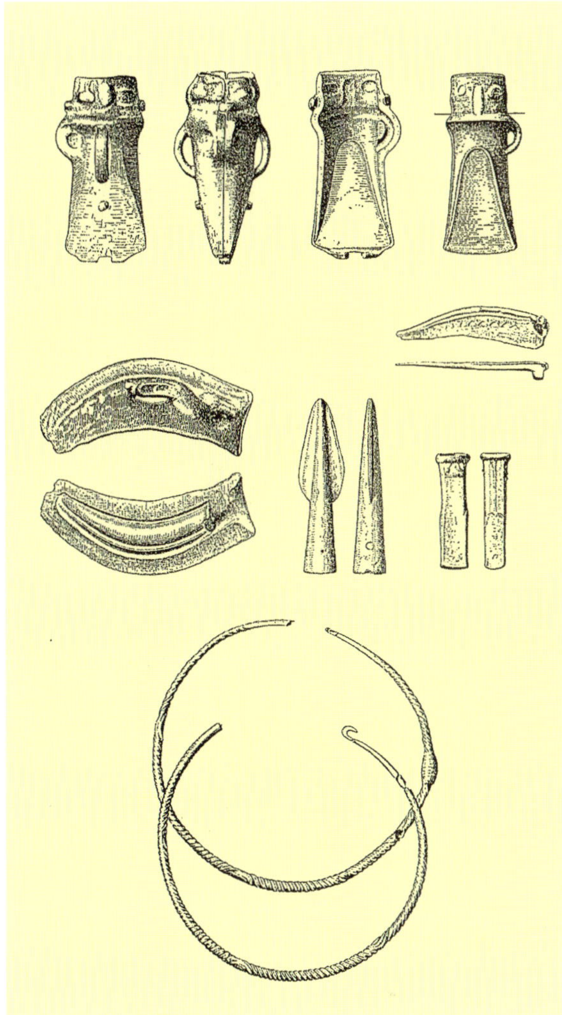

Depotfund eines Bronzegießers mit Gußformen für Tüllenbeile und Sicheln von Schinna, Landkreis Nienburg. Ferner: Tüllenbeil, Halsringe sowie eine Sichel. Oben rechts: Nachguß eines Tüllenbeils aus der Form

sie bereits zum Transportweg für Kultureinflüsse geworden ist. Nicht anders lassen sich Funde wie der bronzene Kammhelm aus der Lesum bei Bremen erklären, der am besten der bis in den norditalischen Bereich hineinreichenden Urnenfelderkultur zuzurechnen ist.

Wichtigste technologische Neuerung war die vermehrte Verwendung von Metall bzw. Bronze. Steinwerkzeuge und -geräte wurden von nun an durch bronzene Geräte ersetzt. Bedeutende Funde an der Weser – es sind sowohl Hort- oder Verwahrfunde – belegen, daß der neue Werkstoff wegen seiner Wiederverwendbarkeit einen Wert an sich darstellte und man ihn deshalb auch als Altmetall deponierte und hortete. Die Technologie selbst war nicht jedermann zugänglich und somit sicherlich an spezielle Handwerker gebunden. Diese zogen von Siedlung zu Siedlung und boten ihre Dienste an. Die seinerzeit dicht besiedelten Weserterrassen waren dabei ein bevorzugter Nachfrageraum, was die vergleichsweise hohe Zahl bronzezeitlicher Depots belegt. Das Depot eines solchen Bronzegießers mit Gußformen für Tüllenbeile und Sicheln stammt aus Schinna bei Stolzenau links der Weser und ist 1939 durch Zufall von Arbeitern entdeckt worden.[12]

Ein anderer Hortfund wurde 1954 nicht weit davon auf der rechten Weserseite östlich von Landesbergen lokalisiert. Er bestand aus zwei Absatzbeilen, drei Sicheln, zwei unterschiedlichen Armringen sowie den Fragmenten mehrerer Gürtelplatten.[13] In diese Reihe gehört auch ein Hortfund von Hausberge an der Porta Westfalica. Er ent-

Reste einer jüngerbronzezeitlichen bis ältereisenzeitlichen Siedlung bei Rodenkirchen, Landkreis Wesermarsch

hielt neben einem Randleisten- und einem Absatzbeil auch einen Bronzedolch.[14] Und bei Verden treffen wir auf einen weiteren, reich mit Trachtbestandteilen und Gerät ausgestatteten Bronzehortfund. Es ist derjenige von Holtum-Geest, gelegen auf der rechten Hochterrasse der Weser.[15] Merkwürdigerweise barg der Holtumer Verwahrfund außerdem einen Hornkamm. In der Regel führen solche Hortfunde aber kein unbekanntes Gerät, sondern nur solches, welches wir auch aus den zeitgleichen Gräbern kennen und das zum Gebrauchsgut der Menschen zählte, die seinerzeit noch nicht in Dörfern siedelten, wohl aber in lockeren Streusiedlungen, angepaßt an Umfeld und Lokalität. Nur wenige treten unmittelbar mit Hausgrundrissen hervor. Eine davon war an einem Weserhang bei Hemeln, Landkreis Göttingen, gelegen und ist wohl noch einem älteren Abschnitt der Bronzezeit zuzurechnen. Neben wenigen Baubefunden treffen wir dort auch auf einen Bronzegußkuchen, womit sich die Verbindung zu den genannten Handwerkerverwahrfunden ergibt.

Eine Besonderheit stellt hingegen eine Siedlung dar, die 1971 bei Baggerarbeiten am Strohauser Sieltief bei Rodenkirchen (Hahnenknooper Mühle), Landkreis Wesermarsch, entdeckt worden ist.[16] Der Fundplatz, inzwischen nicht ganz fünf Kilometer von der Weser entfernt, lag ursprünglich auf dem westlichen Hang des Uferwalls der Weser. Diese Siedlung war am Ende der jüngeren Bronzezeit gegründet und in der nachfolgenden älteren Eisenzeit wieder aufgegeben worden. Damit ist sie aber immer noch die älteste bekannte deutsche Marschensiedlung.

Ihre heutige Lage im Grundwasserbereich hat für jene herausragenden Erhaltungsbedingungen gesorgt, mit deren Hilfe nicht nur architektonische Reste der Häuser überliefert sind, sondern sich aufgrund der erhaltenen Pflanzenreste die damalige Umwelt zu einem gewissen Grad rekonstruieren läßt. Schon jetzt weiß man, daß beim Bau der Häuser Erlen und Eschen bevorzugt wurden – was sicherlich mehr aus der Not heraus geschah, zumal sie reichlich in den Auewäldern der Weser anzutreffen waren.

Die Häuser selbst waren möglicherweise umzäunte Höfe mit Wohn- und Stallteil, letzterer durch Viehboxen untergliedert. Neben der Viehzucht wurde Ackerbau betrieben, nachgewiesen sind bislang der Anbau von Sommergetreide sowie Lein; des weiteren Pferd und Rind sowie der Hund, daneben auch noch andere Kleinsäuger. Erschlossen und verbunden waren die einzelnen Hofstellen durch Wege, die man mit Schilf belegte.

Zwar gibt es auch in Rodenkirchen Hinweise auf Metallverarbeitung, aber noch immer finden sich Geräte aus Feuerstein, darunter Sicheln aus Flint. Dies zeigt, daß man an der Unterweser auch noch 1 000 Jahre später anderenorts längst durch Bronze ersetzte Geräte als Steingerät weiterverwendete. Und noch eine weitere Besonderheit tritt hinzu: C^{14}-Datierungen bezeugen, daß die Siedlung um und nach 800 v. Chr. bestanden hat. Später wurde sie wegen steigender Wasserspiegelstände aufgegeben. Siedlungen wie diese offenbaren, daß man im Unterweserbereich auf den Uferrücken vielfach mit solchen uferbegleitenden Einzelsiedlungen rechnen kann.[17]

Sich ein Bild von Mensch und Gesellschaft zu machen, ist allerdings schwerer. Landwirtschaft stand natürlich im Vordergrund. Man lebte im Winter von den Erträgen des Sommers (oder auch nicht). Die Lebenserwartung der Menschen war gering, nach Untersuchungen eines bronzezeitlichen Gräberfeldes an der Oberweser (Hameln) konnte man dort z.B. mit etwa 32 Jahren rechnen. Dies bedeutet aber keineswegs, daß der eine oder andere nicht auch 70 werden konnte. Die Kleidung der Menschen war schlicht, aber funktional. Möglicherweise wurden die Frauen mit ihrer Festtagstracht bestattet; sie haben sicherlich nicht täglich Spangen, Arm- und Beinringe getragen, wie mittelbronzezeitliche Frauengräber zeigen. Die Wehrhaftigkeit der Männer belegen hingegen Waffenbeigaben der frühen Bronzezeit, darunter Schwerter, Dolche und Pfeile. Als Einzelfund kennen wir ein bronzezeitliches Griffzungenschwert aus Minden sowie aus Bremen.

Griffzungenschwert aus Minden,
Länge ca. 60 cm, Einzelfund

Die Gräber jener Zeit lehnten sich sehr gern an vorhandene Verkehrswege an, so ein heute weitgehend zerstörtes Hügelgräberfeld in der Seelenfelder Heide, welches an dem nach Osten führenden Weg nach Loccum gelegen war. Andere hingegen nutzen ungewöhnliche Höhenlagen mit Blick in das Wesertal, so ein Hügelgrab auf der Kuppe des Hohensteins bei Hessisch-Oldendorf. Damit unterscheiden sich jene Grabanlagen deutlich von denen der jüngeren Bronzezeit, welche nicht nur einen Wechsel von der Körper- zur Brandbestattung vollziehen. Sie verlassen darüber hinaus auch die sichtbare Dominanz der Grabform und wenden sich bescheideneren Friedhöfen in platzsparender Form zu. Gerade aus dem mittleren Wesergebiet kennen wir große Urnenfriedhöfe, die von nun an nicht nur auf den Niederterrassen der Weser, sondern zuweilen auch in der Talniederung angelegt wurden. Zu nennen sind in jenem Bereich die Gräberfelder von Lahde, Wittenhusen, Veltheim, Möllenbeck, Rehme, Päpinghausen, Werste, Neesen, Lerbeck, Meissen, Hartum und Heimsen. Sämtlich sind sie beiderseits der Weser nördlich wie südlich von Minden anzutreffen. Von der Unterweser aus dem engeren Umfeld Bremens stammen hingegen zwei jüngerbronzezeitliche Absatzbeile sowie eine aufwendig verzierte, bronzene Lanzenspitze der Urnenfelderzeit.

Als herausragenden Fund kann man auch eine kupferne, einst in einem Moor deponierte Doppelaxt bezeichnen. Sie stammt zwar nicht unmittelbar von der Weser sondern aus Holzhausen westlich Bad Pyrmonts, ist aber über die Emmer direkt mit dem Wesertal verbunden. Bei dieser Doppelaxt, zu der es zwei weitere Entsprechungen in einem Hortfund von Grastrup-Hölsen bei Bad Salzuflen gibt, handelt es sich vermutlich um Objekte übergeordneten Wertes, deren symbolhafte Nähe zum kretisch-mykenischen Kulturkreis überrascht.[18] Überhaupt lassen sich während der Urnenfelderzeit vielfältige Kontakte zwischen dem ostwestfälischen Wesergebiet und der südlichen Urnenfelderkultur feststellen.

Auch die Übergänge zur nachfolgenden Epoche der Vorrömischen Eisenzeit, die in etwa einen Zeitraum von 700/600 Jahren umfaßt, sind fließend. Sie verläuft an Mittel- und Unterweser weitgehend ungestört, aber nicht ohne Entwicklung und auch nicht ohne südlichen Einfluß oder diverse Neuerungen. In Einklang damit ließe sich dieser Zeitraum in einen älteren, bis etwa 300 v. Chr. rei-

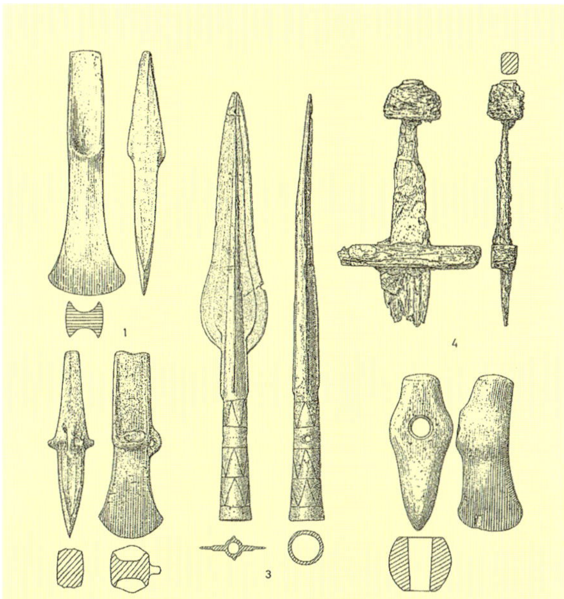

Funde aus Weser und Lesum bei Bremen: 1 Absatzbeil, Baggerfund bei Farge, 2 Absatzbeil, Bremen-Neuenland, 3 Lanzenspitze aus Spülfeld im Stedingerland (Vegesack gegenüber), 4 Eisenschwert des 10./11. Jahrhunderts, Baggerfund aus dem Grohner Yachthafen, 5 Nackengebogene Axt aus der Weser bei Vegesack (nach Brand 1969)

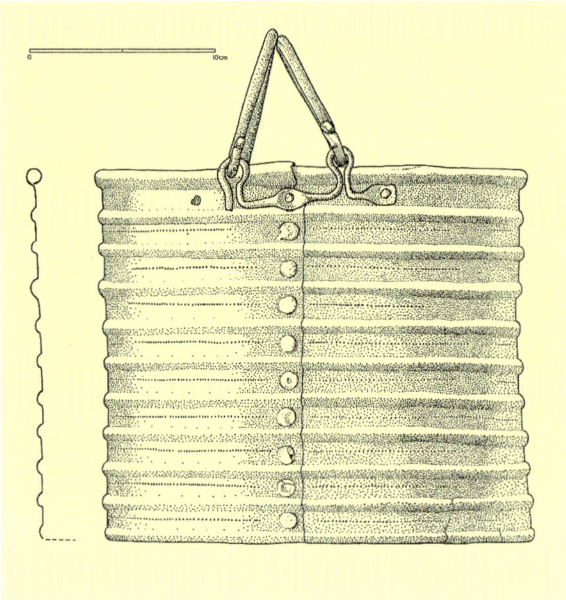

Hallstattzeitliche Rippenziste aus dem Kieswerk Röhrs bei Leese, Landkreis Nienburg (Rekonstruktion nach Häßler 1992)

chenden Abschnitt, einen jüngeren bis etwa 120 v. Chr. sowie einen jüngsten, an der Zeitenwende endenden Abschnitt unterteilen.

Charakteristisch war die zusätzliche Kenntnis eines neuen Metalls, des Eisens, auch wenn es hier und da schon in frühbronzezeitlichen Gräbern auftrat. In hiesigen Breiten ging man etwa im 7./6. Jahrhundert zur Verarbeitung von Eisen über, wobei man anders als bei der Bronze auch auf heimische Rohstoffe, darunter Raseneisenerz zurückgreifen konnte. Ob bereits die Eisenlagerstätten des bis in jüngste Zeit genutzten Wesergebirges verwendet wurden, ist unbekannt. Nachrichten aus dem Zweistromland belegen, daß gegen Ende des 3. Jahrtausends Eisen fünfmal so teuer war wie Gold und den Wert von Silber um das 40fache überstieg. Wie wertvoll muß der neue Werkstoff erst in den Siedlungen beiderseits der Weser gewesen sein, wo weder der Reichtum einer Hochkultur noch leicht zugängliche Bodenschätze vorhanden waren? So nimmt es kaum Wunder, daß man aus dem korrosionsanfälligen Stoff statt der bewährten Bronze anfangs auch Schmuckteile herstellte.

Aber erst als bekannt war, daß sich auch oberflächennah in staunassen Bereichen vorkommendes Raseneisenerz in Rennöfen zu einem brauchbaren Schmiedeeisen aufbereiten ließ, wandelten sich auch im Nordwesten weiträumig Technologie, Handwerk sowie Tracht und Ausrüstung. Die Weser selbst hat diesem Trend dadurch Vorschub geleistet, indem sie ihm ermöglichte, auf ihren beiderseits dicht besiedelten, von Fernwegen begleiteten Hochterrassen schneller Fuß zu fassen als in abgelegenen Binnensiedlungen.

Während wir nördlich der Mittelgebirge mit einer einheitlichen, aber nicht ohne lokale Besonderheiten durchlaufenden Entwicklung rechnen können, begegnen uns im süddeutschen Bereich zwei große, markante Kulturen: die der Hallstatt- und die der Latènezeit. Ihre Besonderheiten machen sich auch im Bereich der Weser bemerkbar, hauptsächlich durch eindrucksvolle Importe. Dabei unterstreicht der Fluß einmal mehr, daß er selbst der Hauptgrund für diese Möglichkeiten war. Man mag darin durchaus eine Kontinuität zu den bronzezeitlichen Importen sehen. Sicherlich können wir im Bereich der Weser keinesfalls im gleichen Sinne von Kulturen sprechen, wenn wir uns vor Augen führen, daß im Gebiet der Mittelweser, aber auch an Hunte und Aller und darüber hinaus vor allem die Nienburger Gruppe mit einem charakteristischen Formenspektrum dominierend war, was neuerdings auch für die Oberweser nachgewiesen ist. Sie war es auch, welche im Einklang mit der Weser als Verkehrsweg den Kontakt zur Hallstattkultur schuf. Nicht anders sind südliche Schmuckformen, Waffen oder Bronzegefäße zu erklären. Damit avancierte das mittlere Wesergebiet in gewisser Weise zum kulturellen Mittler zwischen Süd und Nord.[19]

Siedlungen der Vorrömischen Eisenzeit, vor allem der älteren und mittleren Abschnitte, sind bislang nur in geringem Maße gefunden worden. Zwar kennt man solche durchaus aus den Marschengebieten des Küstengebietes (Jemgum/Rheiderland, Boomberg-Hatzum, Rodenkirchen/Hahnenknooper Mühle), weniger aber aus dem Hinterland. Dem stehen die umfassenden, großen, eisenzeitlichen Gräberfelder des Mittelwesergebietes entgegen, die teilweise zu den größten Niedersachsens gehören. Sie sind es, die jene nicht zu übersehenden Spuren überregio-

Früheisenzeitlicher Goldring von Gahlstorf

Weser bei Holzminden

nalen Handels tragen, mit denen das Mittelwesergebiet hervortritt. Vornehmlich sind es aus dem Süden importierte Bronzegefäße, Situlen, Rippenzisten und Bronzekessel, die an der Weser als Grabgefäße dienten. Entsprechende Funde sind uns von dem Gräberfeld Leese, Landkreis Nienburg, außerdem von Dreye, Landkreis Diepholz, Luttum, Landkreis Verden, aber auch aus Ovenstädt, Landkreis Minden-Lübbecke, geläufig. Möglicherweise war der Bernsteinhandel ein Grund für diese nicht nur durch solche Gefäße dokumentierten Kontakte zur Hallstattkultur.

Hinzu kommen, wie schon in der Bronzezeit, Depotfunde. So ein sorgsam auf dem Grund des Blankenburger Moores (auf der rechten Weserseite bei Eystrup, Landkreis Nienburg) niedergelegter, früheisenzeitlicher Schmuckfund, bestehend aus Arm- und Halsreif sowie einer kostbaren Kette aus Bernsteinperlen. Möglicherweise als Opfergabe gedacht, ist er 1897 beim Torfstechen entdeckt worden und gilt als gängiger Frauenschmuck.[20] Unter den Funden aus der Weser selbst, nicht selten bei der Kies- und Sandgewinnung gehoben, sind insbesondere die Baggerfunde aus den Weserkiesen bei Dreye von der linken Weserseite bemerkenswert. Dort förderte in den 70er Jahren ein Saugbagger ein Schwert, eine Lanzenspitze, zwei Bronzegefäße, darunter eine Rippenziste sowie vier Armringe zu Tage. Schwert und Ziste haben Entsprechungen im Hallstattbereich des 7. und 6. Jahrhunderts v. Chr. und sind möglicherweise Importe von dort. Aus Bremen-Vegesack stammt ein diesem Zeitabschnitt ebenfalls zugehöriger Wendelring aus Bronze. Gefunden wurde er im Vegesakker Fährgrund. Jünger ist ein aufwendiges Schmuckgehänge der mittleren Vorrömischen Eisenzeit von Erichshagen-Wölpe, Landkreis Nienburg. In seiner jetzigen Form existiert es nur noch als Nachbildung. Das Original ist seinerzeit auf dem Scheiterhaufen verbrannt. Bereits 1910 in einer Urne entdeckt, war es vormals sicherlich der Brust- oder Kopfschmuck einer Frau.[21]

Aus einer Kiesgrube in Stedebergen bei Dörverden wiederum stammt eine Bronzescheibe, 1967 in einer Kiesgrube auf dem rechten Weserufer gehoben, ist sie möglicherweise Bestandteil eines Pferdegeschirrs. In ihrer Ziergebung, einem charakteristischer Dreierwirbel, verweist sie in die südliche Latènekultur des 3. und 2. Jahrhunderts v. Chr.[22] Auch einer der bedeutendsten Edelmetallfunde der frühen Eisenzeit Niedersachsens, der Goldring von Gahlstorf, Landkreis Verden, stammt aus dem Weserbereich. Gefunden wurde er links der Weser schon 1936 beim Sandgraben auf einem Acker etwa auf der Höhe von Verden. Der massive, 475 g schwere Goldring hat mit seinen trompetenförmigen Enden überzeugende Entsprechungen nur in Irland.[23] Auf dem Kontinent ist er einzigartig. Auch einer der größten untersuchten niedersächsischen Urnenfriedhöfe, das auf dem rechten Weserufer angesiedelte Brandgräberfeld von Leese, Landkreis Nienburg, belegt mit einigen Beigaben seiner mehr als 1 000 Gräber zählenden Bestattungen der älteren und mittleren Eisenzeit den Kontakt mit der südlichen Hallstatt- und Latènekultur, darunter späthallstatt-/frülatènezeitliche Bronzesitulen vom rheinisch-tessinischen Typ.[24] Auch aus der ausgehenden Vorrömischen Eisenzeit kennen wir Bezüge

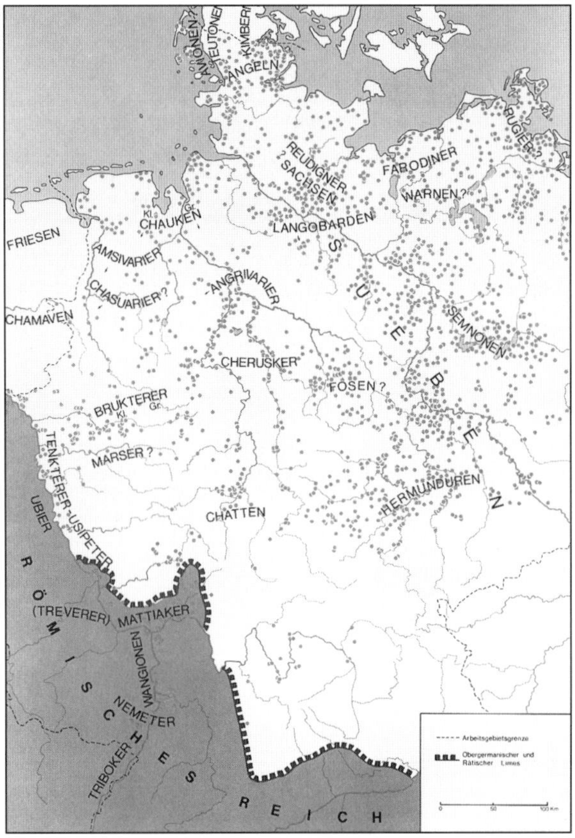

Karte der germanischen Stämme beiderseits der Weser (nach Häßler 1991, Abbildung 124)

des Weserraumes zur südwestlichen Latènekultur, z.B. keltische Münzen, die wiederum nach Süden verweisen.

In vielerlei Hinsicht ist die Grenze zwischen Eisenzeit und Römischer Kaiserzeit willkürlich. Ein wie auch immer gearteter Zeitschnitt ist siedlungsgeschichtlich nicht zu verzeichnen, im Gegenteil, die aus der älteren Kaiserzeit bekannten Siedlungen haben in der Regel in der Eisenzeit ihre Wurzeln. Dennoch begegnet uns der Abschnitt der Römischen Kaiserzeit – mit ihr wird lediglich ein politisch definierter Zeitraum des römischen Reiches auf das rechtsrheinische Germanien übertragen – in mancher Sicht als qualitativ gänzlich anders. Dies aber liegt maßgeblich an einer verbesserten Überlieferung der damals bestehenden Verhältnisse. Grund hierfür sind die schriftlichen Zeugnisse über das Leben der Germanen seit Caesar, insbesondere aber während der drei Jahrzehnte dauernden Auseinandersetzung der Römer mit den rechtsrheinischen Germanen. Insgesamt läßt dies den Eindruck entstehen, diese Jahrzehnte seien historisch besonders ereignisreich gewesen und die Zustände vorher und nachher statischer. Was das Verhältnis Rom-Germanien betraf, waren sie das wohl auch, auch mit nicht geringen Folgen für die innergermanischen Verhältnisse bis in einzelne Familienverbände hinein. Damit begegnet uns der Weserraum erstmals als reich gegliederte Landschaft verschiedener Stämme, verbunden mit Ereignissen, Schicksalen und ersten geographischen Beschreibungen von Land und Leuten.

Im Zuge dieser Überlieferung erfahren wir ebenfalls etwas Wesentliches über die Weser selbst, nämlich ihren Namen. In zeitgenössischen Quellen ist der Name *Visurgis* überliefert, abgeleitet aus der indogermanischen Wurzel *visr*, was soviel wie flüssig oder naß bedeutet und womit auch das heutige Wort Wasser verbunden ist. Die Germanen selbst nannten den Fluß wenig wortschöpferisch *Wisuris*. Was anderes hätten sie auch machen sollen, seinen Namen dürfte der Fluß bereits Jahrtausende früher erhalten haben, spätestens jedoch mit Gründung erster landwirtschaftlicher Siedlungen in der Jungsteinzeit.

Nur wenig erfahren wir über den Ursprung der Weser. Nach Ptolemaios, berühmter Universalgelehrter und Geograph, der bis unter Kaiser Marc Aurel (161-180) in Alexandria lebte, nahm sie am μηλίβοκον ὄροσ ihren Ausgang.[25] Die Lage dieses Gebirges steht nicht fest, immerhin soll es die Südgrenze von Chamaven und Cheruskern gewesen sein, vielleicht die Summe der Gebirgszüge von Osning, Wiehengebirge, Deister, Süntel und Solling. Möglicherweise ist der melibocus mons auch mit dem Thüringer Wald identisch, an dessen Südwesthang die im Wortstamm mit der Weser identische Werra entspringt, ohnehin Hauptquellfluß und sicherlich eigentlicher Ursprung der Weser.

Zu den beiderseits der Weser wohnenden Stämmen zählten von Süden nach Norden zunächst an der Oberweser die Cherusker. Sie sind durch die Ereignisse um die Varusschlacht am bekanntesten und schlossen sich an die unmittelbar südlich angrenzenden Chatten zu beiden Seiten von Werra und Fulda an. Hauptsiedelgebiet mag der Bereich zwischen Osning sowie Wiehen- und Wesergebirge gewesen sein. Erst im nördlichen Tiefland waren an der mittleren Weser die Angrivarier anzutreffen. Deren Siedlungen bevorzugten flußnahe Lagen auf den Hoch- und Niederterrassen, insbesondere auf der rechten Weserseite. Noch heute folgt dort Siedlung auf Siedlung. Archäologische Hinterlassenschaften belegen eine deutliche Tendenz zur Nordseeküstengruppe.

Beiderseits davon waren die Chauken beheimatet, die minores und maiores, beide etwa seit der Mitte des 3. Jahrhunderts n. Chr. den Sachsen zugehörig. Vom Sachgut sind sie der eigentlichen Nordseeküstengruppe zuzurechnen, wenngleich bereits südlich der Aller eine Vermengung von kulturellen Einflüssen zu vermerken ist, und lediglich die Cherusker hinsichtlich ihrer dinglichen Hinterlassenschaften einer mehr westlichen, rheinwesergermanischen Gruppe angehören. Keine der Nennungen ist uns von den dort lebenden Völkern selbst überliefert, sämtlich entstammen sie lateinischen oder griechischen Quellentexten.

Auch von den Menschen selbst erfahren wir nur aus römischen Quellen etwas, auch wenn dies vor dem Hintergrund kriegerischer Absichten geschah. Denn unversehens geriet das rechtsrheinische Germanien in das Blickfeld römischer Expansion, deren nächstes Etappenziel nach Befestigung der Lippelinie die Weser war, vielleicht als nach Osten vorgeschobene Rheinlinie mit allen damit verbundenen, kulturellen Umwälzungen.

Die Ereignisse hierzu sind dicht gedrängt und auf wenige Jahrzehnte beschränkt. An deren Ende steht allerdings der vollständige Rückzug römischer Absichten, rechtsrheinische Gebiete auf Dauer der Hoheit Roms zu unterstellen. Ausschlaggebend waren die Ereignisse des Jahres 9 n.Chr., in denen römische Truppen eine ihrer schlimmsten Niederlagen hinnehmen mußten und infolgedessen die Germania libera blieb, was sie war: frei von römischer Einflußnahme. Nun weiß man nicht, was besser war, das eine oder das andere. Eines aber ist wichtig, die Impulse hierzu gingen von Menschen beiderseits der Weser aus und berührten somit – wenn man so will – einen der entscheidenden Wendepunkte für den Verlauf der deutschen Geschichte.

Gründe für Absicht und das Vordringen der Römer sind nicht einheitlich nennbar, wohl aber, daß der Gewinnung der Flüsse entscheidende strategische Bedeutung zukam. Ganz ohne Zweifel hat die Weser innerhalb der römischen Militärstrategie eine große Rolle gespielt. Zudem besaß Rom mit der Rheinflotte ein überaus leistungsfähiges Instrument, welches sich auch auf der Weser hätte einsetzen lassen. Wahrscheinlich besser gar als auf der Ems, wo bereits ein frührömischer Stützpunkt (Bentumersiel) nachgewiesen ist. Waffen- und Militariafunde aus der Weser u.a. bei Bremen-Seehausen lassen Vergleichbares auch an der Unterweser vermuten.

Römische Kasserolle, Baggerfund aus der Weser bei Bremen, Bronze

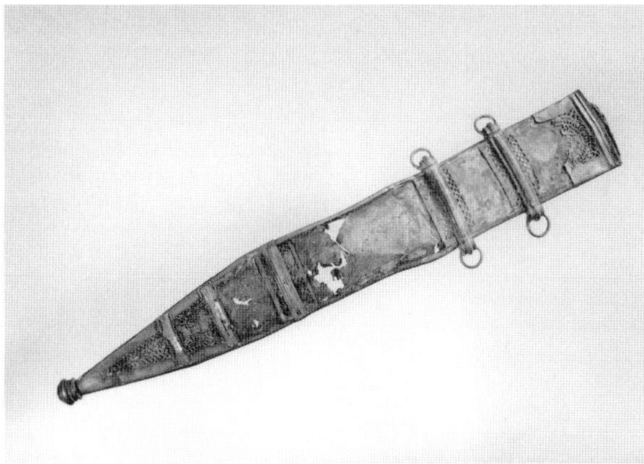

Römische Schwertscheide aus Bronze, 1. Jahrhundert n.Chr., Baggerfund aus der Weser bei Bremen-Seehausen

Nutzbar war die Weser durch die Römer aber nur soweit, wie es die an ihren Ufern lebenden Menschen akzeptierten. Das scheint aber zumeist nicht der Fall gewesen zu sein. Nicht ohne Grund verging nach Eröffnung der römischen Offensiven unter Drusus im Jahre 12 v. Chr. bis 4 v.Chr. kein Jahr, in dem nicht ein oder mehrere Feldzüge gegen die an Ober-, Mittel- und Unterweser wohnenden Stämme geführt wurden. Dabei dürfte ihnen die Wehrhaftigkeit der Germanen spätestens seit den Kimbern und Teutonenzügen bekannt gewesen sein. Auch die Sueben unter Ariovist hatten Caesar während seines gallischen Krieges nicht unbeeindruckt gelassen. Hauptziele waren, neben den Chauken an der Unterweser, die Angrivarier an der Mittelweser sowie die Cherusker an der Oberweser. Nicht selten handelte es sich um kombinierte Flotten- und Landunternehmungen, die von Vetera (Xanten) oder gar Mainz (Mogontiacum) ausgingen und der Weser nicht nur einige Truppenlager, sondern auch Brükken bescherte. Gefunden wurde davon bislang weder das eine noch das andere. Hauptwidersacher blieben bis zuletzt Angrivarier und Cherusker im Mittel- und Oberwesergebiet, waren sie doch den Römern durch die Niederlage des Jahres 9 n. Chr. als Hauptverantwortliche in Erinnerung. Nicht anders sind die Feldzüge zwischen 10 und 16 n.Chr. unter Tiberius und Germanicus zu verstehen sowie die Schlachten an der Weser bei Idistaviso und dem Angrivarierwall. Auch der frührömische Münzschatz, gefunden „in dem Striche zwischen Kleinenbremen und Luhden“, im Bereich des ersten Passes über das Wesergebirge östlich der Porta Westfalica, paßt dazu.[26]

Bei Idistaviso[27] trug keine Seite den Sieg davon. Zahlreiche Germanen versuchten, sich schwimmend über die

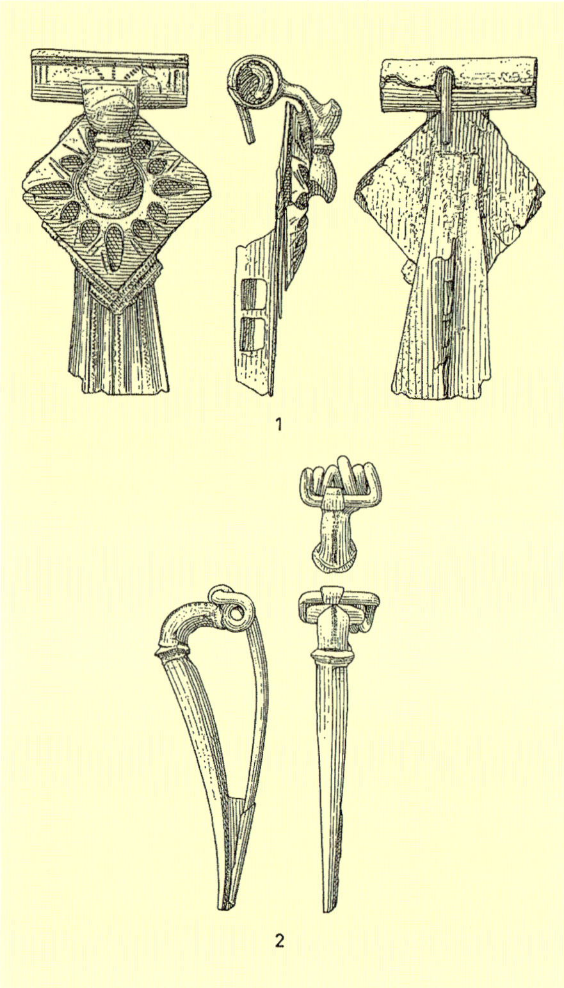

1 Frührömische Distelfibel von Bremen-Seehausen,
2 Geschweifte Fibel von Bremen-Lankenau, Baggerfund
(nach Brandt 1969)

Weser zu retten. Auf angeblich 10 Meilen soll der Boden mit Leichen und Waffen bedeckt gewesen sein. Auch davon hat man bislang nichts gefunden. Germanicus aber wandte sich nun nach Norden, wo sich, eine Tagesetappe von Idistaviso entfernt, ein von Wäldern und Sümpfen umgebener Bereich befand, im Osten begrenzt von der Weser. Von ihm nahm ein künstlich aufgeschütteter Wall seinen Ausgang und bildete die Grenze zwischen Cheruskern und Angrivariern. Vermutet wird sie bei Leese, Landkreis Nienburg, wo sich noch heute im Osten ausgedehnte, ehemals vermoorte Niederungsgebiete befinden.

Auch dort gab es auf beiden Seiten Verluste, aber keine gewann. Noch vor Ende der Kämpfe zog man eine Legion zum Lagerbau ab. Auch ließ man ein Denkmal (Waffenhaufen) in Erinnerung an die Schlacht errichten. Obgleich sich die Reste der Angrivarier unterwarfen, unterlagen letztlich die Römer; ein Teil der Legionen wurde auf dem Rückweg per Schiff (über die Ems) bis nach Britannien verschlagen.

Nach all diesen Ereignissen war Rom fortan nicht mehr an einer römischen Provinz zwischen Rhein und Elbe interessiert. Insofern stehen beide an der Weser geschlagene Schlachten, die von Idistaviso wie die am Angrivarierwall, in konsequenter Folge der Varusschlacht. Lediglich die Weser blieb wegen der an ihr ansässigen, überaus streitfähigen Cherusker bis 16 n. Chr. im wachsamen Auge Roms. Ein Blick auf das Spektrum frührömischer Funde in den Siedlungsgebieten der Cherusker unterstreicht das. Aber angesichts der Tatsache, daß Tausende gut ausgerüsteter römischer Legionäre sich über Jahrzehnte an der Weser aufhielten, ist vergleichsweise wenig überliefert.

In Abschnitten zeitgleiche Gräberfelder, wie etwa dasjenige von Lahde-Talmühle nördlich Minden auf der rechten Weserseite, weisen ebenfalls kaum Besonderheiten auf, wenn man von einem rechnerischen Ende der Belegung am Schluß des 1. Jahrzehnts n. Chr. absieht. Dennoch zeigt es durch seine Kontinuität vom Beginn der Spätlatènezeit, daß die Menschen der ausgehenden Vorrömischen Eisenzeit identisch mit jenen sind, welche uns in den römischen Schriftquellen als Cherusker begegnen.[28]

Militärische Funde aus der damaligen Zeit fördert allerdings nur die Weser selbst zutage, wie ein Baggerfund aus Bremen-Seehausen mit einer römischen Schwertscheide des 1. Jahrhunderts verdeutlicht, die nur mit jenen frührömischen Aktivitäten in Verbindung gebracht werden kann.[29] Dem gleichen Horizont zugehörig ist eine bei anderer Gelegenheit nicht weit davon entfernt gefundene frührömische Distelfibel;[30] des weiteren eine bronzene Kasserolle, ebenfalls ein Baggerfund, die noch mit Münzen und einem Silberblechverschluß versehen war, welche man allerdings bereits in den 1880er Jahren beim Graben in der Weser entdeckt hatte.[31]

Zwischen dem 1. und 3. Jahrhundert n. Chr. verfestigten und verdichteten sich – wie im Küstenbereich – die Siedlungsverhältnisse. Wir kennen eine Vielzahl von Siedlungen, nicht selten mit ihren Gräberfeldern. Zu nennen sind Veltheim, wo die Siedlung des 2./3. Jahrhunderts wie anderswo auch bevorzugt an der Talaue der Weser liegt, zwei Gräberfelder aber die Hanglagen einer rückwärtigen Bergkuppe bevorzugen. Eine Gruppe der Veltheimer Gräber dokumentiert durch die Beigabe von römischem Import wie Glasgefäßen und Terra Sigillata, Waffen und Metallgefäßen einen vergleichsweise hohen sozialen Rang der Bestatteten und läßt eine Differenzierung der Gesellschaft in der Jüngeren Kaiserzeit erkennen.[32] Eine beim Kraftwerksbau unmittelbar nördlich von Lahde, Kreis Minden-Lübbecke, an einem alten Weserarm gelegene Siedlung verdeutlicht noch eine weitere Besonderheit. Dort standen nicht nur Rennfeueröfen zur Eisengewinnung, auch die Herstellung von Tongefäßen war durch den dortigen Töpferofen nachgewiesen.

Bis in das 4./5. Jahrhundert hinein findet sich fortan am Weserlauf immer wieder Formengut römischer Herkunft, darunter Terra Sigillata, Bronze- und Glasgefäße, römische Gebrauchskeramik, selbst römische Tonlampen und Fingerringe sind vereinzelt anzutreffen.[33] Die Verteilung der Gegenstände aber läßt erkennen, daß vieles hiervon seinen Weg über den Hellwegbereich der Pässe im Eggegebirge bei Bad Driburg sowie Horn-Bad Meinberg genommen hat, etwa auf der Höhe von Höxter und Hameln auf die Weser stieß und erst von dort dem Weserlauf folgte.

Man darf die Verwendung römischen Importes, darunter römische Keramik, in den zeitgleichen Siedlungen nicht überbewerten, denn zahlenmäßig trat er im Verhältnis zu einheimischen Produkten weit in den Hintergrund. Zudem produzierte man auch im Weserraum seit der jüngeren Römischen Kaiserzeit eigene Drehscheibenware.[34] Dennoch gelangte er als Besonderheit nicht selten in die Gräber. Beispiele hierfür kennen wir auch aus dem Mindener Raum. Zwar überwiegt dort noch die Kenntnis der Gräberfelder, doch darf man in der Nähe immer auch Siedlungen vermuten. Eine solche wurde zwischen 1982 und 1984 in Bielefeld-Sieker untersucht. Mächtige Wohnhäuser mit einem dreischiffigen Stallteil waren in Hanglage auf einen Bach ausgerichtet. Ebenfalls in Hanglage, der Weser zugewandt, war eine älterkaiserzeitliche Siedlung bei Bremen-Grambke. Schon Ende der 30er Jahre hat man nördlich von Nordenham die Siedlung Einswar-

Einheimisches Gefäß des 3. Jahrhunderts n. Chr. aus Minden, Römerring

den ausgegraben. Zahlreiche Hausgrundrisse bezeugen eine Besiedlung des 2. Jahrhunderts v. bis 1. Jahrhunderts n. Chr.[35] Der unmittelbar südlich der Porta Westfalica auf der rechten Uferseite an einem alten Weserarm gelegene Urnenfriedhof von Costedt zeigt, daß die Lebenserwartung der Menschen des 2. und 3. Jahrhunderts mittlerweile auf knapp 37 Jahre gestiegen war, bedingt durch die im Vergleich zur älteren Eisenzeit deutlich gesunkene Kindersterblichkeit (10–15 %).[36]

In ihre seit alters bekannte Rolle als Kulturweg schlüpfte die Weser in der beginnenden Völkerwanderungszeit. Völkerbewegungen hat es immer gegeben, und die Gründe dafür sind vielschichtig. Ausschlaggebend waren oft auch klimatische Veränderungen, weil sie die Lebensgrundlagen, Ackerbau und Viehzucht, unmittelbar betrafen. Solche jedenfalls veranlaßten weite Teile der im Küstensaum wohnenden Sachsen seit dem beginnenden 5. Jahrhundert. n. Chr. nach England überzusiedeln, was sicherlich nicht freiwillig, sondern aus der Not heraus geschah. Teile von ihnen waren in Britannien bereits als römische Föderaten gewesen bzw. hatten in feindlicher Absicht britische Küsten heimgesucht.

Ein anderer Weg führte sächsische Bevölkerungsteile kontinuierlich nach Süden. So finden sich auf den Terrassen seit dem 5. Jahrhundert n. Chr. vermehrt Funde, wel-

Römische Terra-Sigillata Schale aus Minden, Römerring

Sächsische Keramik aus Minden

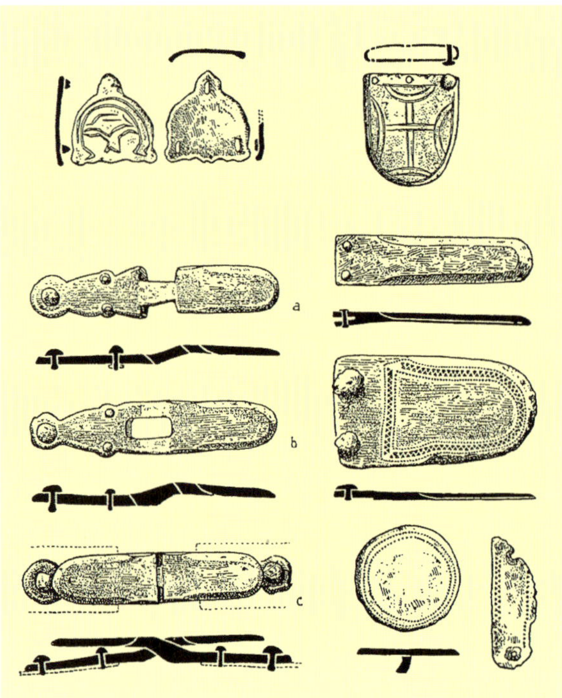

Riemenbeschläge aus dem Reitergrab von Rehme, Kreis Minden-Lübbecke

che sich kulturell mit solchen des sächsischen Siedelraumes im Nordseeküstenbereich verbinden lassen. Für das Vordringen jener Gruppen steht ein Wandel im Formengut der Keramik, welches sich grundlegend von älteren Formen unterscheidet. Mit einem Verdrängen der örtlichen Bevölkerung ist allerdings nicht generell zu rechnen. Letztlich handelt es sich bereits um den Beginn einer Bewegung, die mit den Sachsenkriegen Karls des Großen endete. Die Siedlungs- und Grabfunde jener Zeit an der Weser jedenfalls spiegeln jene Vorgänge deutlich wider. Besonders trifft dies auf Reitergräber zu, wie jenes von Rehme, links der Weser bei Bad Oeynhausen gelegen. Für den hohen sozialen Rang des Bestatteten spricht die vollständige Waffenausrüstung, bestehend aus Lang- und Kurzschwert sowie Lanze und Schild. Erhalten sind allerdings nur die bronzenen Beschläge der Riemengarnitur.[37] Insgesamt sollte man besser von einem kulturellen wie politischen Durchdringen der Landschaft an der Weser ausgehen. Hinzu kommen im 5. Jahrhundert n. Chr. auch Hinweise auf eine kulturelle Verbindung zum aufstrebenden Thüringerreich im Osten.

Ungebrochen nachvollziehbar ist dagegen die archäologische Überlieferung an der Mittelweser, wo in einzelnen Gräberfeldern eine kontinuierliche Belegung vom 4. bis in das 9. Jahrhundert hinein nachzuweisen ist. Dies trifft z.B. auf das Gräberfeld von Liebenau im Landkreis Nienburg auf der linken Weserseite zu. Zwischen 1953 und 1984 hat man den Fundplatz archäologisch untersucht, und er gilt als einer der wichtigsten kontinentalen Friedhöfe zur Geschichte der Sachsen, vor allem weil hier der ansonsten dürftige Horizont von Gräbern des 5. bis 7. Jahrhunderts vorhanden ist. Auch das Brand- und Körpergräberfeld von Dörverden wäre zu nennen, ebenfalls mit mehr als 150 merowinger- bis karolingerzeitlichen Gräbern, darunter auch Pferdegräber. Beide, und das ist ebenfalls typisch, liegen an Plätzen, auf denen schon in sehr viel älteren Epochen bestattet worden ist – auch dies ein Beipiel für Kontinuität.[38]

Dem steht die nicht zu verkennende Dynamik in der Machtausweitung nordwestlicher Stämme nach Süden entgegen. So ist bereits um 600 mit einer vollständigen politischen Durchdringung des gesamten Weserbereiches durch sächsische Stämme zu rechnen. Der unmittelbare Küstensaum einschließlich des Unterwesergebietes hingegen erhielt zur gleichen Zeit durch die Zuwanderung friesischer Bevölkerungsgruppen einen deutlich anderen Charakter, der sich auch im Beigabeninventar der Gräber niedergeschlagen hat.

Mit den unter Karl dem Großen beginnenden Sachsenfeldzügen in den Jahren 772 bis 804 geriet der Weserraum wieder in das Blickfeld fränkischer Reichsgeschichte, in dessen Zusammenhang auch die Bistümer Bremen (787) und Minden (800) gegründet wurden. Insbeson-

Reste von Hausgrundrissen aus der jüngereisenzeitlichen bis älterkaiserzeitlichen Siedlung von Einswarden nördlich Nordenham im Jahre 1938

dere der dreißig Jahre währende Krieg betraf immer wieder den Weserraum. Vor allem unter Herzog Widukind regte sich im freien Bauerntum scharfer Widerstand gegen die Pläne Karls. Nachdem die Sachsen unter Widukind im Jahre 782 am Süntel ein fränkisches Heer vernichtend geschlagen hatten, ließen die Franken in der Nähe von Verden zahlreiche Aufständische hinrichten. Auch nach der Taufe Widukinds 785 setzte sich sächsischer Widerstand fort. Der rechtsseitige Unterweserbereich (Gau Wigmodia) soll seinerzeit auf fränkische Weisung vollständig von der ansässigen Bevölkerung geräumt worden sein. Eine Neuansiedlung erfolgte verstreut in den fränkischen Kernlanden, trotz allem eine vergleichsweise moderate Lösung, den Widerstand der Menschen zu brechen.

Und die Weser? Sie blieb stummer Zeuge all dieser Ereignisse, bewahrte nur hier und da einen Teil jener Geschichte in ihrem Bett, so einen fränkischen Bandspangenhelm, gefunden in der Bremer Altstadt im Sande eines ehemaligen Nebenarmes der Weser.[39]

Anmerkungen

1 Cornelii Taciti Annalium, Scriptorum Classicorum Bibliotheca Oxoniensis 1973, Buch 13, Kapitel 57
2 Hans Heinrich Seedorf/Hans-Heinrich Meyer, Landeskunde Niedersachsen. Natur- und Kulturgeschichte eines Bundeslandes. Bd. 1: Historische Grundlagen und naturräumliche Ausstattung, Neumünster 1992, S. 77-85
3 Karl-Ernst Behre, Vom Naturraum zur Kulturlandschaft. 10 000 Jahre Umweltveränderungen durch den Menschen, Vrije Universiteit Amsterdam 1995, S. 6
4 Hartmut Thieme/Stephan Veil, Neue Untersuchungen zum eemzeitlichen Elefanten-Jagdplatz Lehringen, Landkreis Verden. In: Die Kunde. Neue Folge. Bd. 36, Hannover 1985, S. 11-58
5 Hans-Jürgen Häßler (Hrsg.), Ur- und Frühgeschichte in Niedersachsen, Stuttgart 1991, S. 406 (Abb. 225)
6 Führer zu vor- und frühgeschichtlichen Denkmälern. Bd. 4: Hameln-Deister-Rinteln-Minden, Mainz 1966/1975, S. 7
7 Karl-Ernst Behre, Wirkungen vorgeschichtlicher Kulturen auf die Vegetation Mitteleuropas. In: Naturwissenschaft und Medizin, 7. Jg., Nr. 34/1970, S. 22
8 Karl-Ernst Behre, Die deutsche Nordseeküste. In: H. Liedtke/J. Marcinek, Physische Geographie Deutschlands, Gotha 1994, S. 230
9 Hans Schirnig (Hrsg.), Großsteingräber in Niedersachsen, Hildesheim 1979
10 Rolf Plöger, Siedlungsplatz der ältesten Bauernkultur in Minden-Dankersen. Mindener Museum. Archäologische Informationen. Nr. 3, Minden 1990
11 Führer zu vor- und frühgeschichtlichen Denkmälern. Bd. 4, S. 11 f.
12 Karl-Hermann Jacob-Friesen, Der Bronzegießerfund von Schinna, Kreis Nienburg. In: Die Kunde (Hannover), 8. Jg., Nr. 5/6, Mai/Juni 1940, 109-117
13 H.-J. Häßler (Hrsg.), Ur- und Frühgeschichte in Niedersachsen, S. 467
14 Führer zu vor- und frühgeschichtlichen Denkmälern. Bd. 4, S. 17 f.
15 H.-J. Häßler (Hrsg.), Ur- und Frühgeschichte in Niedersachsen, S. 167 (Abb. 81), S. 178 (Abb. 89), S. 179, S. 464
16 Erwin Strahl, Älteste Marschensiedlung Deutschlands. Archäologie in Deutschland. Heft 1, Stuttgart 1997, S. 50
17 Erwin Strahl, Nachrichten des Marschenrats zur Förderung der Forschung im Küstengebiet der Nordsee. Heft 35, Wilhelmshaven 1998, S. 12
18 Führer zu archäologischen Denkmälern. Bd. 10: Der Kreis Lippe. Teil 1: Einführende Aufsätze, Stuttgart 1985, S. 103 (Abb. 40) und S. 107; z. B. Doppelaxt aus der Höhle von Arkalochori/Ostkreta: Spyridon Marinatos, Kreta, Thera und das mykenische Hellas, München 1986, Abb. 114 oben
19 Hans Günter Tuitjer, Hallstättische Einflüsse in der Nienburger Gruppe (= Veröffentlichungen der urgeschichtlichen Sammlungen des Landesmuseums zu Hannover. Bd. 32), Hildesheim 1987
20 H.-J. Häßler (Hrsg.), Ur- und Frühgeschichte in Niedersachsen, Stuttgart 1991, S. 417 f. (Abb. 234)
21 Gernot Jacob-Friesen, Einführung in Niedersachsens Urgeschichte (= Veröffentlichungen der urgeschichtlichen Sammlungen des Landesmuseums zu Hannover. Bd. 15. Teil III: Eisenzeit), Hildesheim 1974, S. 450 ff.
22 Wolfgang Kimmig, Zu einer verzierten Latène-Schmuckscheibe von Stedebergen, Kreis Verden/Aller (= 51./52. Bericht der Römisch-Germanischen Kommission), Frankfurt a.M. 1970/71 (1972), S. 147-174
23 G. Jacob-Friesen, Einführung in Niedersachsens Urgeschichte, S. 445 f. (Abb. 464 und 465)
24 Reinhard Maier, Ein eisenzeitlicher Brandgräberfriedhof in Leese, Landkreis Nienburg (Weser). In: Klemens Wilhelmi (Hrsg.), Ausgrabungen in Niedersachsen. Archäologische Denkmalpflege 1979-1984, Stuttgart 1985, S. 181-185
25 Klaudios Ptolemaios, Geographia 2.11. In: Hans Werner Goetz/Karl-Wilhelm Welwei (Hrsg.), Altes Germanien. Auzüge aus den antiken Quellen über die Germanen und ihre Beziehungen zum Römischen Reich (= Quellen der alten Geschichte bis zum Jahre 238 n. Chr.), Darmstadt 1995, S. 168-183
26 Reinhard Stupperich, Römische Funde in Westfalen und Nordwest-Niedersachsen (= Boreas. Münstersche Beiträge zur Archäologie. Beiheft 1, Münster 1980, S. 71 zu Nr. 131A
27 Idistaviso, einer Ebene zwischen der Weser und dahinterliegenden Anhöhen, oft vermutet sowohl im Bereich zwischen Lerbeck und Nammen östlich der Porta Westfalica, aber auch südlich hiervon in der großen Weserschleife.
28 Daniel Bérenger, Das Gräberfeld Talmühle in Petershagen-Lahde, Kreis Minden-Lübbecke. Die Brandgrubengräber der Zeit um Christi Geburt. In: Klaus Günther, Beiträge zur vorrömischen Eisenzeit in Ostwestfalen (= Bodenaltertümer Westfalens. Bd. 18, Münster 1981, S. 117 ff.
29 Führer zu vor- und frühgeschichtlichen Denkmälern. Bd. 2: Bremen-Verden-Hoya, Mainz 1965/1975, S. 26, 30 und Abb. S. 29 oben
30 Karl-Heinz Brandt, Fundchronik Land Bremen (= Bremer Archäologische Blätter. Bd. 5), Bremen 1969, S. 10 ff., Abb. 7
31 Führer zu vor- und frühgeschichtlichen Denkmälern. Bd 2, S. 26, 30 und Abb. S. 29 oben
32 Christian Albrecht, Frühgeschichtliche Funde aus Westfalen im städtischen Kunst- und Gewerbemuseum Dortmund (= Veröffentlichungen aus dem städtischen Kunst- und Gewerbemuseum Dortmund. Bd. 1), Dortmund 1936, S. 40-48
33 Reinhard Stupperich, Römische Funde in Westfalen und Nordwest-Niedersachsen. In: Boreas. Münstersche Beiträge zur Archäologie. Beiheft 1, Münster 1980
34 Rainer Halpaap, Verzierte Terra-Nigra Fußschalen vom Typ

Gellep 273. Anhaltspunkte zur zeitlichen Einordnung und Provenienz. In: Boreas. Münstersche Beiträge zur Archäologie. Bd. 6, Münster 1983, S. 291-303

35 Peter Schmid, Die vorrömische Eisenzeit im nordwestdeutschen Küstengebiet (= Probleme der Küstenforschung im südlichen Nordseegebiet. Bd. 6), Hildesheim 1957, S. 49-53, Tafel 1-9

36 Frank Siegmund, Das Gräberfeld der jüngeren Römischen Kaiserzeit von Costedt (= Bodenaltertümer Westfalens. Bd. 32), Mainz 1996, S. 19 ff. (Beitrag Susanne Hummel)

37 Führer zu vor- und frühgeschichtlichen Denkmälern, Bd. 4, S. 38

38 H.-J. Häßler (Hrsg.), Ur- und Frühgeschichte in Niedersachsen, S. 405 und 475

39 Führer zu vor- und frühgeschichtlichen Denkmälern. Bd. 2, S. 33 f.

Ulrich Brohm

Die Weser als Transportweg

Im 18. Jahrhundert war die Weser noch in ihrer ganzen Länge ein bedeutender Handels- und Schiffahrtsweg. Heute läßt sich dies nur für die Außen- und Unterweser bis Bremen sagen. Die Weser ist nach der Elbe die zweitwichtigste deutsche Seeschiffahrtsstraße.[1] Auf der Mittelweser zwischen Bremen und Minden dagegen ist die Menge der transportierten Güter seit Mitte der 1960er Jahre rückläufig, während auf der Stromstrecke oberhalb Mindens kaum noch Waren transportiert werden. Die traditionsreichen Häfen an der Oberweser haben keinen oder nur noch geringen Frachtgutumschlag. Sie dienen als Sportboothäfen oder als Anlegestellen für die Ausflugsdampfer der weißen Flotte, die in den Sommermonaten zwischen Hameln und Münden verkehren.[2] Der kurze Überblick offenbart die großen Veränderungen, denen der Transportweg Weser in den letzten 200 Jahren unterworfen war. Sie betrafen nicht nur die politischen und rechtlichen Rahmenbedingungen der Schiffahrt, sondern auch deren natürliche und technische Voraussetzungen.

Zölle und Stapelrechte als Hindernisse der Schiffahrt

Bis zur Reichsgründung 1871 war das Flußgebiet der Weser keine politische Einheit, sondern ein Flickenteppich deutscher Klein- und Kleinststaaten, deren Zahl mehrfach wechselte. Mit dem Kurfürstentum Hannover, der Landgrafschaft Hessen-Kassel, dem Herzogtum Braunschweig, dem Bistum Paderborn, der Reichsabtei Corvey, dem Fürstentum Lippe, dem seit 1648 zu Brandenburg-Preußen gehörenden Fürstentum Minden, der Reichsstadt Bremen und dem Herzogtum Oldenburg besaß die Weser Ende des 18. Jahrhunderts insgesamt neun Anrainer. Während der „Franzosenzeit“, d.h. der napoleonischen Herrschaft über Deutschland (1806-1813), verringerte sich die Anzahl der Uferstaaten drastisch. Mit Ausnahme des Fürstentums Lippe wurden die genannten Territorien entweder dem 1807 errichteten Königreich Westfalen oder dem französischen Kaiserreich einverleibt (1810). Nach dem Sturz Napoleons und der Neuordnung Europas auf dem Wiener Kongreß (1814/15) teilten sich sieben Länder das Flußgebiet der Weser: Hannover, Hessen-Kassel, Preußen, Braunschweig, Lippe, Bremen und Oldenburg. Mit der Annexion des Königreichs Hannover und Kurhessens durch Preußen 1866 sank die Zahl der Anrainer schließlich auf fünf.[3]

Die territoriale Zerrissenheit des Weserraumes wirkte sich nachteilig auf die Schiffahrt aus, da die zahlreichen politischen und wirtschaftlichen Sonderinteressen der deutschen Teilstaaten systematische und gemeinsame Maßnahmen zur Unterhaltung des Flußbettes verhinderten. Einigkeit bestand letztlich nur in dem Bestreben, möglichst hohe Einnahmen aus dem Schiffsverkehr zu erzielen.

Um 1800 existierten außer dem 1820 aufgehobenen oldenburgischen Unterweserzoll zu Elsfleth entlang der Weser insgesamt 22 Zollstellen.[4] Für den Handel stellten die hier erhobenen Transitzölle auf den Warenverkehr eine zusätzliche Abgabenbelastung dar, die höhere Frachtkosten verursachte. Irritierend und hinderlich waren auch die zollbedingten Aufenthalte, die eine erhebliche Verlängerung der Reisedauer bedeuteten und damit ebenfalls den Transport verteuerten.

Ein weiteres Hemmnis für die Schiffahrt waren die zum Teil seit dem Hoch- und Spätmittelalter bestehenden Stapelrechte der Städte Münden, Minden, Bremen und später auch Hameln. Diese beinhalteten in der Regel neben dem Feilbietungszwang, der die Händler verpflichtete, ihre Waren über einen bestimmten Zeitraum in der betreffenden Stadt zum Kauf anzubieten, auch eine Umschlagspflicht, d.h. den Zwang, die Güter von einem Fahrzeug auf ein anderes umzuladen. Das Stapel- und Umschlagsrecht war jedoch keine einheitliche Rechtsnorm, sondern wurde von Ort zu Ort unterschiedlich angewendet. Die Bestimmungen wichen nicht nur hinsichtlich der

Weserkahn im Bremer Überseehafen bei der Ladung von einem Ostindienfahrer, um 1955

betroffenen Handelswaren voneinander ab, sondern auch in bezug auf die Befreiung bestimmter Personengruppen. Sofern die Schiffer und Händler nicht eine dieser Freiheiten in Anspruch nehmen konnten oder die Stapelrechte gegen Zahlung einer entsprechenden Gebühr umgingen, bedeuteten der erzwungene Aufenthalt sowie das zeitraubende Be- und Entladen eine weitere Verlängerung der Reisedauer und zusätzliche Kosten.[5]

Außerdem hatten die Schiffer eine Reihe weiterer Abgaben zu zahlen, die hier nicht alle aufgeführt werden sollen. Wichtig ist jedoch zu erwähnen, daß man sich bereits im 18. Jahrhundert der Gefahr bewußt war, daß zu hohe Abgaben den Handelsverkehr auf andere Wege umlenkten und zu einem Rückgang der Zolleinnahmen führten. So klagten 1789 die preußischen Zolleinnehmer in Petershagen und Vlotho über den fortschreitenden Verfall der Schiffahrt, wofür sie den „Mißbrauch“ des Mindener Stapelrechts durch den dortigen Magistrat verantwortlich machten. Aufgrund der damit verbundenen Belastungen, so argwöhnten die Beamten, würde der Warenverkehr auf die neuen, „kunstmäßig“ befestigten Chausseen im Hannoverschen ausweichen.[6]

Auseinandersetzungen zwischen einzelnen Weseranrainern um die Ausübung der Stapelrechte und Erhebung der Zölle lassen sich schon früher belegen, genannt seien hier nur der Streit Bremens mit Oldenburg um den seit 1624 geforderten Elsflether Zoll oder die ebenfalls lang andauernden Streitigkeiten um das Mindener Stapelrecht. Eine grundsätzliche Regelung erfuhr das Problem der Zölle und Stapelrechte entlang der Weser erst 1823. Die Schlußakte des Wiener Kongresses vom 9. Juni 1815 hatte die Freiheit der Schiffahrt und des Handels auf den großen Flüssen proklamiert und ausdrücklich die Abschaffung der Stapelrechte gefordert. Die Regelung der Einzelheiten blieb der Übereinkunft der jeweiligen Anliegerstaaten überlassen. 1821 trat daraufhin die aus Vertretern der sieben Weseranrainer bestehende „Weserschifffahrtskommission“ zusammen. Das Ergebnis der mehr als zwei Jahre andauernden Verhandlungen war die am 10. September 1823 unterzeichnete Weserschiffahrts-Akte.[7] Sie verkündete in § 1 die Gewerbefreiheit der Schifffahrt auf der gesamten Weser. Die Uferstaaten wurden verpflichtet, die bereits während der Franzosenzeit abgeschafften, dann aber wieder aufgelebten Stapel- und Umschlagsrechte endgültig zu beseitigen. Zudem vereinbarte

Münden, kolorierte Lithographie von L. Niebour, 1845

man die Einführung eines einheitlichen und gleichmäßigen Weserzolls, der alle bisherigen Schiffsabgaben auf der Strecke von Münden bis Bremen ablösen sollte. Für die Erhebung des Weserzolls waren nur noch elf Zollstationen vorgesehen, deren Zahl bereits durch die Ergänzungsakte vom 22. Dezember 1825 auf neun reduziert wurde. Die Schiffahrt von Bremen bis zum Meer blieb zollfrei, zumindest für Binnenschiffe. Endgültig wurden die Weserzölle erst 1857 abgeschafft, nachdem Hannover und Oldenburg dem 1834 unter preußischer Führung gegründeten Deutschen Zollverein beigetreten waren (1854) und die Stadt Bremen, die weiterhin auf ihrer Selbständigkeit beharrte, 1856 einer Gleichstellung der Waren aus dem Zollvereinsgebiet mit denen aus Bremen zugestimmt hatte.[8] Der endgültige Zollanschluß Bremens erfolgte im Jahre 1888.

Vlotho, Stich von Anton Wilhelm Strack, 1795

Maßnahmen zur Verbesserung des Fahrwassers im Bereich der Ober- und Mittelweser

Bis ins 19. Jahrhundert hinein wurde die Schiffahrt auf der Weser durch ungünstige Fahrwasserverhältnisse belastet. Dafür lassen sich mehrere Gründe anführen: Zum einen hat der Fluß im Vergleich zu Rhein und Elbe ein kleines Einzugsgebiet, wodurch die Wasserführung entsprechend geringer und zudem starken jahreszeitlichen Schwankungen unterworfen ist.[9] Langanhaltende Niedrigwasserperioden waren ebenso wie Hochwasser und Eisgang besondere Schiffahrtshindernisse. Als zweites ist die zunehmende Versandung des Flusses – vor allem der Unterweser – zu nennen, die ihre Ursache in der Umwandlung der Auwälder in Grünland und Ackerflächen sowie in den umfangreichen Waldrodungen seit dem Hochmittelalter hatte.[10] Zusätzlich zu den wandernden Sand- und Kiesbänken kamen Hindernisse in Form von mitten im Flußbett liegenden Felsblöcken und Stromschnellen wie am Porta-Durchbruch, an der „Vlothoer Gosse", an den „Liebenauer Steinen", an der „Horstedter Bank" und an den „Latferder Klippen".

Der Zustand des Fahrwassers war nicht nur die Folge der schwierigen natürlichen Verhältnisse, sondern auch fehlender oder unzureichender Pflege. Seit der Hamelner Konferenz von 1696 waren die im 17. Jahrhundert gegründeten Schiffergilden in Münden und Vlotho verpflichtet, die Fahrrinne freizuhalten. Arbeiten zur Verbesserung des Fahrwassers im Bereich von Münden bis Hameln sollte die Mündener Gilde ausführen, während die Vlothoer Gilde für den Abschnitt zwischen Hameln und Bremen zuständig war. Zur Finanzierung der Strombaumaßnahmen erhoben die Mündener in Grohnde, die Vlothoer in Vlotho von jedem Schiffszug, der den ihnen zugewiesenen Streckenabschnitt passierte, eine Abgabe in Höhe von $^{1}/_{2}$ Reichstaler, das sogenannte „Mastgeld". Da den Schiffern jedoch kaum technische Mittel zur Verfügung standen, konnten die Arbeiten nur darin bestehen, den Fluß gelegentlich von Hindernissen wie treibenden und festsitzenden Baumstämmen oder grobem Geröll zu räumen und Sandbänke durch Graben oder Pflügen abzutragen.[11]

Beeinträchtigt wurde die Schiffahrt auf der Weser auch durch bauliche Hindernisse in Form von Brücken – zu nennen sind hier vor allem die Brücken in Bremen und Hoya – und Wehren, die seit dem Mittelalter in Münden und Hameln bestanden. Das „Mündener Hohl" erforderte noch zu Beginn des hier betrachteten Zeitraumes ein Umladen von Werra- auf Weserschiffe. Das berühmt-berüchtigte „Hamelner Loch", eine Schiffsrinne, die bei normalen Wasserständen nur von geleichterten Schiffen passiert werden konnte, hatte dagegen bereits 1734 durch den Bau einer Schleuse seine Bedeutung verloren.[12]

Vereinzelte Bemühungen der Weseranrainer zur Verbesserung des Fahrwassers lassen sich schon im 18. Jahrhundert nachweisen, wie zum Beispiel das 1715 zwischen Preußen und Lippe geschlossene Abkommen über die Beseitigung der großen Steine aus dem Strombett.[13] Eine grundsätzliche Änderung trat jedoch erst mit der Weser-Schiffahrtsakte von 1823 ein, die dem zunftmäßig betriebenen Schifferhandwerk ein Ende bereitete und in der sich die Uferstaaten zu einer konsequenten und durchgreifenden Regulierung des Flußbettes verpflichteten.

Es dauerte aber noch bis 1838, bevor die beteiligten Staaten eine Weserschiffahrts-Revisionskommission ins Leben riefen, deren Zuständigkeit sich jedoch nicht auf die Unter- und Außenweser erstreckte, und die erste Revisions-Strombereisung von Münden aus stattfand. Für den gesamten Strom bis Bremen wurde schließlich eine Minimalwassertiefe von 0,47 m unter dem damals bekannten niedrigsten Wasserstand vereinbart. Erreicht wurde dieses Ausbauziel erst nach 1845, als Hannover, das sich aus Sorge um die Einnahmen aus den ertragreichen Landzöllen weitergehenden Maßnahmen zur Förderung der Weserschiffahrt widersetzt hatte, seine ablehnende Haltung aufgab. Bis dahin waren die Verbesserungen einiger Teilstrecken der Oberweser von Preußen im Alleingang vorgenommen worden.[14]

Eine durchgreifende und nach einheitlichen Grundsätzen erfolgende Regulierung des Stromes begann erst

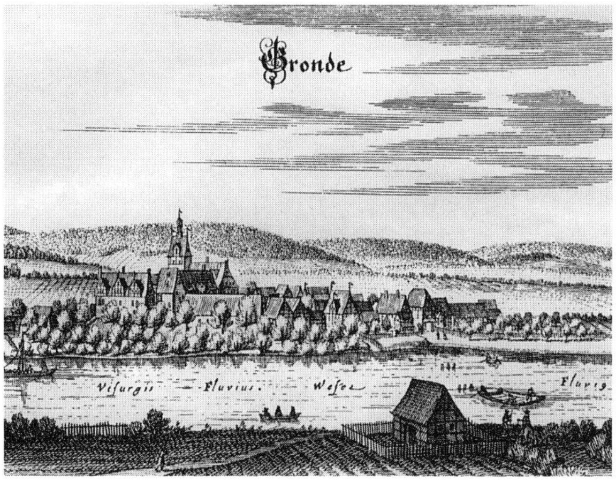

Ansicht der hannoverschen Zollerhebungsstelle Grohnde, Kupferstich von Caspar Merian, 1654

Minden und die Porta Westfalica, kolorierte Radierung von Anton Wilhelm Strack, 1797

Ansicht der Stadt Hameln, Mitte des 19. Jahrhunderts

Der 1882 in Dienst gestellte Dampfbagger „Minden“ im Einsatz auf der Weser

nach den preußischen Gebietserweiterungen von 1866. Die erneuten Revisions-Strombereisungen von 1870 und 1874 stellten eine Vielzahl schlechter Stellen fest. Eine konstantere Wassermenge erhoffte man durch den Bau einer neuen Schleuse in Hameln zu erreichen. Sie wurde 1872 eröffnet. Die ein Jahr später von den Anliegerstaaten beschlossene Minimaltiefe bei niedrigstem Wasserstand von 1 m oberhalb Mindens und 1,5 m unterhalb Mindens sollte allein durch Strombaumaßnahmen, beispielsweise dem Einsatz erster Dampfbagger (1875/79), verwirklicht werden. 1879 wurden die Ausbauziele in einer dem Abgeordnetenhaus vorgelegten Denkschrift der preußischen Staatsregierung erneut geändert. Die ständige Mindesttiefe sollte 0,8 m auf der Strecke von Münden bis Karlshafen, 1 m von Karlshafen bis Minden und 1,25 m von Minden bis Bremen betragen. Man wollte das Vorhaben innerhalb von sieben Jahren verwirklichen. Die Regulierung des Flusses sollte vor allem dadurch erfolgen, daß man die übergroßen Breiten mit Buhnen einschränkte, Ausbaggerungen vornahm, zu starke Gefälle ermäßigte, Verflachungen beseitigte und übermäßig scharfe Krümmungen begradigte. Bereits 1884 zeigte sich der zu große Optimismus der Planung. Der preußische Landtag mußte weitere Gelder bewilligen, damit die 1880 begonnenen Arbeiten 1893 weitgehend abgeschlossen werden konnten.[15] Im Zuge der Korrektion wurde auch die Gefährdung der Schiffahrt durch die berüchtigten „Latferder Klippen“ oberhalb Hamelns beseitigt, indem man eine neue, 450 m lange Fahrrinne am rechten Flußufer anlegte (1893/96).[16] Auch das „Mündener Hohl“ stellte nach

Bau der Überführung des Mittellandkanals über die Weser bei Minden, um 1914

dem Einbau einer Schiffsschleuse (1877/81) keine Barriere mehr für die Schiffahrt dar.[17]

Die von 1893 bis 1897 durchgeführte Kanalisierung der Fulda sowie der geplante Rhein-Weser-Elbe-Kanal – später Mittellandkanal – warfen bald die Frage auf, inwieweit die Regulierung der Oberweser ausreichte, um den wachsenden Ansprüchen der Binnenschiffahrt zu genügen. Die 1899 in einem Staatsvertrag zwischen Preussen und Bremen vorgesehene Kanalisierung der Strecke von Hameln bis Bremen mit insgesamt 25 Staustufen wurde aus politischen Gründen zunächst zurückgestellt. Stattdessen entschloß sich Preußen 1905 zur Errichtung von Talsperren an Eder (1908/14) und Diemel (1913/24), aus denen nicht nur das Speisewasser für den zunächst nur bis nach Hannover geplanten Mittellandkanal (Baubeginn 1905) gewonnen wurde, sondern auch der Weser ein in etwa gleichbleibender Wasserstand verschafft werden sollte.[18]

Nach der Fertigstellung des Mittellandkanals bis Minden (1915), durch den die Weser Anschluß an das entstehende Wasserstraßennetz fand, zeigte sich schnell, daß die Abgabe von Zuschußwasser aus den beiden Talsperren nicht ausreichte, um aus der Weser einen zuverlässigen Schiffahrtsweg zu machen. Auch die Inbetriebnahme der Staustrecken von Hemelingen (1911) und Dörverden (1914) brachte nur abschnittsweise Verbesserungen. Die Kanalisierung der Weser von Minden bis Bremen wurde jedoch erst beschlossen, als in den 1920er Jahren die ursprünglichen Planungen für die Wasserversorgung des östlichen Teils des Mittellandkanals, d.h. der Strecke zwischen Hannover und der Elbe, scheiterten und man auf das Wasser aus der Weser zur Speisung des Kanals zurückgreifen mußte. Nach ersten Bemühungen, Mittel für das kostspielige Unternehmen zu beschaffen, gelang es schließlich in den Jahren 1933/34, größere Beträge zur Verfügung zu stellen, so daß 1934 mit den Arbeiten an fünf zusätzlichen Staustufen bei Petershagen, Schlüsselburg, Landesbergen, Drakenburg und Langwedel begonnen werden konnte. Die Stauregelung der Mittelweser war gerade zu einem Drittel vollendet, als die Bautätigkeiten 1942 kriegsbedingt eingestellt wurden.[19]

Da jedoch noch keine Verbesserung der Wasserstände erreicht worden war und die unfertigen Bauwerke nicht nur eine Gefahr für die Schiffahrt bedeuteten, sondern ihr Unterhalt weiterhin hohe Kosten verursachte, nahm man die Arbeit Anfang der 50er Jahre wieder auf. Finanziert und ausgeführt wurden sie durch die 1952 gegründete Mittelweser-Aktiengesellschaft. 1960 war der Bau der fünf Staustufen abgeschlossen. Bis 1977 hatte man eine Fahrwassertiefe von 2,2 m erreicht, später auch das ursprüngliche Ausbauziel von 2,5 m unter hydrostatischem Stau.[20] Im Jahr 1984 beschloß man die Anpassung der Mittelweser an den ganzjährigen Verkehr mit

Schleuse Landesbergen, 1970

1350-t-Schiffen mit 2,5 m Abladung, den sogenannten Europaschiffen. Dies erforderte den Ausbau der Fahrrinne auf eine Wassertiefe von 3 m, der 1996 weitgehend abgeschlossen war.[21] Inzwischen ist ein weiterer Teilausbau für das sogenannte 2000-t-Großgüterschiff mit einer Tauchtiefe von 2,8 m einschließlich des dann notwendigen Neubaus der beiden Schleusen in Dörverden vorgesehen.[22]

Auch für den Bereich der Oberweser zwischen Münden und Hameln lagen von 1895 bis in die 1970er Jahre hinein Pläne zur Verbesserung der Schiffbarkeit, entweder durch Kanalisierung des Flusses oder durch Anlage neuer Speicher zur Niedrigwasseraufhöhung, vor. Die Ausführung dieser Projekte kam über Vorarbeiten, wie die Fertigstellung einer neuen Schleppschleuse in Hameln (1929/33), nicht hinaus oder unterblieb aus den verschiedensten Gründen völlig.[23] Die heutige Fahrrinne der unkanalisierten Oberweser ist das Ergebnis von Ausbauarbeiten zur Regulierung des ansonsten freifließenden Flusses, mit denen man schon 1913 begonnen hatte. Seitdem moderne Motorschiffe die speziellen Weserschiffe abgelöst haben, ist die Abladetiefe auf der Oberweser viel zu gering, um einen wirtschaftlichen Einsatz der großen Schiffe zu gewährleisten. In trockenen Sommermonaten, in denen die Fahrwassertiefe zum Teil unter 1 m absinkt, ist eine Güterschiffahrt nur noch mit Hilfe von Zuschußwasser aus der Edertalsperre möglich. Nur zu vereinbarten Zeiten können die Schiffe dann auf der Zuschußwelle talwärts gelangen.[24]

Bremerhaven, kolorierte Lithographie von L. Niebour, 1845

Der Ausbau von Unter- und Außenweser

Infolge der seit dem Mittelalter zunehmenden Versandung und Verwilderung der Unterweser konnten seit dem Ende des 16. Jahrhunderts die großen Seeschiffe den Bremer Hafen, die Schlachte, nicht mehr anlaufen. Die Schiffe mußten weit unterhalb Bremens auf der oldenburgischen Seite der Weser bei Brake oder Elsfleth geleichtert und die ankommenden Waren mit Kähnen in die Stadt gebracht werden. Bremen hatte bereits 1619-1622 einige Kilometer flußabwärts in Vegesack einen Schutz- und Winterhafen gebaut, dessen künstliches Hafenbecken das erste seiner Art in Deutschland war.[25] Auch um die Beseitigung der schlimmsten Versandungen hatte man sich durch erste Strombauten (1643) und Ausbaggerungen (1739/46 mit Windmühlenbaggern des französischen Architekten Martin Peltier) schon früh, aber erfolglos bemüht.[26] Das Offenhalten des Fahrwassers blieb ein ungelöstes Problem, das die Stellung Bremens als Seehandelsstadt auf Dauer ernsthaft gefährdete. Als Großherzog Peter Friedrich Ludwig von Oldenburg 1824 versuchte, Brakes Stellung als Seehafen auf Kosten Bremens zu verbessern, sah man sich zu weiteren Maßnahmen gezwungen. Nach mehrjährigen Verhandlungen mit dem Königreich Hannover kaufte die Stadt 1827 Gelände rd. 80 km flußabwärts an der Geestemündung an und gründete das heutige Bremerhaven.[27]

Mit der Anlage Bremerhavens – das erste Hafenbekken war 1830 fertiggestellt – stand zwar den immer grösser werdenden Seeschiffen an der Weser ein sicherer Hafen zur Verfügung, doch blieb die Belastung der Güter mit dem Zwischentransport nach Bremen bestehen. Die Fahrt der Leichterkähne wurde weiterhin durch Sandbänke und Flußwindungen behindert, und die seit 1862 zwischen Bremerhaven und Bremen verkehrende Eisenbahn war, vor allem in Hinblick auf Massengüter, zunächst nicht leistungsfähig genug. Wollte man gegenüber Hamburg und den Häfen an der Rheinmündung konkurrenzfähig bleiben, dann mußte der Seeschiffahrt wieder ein Zugang bis Bremen ermöglicht werden.

Baggerarbeiten während der Weserkorrektion

Für den Ausbau der Unterweser benötigte man jedoch nicht nur erhebliche finanzielle Mittel, sondern auch die Zustimmung der übrigen Anlieger Hannover (seit 1866 Preußen) und Oldenburg, da Bremen nur für eine verhältnismäßig kurze Stromstrecke zuständig war. Beide Staaten hatten zunächst wenig Interesse an einer Verbesserung der Schiffahrtsverhältnisse. Hannover setzte noch lange auf einen Ausbau der Landverkehrswege, während Oldenburg Nachteile für die eigenen Häfen Brake und Elsfleth befürchtete. Dennoch kam es 1845 mit dem Nienburger Vertrag zu einer Abmachung zwischen Hannover und Bremen, der Oldenburg noch im gleichen Jahr beitrat. Man beschloß, die Stromhindernisse zu untersuchen und Vorschläge für ihre Beseitigung zu erarbeiten. Zwei Jahre später lag ein entsprechendes Gutachten vor, doch zur Ausführung gelangten die darin enthaltenen Pläne nicht. 1863 kamen auf die Initiative Bremens hin erneut Vereinbarungen mit Hannover und Oldenburg über die Vertiefung des Rönnebecker Weserarms bzw. des Warflether Arms zustande. Die bis 1865 ausgeführten Arbeiten stellten jedoch nur einen bescheidenen Fortschritt dar, da Schiffe mit einer Tragfähigkeit von ca. 150 Tonnen jetzt lediglich bis nach Vegesack kommen konnten.[28]

Nach der Reichseinigung 1871 schien sich eine nationale Lösung des Problems abzuzeichnen.[29] 1874 rief die Ländervertretung – der Bundesrat – eine Kommission mit Vertretern Bremens, Preußens und Oldenburgs ins Leben, die sich mit der Frage der Unterweserkorrektion beschäftigen sollte. Deren Arbeit bewirkte jedoch keine Verbesserung der Stromverhältnisse: 1877 konnten nur Schiffe mit einem Tiefgang unter 2 m bei Ausnutzung der Flut bis nach Bremen gelangen. Der Einsatz von Baggern und der Bau von Schlängen schaffte zwar Erleichterung, aber keine grundsätzliche Abhilfe.

1878 legte der bremische Vertreter in der Reichskommission, der 1875 als Oberbaudirektor von Berlin nach Bremen berufene Wasserbauingenieur Ludwig Franzius, einen ersten Plan für die notwendigen Arbeiten vor. Kerngedanke war es, die zahlreichen Untiefen und Inseln durch Ausbaggern eines Niedrigwasserbettes bei gleichzeitiger Flußbegradigung zu beseitigen, um der Flutwelle ein möglichst glattes Ein- und Ausschwingen zu ermöglichen, so daß Seeschiffe mit Hilfe der Tide den Hafen Bremens anlaufen konnten. Auf Grundlage dieses, von den übrigen Komissionsmitgliedern zunächst gebilligten Entwurfs legte Franzius schließlich 1881 den endgültigen Plan vor. Er sah eine Begradigung und Verengung der Weser sowie eine Vertiefung des Fahrwassers mit dem Ziel vor, daß Brake und Elsfleth Schiffe mit 8,3 m bzw. 7,3 m Tiefgang aufnehmen konnten, während Vegesack für solche mit 5,5 m und Bremen für Schiffe mit 5 m Tiefgang erreichbar war. Die Kosten sollten sich auf 30 Mio. Goldmark belaufen.

Die Schlachte in Bremen,
Lithographie von F.W. Kohl, um 1844

Bremen beantragte beim Reich finanzielle Beihilfen für die Unterweserkorrektion, die aber von Bismarck abgelehnt wurden. Er kritisierte das Projekt als zu weitgehend, zumal nach seinen Worten Bremen keine Seestadt sei, sondern erst eine werden wolle. Daraufhin zogen sich auch Preußen und Oldenburg zurück. Nach langen Verhandlungen erreichte Bremen 1886 lediglich die Veröffentlichung eines Reichsgesetzes, das im Falle einer Korrektion der Unterweser die Erhebung einer Schiffahrtsabgabe in Höhe einer Mark je Tonne Ladung erlaubte.

Obwohl über die Verwirklichung des Projekts keine völlige Klarheit bestand, hatte Bremen bereits 1883 mit der Begradigung der „Langen Bucht“ die Korrektion im Alleingang begonnen. Die endgültige Entscheidung der nun auf sich allein gestellten Stadt für die Durchführung der Unterweserkorrektion erfolgte 1886. Sie stand in engem Zusammenhang mit dem 1885 beschlossenen und 1888 vollzogenen Beitritt Bremens zum Reichszollsystem.[30] Die Forderung der Stadt, ebenso wie Hamburg ei-

Der Freihafen in Bremen,
Zeichnung von Fritz Stoltenberg, 1888

Das linke Weserufer in Bremen, Mitte des 19. Jahrhunderts, mit einer Holzschiffwerft und der Vielfalt der damals auf dem Fluß verkehrenden Fahrzeuge, wie Weserfloß, Hochseesegler, Dampfschiff und Ruderkähne

nen Freihafen als Zollausland behalten zu dürfen, ließ sich nur verwirklichen, wenn die zu diesem Zweck seit 1885 ausgebauten stadtbremischen Häfen auch einen Zugang zum Meer erhielten. Damit war die Korrektion unverzichtbar geworden. Nachdem man 1887 mit Preußen und Oldenburg zu entsprechenden Vereinbarungen gelangt war, konnten die Arbeiten beginnen. Das Ziel des sogenannten 5-m-Ausbaus wurde durch die Herstellung von Leitdämmen aus Sinkstücken und Faschinen, das Verbauen der Nebenarme und Ausbaggerungen der Fahrrinne erreicht. Bereits 1895 konnten Schiffe mit 5 m Tiefgang den neuen Freihafen in Bremen, dessen erstes Bekken (der heutige Europahafen) 1887 fertiggestellt worden war, erreichen. Ebenfalls seit 1895 wurde die 1886 beschlossene Schiffahrtsabgabe von den auf der Unterweser bis Bremen-Stadt fahrenden Seeschiffen erhoben.

Der Korrektion der Unterweser folgten noch unter bremischer Regie 1913-1916 der 7-m-Ausbau und nach Übernahme der Wasserstraßen durch das Reich 1921 der erweiterte 7-m-Ausbau (1921/24) sowie der 8-m-Ausbau (1925/29). Unter Leitung des Bundes baute man die Unterweser 1953-1958 für das 8,7 m tiefgehende Seeschiff aus. Schließlich erfolgte 1973-1982 der 9-m-Ausbau, wobei der Wert 9 m nicht mehr den zulässigen Tiefgang der Schiffe unter Zuhilfenahme der Flutwelle bezeichnet, sondern die Sohlenlage des Stromes bei Seekartennull (= ca. 30 cm unter Niedrigwasser) angibt. Seitdem können Schiffe mit 13 m Tiefgang in Tidefahrt bis Nordenham, 11,6 m tiefgehende bis Brake und 10,7 m bis Bremen-Stadt gelangen.[31]

Maßnahmen zur Verbesserung der Außenweser zwischen Bremerhaven und der freien See wurden seit 1891 ergriffen, wobei sich erst 1928 nach Verlegung des bisherigen Hauptfahrwassers in den Fedderwerder Arm (1922) eine Wassertiefe von 10,3 m unter Seekartennull herstellen ließ. Nach der Grundinstandsetzung der Strombauwerke in der Außenweser (1953/68) gelang es, eine Fahrwassertiefe von 11 m zu erreichen. Aufgrund der immer weiter steigenden Abmessungen der Massengutfrachter wurde 1968 der 12-m-Ausbau beschlossen. Die dazu erforderlichen Baggerarbeiten waren 1971 beendet.[32]

Ausbaggern der Weser in Bremen, 1998

Schiffstypen und Flöße auf der Weser

Größe und Art der auf der Weser verkehrenden Fahrzeuge unterlagen in der Zeit von 1800 bis heute tiefgreifenden Veränderungen. Dabei ist eine Wechselwirkung zwischen dem Zustand der Wasserstraße und den Abmessungen der Schiffe unverkennbar. Wie der Umfang und die Art des Schiffahrtsbetriebes nicht zuletzt von der Beschaffenheit des Fahrwassers und der Häfen abhängig waren, so stellten die technische Entwicklung und das Streben nach möglichst großer Wettbewerbsfähigkeit gegenüber konkurrierenden Wasserstraßen und Eisenbahnlinien immer neue Anforderungen an den Schiffahrtsweg Weser, der wiederholt den wachsenden Schiffsgrößen angepaßt werden mußte.

Eine genaue Beschreibung der zu Beginn des 19. Jahrhunderts auf Außen- und Unterweser verkehrenden Seeschiffe ist angesichts der großen Zahl von Schiffstypen, der vielen Zwischenformen und der starken ausländischen Einflüsse auf den Schiffbau im Unterweserraum kaum möglich. Als Beispiel mag eine Aufstellung der unter Bremer Flagge fahrenden Seeschiffe aus dem Jahre 1847 dienen, die 59 Fregatten, 58 Barken, 70 Briggs, 10 Schonerbriggs, 17 Galioten, 7 Schonergalioten, 17 Schoner, 5 Kuffen, 2 Galeaß-Ewer und einen Sloop aufführt. Die bremische Seehandelsflotte umfaßte 246 Schiffe mit insgesamt 45 695 Registertonnen (RT), von denen die meisten an der Weser gebaut worden waren.[33]

Von einschneidender Bedeutung für die Entwicklung der Seeschiffahrt war der Übergang vom hölzernen Segelschiff zum stählernen Dampfschiff, der in den 1840er Jahren auf allen Überseelinien eingesetzt hatte.[34] Der Wettbewerb zwischen Segler und Dampfer war um die Jahrhundertwende zugunsten der Dampfer entschieden, obwohl mit dem Bau eiserner Segler seit den 1850er Jahren die Größe und Leistungsfähigkeit der Segelschiffe deutlich anstiegen.[35]

Die weitere technische Entwicklung der von Dampfmaschinen bzw. seit etwa 1900 zunehmend auch von Dampfturbinen und Dieselmotoren angetriebenen Seeschiffe zeichnete sich durch zwei Merkmale aus: Neben einem immensen Wachstum der Schiffsgrößen erfolgte eine zunehmende Spezialisierung auf den Transport bestimmter Ladungen. Die Größenzunahme der Seeschiffe läßt sich anhand der folgenden Beispiele verdeutlichen: Hatten die beiden 1845 für den regelmäßigen Dampfschiffahrtverkehr zwischen der Weser und England in Dienst gestellten Schraubendampfer „Hengist“ und „Horsa“ 225 RT bzw. 205 RT, so lag die Tonnage der sieben in den Jahren von 1857 bis 1866 erbauten Englanddampfer des 1856 gegründeten Norddeutschen Lloyd in Bremen bei rd. 640 bis 730 Bruttoregistertonnen (BRT).[36] Der 1906

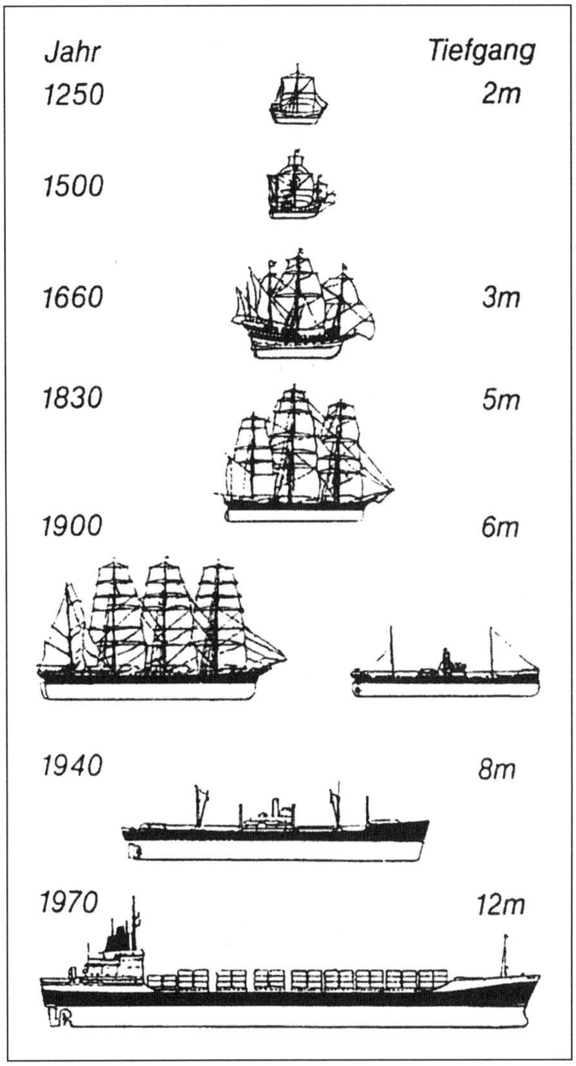

Die Entwicklung der Seeschiffe von der Kogge bis zum Containerschiff

von der AG „Weser“ in Gröpelingen für den Norddeutschen Lloyd hergestellte Frachtdampfer „Thüringen“ war 5 000 BRT groß.

In weit stärkerem Maße vollzog sich die Größenentwicklung bei den Schnelldampfern, die bis Anfang der 1960er Jahre Passagiere und Post über den Atlantik beförderten. Der erste deutsche Schnelldampfer, vom Norddeutschen Lloyd 1881 unter dem Namen „Elbe“ in Dienst gestellt, besaß 4 510 BRT, der 1897 erbaute Lloyddampfer „Kaiser Wilhelm der Große“ hatte schon über 14 000 BRT. Die kurz vor dem Ersten Weltkrieg beim Norddeutschen Lloyd in Dienst gestellte „Columbus“ erreichte schließlich rd. 35 000 BRT.[37]

Während die Größenentwicklung im internationalen Schnelldampferbau schon um 1914 mit über 50 000 BRT

Der Lloyddampfer „Columbus"

den Höhepunkt erreicht hatte, stiegen die Abmessungen der Frachtschiffe nach dem Ersten Weltkrieg weiter an, so daß der 8 000-BRT-Frachter, vollbeladen mit einem Tiefgang von 8,7 Metern, zur Regel wurde.[38] Diese Entwicklung setzte sich auch nach 1945 fort, da mit steigender Ladekapazität die Transportkosten sanken. Vor allem die Tankschiffe und Massengutfrachter wiesen seit Mitte der 1950er Jahre einen enormen Anstieg ihrer Transportkapazitäten auf. Die Tragfähigkeit von Tankern stieg bis Mitte der 80er Jahre von rd. 28 000 tdw (tons/deadweight) auf über 470 000 tdw. Im gleichen Zeitraum erhöhten sich die Kapazitäten bei Frachtern für trockenes Massengut von 40 000 tdw auf 270 000 tdw. Lediglich beim kostenintensiveren Stückgut verlief die Entwicklung langsamer. Erst mit der Containerisierung ab Mitte der 60er Jahre begann auch im Stückgutverkehr die rasche Vergrößerung der Schiffe. Um 1990 erreichten die Containerschiffe (der 4. Generation) eine Tragfähigkeit von 60 000 tdw und eine Kapazität für 4 500 der standardisierten Frachtbehälter, ohne daß ein Ende der Entwicklung abzusehen ist.[39] Die modernen Supertanker und Massengutfrachter mit einem Tiefgang bis 28 m bzw. 21 m können die Häfen der Unterweser nicht mehr anlaufen, da das heute vorhandene Fahrwasser lediglich Schiffen bis 13,5 m Tiefgang und einer Größe von 85 000 tdw die Tidefahrt bis Bremerhaven erlaubt. Für Containerschiffe, die sich am Tideniedrigwasser orientieren, ist dieser Hafen nur bei Größen von höchstens 50 000 tdw (Containerschiffe der 3. Generation) erreichbar.[40]

In der Binnenschiffahrt war gegen Ende des 18. Jahrhunderts der aus Bock, Hinterhang und Bullen bestehende und als „eine Mast" bezeichnete Schiffszug die Regeleinheit. Der Bock war 118-120 Fuß lang (rd. 34 m), 8-9,5 Fuß breit (rd. 2,5 m) und faßte bei einem Tiefgang von 5 Fuß 30-36 „Last" (rd. 60-72 t). Er führte einen Mast mit Segel, während die beiden anderen Schiffe mastlos waren. Ein Hinterhang hatte eine Länge von etwa 116-117 Fuß und eine Breite von 6-7 Fuß, er trug 20-24 „Last". Der Bulle wurde oft nur als Leichterschiff bei Niedrigwasser oder zum Übersetzen der Zugpferde und Linienzieher beim Wechseln des Leinpfades von einem Ufer zum anderen genutzt. Er war 60-75 Fuß lang, 3,5-4,5 Fuß breit und trug 6-8 „Last". Die Form war bei allen drei Schiffstypen gleich. Sie besaßen einen stumpfen, rechteckigen Bug und ein ebenso geformtes Heck. Die Bordwände standen fast senkrecht. Aufgrund ihrer Bauart waren die Schiffe recht schwerfällig im Wasser. Bock und Hinterhang hatten mittschiffs ein Zelt zum Schutz der Mannschaft und Teilen der Ladung. Der vordere und hintere Bereich des Laderaumes besaß keine Abdeckung.[41]

Flußabwärts trieb der Schiffszug mit der Strömung, bei günstigem Wind wurde zudem ein Segel gesetzt. Die Fahrt von Münden nach Bremen dauerte ca. 8 bis 12 Tage.[42] Zu Berg segelte und stakte man nach Möglichkeit. Häufiger wurde der Schiffszug jedoch von Uferwegen (Leinpfaden) aus von Menschen oder Pferden getrei-

Pferdelinienzug bei Rinteln,
Zeichnung von Georg Osterwald, um 1835

Menschenlinienzug bei Hausberge, Ausschnitt aus einer kolorierten Radierung von Anton Wilhelm Strack, 1795

Der Dampfschiffer „Rudolf Tewes"
mit drei Schleppkähnen auf der Bergfahrt
im Unterwasser der Schleuse Hameln

delt (Linienzug). Man befestigte das Zugseil, die sogenannte Linie, am Heck des Bocks. Von dort lief es zu einem Flaschenzug, der mit einem Seil am Mast angebracht war. Im Bedarfsfall ließ sich die Linie vom Heck aus kürzen oder verlängern.[43]

Versuche der Schiffer zur Einführung des im Vergleich zum Menschenzug wesentlich günstigeren Pferdezuges lassen sich bereits im 17. Jahrhundert feststellen. Seit Mitte des 18. Jahrhunderts verstärkten sich die Bemühungen – vor allem Brandenburg-Preußens – um die Durchsetzung des Pferdelinienzuges. Widerstand dagegen leisteten nicht nur einige Uferstaaten oder die Besitzer der Grundstücke, über die der Treidelpfad verlief, sondern in erster Linie die unterbäuerliche Bevölkerung entlang der Weser. Für die landarmen oder landlosen Heuerlinge, Brinksitzer und Neubauern bedeutete die Arbeit als Linienzieher eine mühselige, aber lebensnotwendige Einnahmequelle. Erst im zweiten Drittel des 19. Jahrhunderts war es möglich, einen Pferdezug ohne Störung von Bremen bis Münden durchzuführen.[44] Die Fahrt, die vorher 18 bis 24 Tage gedauert hatte, verkürzte sich auf 16 bis 20 Tage.[45]

Infolge der Einführung des Pferdezuges und der langsamen Verbesserung des Fahrwassers änderte sich nach 1830 die Bauweise der Weserschiffe, die ihre Pontonform zugunsten eines spitzeren Bugs und schlankeren Hecks verloren. Die Länge wuchs auf 38 m, die Breite auf 5,5 m, während die Tragfähigkeit bei 1,1-1,2 m Tauchtiefe auf 150-170 t stieg.[46]

Den nächsten Schub in der Entwicklung der Schiffsgröße löste weniger der Übergang vom hölzernen zum eisernen Schiffsrumpf aus, als vielmehr die Einführung der Dampfschleppschiffahrt und die weitere Vertiefung der Weser. Die Dampfer fanden zunächst als Passagierschiffe Verwendung, wobei auf der Unterweser bereits 1817, auf der Strecke von Münden nach Bremen erst 1843 eine Personenschiffahrt eingerichtet wurde. Manche dieser Fahrgastschiffe leisteten auch Schleppdienste für Seeschiffe und Kähne.[47] Spezielle Schleppdampfer setzte man erstmals 1846 auf der Unterweser ein, wo 1855/56 eine regelmäßige Schleppdampfschiffahrt errichtet wurde.[48] Auf der Oberweser begann der regelmäßige Dampferschleppdienst 1854, nachdem Versuche, Fracht- und Schleppschiffahrtsdienste auf den Strecken Bremen-Münden bzw. Bremen-Minden zu etablieren, 1819 und 1836 an den immer noch unzureichenden Fahrwasserverhältnissen, dem damaligen Stand des Dampfschiffbaus und den Schwierigkeiten bei der Beschaffung geeigneter Ladung gescheitert waren.[49] Obwohl die Dampfschleppschiffahrt auf der Oberweser noch lange mit Schwierigkeiten aufgrund des wechselnden und oft zu niedrigen Wasserstandes zu kämpfen hatte, setzte sich der Dampfschleppzug bis Ende der 1870er Jahre überall auf der Weser durch. Er war nicht nur schneller und billiger als der Pferdezug, sondern konn-

Der Motorschlepper „Schaumburg" mit Anhangkahn auf der Oberweser bei Bodenwerder

te den Schleppdienst auch bei Hochwasser aufrecht erhalten, wenn die Linienpfade längst überschwemmt waren. Zum Einsatz kamen Heck-, Mittel- und Seitenraddampfer, wobei die letzteren mit ihren seitlich angebrachten Schaufelrädern einen geringeren Tiefgang hatten und deshalb für die unregelmäßigen Wasserstände der Mittel- und Oberweser am besten geeignet waren. Schraubendampfer setzte man wegen ihres größeren Tiefgangs vorwiegend beim Bugsierdienst in den Bremer Häfen sowie zum Schleppen der Kähne auf der Unterweser ein.[50]

Die Form der Weserkähne entwickelte sich auf der Grundlage des überkommenen Holzschiffbaus weiter. Es entstand der sogenannte „Weserbock", wie man den seit den 1880er Jahren gebauten Schleppkahn nannte. Die älteren Schiffe dieses Typs waren noch aus Holz hergestellt und besaßen eine Ladekapazität von ca. 300 t. Eine Übergangslösung stellten die Eisenschiffe mit Holzboden dar, der bei dem noch häufig vorkommenden Geröll einen besseren Schutz gegen Leckage bot. Mit der Beseitigung dieser Hindernisse erwies sich der Stahlboden als zweckmäßiger, da er dem Fahrzeug größere Festigkeit verlieh. Zudem hatte ein Schiff aus Stahl ungefähr ein Drittel weniger Leertiefgang als ein gleich großes Holzschiff. In der Zeit von 1895 bis 1910 erhöhte sich die Ladekapazität der Weserschiffe von 400 t auf etwa 600-700 t. Die Größe der Stahlkähne wurde durch die engen Schleusen der Oberweser und Fulda bestimmt. In der Länge schwankten sie zwischen 50 und 60 m, in der Breite zwischen 7 und 9,3 m. Der Tiefgang betrug je nach Tragfähigkeit zwischen 1,6 und 1,9 m.[51]

Wie das sogenannte „Rheinschiff", ein in den 1840er Jahren vom Rhein übernommener Schleppkahn aus Holz, zeigt, hatten schon vor dem Bau des Mittellandkanals Erfahrungen und Vorbilder aus anderen Stromgebieten auf den Schiffbau an der Weser eingewirkt. Die Zurückdrängung der speziellen Weserschiffe zugunsten international vereinbarter Normen begann jedoch erst nach dem Anschluß der Weser an das Kanalnetz 1915.[52] Vor allem die Einführung des Dieselmotors als Schiffsantrieb seit Ende der 1920er Jahre bewirkte eine grundlegende Umgestaltung in der Binnenschiffahrt. Nach dem Zweiten Weltkrieg setzte das Sterben der Raddampferschlepper ein. Sie wurden von Schraubenschleppern mit Dieselmotor abgelöst, die leistungsstärker und wirtschaftlicher waren. 1955 zog man den letzten Dampfschlepper auf der Weser aus dem Verkehr. Schließlich fiel die Schleppschiffahrt selbst dem Umwandlungsprozeß zum Opfer. Schon Ende der 1920er Jahre hatten die bedeutendsten Reedereien der Weserbinnenschiffahrt, die „Bremer Schleppschiffahrts-Gesellschaft" und die „Mindener Schleppschiffahrts-Gesellschaft" (gegründet 1886 bzw. 1893), Einzelkähne mit eigenem Motorantrieb verwendet. Nach 1950 wurden die Schleppzüge immer mehr von den sehr beweglichen, schnellen und großen selbstfahrenden Güterschiffen verdrängt, die sich als anpassungsfähiger und wirtschaftlicher erwiesen. Die Schleppschiffahrt auf der Weser war Anfang der 70er Jahre wie in allen anderen Stromgebieten fast völlig verschwunden.[53]

Aufgrund der technischen Entwicklung transportieren heute immer weniger Binnenschiffe immer größere Gütermengen. Gegen Ende der 50er Jahre besaß die überwiegende Zahl der Motorgüterschiffe eine Tragfähigkeit von 1 000 t. Seit den 60er Jahren setzte sich ein Schiffstyp mit noch größerer Ladefähigkeit durch, das 1 350 t tragende „Europaschiff", nach dessen Abmessungen sich seit 1961 der Neu- und Ausbau aller europäischen Binnenwasserstraßen richtet. Mittlerweile wird das Europaschiff von den wesentlich größeren 2 000 t-Großgüterschiffen abgelöst, die ausgehend vom Rhein und den nie-

Weserfloß, um 1955

derländischen Wasserstraßen auch auf dem Mittelland- und dem 1976 eröffneten Elbe-Seiten-Kanal verkehren. Ebenfalls gegen Ende der 50er Jahre übernahm man die sogenannten Schubverbände aus den USA. Zusammenkoppelbare und unbemannte Schubleichter sind mit einem Schubboot fest verbunden und werden von hier aus gesteuert. Sie finden bis auf wenige Ausnahmen bei den Großreedereien Anwendung und befahren vor allem den Rhein und die westdeutschen Kanäle. Die Mittelweser kann von den Schubverbänden nicht genutzt werden, zumal die nur 10 m breiten Schleusen in Minden einen Übergang von Fahrzeugen dieser Breite zum Mittellandkanal nicht zulassen.[54]

Am Steuerruder eines Weserfloßes, um 1937

Eine Sonderform des Gütertransportes auf dem Wasser, der auf der Weser und ihren Nebenflüssen seit dem Mittelalter üblich war, stellte die Flößerei dar.[55] Sie diente der Versorgung der Städte und Schiffswerften im baumarmen Tiefland und in den Küstengebieten mit Bau- und Brennholz, das in Thüringen, Hessen und dem niedersächsischen Weserbergland geschlagen wurde. Die Flöße brachten nicht nur das Stamm- oder bearbeitetes Dielenholz, aus dem sie gebaut waren, flußabwärts, sondern auch sogenannte „Oblasten". Dazu gehörten neben Spezialhölzern (Krummholz für den Schiffbau, Bretter und Latten, Brennholz), die sich nicht in das Floß einbinden ließen, auch Handelswaren. Sie wurden zum Teil im Rahmen eines regelrechten Kleinhandels in den Ortschaften entlang der Weser verkauft. Die Weserflöße waren ursprünglich bis zu 100 m lang und 12 m breit. Nach der Kanalisierung bestimmte die Kammerlänge der Schleusen die Maße der Flöße, die nur noch gut 40 m lang sein durften. Sie trieben mit der Strömung flußabwärts, wobei sie von zwei bis drei Flößern mit je einem an Bug und Heck befindlichen Ruder („Schnepper" und „Kuhlbaum") gesteuert wurden. Die Flößer waren wegen der geringen Strömung und der Schleusungen nach der Kanalisierung zusätzlich auf Schlepper angewiesen. Die Fahrt von Münden nach Bremen dauerte Anfang des 19. Jahrhunderts

Produkte der von 1755 bis 1855 bestehenden Fayence-Fabrik in Münden

etwa 14 Tage, in den 1930er Jahren ca. eine Woche. Die gewerbsmäßige Flößerei wurde auf der Weser Mitte der 1960er Jahre eingestellt, da sie bei steigenden Kosten durch Schlepp- und Schleusengebühren der Konkurrenz des immer leistungsfähigeren Lastkraftwagenverkehrs nicht mehr gewachsen war.

Die Frachtgüter

Im 18. Jahrhundert spielte die Frachtschiffahrt auf der Weser angesichts der Unzulänglichkeiten des Landverkehrs eine große Rolle. Sie war nicht nur deutlich billiger, sondern bot im Hinblick auf die schlechten Straßen und die geringen Transportkapazitäten der Fuhrwerke die einzige Möglichkeit, schwere Güter über weite Entfernungen zu transportieren. Die Palette der auf der Weser verschifften Waren war noch zu Beginn des 19. Jahrhunderts äußerst vielseitig, wie die 1839 von Friedrich Wilhelm von Reden veröffentlichte statistische Beschreibung des Königreichs Hannover zeigt. Danach kam in Bremen auf dem Seewege ein ganzes Bündel von Waren an, das neben Tabak, Kaffee, Zucker, Baumwolle, Tee, Reis, Indigo und Pfeffer auch Wein, Häute, Butter, Käse, Talg, Öle, Tran, Getreide und Hülsenfrüchte, Raps-, Lein- und Hanfsaat sowie Blei, Nägel, Stahlwaren, Flachs, Hanf, Salz, Steinkohle und Teer umfaßte.[56] Von diesen Waren wurden nach Schätzung von Redens jeweils ein Drittel seewärts wieder in andere europäische Länder ausgeführt, mit Fuhrwerken ins Innere Deutschlands weitergeleitet oder die Weser aufwärts gesandt.[57]

Zu den auf der Weser talwärts nach Bremen transportierten Waren gehörte das ganze Spektrum der landwirtschaftlichen und gewerblichen Produktion. Nach von Reden verschiffte man auf Weser, Aller und Leine „hauptsächlich" – genauere Mengenangaben fehlen leider – „Amidam" (= Kraftmehl), Apothekerwaren aller Art, „Bouteillen" (= Glasflaschen), Branntwein, Blei aus dem Harz, Bleiweiß, Borke, Braunstein (= Manganerz), Zichorien (verarbeitet und als Wurzel), Zement, Koks, Stab- und Gußeisen aus dem Königreich Hannover, Eisenwaren, Farben, Fayence aus dem Hannoverschen, Getreide, Glas, Glätte, Kuh- und Schweinehaare, Häute, Hede, Holzwaren aus Nürnberg und Sachsen, Holz, Kalk, Knochen, Knicker (= Kugeln aus Ton oder Glas), Tonkrüge, Leinen, Lohe, Mehl, Mineralwasser, Ziegelsteine, Mühlsteine, trockenes Obst, Ölkuchen, Papier, Pfeifenerde aus Hessen und dem Königreich Hannover, Tonpfeifen, Pottlohe, Schiefersteine aus dem Solling, Schiefertafeln und -griffel, Steine, Steinkohle und Steinkohlenteer, Stahl aus den Bergischen Land, Tiegel, Töpferwaren, „Vitsbohnen", Wacholder und Wachs.[58]

Wie die wenigen Herkunftsangaben zeigen, handelte es sich nicht allein um heimische Produkte aus dem Weserraum, sondern ebenso um Transitwaren. Deutlich wird zugleich, daß die Weserschiffe neben Massengütern auch Stückgut geladen hatten. Ein großer Teil der genannten Waren wurde über Bremen seewärts ausgeführt. Dabei waren Leinen (aus Schlesien, Hannover, Sachsen, Westfa-

Steingutflasche mit Mineralwasser, zu Beginn des 20. Jahrhunderts noch ein Luxusartikel

Entladen eines selbstfahrenden Weserschiffes an der Schlagde in Holzminden, um 1925

len, Hessen und Lippe), Harzblei, Eisen und Stahlwaren, Getreide und Hülsenfrüchte, Wolle, Glaswaren, Keramik und Fayencen die „Haupt-Artikel“.[59]

Während um 1839 ungefähr ein Drittel der seewärts nach Bremen gebrachten Gütermenge auf der Oberweser wieder ausgeführt wurde, waren es in den Jahren 1900-1909 nur noch rd. 8-11%.[60] Obwohl die Menge der talwärts nach Bremen eingeführten Waren die der Ausfuhr fast um das Doppelte übertraf, war die Oberweser am Import und Export Bremens nur in geringem Umfang beteiligt. Der Grund dafür lag nicht nur in dem Mangel an großen Verbrauchs- und Produktionszentren entlang des Flusses sowie den fehlenden leistungsfähigen Anschlußwasserstraßen, sondern auch in den immer noch ungenügenden Wasserstandsverhältnissen, speziell auf der Strekke von Hameln nach Münden.[61] Von der Oberweser kamen flußabwärts nach Bremen in erster Linie Baustoffe und Brennmaterialien sowie sonstige Rohstoffe und Halbfabrikate (vor allem Kali, Ton und Porzellanerde, Schwerspat und rohes Petroleum).[62] Die Ausfuhr von Bremen auf der Oberweser bestand dagegen zum größten Teil aus hochwertigeren „Verzehrgegenständen“ wie Getreide, Reis, Mehl, Viehfutter, Tabak, Kaffee und Kakaobohnen.[63]

Auffällig ist der unbedeutende Anteil sogenannter „Manufakturwaren“, worunter man vor allem Baumwollerzeugnisse und andere Textilien verstand, an den Gütern des Tal- und Bergverkehrs. Auch die übrigen Produkte wie Papier, Holz-, Glas- und Metallwaren spielten um 1900 eine eher untergeordnete Rolle.[64] Hier wird eine Entwicklung deutlich, die mit dem Entstehen des geschlossenen Eisenbahnnetzes seit Mitte des 19. Jahrhunderts begann und sich mit dem Ausbau des Straßennetzes nach dem Zweiten Weltkrieg fortsetzte. Die Binnenschifffahrt wurde weitgehend auf die Beförderung von Massengütern wie Kohle, Baustoffe, Getreide und industrielle Halbfertigprodukte sowie übermäßig schweren und sperrigen Gütern, die auf Straße oder Schiene nicht bewegt werden können, zurückgedrängt. Sie hat heute – stärker denn je – mit dem Konkurrenzdruck von Eisenbahn und Lastkraftwagen, der mit rund drei Fünftel der erbrachten Transportleistungen die dominierende Rolle im binnenländischen Güterfernverkehr übernommen hat, zu rechnen. Eiliges Stückgut und Terminfracht werden nahezu ausschließlich von Lkw und Eisenbahn transportiert.[65]

Dementsprechend ist der Güterverkehr auf der Oberweser nur noch minimal (1993: 10 000 t), während es auf der Aller und Leine sowie Werra und Fulda gar keine Frachtschiffahrt mehr gibt. Ebenso ging auf der Mittel-

Der Midgard-Hafen in Nordenham, vor 1914

weser trotz der geschilderten wasserbaulichen Verbesserungen die Menge der transportierten Güter seit den 1960er Jahren von 4 Mio. t (1964) auf rd. 2,5 Mio. t (1994) zurück.[66] Auch heute stellt der traditionelle Hinterlandverkehr der Häfen an der Unterweser mit dem niedersächsischen und westfälischen Binnenland nur ein Teil des Schiffsverkehrs zwischen Bremen und Minden dar. Jedoch haben sich, seitdem die Oberweser ihre Funktion als Schiffahrtsweg weitgehend verloren hat und ein Anschluß an den Mittellandkanal besteht, die Güterströme des Transitverkehrs verlagert. Über die Mittelweser beziehen die im Ruhrgebiet und am Mittellandkanal gelegenen Häfen Getreide, Futter- und Düngemittel, Brennstoffe und andere Importgüter von Bremen, Bremerhaven, Brake und Nordenham.[67] Flußabwärts sind Sand und Kies für den Straßen- und Betonbau, die in den Kiesgruben an der Weser nördlich von Nienburg gewonnen werden, mit fast zwei Drittel des Güterumschlags das wichtigste Transportgut.[68]

Außen- und Unterweser konnten dagegen ihre Bedeutung als Verkehrsweg erhalten. Mit über 25 000 Seeschiffen in beiden Fahrtrichtungen sind sie nach der Außen- und Unterelbe die zweitwichtigste deutsche Großschifffahrtsstraße. Die Struktur der Warenströme wird im wesentlichen von der breiten Güterpalette der Häfen Bremen und Bremerhaven bestimmt, wo rd. vier Fünftel der auf der Unterweser transportierten Güter (1994: insgesamt 36 Mio. t) umgeschlagen werden.[69] Zu deren Besonderheit zählt der hohe Anteil von Stückgut, der sich in Bremerhaven auf über 80% beläuft und auf einen stetig anwachsenden Containerumschlag zurückzuführen ist.[70]

Die übrigen Häfen an der Unterweser, vor allem Nordenham und Brake, haben ebenso wie die Bremer Häfen vom Anstieg des Welthandels in der zweiten Hälfte des 19. Jahrhunderts profitiert. Doch standen sie seit jeher im Schatten Bremens und Bremerhavens, aus dem sie jeweils nur für kurze Zeit heraustreten konnten. So wurden von Brake 1842-1860 zahlreiche Viehtransporte nach England eingeschifft, und auch ein Teil des Auswandererverkehrs ging 1845-1866 über diesen Hafen. Nordenham, dessen Entwicklung als Hafen und Industriestandort erst 1856 begann, spielte ebenfalls für die lukrative Verschiffung von Fettvieh nach England eine Rolle. 1890-1897 verlegte der Norddeutsche Lloyd seinen gesamten Nordatlantikverkehr nach Nordenham, bis neue Hafenanlagen in Bremerhaven die Schnelldampfer wieder aufnehmen konnten.[71]

Heute umfassen die Seegütereinfuhren der Weserhäfen Importautos und Südfrüchte für Bremerhaven, Kaffee, Tabak, Wolle und Baumwolle für Bremen, Rohöl- und Mineralölprodukte, Eisenerz, Getreide, Futter- und Düngemittel, Kohle, Holz und Baustoffe, Öle und Fette ebenfalls für Bremen sowie für Brake und Nordenham. Insgesamt überwiegen auf der Weser die Importe gegenüber den Ausfuhrgütern, zumindest was die Menge betrifft. In Bezug auf den Wert der Waren ist das Verhältnis

An Deck eines Containerschiffes an der Containerkaje in Bremerhaven, um 1985

jedoch mehr als ausgeglichen, da im wesentlichen Massengüter und Rohstoffe über den Seeweg bezogen werden. Der Export besteht dagegen überwiegend aus hochwertigen Stückgütern wie Anlagen und Maschinen, Eisenwaren und Stahl, Röhren, elektrotechnischen Erzeugnissen und Kraftfahrzeugen.[72]

Schlußbemerkung

Der Transportweg Weser hat seit dem Ende des 18. Jahrhunderts einen tiefgreifenden Wandel erfahren. Unterweserkorrektion und Mittelweserkanalisation haben ebenso wie die Regulierung der Oberweser die Gestalt des Flusses verändert; politische und rechtliche Hindernisse der Schiffahrt, die zum Teil seit dem Mittelalter bestanden, wurden aufgehoben. An die Stelle der alten Weser-Kähne traten international verbreitete Schiffstypen, Güterströme verlagerten sich und traditonsreiche Hafenplätze – vor allem an der Ober- und Mittelweser – verloren ihre Bedeutung. Ein Grundproblem blieb jedoch bis heute bestehen: Die im Vergleich zu anderen Flüssen in Europa und Deutschland trotz der zahlreichen wasserbautechnischen Maßnahmen eher bescheiden zu nennenden Möglichkeiten für die Schiffahrt. Dies gilt nicht nur für die Binnenschiffahrt auf der Mittelweser, wo die rasante, sich am Rhein orientierende Entwicklung der Schiffsgrössen immer neue Ausbaumaßnahmen erforderlich machte. Auch die Unterweserhäfen können aufgrund ihrer begrenzten Fahrwassertiefen nicht mehr von allen modernen Superschiffen angelaufen werden. Die weitere Anpassung ist jedoch nicht mehr nur ein technisches Problem. Heute stellt sich vielmehr die Frage, inwieweit künftige Vertiefungs- und Kanalisierungsprojekte die Grenze des wirtschaftlich und ökologisch Tragbaren erreichen oder überschreiten.

Anmerkungen

1 Hans Heinrich Seedorf/Hans Heinrich Meyer, Landeskunde Niedersachsen. Natur- und Kulturgeschichte eines Bundeslandes. Bd. II, Neumünster 1996, S. 643

2 Ebd., S. 618 f. Zu den Vergnügungsfahrten der „Oberweser-Dampfschiffahrt GmbH" und anderer Veranstalter vgl. Alex W. Hinrichsen, Personenschiffahrt auf der (Ober-)Weser. Von der Transportfunktion zur touristischen Nutzung. In: Jutta Bachmann/Helmut Hartmann, Schiffahrt, Handel, Häfen. Beiträge zur Geschichte der Schiffahrt auf Weser und Mittellandkanal, Minden 1987, S. 105-120

3 Zur Zahl der Weseranrainer vgl. Nicola Borger-Keweloh/Hans-Walther Keweloh, Flößerei im Weserraum. Leben und Arbeiten in einem alten Gewerbe, Bremen 1991, S. 78

4 Hermann Meyer zu Selhausen, Die Schiffahrt auf der Weser und ihren Nebenflüssen, Stuttgart 1911 (= Tübinger Staatswissenschaftliche Abhandlungen, Heft 21), S. 9; Karl Löbe, Das Weserbuch. Roman eines Flusses, Hameln 1968, S. 268. Zum Elsflether Zoll siehe ebd., S. 269 ff., sowie Herbert Schwarzwälder, Geschichte der Freien Hansestadt Bremen. Bd. II, Bremen 1976, S. 74 ff.

5 Vgl. K. Löbe, Das Weserbuch, S. 255-264; Hans-Joachim Behr, Freiheit der Schiffahrt und Stapelzwang. Die Ausbildung des Stapelrechts an der Weser. In: J. Bachmann/H. Hartmann, Schiffahrt. Handel, Häfen, S. 51-73; N. Borger-Keweloh/H.-W. Keweloh, Flößerei im Weserraum, S. 81-94

6 H.-J. Behr, Freiheit der Schiffahrt, S. 67

7 Zur Weserschiffahrtsakte siehe K. Löbe, Das Weserbuch, S. 282-287; H. Schwarzwälder, Geschichte der Freien Hansestadt Bremen. Bd. II, S. 77 ff.

8 Ebd., S. 231 ff.

9 H.H. Seedorf/H.H. Meyer, Landeskunde Niedersachsen, S. 618

10 Vgl. ebd., S. 625

11 K. Löbe, Das Weserbuch, S. 275 f.; ders., Weserschiffer. Ein Bild von Leistung und Leben der Schiffseigner auf der Weser, Bremen 1961, S. 31-36

12 N. Borger-Keweloh/H.-W. Keweloh, Flößerei im Weserraum, S. 71-74

13 H. Meyer zu Selhausen, Schiffahrt auf der Weser, S. 6

14 Ebd., S. 30; Wolfram Grohs, Projekte zur Verbesserung der Schiffbarkeit auf der Oberweser und ihren Zuflüssen. In: J. Bachmann/H. Hartmann, Schiffahrt, Handel, Häfen, S. 238

15 H. Meyer zu Selhausen, Schiffahrt auf der Weser, S. 30 f.; W. Grohs, Projekte zur Verbesserung, S. 238 f.

16 H. Meyer zu Selhausen, Schiffahrt auf der Weser, S. 32

17 N. Borger-Keweloh/H.-W. Keweloh, Flößerei im Weserraum, S. 72

18 W. Grohs, Projekte zur Verbesserung, S. 239; Heinrich Meyer, Der Mittellandkanal. In: J. Bachmann/H. Hartmann, Schiffahrt, Handel, Häfen, S. 259

19 Hans Heimann, Mittelweser. Maßnahmen an der Schiffahrtsstraße. In: J. Bachmann/H. Hartmann, Schiffahrt, Handel, Häfen, S. 281 ff.

20 Ebd., S. 283-287

21 Ebd., S. 289-292

22 H.H. Seedorf/H.H. Meyer, Landeskunde Niedersachsen, S. 618

23 W. Grohs, Projekte zur Verbesserung, S. 240 f.

24 Vgl. Werner Rutz, Umlandbeziehungen von Wasserstraßen, erläutert am Beispiel der Oberweser, Göttingen 1960 (= Göttinger Geographische Abhandlungen, Heft 25), S. 25-32; Hans-Georg Braun, Die Binnenwasserstraßen des Weser-Raumes in Gegenwart und Zukunft. In: Die Weser, 52 (1978), S. 103; H.H. Seedorf/H.H. Meyer, Landeskunde Niedersachsen, S. 618

25 Herbert Schwarzwälder, Die Entwicklung der Häfen an der Unterweser. In: Heinz Stoob (Hrsg.), See- und Flußhäfen vom Hochmittelalter bis zur Industrialisierung, Köln/Wien 1986 (= Städteforschung. Reihe A: Darstellungen, Bd. 24), S. 273 f.; Heinrich Flügel, Die Weser als Seeschiffahrtsstraße. In: J. Bachmann/H. Hartmann, Schiffahrt, Handel, Häfen, S. 123

26 H. Schwarzwälder, Entwicklung der Häfen, S. 274 f; ders., Geschichte der Freien Hansestadt Bremen. Bd. I, Bremen 1975, S. 450 f.; H. Flügel, Die Weser, S. 123

27 Zur Gründung Bremerhavens vgl. H. Schwarzwälder, Geschichte der Freien Hansestadt Bremen. Bd. II, S. 121-134; ders., Entwicklung der Häfen, S. 278 f. (mit weiterer Literatur)

28 H. Schwarzwälder, Geschichte der Freien Hansestadt Bremen. Bd. II, S. 150 und 234 f.

29 Zur Planung und Ausführung der Unterweserkorrektion siehe ebd., S. 339 ff. und 351-354; ders., Entwicklung der Häfen, S. 282 ff.; H. Flügel, Die Weser, S. 126-130

30 Zum Zollanschluß Bremens vgl. H. Schwarzwälder, Geschichte der Freien Hansestadt Bremen. Bd. II, S. 345-351

31 H. Flügel, Die Weser, S. 129; H.H. Seedorf/H.H. Meyer, Landeskunde Niedersachsen, S. 638

32 H. Flügel, Die Weser, S. 130-133

33 Karl Löbe, Seeschiffahrt in Bremen. Das Schiff gestaltete Hafen und Stadt, Bremen 1989, S. 245

34 Siehe dazu Hans Szymanski, Die Anfänge der Dampfschiffahrt in Niedersachsen und in den angrenzenden Gebieten von 1817 bis 1867, Hannover 1958 (= Schriften der Wirtschaftswissenschaftlichen Gesellschaft zum Studium Niedersachsens e.V. Neue Folge, Bd. 67), S. 305-356

35 Vgl. K. Löbe, Seeschiffahrt in Bremen, S. 265-270 und 309-313

36 H. Szymanski, Anfänge der Dampfschiffahrt, S. 308 und 324

37 Zu den Schiffen des Norddeutschen Lloyd siehe Hans-Jürgen Witthöft, Norddeutscher Lloyd, Hamburg 31997

38 Jens Joost-Krüger/Uwe Kiupel/Achim Sauer, Bremen. Große Stadt und kleines Land am korrigierten Fluß. In: Dirk Dasenbrock (Hrsg.), Stadt, Land, Weser, Fluß. Schiffahrt, Handel, Industrie von Münden bis zur Mündung, Bremen 1987, S. 132

39 Helmut Nuhn, Strukturwandlungen im Seeverkehr und ihre Auswirkungen auf die europäischen Häfen. In: Geographische Rundschau, 46 (1994), S. 282

40 H. Flügel, Die Weser, S. 133

41 K. Löbe, Das Weserbuch, S. 345-348; vgl. auch Jean-Claude Derivaux, Weserbinnenschiffahrt. Menschen, Pferde, Dampf und Diesel. In: D. Dasenbrock (Hrsg.), Stadt, Land. Weser, Fluß, S. 11 f.; H. Meyer zu Selhausen, Schiffahrt auf der Weser, S. 84; Friedrich Wilhelm Freiherr von Reden, Das Königreich Hannover statistisch beschrieben, zunächst in Beziehung auf Landwirtschaft, Gewerbe und Handel. Bd. II, Hannover 1839, S. 108

42 F.W. von Reden, Königreich Hannover, S. 108

43 J.-Cl. Derivaux, Weserbinnenschiffahrt, S. 11 f.; Georg Heil, Gegen den Strom – Über Menschen- und Pferdelinienzug. In: J. Bachmann/H. Hartmann, Schiffahrt, Handel, Häfen, S. 143

44 Vgl. dazu K. Löbe, Das Weserbuch, S. 361-366; G. Heil, Gegen den Strom, S. 143; J.-Cl. Derivaux, Weserbinnenschiffahrt, S. 12 ff.

45 F.W. von Reden, Königreich Hannover, S. 108

46 K. Löbe, Das Weserbuch, S. 346 ff.; H. Meyer zu Selhausen, Schiffahrt auf der Weser, S. 84

47 Zur Personenschiffahrt auf der Weser vgl. Günter Benja, Niederweser Lustfahrten. Eine Chronik über 150 Jahre Passagierschiffahrt Bremen-Vegesack-Brake-Oldenburg-Bremerhaven, Bremen 1983; H. Szymanski, Anfänge der Dampfschiffahrt, S. 43-78 und 89-159

48 Ebd., S. 79-88

49 Ebd., S. 129-176

50 J.-Cl. Derivaux, Weserbinnenschiffahrt, S. 15-19; H. Meyer zu Selhausen, Schiffahrt auf der Weser, S. 91-96

51 K. Löbe, Das Weserbuch, S. 346 f; H. Meyer zu Selhausen, Schiffahrt auf der Weser, S. 84-91; J.-Cl. Derivaux, Weserbinnenschiffahrt, S. 19-23

52 K. Löbe, Das Weserbuch, S. 347 f. Zum „Rheinschiff" siehe H. Szymanski, Anfänge der Dampfschiffahrt, S. 160; H. Meyer zu Selhausen, Schiffahrt auf der Weser, S. 850

53 J.-Cl. Derivaux, Weserbinnenschiffahrt, S. 23 f.; H.H. Seedorf/H.H. Meyer, Landeskunde Niedersachsen, S. 632 f.

54 H.H. Seedorf/H.H. Meyer, Landeskunde Niedersachsen, S. 634 f.; H. Meyer, Mittellandkanal, S. 272 f.; H.-G. Braun, Binnenwasserstraßen, S. 103

55 Vgl. dazu Jürgen Delfs, Die Flößerei im Stromgebiet der Weser, Bremen 1952 (Schriften der Wirtschaftswissenschaftlichen Gesellschaft zum Studium Niedersachsens e.V. Neue Folge, Bd. 34); N. Borger-Keweloh/H.-W. Keweloh, Flößerei im Weserraum; Hans-Walter Keweloh, Die Flößerei auf der Weser. In: J. Bachmann/H. Hartmann, Schiffahrt, Handel, Häfen, S. 171-185

56 F.W. von Reden, Königreich Hannover, S. 117-141

57 Ebd., S. 150 f.

58 Ebd., S. 151

59 Ebd., S. 142-148

60 H. Meyer zu Selhausen, Schiffahrt auf der Weser, S. 191

61 Ebd., S. 191 f.

62 Ebd., S. 193-204

63 Ebd., S. 204-213

64 Ebd., S. 202 ff. und 213

65 H.H. Seedorf/H.H. Meyer, Landeskunde Niedersachsen, S. 615

66 Ebd., S. 617

67 Ebd., S. 618; J.-Cl. Derivaux, Weserbinnenschiffahrt, S. 24

68 H.H. Seedorf/H.H. Meyer, Landeskunde Niedersachsen, S. 617

69 Ebd., S. 642 f.

70 Zu den Folgen der „Containisierung" vgl. H. Nuhn, Strukturwandlungen im Seeverkehr

71 Dirk Dasenbrock/Frank Wendler-Griesel, Elsfleth, Brake, Nordenham. Häfen und Industrie an der Unterweser. In: D. Dasenbrock (Hrsg.), Stadt, Land, Weser, Fluß, S. 147-156; H.H. Seedorf/H.H. Meyer, Landeskunde Niedersachsen, S. 651 f.; H. Schwarzwälder, Entwicklung der Häfen, S. 271 f. und 280-285

72 H.H. Seedorf/H.H. Meyer, Landeskunde Niedersachsen, S. 643

Der Zusammenfluß von Fulda und Werra in Hannoversch Münden

Weserwehr bei Hannoversch Münden

Schleppschiffe auf der Oberweser bei Hannoversch Münden

Am Ursprung der Weser

Blick auf Hannoversch Münden

Karlshafen

Fähre bei Bursfelde

Blick von Fürstenberg auf die Weser

Dagmar Koopmann

Porzellanmanufakturen und Keramikwerkstätten entlang der Weser

Keramikfunde in Wesernähe lassen darauf schließen, daß bereits in der frühen Neuzeit eine Vielzahl von Töpferorten in unmittelbarer Umgebung von Werra, Fulda und Weser existierte. Viele sind uns auch heute noch namentlich bekannt – so z.B. Lauenförde, Höxter, Holzminden, Polle, Hameln, Vlotho, Minden –, einige haben sogar die Zeitläufte überstanden und produzieren bis in die Gegenwart hinein. Ein wichtiger Aspekt ist dabei sicherlich, daß die Weser auf mehr als 350 km schiffbar ist und deshalb schon früh als Handelsweg genutzt wurde, der sich über das Gebiet der Oberweser hinaus auch auf den Mittel- und Unterweserraum sowie die Nordseeküste, Nordfriesland, Dänemark, England und die Niederlande erstreckte. Die Orte Minden und Bremen dürfen dabei als Umschlagplätze der Töpferwaren genannt werden. Abgesehen von den Töpferorten rund um die Hansestadt Bremen, die wegen ihrer Nähe zum Meer auf den Wasserweg als Transportweg nicht angewiesen waren, kann man insbesondere für die Töpferwerkstätten im Oberwesergebiet feststellen, daß der Fluß ihnen neue Absatzmärkte im Fernhandel öffnete. Dadurch war es ihnen möglich, über den beschränkten örtlichen Bedarf hinaus zu produzieren.

Die Porzellanmanufaktur Fürstenberg GmbH

Das alte braunschweigische Jagdschloß Fürstenberg befindet sich an einer der landschaftlich schönsten Stellen der Oberweser. Folgt man vom ostwestfälischen Beverungen dem Lauf der Weser flußabwärts, erhebt sich bald schon in Sichtweite gegenüberliegend der weiße Gebäudekomplex der Manufaktur imposant über grünem Waldsaum auf einem steilen Felsen aus rotem Solling-Sandstein. Die außerordentlich günstige Lage des herzoglichen Besitzes zwischen der gut schiffbaren Weser und dem waldreichen Gebiet des Sollings bestärkte Herzog Carl I. von Braunschweig, ein Anhänger des französischen Merkantilismus, in seiner Entscheidung, innerhalb eines groß angelegten Projektes zur Förderung von Wirtschaft und Gewerbe im Gebiet der braunschweigischen Weserforsten auch auf die Gründung einer Porzellanmanufaktur hinzuarbeiten. Dabei hatte er nicht nur die Verwertung des Holzüberflusses im Waldgebiet des Solling ins Auge gefaßt und die Möglichkeit, einen großen Teil der zur Herstellung von Porzellan benötigten Erden und Materialien im eigenen Land zu gewinnen. Ebenso sollte zum Nutzen der gerade in diesem Landesteil oft sehr armen Bevölkerung ein neuer Erwerbszweig geschaffen werden. Denn anders als die Mehrheit seiner adeligen Zeitgenossen – so im besonderen der Kurfürst August der Starke von Sachsen und König von Polen mit der Gründung der Meissener Manufaktur im Jahr 1710 –, sah Herzog Carl I. seine Porzellanmanufaktur nicht als „notwendiges Attribut des Glanzes und der Würde“, also der Hebung des Ansehens seiner Person, sondern immer als Teil seines Planes zur wirtschaftlichen Entwicklung seines Landes. Sein Hofjägermeister Johann Georg von Langen (1699-1776), in dessen Händen Vorbereitung und Durchführung des Vorhabens lagen und der zudem auch einige Kenntnisse auf dem Gebiet der Keramikwissenschaft besaß, wurde zum ersten Direktor der Manufaktur (bis 1763) nach ihrer Gründung im Jahr 1747 berufen.

Allerdings sollten in Fürstenberg, der nordwestlichsten bzw. nördlichsten Manufaktur des gesamten Kontinents, einige Jahre ins Land gehen, bis eine wirkliche Produktion beginnen konnte. Nachdem man mit dem ersten *Arkanisten* (von *Arkanum* = das Geheimnis/Wissen von der Porzellanherstellung), den man einstellte – Johann Christof Glaser aus Bayreuth – wohl einem Betrüger aufgesessen war, gelang schließlich im Jahr 1753 dem vormaligen Produktionsdirektor der Höchster Manufaktur, Johann Kilian Benckgraff, die Herstellung eines zufriedenstellenden Scherbens (der erste Brand von Hartporzellan). Anlaß genug für den Herzog, der Manufaktur das unterglasurblaue „*F*“ als Markenzeichen zu verleihen,

Ansicht der Porzellanmanufaktur Fürstenberg, um 1850, Porzellanfliese, Fürstenberger Porzellan

das in geringfügigen Variationen den Lauf der Zeit überdauerte und bis heute Bestand hat.

Obwohl die eigentliche Blütezeit der Fürstenberger Manufaktur in die Jahre von ca. 1769 bis Mitte 1780 fällt, für den von uns gewählten Zeitraum der Betrachtung von 200 Jahren Kunst und Kultur an der Weser von 1800 bis 2000 also nicht relevant ist, so ist darum ihre Entwicklung nach dem Jahr 1800 nicht weniger interessant. Hatte in der Zeit zuvor vor allem der vielseitige kulturelle Umkreis des herzoglichen Hofes[1] die Gestaltung des Porzellans[2] sowohl in der Ausformung als auch in der Malerei nachhaltig beeinflußt, indem man z.B. Porträtbüsten der Hofgesellschaft anfertigte[3], begannen sich um die Jahrhundertwende langsam auch bürgerliche Ideale durchzusetzen. Entsprechend findet sich beispielsweise ein reformerisch-klassizistisch ausgeformtes Service mit Bildnissen berühmter, auch zeitgenössischer Philosophen, Schriftsteller, Theologen und Dichter, das ganz im Sinne Klopstocks als eine Art „Gelehrtenrepublik" erscheint.

Schon während der erwähnten „Blütezeit" der Manufaktur setzte allmählich eine Verdrängung der bis dahin dominierenden kurvigen Linien des Rokoko durch wesentlich einfachere, ruhige Formen im Stile des französischen Louis XVI. bis hin zu einem ausgeprägten Klassizismus ein. Der sich wenig später daraus entwickelnde Empirestil ist nebenbei auch Kennzeichen für ein neues Kapitel in der Geschichte der Manufaktur Fürstenberg: Im Jahr 1797 hatte Louis Victor Gerverot (1747-1829) die Leitung des Betriebes übernommen und die stilistische Entwicklung zu der schnörkellosen Schlichtheit des Empire entscheidend vorangetrieben. Gerverot kam zu einer Zeit nach Fürstenberg, als die Manufaktur durch Mißwirtschaft zweier fachlich inkompetenter Direktoren, einhergehend mit äußerst ungünstigen politischen Verhältnissen, in ihrer Existenz bedroht war.[4] Trotz neuerlicher politischer Schwierigkeiten[5] schaffte es der organisatorisch wie fachlich überaus fähige Franzose u.a. mit der Einführung der neuen modernen Formen des französischen Empirestils, eine wirtschaftliche und künstlerische Erneuerung einzuleiten, die Fürstenberg zu einer „Nachblüte" (so die Bezeichnung dieser Zeit in der keramischen Fachliteratur) verhalf. König Jérôme von Westfalen, der Bruder Napoleons, konnte für Fürstenberg interessiert werden, so daß die Produktion unter dem Namen „Manufacture Royale" florierte und den Hof in Kassel belieferte. Ebenfalls begannen sich Handelsbeziehungen nach Westfalen[6], das wenigstens bis zur Mitte des 19. Jahrhunderts ein Hauptabsatzmarkt gewesen ist, Holland und Frankreich anzubahnen. Neben einigen Porträtbüsten in Biscuit fertigte man in der Hauptsache prachtvolle Empire-Tafelservices als Weiterentwicklung der Modelle des

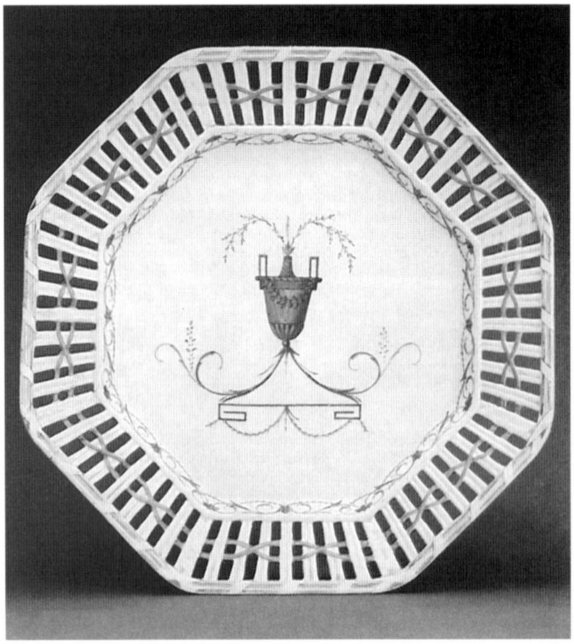

Achteckiger Teller mit durchbrochenem Stabrand mit Dekor „Arabische Vasen", um 1800, Fürstenberger Porzellan

Klassizismus mit geschmackvoller Malerei und üppig geätztem und graviertem Golddekor nach französischem Vorbild. Charakteristisch für diese Zeit sind farbintensive Blumenarrangements, Ideallandschaften und ausdrucksvolle Porträts auf Tassen und Vasen, die auch in breiteren Käuferschichten starken Anklang fanden. Das Aufgreifen der „mode à l'antique", die ihren Ursprung ebenfalls in Frankreich hatte, zeigt sich auf Fürstenberger Porzellan beispielhaft in den sogenannten „Arabischen Vasen"[7], einem Dekor, der in seinen Grundzügen schon um 1780 entstanden war, aber noch weit in das 19. Jahrhundert hinein erfolgreich blieb. Sehr schön wirkt diese Spezialität Fürstenberger Feinmalerei auf einem um 1800 entstandenen, noch dem klassizistischen Stil verbundenen Service, dessen Teller mit ihren flachen, am Rand steil ansteigenden Spiegeln und glatten Fahnen in ihrer eleganten Einfachheit eine ausgezeichnete Folie bilden für den zarten, in den Farben Purpurviolett und -rosa, Grün und Gold dominierenden Vasendekor mit den feinen Blattgirlanden und Akanthusvoluten.

Das Novum des Empire-Stiles zeigt sich besonders in den Formen der Tassen bzw. Kaffee- und Teekannen der Services nach 1810. Waren beim Klassizismus noch zylindrische Kannen und Tassen vorherrschend, so sind die Gefäße jetzt ovoid (eiförmig) gestaltet mit eingezogenem Ringfuß, die Formgebung ist weicher. Neu sind auch die sogenannten „Campanerhenkel"[8], die aus dem oberen Rand der Gefäße hoch hinauswachsen und in elegantem Schwung wieder an den Gefäßkörper zurückgeführt werden. Gerne wird zur Zeit des Königs von Westfalen Eichenlaubdekor in Camaieu-Grün, Sepia oder Gold auf diesen Geschirren verwendet, zumeist in der Zusammenstellung eines einzelnen Eichenlaubzweiges im Spiegel mit einem umlaufenden Eichenlaubfries auf der Innenseite der Wandung oder auf dem Rand. Wie diese Eichenlaub-Staffierungen sind auch Weinlaubranken und Weinbeeren in den verschiedensten Brauntönen und Gold sowie die typisch biedermeierlichen Efeuranken und -kränze in Silber und Gold in Kombination mit Versen und Gedenksprüchen sehr gefragt und bleiben es während des ganzen ersten Drittels des 19. Jahrhunderts.

Das Ende der napoleonischen Herrschaft in Europa verschonte auch den Franzosen Gerverot nicht, dem man trotz aller Verdienste „Kollaboration" vorwarf und ihn 1814 seines Postens enthob. Seine direkten Nachfolger, die die Leitung der Manufaktur – nun wieder in herzoglich braunschweigischem Besitz – bis ca. 1824 bzw. bis 1856 innehatten, bemühten sich in der Hauptsache um eine auf rein wirtschaftlichen Nutzen und finanziellen Erfolg ausgerichtete Geschäftsführung. Dabei nahm man, wie auch in anderen Manufakturen üblich, die Herstellung von sogenanntem „Gesundheits- und Sanitätsgeschirr" aus einer zwischen Porzellan und Steingut liegenden keramischen Masse mit bleifreier Glasur in das Programm auf, das – als billige Massenware – bald überwog. Daneben wurden aber – die ganze Biedermeierzeit hindurch – immer auch die erfolgreichen Geschirrformen des Klassizismus und des Empire weiterproduziert.

Die in Klassizismus und Empire etwas in den Hintergrund geratene Blumenmalerei erlebte nun – nach einer regelrechten Blütezeit in Barock und Rokoko, als die Rose bevorzugtes Motiv der Maler war – eine neue Aufwer-

Ovoide Tasse mit Campanerhenkel und Blumenmalerei, um 1825, Fürstenberger Porzellan

Solitär mit Rosen- und Vergißmeinnichtdekor, um 1820 (bemalt von Christel Eli), Fürstenberger Porzellan

tung. Die Malerei verlor mehr und mehr ihre rein dekorative Funktion, nahm immer stärker naturalistische Züge an und gipfelte schließlich, im Bereich der Blumenmalerei, in „echten Blumenporträts“. Die „Blumenlust“ des Biedermeier verstand sich als Fortsetzung der „Gefühlskultur“ der Empfindsamkeit des 18. Jahrhunderts, die in der Blume – Rose, Vergißmeinnicht... – und ihrer Symbolik eine Sprache des Herzens gefunden hatte. Die schwärmerische Verehrung der Blumen verwandelte sich nun in ein naturkundlich botanisches Interesse, das sich in der Kultivierung von Pflanzen, Samen und Knollen ausdrückte und so die Grundlage zu der Vielfalt des biedermeierlichen Blumenglücks schuf. Rosen, Levkojen, Aurikeln, Dahlien – damals noch unter der Bezeichnung Georginen geläufig –, Kapuzinerkresse und Winden aller Art waren die erklärten Lieblinge dieser Epoche und sind so auch auf Fürstenberger Porzellan zu finden. Hauptvertreter des Blumenfachs in der Manufaktur war ab 1821 Johann Heinrich Christian Eli (1800/01-1881), bekannt für seine

Porzellanfliese mit Blumenstrauß, um 1830
(bemalt von Christel Eli), Fürstenberger Porzellan

minuziös und unmittelbar nach der Natur ausgeführte Malerei. Er dekorierte alle Einzelteile der biedermeierlichen Kaffee- und Teegeschirre, wobei zumeist das Weiß des Porzellans als weißer Streifen den Untergrund für die umlaufenden Blumengirlanden aus Rosen, Rosenknospen, Blattwerk und Vergißmeinnicht bildet. Es sind aber auch Blumendekore von Eli auf schwarzem, gelbem, grünem, purpurnem und sogar lichtgrauem Grund bekannt. Seine wohl schönste Arbeit stellt eine Porzellanfliese im Städtischen Museum in Braunschweig dar, die „Christel" Eli zur Hochzeit seiner Schwester im Jahr 1827 bemalte. Der farbenprächtige Strauß aus den Lieblingsblumen des Biedermeier ist voller Symbolik: rosa und weiße Rosen stehen für Liebe und Trauer, Vergißmeinnicht, Stiefmütterchen und Levkojen für Freundschaft; eine Schwertlilie, ein Fingerhut, blaue Windenblüten, Aurikeln, eine Dahlie, ein „Mädchenauge", eine Akelei und einige meisterlich gemalte Schmetterlinge komplettieren den jahreszeitlich unrealistischen Strauß.

Im weiteren Verlauf des 18. Jahrhunderts kommt auch die Landschaftsmalerei wieder in Mode, nun zumeist in Form von Veduten. Aus der Masse der meist anonym gebliebenen Landschaftsmaler ragt Heinrich Christian Brüning (1779-1855), der sich später auch der Figuren- und Bildnismalerei auf Porzellan zuwandte, deutlich heraus. Er schuf mit seinen realen topographischen Ansichten der näheren und ferneren Umgebung, die sich durch eine duftige Behandlung von Luft und Himmel mit lichtrosa, leicht schattierten Wölkchen sowie eine sorgfältige Zeichnung der Baumarten auszeichnen und in etwa auch den Absatzbereich des Fürstenberger Porzellans wiedergeben[9], einige hervorragende Zeugnisse für dieses Genre. Im übrigen hat außer Fürstenberg keine andere

Ansichtstasse: Höxter und Corvey an der Weser, Anfang 19. Jahrhundert, mit Malerei von Heinrich Christian Brüning, Fürstenberger Porzellan

Kaffeekanne aus dem Service Form L mit Bandmuster und Goldstaffage, um 1880, Fürstenberger Porzellan

Manufaktur eine ähnlich starke Vorliebe für eine solch naturnahe, aber unverkennbar romantisierende Prospektmalerei gezeigt, die genau in einer Linie mit der romantischen Landschaftsmalerei jener Zeit lag. Auf Tassen und Vasen, aber auch auf Teller und großflächige Geschirrteile gemalt, wurden derartige Ansichten gerne als Andenken gekauft, wobei man die Stücke für besondere Anlässe auch mit einer persönlichen Widmung versah.

Parallel zu den historisierenden Strömungen in bildender Kunst und Architektur etwa ab 1850 begannen auch die Porzellanmanufakturen sich dem Stilkonglomerat des Historismus zuzuwenden. In Fürstenberg stellte man Anfang der 60er Jahre zwei Serien-Tafelservice her, die der neuen „Stilrichtung" entgegenkamen: das eine in einer Art abgewandelter Empireform, das andere, in geschweifter Form modelliert, mit bereits deutlich barockisierenden Merkmalen in Form von bauchigen Terrinen und unregelmäßig gedrehten und mit Reliefblattwerk verzierten Henkeln und Deckelgriffen. Als Rocaillen oder Astwerk geformte Henkel, üppig verzierte Schnaupen mit Anklängen an gotische Wasserspeier und stilisierte Blumensträuße als Deckelknäufe ergänzen u.a. die ausladenden Formen weiterer Modelle und künden von der Freude an dem neuen, überladenen Stil, der auch nach der Umwandlung der Manufaktur in eine Aktiengesellschaft

Terrine mit Fisch- und Seerosendekor, zwischen 1903 und 1905, Fürstenberger Porzellan

im Jahr 1888[10] nicht an Beliebtheit verlor. Noch bis um die Jahrhundertwende bestimmte das Nebeneinander der verschiedensten historisierenden Stilformen und Modelle, verbunden mit den neuen Jugendstilelementen, das Fürstenberger Sortiment.

Die Begegnung mit Art Nouveau und Jugendstil führte gleich nach 1900 zu einer grundlegenden Umgestaltung und Modernisierung der Modellpalette. Mit der Einführung von zwei verschiedenen, an modernen Entwürfen orientierten Kollektionen, einer Sparte „Gebrauchsporzellan und Tafelgeschirr" und einer Sparte sogenannter „Alt-Fürstenberger Kunst", die sich die Wiederentdeckung und -ausformung der Erzeugnisse (etwa 100 alte Figuren- und Vasenmodelle) aus der Blütezeit der Manufaktur zum Ziel gesetzt hatte, versuchte man, die Manufaktur zu neuen Erfolgen zu führen. Wie eine mit Kopenhagener Porzellan vergleichbare Terrine aus einem Fischservice von ca. 1903 mit Fischen und Seerosen in wäßrigem Blau, Weiß und einem zarten rötlichen Ton auf blaßblauem Hintergrund anschaulich belegt, nahm man anfangs gern Erzeugnisse führender europäischer Manufakturen des Jugendstilporzellans wie Sèvres oder Kopenhagen zum Vorbild. Mit dem Heranziehen des Münchener Jugendstilkünstlers Hermann Gradl (1883-?) zur Gestaltung neuer Modelle wurde um 1904 der Beginn zu einer ständigen Erweiterung der Angebotspalette an modernen Servicen, die Fürstenberg sogar auf einigen Werkbundausstellungen präsentierte, eingeläutet.

Kaffeeservice, Form 638, Entwurf von Walter Nitzsche, 1932, Fürstenberger Porzellan

Ab 1931 wird Walter Nitzsche als künstlerischer Mitarbeiter an die Manufaktur verpflichtet. Mit seinem Service „638" von 1932, das sich durch glatte Wandungen ohne Kanten und geknickte oder gebrochene Linien und das Weglassen auffälliger Details auszeichnet, bahnt er der zeitgemäßen Vereinfachung der Form frühzeitig einen Weg. Die neue Sachlichkeit zeigte sich, allerdings noch in gemilderter Form, bereits in seinem ersten Entwurf für Fürstenberg, dem Service „Diana". Konsequent weiterverfolgt wurde diese Linie auch nach der Berufung von Fritz Kreikemeier, der im Jahr 1934, von der Firma Arzberg kommend, die Leitung der Manufaktur übernahm. Auf sein Betreiben hin gewann man noch im selben Jahr Wilhelm Wagenfeld (1900-1990), einen der bedeutendsten Designer des 20. Jahrhunderts, als Entwerfer für Zierporzellan und ein neues Service, das unter der schlichten Bezeichnung „639" einige Bedeutung erlangte und mit dem sich die Fürstenberger endlich in eine Reihe mit den

Gedeck aus Service 644 (Schloß Fürstenberg), 1938, Entwurf von Hubert Griemert, Fürstenberger Porzellan

bedeutenden Manufakturen unseres Jahrhunderts, Arzberg, Nymphenburg und der Staatlichen Porzellan Manufaktur zu Berlin, einreihen konnten. Das Wagenfeld-Geschirr, 1936 auf der VI. Triennale in Mailand und 1937 mit der Goldmedaille der Pariser Weltausstellung ausgezeichnet, brachte nicht mehr nur einfach eine neue Form, sondern gefiel auch durch seine gute Funktionalität; z.B. konnte man die Butterdose mit ihrem hochgezogenen Rand bequem zur Kühlung ins Wasser stellen. Es war bis zum Jahr 1958 in der Produktion[11] und wurde außer in Weiß auch in Seladonporzellan, nach der mattgrünen Glasur, und dem in den 30er Jahren außerordentlich beliebten Elfenbeinporzellan hergestellt. Ebenso folgen die Arbeiten von Professor Siegfried Möller (1896-1970), von 1926 bis 1935 künstlerischer Leiter der „Hamelner Töpferei“, von der noch die Rede sein wird, dieser Richtung. Die Bänder und Linien, die leichte, ornamentale Graphik seiner Dekore mit zarten, zurückhaltenden Farben unterstreichen und akzentuieren noch dazu die sparsame Linienführung der Form. Möller ging 1938 nach Bremen, wo er bis zum Jahr 1945 einen Lehrauftrag an der „Nordischen Kunsthochschule“, Abteilung Keramik, wahrnahm, daneben aber weiterhin als Gestalter und Berater für Fürstenberg tätig blieb.

Auch der Keramiker und Designer Hubert Griemert (geb. 1905) lieferte Entwürfe für die Manufaktur Fürstenberg. Mit seinem Tafelservice „Form 644“ von 1938, auch „Schloß Fürstenberg“ genannt, gelang ihm nach Aussage eines Kollegen „ein treffendes Beispiel für ein Porzellangeschirr, das die Eleganz des 18. Jahrhunderts zeitgemäß weiterführt“[12].

Heute besinnt sich die Fürstenberger Porzellanmanufaktur – nach einem konsequent funktionsbetonten Design in den 60er und 70er Jahren[13] – wieder auf ihre traditionellen Wurzeln, allerdings ohne dabei in ein „Historisieren“ zu verfallen. Neben den beliebten Figuren der „Commedia dell'Arte“ Simon Feilners ließ man im Bereich des Tafelgeschirrs Formen und Dekore aus allen Epochen der Manufakturgeschichte wiederaufleben: das mittlerweile 247 Jahre alte „Alt Fürstenberg“ mit seiner für die Zeit des Rokoko typischen birnenförmigen Kaffeekanne, „Solitude“ mit reliefiertem Schuppenmuster und zarten Rocaillen- und Girlandenreliefs nach der Originalausformung des aus Meissen „importierten“ Johann Chr. Rombrich aus dem Spätrokoko, die Form „Herzog Ferdinand“ aus dem Klassizismus, „Empire“ aus der gleichnamigen Epoche oder das Jugendstil-Service „Ariana“ mit dem kobaltblauen Unterglasurdekor „A 202“ von 1903. Dabei werden ständig neue, anspruchsvolle Dekore auch für die traditionellen Formen entwickelt, die ebenso wie die Formentwürfe zeitgenössischer Designer von dem vorrangigen Ziel der Manufaktur Fürstenberg künden: der Weiterentwicklung des modernen Designs.

Kaffeeservice, Form 639, 1934, Entwurf von Wilhelm Wagenfeld, Fürstenberger Porzellan

Die Fürst Adolf-Werkstätte für Kunstkeramik in Bückeburg

In Bückeburg, der Haupt- und Residenzstadt des Fürstentums Schaumburg-Lippe, gründete der letzte regierende Fürst im Jahr 1912 eine Kunst- und Handwerkerschule, die den Unterricht im September desselben Jahres aufnahm. Die günstige Aufteilung in eine Tagesschule für Künstler und eine Abendschule für Handwerker, jeweils mit dem Schwerpunkt der Ausbildung in den Hauptfächern Zeichnen, Malen und Modellieren, bescherten der Einrichtung schon bald beachtliche Schülerzahlen. Im Jahr 1914 waren es Fünfzig, was gemessen an der Einwohnerzahl des gesamten Landes – einem der kleinsten deutschen Länder, das sich seine Selbständigkeit innerhalb des Deutschen Reiches noch bis 1945 bewahren konnte – von rund 50 000 keine geringe Anzahl war. Die Leitung der Schule und der angeschlossenen keramischen Werkstätte lag seit diesem Jahr bei dem Bildhauer Albert Comes (1887-1954), der neben dem Besuch der Akademien von Berlin und München auch bei Auguste Rodin in Paris studiert hatte und bis zu seinem Tode als Direktor der keramischen Werkstatt in Bückeburg blieb. Mit Be-

Vase auf flachem Fuß, Steingut mit blauer Mattglasur, Entwurf von Albert Comes, Fürst-Adolf-Werkstätte Bückeburg

ginn des Ersten Weltkrieges mußte der Lehrbetrieb eingestellt werden, um nach dessen Ende und der gleichzeitigen Abdankung des Fürsten nicht wieder aufgenommen zu werden. Jedoch setzte die „Fürst-Adolf-Werkstätte für Kunstkeramik", die das Nesselblatt aus dem Schaumburg-Lippischen Wappen mit der fürstlichen Krone darüber und dem Schriftzug „BÜCKEBURG" darunter als Marke führte, ihre Tätigkeit fort und erwarb sich bald einen angesehenen Namen.

Selbstdiktierter, oberster Auftrag der keramischen Werkstätte war – nach einem Zeitschriftenartikel vom 4. April 1914 –, „unter Vermeidung von fabrikmäßiger Massenproduktion keramische Gegenstände aller Art in künstlerischer Form und Ausgestaltung herzustellen". Eine Aufgabe, die schon bald zu größter Zufriedenheit bewältigt werden konnte. So stand im Jahr 1923 in einer Zeitschrift für neues Kunsthandwerk geschrieben: „Die keramischen Erzeugnisse der Fürst Adolf-Werkstätte in Bückeburg stellen sich dar als eine gediegene Ware in einfarbiger, gleichmäßiger Glasur, technisch vorzüglich gearbeitete Stücke, untadlig geformt und vortrefflich gebrannt im Schmelz ruhiger, lauterer Farben. Es sind Vasen und Becken von einer besonnenen, behäbigen, wohlgebauchten Art, würdige Schalen für edles Obst, schöne Blumengefäße, manche fast urnenhaft im Vortrag der Form, andere wie Krater oder kleine, henkellose Krüge, durchgehends so gestaltet wie es einem erzogenen Geschmack entspricht, von guter, handwerklicher und künstlerischer Qualität, solid und ganz Klasse."[14] Gerade die Glasur, die auch in diesem Artikel Anerkennung fand, ist in den Ausgaben des Adreßbuches der Keram-Industrie der 20er und 30er Jahre immer wieder Gegenstand der lobenden Erwähnung. Man beherrschte neben den beliebten Craqueléglasuren[15] u.a. auch die sehr interessanten, aber technisch komplizierten Kristallglasuren[16], die Aventuringlasur[17]sowie die Kupferlüster- und Laufglasur. Zudem fällt die Bevorzugung von Mattglasuren auf, die vorwiegend in einem nirgendwo sonst anzutreffenden Rot, Stahlgrau oder Grünblau verwendet werden. Um die Zusammensetzung dieser Vielfalt der Glasuren kümmerte sich Albert Comes persönlich, wie auch sämtliche Formentwürfe bis in die 50er Jahre hinein von ihm stammen.

Gerade wegen ihrer spezifisch modernen Tendenz in Form und Dekor schloß sich die Bückeburger Werkstätte dem *Deutschen Werkbund* an, dessen Mitglied sie etwa ab 1930 war. Eine Ausgewogenheit zwischen handwerklicher und industrieller Herstellung und wenige, aber umfassende Kollektionen, die, stets aus Vasen, Schalen, Deckeldosen, Blumenkübeln, Lampenfüßen, Kerzenleuchtern u.a.m. bestehend, in verschiedenen Glasurarten, -farben und -dekoren erhältlich sind, zeugen von qualitätvoller, moderner und zweckmäßiger Kunstkeramik.

Ihren wirtschaftlichen Höhepunkt hatte die Fürst-Adolf-Werkstätte im Jahr 1930, als sie 100 Arbeiter beschäftigte und neben etwa sechs Muffelöfen einen leistungsfähigen Rundofen in Betrieb nehmen konnte. Danach ging die Zahl der Mitarbeiter auf fast die Hälfte zurück, um Mitte 1934 wieder auf etwa 70 anzusteigen und bis zum Zweiten Weltkrieg konstant zu bleiben. Nach dem Tod von Albert Comes im Jahr 1954 wurde der kaufmännische Direktor Heinrich Stuhlmann mitverantwortlich für die technische Leitung, konnte aber an das hohe Qualitätsniveau und die Erfolge seines Vorgängers nicht anknüpfen. Zum Ende des Jahres 1971 stellte die Fürst-Adolf-Werkstätte in Bückeburg mit zuletzt 40 Mitarbeitern ihren Betrieb endgültig ein.

Die Hamelner Töpferei

Initiatorin der Hamelner Töpferei war die in Straßburg geborene Töpferin Gertrud Kraut (1882 oder 1883-1980), die auf der Suche nach einer Expansionsmöglichkeit ihrer kleinen Werkstatt in dem alten weserbergländischen Töpferort Duingen am Ith in das nahegelegene Hameln kam, wo man ihr die Übernahme einiger Räumlichkeiten in der ehemaligen Garnisonswaschanstalt der alten Kaserne anbot. An der Münchener Debschitzschule ausgebildet und von dem sozial engagierten und kunstinteressierten hannoverschen Fabrikanten Hermann Bahlsen gefördert, gründete sie dort 1922 im Verein mit einer Hildesheimer Firma und dem Domänenpächter Dr. Georg Rawitscher aus Eggersen bei Salzhemmendorf die „Hamelner Töpferei GmbH". Rawitscher übernahm dabei die Finanzierung und fungierte als Geschäftsführer. Als Signet der neuen Werkstatt wählte man einen Preßstempel in Form einer topographisch abgeleiteten, stilisierten Ratte mit den Buchstaben „H(amelner) T(öpferei)".

Einer größeren Öffentlichkeit bekannt wurde der Name Gertrud Kraut durch die Stuttgarter Werkbund-Ausstellung von 1924, die unter dem Motto „Die Form ohne Ornament" von epochaler Bedeutung war. Die Hamelner Töpferei zeigte eine Auswahl von Keramiken mit zum Teil bemalter Glanz- und Mattglasur, die bei der Fachwelt durchaus lobende Anerkennung fanden. Dem Achtungserfolg entsprach die finanzielle Situation der Werkstätte allerdings keinesfalls. Zum einen durch die Inflation, zum anderen durch eine bewußt großzügig gehaltene Finanzierung seitens des Geschäftsführers, kam es zu einer kalkulierten Überschuldung der Firma, deren Folgen sich Gertrud Kraut nur durch einen konsequenten Rückzug entziehen konnte. Ihre Nachfolge in der künstlerischen Leitung übernahm bis zum Jahr 1935 Siegfried Möller.

Gertrud Kraut eröffnete 1926/27 eine kleinere, eigene Werkstatt im ehemaligen Waisenhaus Am Langen Wall 1, am Hamelner Weserufer, die bis zum Jahr 1929/30 Bestand hatte. Hier entstanden erste Versuche mit Metalloxyden und Reduktionsglasuren, bei denen sie ihre theoretischen Kenntnisse der keramischen Chemie aus einem Studiensemester an der Berliner Universität anwenden konnte. Charakteristisch für ihre Keramiken sind die prinzipiell abstrakten Dekorentwürfe auf Gefäßformen, die sich stets dem praktischen Nutzen im Gebrauch unterordnen; dabei blieb ihr der hohe Anspruch an eine klare Ästhetik zeitlebens oberstes Prinzip.

Nachfolgerin Gertrud Krauts in der Hamelner Töpferei wurde die Frau des Geschäftsführers Anni Rawitscher, geb. Delius, eine Malerin und Bildhauerin. Ihr Bruder Klaus Delius übernahm als keramischer und elektrotechnischer Fachmann die technische Leitung der Töpferei. Unter seiner Führung arbeitete der mit modernster Technik ausgestattete Betrieb zunächst recht erfolgreich. Dennoch erfolgte eine Serienproduktion nur in geringem Maße, so daß man die Hamelner Töpferei wohl als Handwerks-, nicht aber als Industriebetrieb bezeichnen kann.

Ein Aufsatz in dem Fachblatt „Die Kunstkeramik (Kachel- und Töpferkunst)" von 1926 gibt Aufschluß

Vase mit glänzender weißlich grauer Glasur über durchscheinendem gerillten, dunkelbraunem Scherben, Hamelner Töpferei

Suppenterrine mit Unterteller, Dekor WESER blau, zwischen 1900 und 1922, Steingutfabrik Witteburg

über das Programm der Werkstätte. Bei den Gebrauchsgegenständen bemühte man sich, altes handwerkliches Können mit modernem Empfinden zu verschmelzen. Sacht geschwungene Linien in der Formgebung der Töpfe und Schalen in Verbindung mit subtil getönten, leuchtenden oder matten Glasuren waren schließlich das Ergebnis von hohem künstlerischen Wert.

Zur Zeit der Leitung Gertrud Krauts[18] war die Werkstatt vor allem für Keramiken mit sehr feinen grünen Schmelzglasuren sowie pastellfarbene, leicht rauchig wirkende oder matt gewolkte Glasuren bekannt. Da Frau Kraut bei ihrem Ausscheiden einige ihrer Modelle an Dr. Rawitscher abtreten mußte, änderte sich zunächst in der Formensprache nicht sehr viel. Auch nach dem Verkauf der wegen der wirtschaftlichen Rezession mittlerweile stark dezimierten Hamelner Töpferei (Rückgang der Mitarbeiterzahl von 50 auf 35) im Juli 1933 an Klaus Delius und seine Frau Hildegard, einer Absolventin der Dresdener Kunstgewerbeschule, blieb man im wesentlichen dieser Linie treu. In dem Bestreben, nach wie vor „im Gegensatz zu den oft mehr bunten als farblich schönen Keramiken edle Glasuren in gewählten und doch leuchtenden Farben herauszubringen“[19], werden ab 1933 neben Vasen, figürlichen Modellen, Schalen und Gebrauchsgegenständen in modernem Stil auch Fayencen mit Mattglasuren, persischen Glasuren sowie Feinkeramik hergestellt.

Nach dem Tode von Klaus Delius im Jahr 1936 führt Hildegard Delius den Betrieb allein weiter. Unter ihrer Führung produziert man in den Kriegsjahren so gut wie ausschließlich Gebrauchsgeschirr, bevor nach Kriegsende auch die Kunstkeramik, nach ständig neuen Entwürfen von Hildegard Delius – bis zu ihrem Tod im Dezember 1955 für diesen Bereich zuständig –, wieder ins Programm genommen wird. Die Söhne Nikolaus, der für die kaufmännische Leitung verantwortlich ist, und Peter Delius, der für den technischen und keramischen Bereich Sorge trug, waren schon 1950 bzw. 1953 in die Firma eingetreten, vermochten aber an die wirtschaftlichen Erfolge früherer Zeiten nicht mehr anzuknüpfen. 1966 mußte die Hamelner Töpferei ihre Tätigkeit einstellen. Peter Delius machte sich danach mit einer kleinen Werkstatt im Hamelner Ortsteil Klein-Berkel selbständig.

Steingutfabrik „Witteburg“ in Farge

Steingut, äußerlich dem Porzellan verwandt, im ganzen aber wesentlich derber, stellte ab Mitte des 18. Jahrhunderts, von England ausgehend, das Gebrauchsgeschirr des kleinbürgerlichen Haushalts dar. Entscheidend dabei waren die erheblich günstigeren Herstellungskosten gegenüber dem Porzellan.

Im Jahr 1852 gründete der Bremer Reeder Johannes Fritze (Reederei W.A. Fritze) in Partnerschaft mit den englischen Kaufleuten Simeon Sowerbutts und James Bethuel Boyes im damals hannoverschen Farge eine Steingutfabrik auf einem am Weserufer gelegenen Grundstück.[20] Auslösendes Moment für die Errichtung eines Werkes auf außerbremischem Gebiet war zum einen die Gründung des Deutschen Zollvereins 1833[21], der die Einfuhr von Waren durch beträchtliche Importzölle verteuerte, was auch die bislang aus England nach Bremen eingeführten Steinguterzeugnisse betraf. Zum anderen waren die Bodenpreise in Farge billiger als auf stadtbremischem Gebiet, und die Lage direkt am Weserufer bot die Voraussetzung zur Anlage einer Stromkaje, die das Anlanden aller Rohstoffe sowie den Versand der fertigen Waren ermöglichte. Ein ebenso wichtiger, ausschlaggebender Faktor für die Standortwahl war die Schiffbarkeit der Weser, die um das Jahr 1850 herum derart versandet war, daß seetüchtige Schiffe die bremischen Häfen nicht mehr anlaufen konnten und in der Unterweserstadt Brake ihre Fracht auf Weserkähne umladen mußten. Die Tatsache, daß die Entfernung Brake-Farge etwa um die Hälfte geringer war als die von Brake nach Bremen, wirkte sich auch günstig auf die Transportkosten aus. Wie schon bei der Porzellanmanufaktur Fürstenberg wurde der Strom als billiges und bequemes Transportmittel genutzt.

In Anlehnung an die ortsbekannte „Witteborg“, die 1227 zerstörte Festung (Zollschloß) des Erzbischofs Gerhard II. von Bremen, gab man der Fabrik den Namen „Steingut & Porzellain Fabrik Witteburg“. Nach sehr kurzer Bauzeit, in der ein Werk mit zwei Roh- und drei Glattbrandöfen und zugleich am Weserufer ein Bollwerk mit einer Verladeanlage entstand, an der die aus England mit dem Rohmaterial Tonerde und Kohle kommenden Schiffe ihre Ladung löschen konnten, nahm man im Juli 1853 den Betrieb auf. Vor allem, um einheimische Arbeiter in das Handwerk einzuführen, warb man Facharbeiter aus England und Sachsen an, die allerdings in der Mehrzahl schon nach wenigen Jahren in die Heimat zurückkehrten. Die Verbliebenen wurden im Laufe der Zeit eingebürgert, unter ihnen auch der für die Dekore zuständige englische Kupferstecher Richard Taylor sen. (1830-1915) und dessen Sohn Richard Taylor jun. (1868-1953), ebenfalls als Kupferstecher bei der Witteburg tätig. Die Dekore für die Geschirrproduktion stellten die Farger selbst her, wobei sich folgende Maltechniken nachweisen lassen: die Schablonenmalerei, zur Dekoration von Nachttöpfen, Schüsseln, v.a. aber Schmucktellern, wie sie früher in den bäuerlichen Haushalten auf dem Tellerbord standen; die Freihandmalerei, ebenfalls auf Schmucktellern in einigermaßen qualitätvoller Ausführung, aber nur ganz geringen Stückzahlen; das Schwämmeln – darunter versteht man das Betupfen des Geschirrs mit einem in Farbe getauchten Schwämmchen –, womit man z.B. Tassen und Untertassen sowie Zierteller schmückte; das Umdruckverfahren mit Hilfe von Kupferstichen vor dem Glasieren, wobei dem Kolorieren der Umdrucke/Kupferdrucke von Hand keine große Bedeutung zugekommen zu sein scheint, da nur wenige Stücke davon vorliegen; die Bemalung mit Gold als Staffierung der Ränder und hervorstehender Teile – wie etwa Rippen – weißer Geschirre oder als Auftragsmalerei für bestimmte Anlässe (z.B. mit dem Namen des Empfängers und Rankenwerk versehene Kaffeegeschirre).

Die Preisliste der Jahre 1853-55 führt vor allem Tafelgeschirr auf: Teller, Terrinen, Bowlen, Saucieren u.a. Tassen, Kaffee- und Teekannen, Rahmgießer, Zuckerdosen gibt es ebenso wie ganze Kaffee- und Teeservices, dazu noch Senfdosen, Pfefferdosen, Salzfässer, Butterdosen und Blumentöpfe; aber auch Gegenstände, die der Hygiene dienen, sind im Angebot: Seifennäpfe, Zahnbürsten- und Zahnpulverdosen, Schwammschalen, Spucknäpfe, Waschkummen, Wasserkannen, Nachttöpfe etc. Im Jahr 1861 vergrößerte sich die Zahl der lieferbaren Artikel noch einmal erheblich, Aschenbecher, Kaffeefilter, Durchschläge, Löffel, Hyazinthentöpfe, Türschilder, Bidetbecken u.v.m. kamen hinzu. Die Kunden rekrutierten sich aus dem gesamten Deutschen Reich, aus Österreich, Italien, den Niederlanden, Schweden, Norwegen, Belgien, Rußland und sogar aus Indien, Brasilien, Argentinien und Mexiko.

Bis ungefähr zum Jahr 1880 war in der Witteburg die Produktion von Haushaltsgegenständen maßgeblich; nach dem Auftreten von Absatzschwierigkeiten in diesem Bereich wurden auch Artikel der Sanitärkeramik und Wasserleitungsrohre in das Fertigungsprogramm aufgenommen. Die Umwandlung der Gesellschaft in eine Aktiengesellschaft im Jahr 1898 bildete den Anfang zu einem langsamen, aber unaufhaltsamen Abstieg der Firma während der nächsten Jahre. Mit der Produktion von Wandplatten ab 1905 z.T. nach Entwürfen regional bekannter Künstler wie Ernst Müller-Scheeßel (1863-1936) und Walter Magnussen (1869-1946)[22] versuchte man noch einmal eine Wende der ökonomischen Verhältnisse herbeizuführen, aber die Stillegung des Betriebes im Jahr 1914 ließ sich nicht mehr abwenden. Dem folgte im September 1918 ein Besitzerwechsel, die ehemals schärfste Konkurrentin der Witteburg, die „Aktiengesellschaft Norddeutsche Steingutfabrik Grohn bei Vegesack", kaufte das Farger Werk auf und begann nach einigen Modernisierungsmaßnahmen mit der Wiederaufnahme der Fabrikation. Zwar behielt der Betrieb seinen Namen, verlor jedoch als Tochterunternehmen seine frühere Selbständigkeit. Im Bereich Geschirr wurde die Produktpalette eingeschränkt, und man ging vermehrt dazu über, in Hartsteingut zu produzieren. 1926 erfolgte die Umstellung auf alleinige Fertigung von Wand- und Fußbodenplatten. 1958 riß man nach der endgültigen Schließung der Witteburg die letzten Gebäude der Fabrik ab, an ihrer Stelle befindet sich heute das Kraftwerk Farge.

Fabrikansicht Norddeutsche Steingut Grohn, Foto um 1900

Norddeutsche Steingutfabrik Grohn bei Vegesack

Die uns heute vornehmlich für die Fabrikation von Fliesen aller Art bekannte Norddeutsche Steingutfabrik, ist ursprünglich zum Zwecke der Herstellung feinkeramischen Haushaltsgeschirrs ins Leben gerufen worden. Vegesacker und Bremer Kaufleute[23] taten sich zusammen und gründeten am 2. Oktober 1869 mit einem Startkapital von 375 000 Reichsmark eine Aktiengesellschaft. Auf einem Grundstück direkt an der Weser entstanden im folgenden Jahr die Fabrikationshallen, die Produktion konnte allerdings erst nach dem Ende des Deutsch-Französischen Krieges[24] im Jahr 1871 aufgenommen werden.

Bei anfangs günstiger Marktsituation und damit einhergehender Preiserhöhung, ließ sich die Produktion stetig ausbauen, bis mit dem Jahr 1879 im gesamten Deutschland ein Einbruch der Preise auf dem Sektor der Steingutfabrikation erfolgte.[25] Um die Verluste einzugrenzen, sah sich die Norddeutsche Steingut gezwungen, ab 1886 ihre Produktion auf Leichtsteingut zum Export in Länder mit Gewichtszoll umzustellen. Daneben wurden ab Ende 1889 auch Wandfliesen im Naßpreßverfahren hergestellt, die bislang nur von wenigen Firmen angeboten wurden und somit dem Preisdruck allzu zahlreicher Konkurrenz entgingen. Eine Zunahme des Umsatzes in den nächsten Jahren bei der Produktion von Wandplatten gab dieser Neuorientierung sehr bald recht, auch wenn sich immer wieder einmal finanzielle Engpässe abzeichneten.

Die Bildung einer Arbeitervertretung, die zum Wohle der Fabrikarbeiterschaft geschaffen werden sollte, wurde durch Intervention der Betriebsleitung immer wieder hinausgezögert. Letztlich setzte der Großbrand des vierstökkigen Fabrikgebäudes am 11. Januar 1897 den Meinungsverschiedenheiten zwischen Arbeiterschaft und Unternehmensführung ein abruptes Ende. Wegen erheblicher finanzieller Einbußen durch Unterversicherung des Gebäudes war eine Kündigung der kompletten Belegschaft unausweichlich.

Die Wiederinstandsetzung und gleichzeitige technische Verbesserung der Fabrikanlagen erfolgte unter finanzieller Beteiligung des holländischen Steingutfabrikanten Alfred Regout[26] und Beratung von englischen Spezialingenieuren. Schon im November desselben Jahres konnte die jetzt auf Steinguthohlgeschirre, Sanitärteile und Wandplatten umgestellte Produktion wiederaufgenommen werden. Mit einem neuen, rationelleren Produktionsverfahren der Trockenpressung von Fliesen, steigerte man die Produktion nach Anfangsproblemen auf 70 000 Stück pro Woche und war somit in der Lage, entscheidende Marktanteile hinzu zu gewinnen.

Nur zwei Jahre später markiert das Jahr 1899 den Zeitpunkt der nunmehr alleinigen Ausrichtung der Produktion auf Wandfliesen mit einer deutlich reduzierten Plattenstärke auf 6 mm.[27] Die bis dahin aus England per Schiff bezogene Lieferung des Rohmaterials wurde 1904 umgestellt auf Rohstofflieferung, nun per Bahnfracht aus dem Rheinland. Zudem sollte sich die vorteilhafte Lage des Unternehmens zwischen dem Weserstrom, mit direktem Zugang zum Seeweg, und dem Bahnhof Grohn-Vegesack auf das Exportvolumen günstig auswirken. Die größten Abnehmer waren Südamerika, Ostasien und Afrika mit etwa 65 % der Gesamtproduktion. Zwar befand sich der Absatz auf dem inländischen Markt infolge der Auswirkungen des großen Streiks im Baugewerbe vom Sommer 1906 in einem steten Rückgang, aber die unverändert hohe Exportrate und der immer noch Expansionsmöglichkeiten bietende ausländische Markt ließ bei der Werksleitung den Plan der Gründung eines Tochterunternehmens reifen. Im August des Jahres 1912 nahm die auf dem Grundstück eines abgebrannten Aumunder Fett- und Seifenwerks errichtete Produktionsanlage, firmierend unter dem Namen „Bremer Wandplattenfabrik mbH", ihren Betrieb auf. Jedoch zwang der für den Export folgenschwere Ausbruch des Ersten Weltkrieges sehr bald zu einer Stillegung der Produktion während der Kriegsjahre. 1918 erfolgte die Wiederaufnahme der Produktion von farbig glasierten Wandplatten, mit einer weiteren Unterbrechung in den Jahren 1939 bis 1950. Nur acht Jahre später gingen die „Bremer Wandplatten" in der Muttergesellschaft auf.

Da nach dem Ende des Ersten Weltkrieges die Nachfrage auf dem internationalen Markt wieder sprunghaft angestiegen war, übernahm die Gesellschaft 1919 im Zuge ihrer Expansionspolitik die Steingutfabrik Witteburg AG und kaufte zugleich Aktien des direkten Konkurrenzunternehmens, der Grohner Wandplatten AG[28], das im folgenden Jahr ganz in das Eigentum der „Norddeutschen Steingut" übergehen sollte. Leistungsfähige Produktionsmittel[29] und die Bildung eines Kartells[30] seitens der führenden deutschen, belgischen und englischen Fliesenhersteller garantierten in den 20er Jahren eine stabile Marktsituation mit einem hohen Preisgefüge, die auch der „Norddeutschen Steingut" und ihren Tochterfirmen zugutekam. Im Jahr 1925 waren in der schon allein durch ihre Größe den Ort Grohn sehr stark dominierenden Unternehmensgruppe über ein Drittel der Ortseinwohner beschäftigt. Aber die allgemeine Weltwirtschaftskrise ab 1930 machte sich nach Jahren der Prosperität auch in Grohn bemerkbar: Eine Aufhebung der Preisbindung, bedingt durch die kritische Zuspitzung der Lage auch auf dem Inlandsmarkt, wurde unvermeidbar, im März 1933 erreichte man den absoluten Preistiefstand.[31] Infolgedessen investierte das Unternehmen Kapital, das durch Verkäufe einer Reihe von werkseigenen Grundstücken freigeworden war, in den Kauf größerer technischer Neuerungen. Aber auch diese Initiativen konnten nur dazu verhelfen, das Hauptwerk Grohn I so gut wie möglich durch die schlechten Zeiten zu bringen – die drei Tochterwerke, Grohner und Bremer Wandplattenfabrik und Steingutfabrik Witteburg, mußten vorübergehend stillgelegt werden.

1945 nahm, nach einer längeren Produktionspause auch des Hauptwerkes, die „Norddeutsche Steingut" nach Umbaumaßnahmen mit der Herstellung von feinke-

Schale, blaue Hasenfellglasur;
Balustervase, blauweiße geflockte Glasur;
Vase, grüne geflockte Glasur;
Vase, grüne Glasur von Auguste Papendieck,
alle zwischen 1920 und 1950

ramischen Erzeugnissen den Betrieb wieder auf. Nach der Währungsreform im Jahr 1948 stellte die Firma die Fabrikation wieder auf Wandfliesen um[32] und konnte so bald an frühere wirtschaftliche Erfolge anknüpfen. Nur waren dafür die drei Tochterwerke gravierenden Veränderungen unterworfen: die Grohner bzw. Bremer Wandplattenfabrik wurden in das Hauptwerk eingegliedert (1958), die Steingutfabrik Witteburg, aus Rentabilitätsgründen 1953 bereits stillgelegt, 1958 endgültig geschlossen.

Gegenwärtig firmiert das Unternehmen unter dem Namen „Actiengesellschaft Norddeutsche Steingutfabrik", ist nach wie vor in Grohn – heute ein Stadtteil von Bremen-Nord – ansässig und zählt u.a. die Bremer Landesbank zu ihren größten Gesellschaftern. Mit einer 50%-Beteiligung an der „Kerateam Fliesenproduktions und -vertriebs GmbH & Co. KG" in Leipzig seit September 1997 versucht der Fliesenproduzent derzeit, der dem Bauboom der deutschen Vereinigung folgenden schlechten Lage auf dem Bausektor entgegenzutreten.

Auguste Papendieck in Bremen

Über ihr Leben und Werk soll hier stellvertretend für die vielen herausragenden Keramikerinnen und Keramiker berichtet werden, die allein die Hansestadt Bremen aufzuweisen hat. Auguste Papendieck, deren Namen der „Preis der Sparkasse in Bremen" seit 1976 trägt, wurde am 13. Oktober 1873 in Bremen in eine großbürgerliche Umgebung hineingeboren. Nach standesgemäßer Erziehung begann sie um die Jahrhundertwende mit dem Studium in München (1900-1902) an der privaten Malschule – Frauen war zu dieser Zeit der Zugang zu den staatlichen Akademien noch verwehrt – der Landschaftsmalerin und Graphikerin Caroline Kempter (1856-1925). In eben diese Zeit fällt auch ihre erste Begegnung mit der Töpferei, die sie im nachhinein so kommentiert: „Ich studierte Malerei in München, war zum Sommeraufenthalt in Landsberg am Lech, kam auf einer Radtour nach Diessen am Ammersee und geriet zufällig in eine kleine Töpferei. Hier aber sprach mir dieses Handwerk unmittelbar so zu, daß ich den Töpfer bat, ob ich nicht einmal zu ihm kommen dürfte, damit er mir das Arbeiten zeige. Ich blieb dann zehn Tage da. Und seit der Zeit hat es mich so zum Töpfern gezogen, daß ich eigentlich nicht wieder davon losgekommen bin."[33]

Um das Jahr 1905 herum faßt Auguste Papendieck den Entschluß, das Töpferhandwerk zu erlernen und beginnt als Gasthörerin ein Studium am Technisch-Chemischen Institut der Königlich Technischen Hochschule in Berlin-Charlottenburg (1905/06). War es für ein Mädchen aus großbürgerlichem Hause in der Zeit vor dem Ersten Weltkrieg schon mehr als ungewöhnlich, überhaupt einen Beruf zu erlernen, so bedeutete die Wahl eines Handwerks, das mit beträchtlichen körperlichen Anstrengungen verbunden war, erst recht als exotisch. Deshalb waren später auch ihre Bemühungen um Anerkennung beim Publikum deutlich erschwert. Obwohl man ihr allgemein die Bewältigung des handwerklichen Tätigkeit nicht zutraute – oder gerade deswegen –, erstaunt ihre große Energie und Zielstrebigkeit, ein Studium an der Keramischen Fachschule in Bunzlau aufzunehmen, um dort in den Jahren 1906/07 die chemischen und handwerklich-technologischen Grundlagen für ihren neuen Beruf zu erlangen. Die praktische Anwendung ihrer er-

Auguste Papendieck in ihrer Werkstatt in Achterdieck, Foto, um 1940/50

worbenen Fähigkeiten erfolgte in verschiedenen keramischen Betrieben, in Bunzlau, bei Emil Schlieben in Zeven und Johann Vielstich (1860-1928) in Lesum.

1911 gründete Auguste Papendieck ihre eigene Werkstatt in Achterdieck – damals noch bei Bremen gelegen –, ihre Meisterprüfung bestand sie am 15. November 1912 vor der Gewerbekammer in Bremen. Sie war damit eine der ersten Frauen – wenn nicht sogar die erste überhaupt –, die die Meisterprüfung im Töpferhandwerk ablegten. 1913 stellte sie zum erstenmal im Bremer Gewerbe-Museum, dem Vorläufer des heutigen Focke-Museums, aus. Auf der kunstgewerblichen Weihnachtsausstellung zeigte sie schlichte Keramiken, „bei denen das Zufallsspiel der fließenden Glasuren wirkt“[34].

Während ihrer Ausbildung erlernte Auguste Papendieck vor allem die Herstellung von Fayence, Majolika und Steingut, und auf diese Techniken trifft man vornehmlich in ihren ersten keramischen Arbeiten. Die frühesten Arbeiten sind in einer Hinwendung zur bäuerlichen Töpferware als weißglasierte, hoch gebrannte Keramik in die Form gegossen und mit Blütensträußen und anderen Motiven zumeist aus dem Bereich der Volkskunst blau bemalt. Man sagte ihr nach, daß ihr das Drehen anfangs sehr schwer gefallen sei. Vermutlich deshalb sind ihre ersten Gefäße vorwiegend in Gipsformen gegossen, die im übrigen von ihr selbst entworfen und angefertigt wurden. Diese Technik darf ihr jedoch nicht fälschlicherweise als eine Schwäche ausgelegt werden, gehörte es doch damals zum zeitgemäßen Ansinnen vieler Töpfer, gute Formen in Serie zu fertigen.

Hatte Papendieck bislang mit Ton aus Bunzlau, Zeven und verschiedenen sächsischen Orten gearbeitet, so sah sie sich nach dem Ersten Weltkrieg aufgrund ihrer finanziellen Lage gezwungen, auf die günstigeren Tonvorkommen ihrer Heimat zurückzugreifen, einer Tonmasse aus Vegesack und Hemelingen, versetzt mit Westerwälder Ton, die sich extrem schwer bearbeiten ließ. Gebrannt wurde die Masse in einem Kohleofen mit zwei Muffeln bei ca. 1150°C, wobei eine Art Steinzeug entstand, das sehr dicht und wasserundurchlässig ist und beim Anschlagen einen leicht metallischen Klang hat. Dieses Material wurde seitdem ausschließlich in der Werkstatt in Achterdieck verwendet; es verlangte aber auch nach einer neuen Bearbeitungsweise. Da die Künstlerin jetzt mehr und mehr das individuell gestaltete Einzelstück als schöpferisches Ziel vor Augen hatte, ging sie allmählich vom Gießverfahren – der Methode der Serienfertigung – über auf die Drehscheibe. Ab 1923 werden sämtliche Arbeiten frei auf der Scheibe geformt.

Schon in den volkstümlichen Keramiken der Frühzeit zeigt sich die junge Meisterin als phantasievolle Künstlerin und Entwerferin, denn Form und Dekor stehen stilistisch weit über den Vorbildern. Im Laufe der 20er Jahre bildet sich ihre Formgebung immer mehr zu einer Vollendung. Mit ihrer Schlichtheit, Sachlichkeit und der Reduzierung auf die konstruktive Form setzt Auguste Papendieck sich gleich anderen deutschen Keramikern wie Otto D. Douglas-Hill (1897-1972) in Berlin, Paul Dresler (1879-1950) in Krefeld oder Otto Meier in Bremen bzw. Worpswede für eine neue Ästhetik der Zukunft ein. Die Ästhetik der Form wurde in ihrer Eigenständigkeit erkannt und sollte bald auch als „Zweckform“ oder als „Neue Sachlichkeit“ das gesamte Kunsthandwerk durchdringen. Auguste Papendieck legt die „Form ohne Ornament“ ganz in ihrem Sinne aus, indem sie mit der Hand Vasen, Schalen und Deckeldosen in klaren, ruhigen, in sich ausgeglichenen Formen dreht. Vasen und Schalen weisen im allgemeinen eine stark gebauchte Gefäßform auf einer eingezogenen Standfläche und große, ausschwingende Lippenränder auf. Bei den Schalen zeigt sich außerdem ihr Faible für die Glockenform, deren weiche,

Schalen von Auguste Papendieck, zwischen 1920 und 1950, im Focke-Museum, Bremen

fließende Konturen jeden Absatz durch Rippen oder Rillen vermeiden. Ihre Gefäßformen, z.T. der Keramik des Fernen Ostens entlehnt, sind wegweisend für alle dem „Deutschen Werkbund" Nahestehenden. Der durchweg ungemein feinfühligen Formgebung der Papendieckschen Keramik entsprechen wundervolle, teilweise sehr zartfarbige Glasuren – nebelblau, platingrün, weiß – einerseits, eine nuancierte Verwendung ausdrucksstarker Farben andererseits, womit sie der japanischen Tradition der einfachen Form, die ihre Wirkung allein aus der farbigen Glasur bezieht, folgt. Die glatten, äußerst dünnwandigen Schalen erhalten ihre Lebendigkeit durch meist stark geflockte oder gewolkte Glasuren in gedämpften Farben. Man findet matte und glänzende Glasuren, die entweder das ganze Gefäß bedecken oder aber an einzelnen Stellen so aufgebrochen sind, daß der Scherben ganz sichtbar wird oder rötlich hindurchschimmert. Schließlich existieren blaue und grüne Glasuren – mit weißem Überfang –, die sich während des Brandes plastisch zusammenziehen und dabei eine genarbte, aufgerissene Oberfläche ergeben. Diesem Stil der 20er Jahre, der seine Aktualität bis in die 50er Jahre hinein behielt, blieb Auguste Papendieck bis zu ihrem Tode treu.

Neben der unermüdlichen Arbeit an der Vervollkommnung ihres Werkes nahm Auguste Papendieck regelmäßig an Ausstellungen teil. Ab 1924 – von 1930 bis 1935 jährlich – stellte sie in der Böttcherstraße in Bremen aus, 1928 folgte eine Keramik-Ausstellung u.a. gemeinsam mit Jan Bontjes van Beek (1899-1969) und Walter Magnussen (1869-1946) im Focke-Museum in Bremen. Im Jahr 1934 war sie auf der Ausstellung „Sechs Jahrtausende Töpferkunst" in der Akademie der Künste in Berlin mit Schalen und Vasen vertreten; aber auch im Ausland stand ihre Keramik für Schönheit und Qualität. Ihre letzte Einzelausstellung hatte Auguste Papendieck 1946 in Braunschweig in der Galerie „Die neue Welt". Sie starb am 13. Februar 1950 in Bremen.

Nicht erst die zahlreichen Nachrufe anläßlich ihres Todes werfen ein Licht auf die menschliche Seite der Künstlerin. Die Erinnerungen ihrer Freunde und Bewunderer berichten von ihrer menschlichen Größe und Eigenart. Auguste Papendieck „war ein Original wie ihre Werkstatt originell war (Fotos belegen dies). In Bremen schätzte man diese tatkräftige Frau, achtete ihren Sinn für Unabhängigkeit, freute sich an ihrem Humor und an der Frische ihrer Empfindungen. Ihr Schaffen war unprätentiös, ihre Arbeiten waren handlich und verwendbar. Welche keramischen Kostbarkeiten die schlichten Vasen oder Schüsseln darstellen, wurde oft erst spät entdeckt."[35]

Anmerkungen

1 Zwischen dem Hof und der Wolfenbütteler Bibliothek mit ihrem Direktor Gotthold Ephraim Lessing und dessen Freundeskreis bestanden intensive Verbindungen, woraus u.a. 56 Büsten nach der Antike aus Biscuitporzellan resultierten, die die Vermittlung humanistischer Bildung zum Ziel hatten. Auch sind mit derselben Zielsetzung Büsten von Dichtern, Gelehrten und Zeitgenossen des 18. Jahrhunderts gestaltet worden.

2 Der Name Porzellan wird abgeleitet von dem Wort „porcella" = Schweinchen, der italienischen Vulgärbezeichnung für die rundliche, weiß glänzende Seemuschel der Gattung Cypraea, die eine unverkennbare Ähnlichkeit mit dem Erscheinungsbild des Porzellans aufweist.

3 Nach Siegfried Ducret, Fürstenberger Porzellan. Bd. I, Braunschweig 1965, hat keine Porzellanmanufaktur des 18. Jahrhunderts derart viele Porträts, Medaillons und Büsten hervorgebracht wie Fürstenberg.

4 Die Fürstenberger sahen sich nicht allein in dieser Situation, auch die anderen deutschen Porzellanmanufakturen befanden sich in einem zunehmenden wirtschaftlichen Niedergang, dem viele von ihnen nicht standhalten konnten. Fürstenberg gehörte dabei zu den wenigen alten Manufakturen, die den Übergang zum 19. Jahrhundert überlebten.

5 1806 starb Carl Wilhelm Ferdinand von Braunschweig, der Sohn Carls I., 1807 erfolgte die Vereinigung des Herzogtums Braunschweig mit dem napoleonischen Königreich Westfalen mit Sitz im nahen Kassel.

6 Hildegard Westhoff-Krummacher schreibt in ihrem Katalogbeitrag zum Thema „Westfalen als Absatzmarkt für Fürstenberger Porzellan" in Kat.-Ausst. „Weißes Gold aus Fürstenberg. Kulturgeschichte im Spiegel des Porzellans 1747-1830", Münster/Braunschweig 1988/89, S. 21, daß sich erstaunlicherweise in altem westfälischen Privatbesitz sehr viel Fürstenberger Porzellan erhalten hat. So könne man dort sogar auch heute noch in den entlegensten Gegenden in großer Runde von handbemaltem Geschirr des 18. und 19. Jahrhunderts speisen. Bekannt ist, daß die Dichterin Annette von Droste-Hülshoff und ihre nahe Verwandtschaft, die weitverzweigte Familie von Haxthausen in Bökendorf, Abbenburg, Thienhausen, Wehrden, Herstelle, auf der Brakeler Hinnenburg etc., das kostbarere, handbemalte Porzellan bevorzugten. Währenddessen kauften die bürgerlichen Familien aus dem näheren Umkreis der Manufaktur, aus ostwestfälischen Orten wie Höxter, Brakel, Rheder bei Brakel, Bad Driburg, Warburg, Paderborn, Detmold u.a.m., gerne Weißporzellan dritter Wahl (vgl. dazu ebd., S. 26 ff.).

7 Da die stereometrischen Vasen, in die dünne Zweige eingeordnet sind, auf symmetrischen Arabesken stehen, mag sich daraus vielleicht der schon in den alten Inventaren benutzte Dekorname „Arabische Vase" herleiten. Das Wort Arabeske benennt ein aus der Dekorationskunst der römisch-hellenistischen Welt entwickeltes, stilisiertes Rankenornament, das im Italienischen als „arabesco" bezeichnet wurde.

8 Der Name leitet sich von der deutschen Bezeichnung „Campanien" für die italienische Campagna Romana ab, einer flachhügeligen Landschaft südlich von Rom, die im Nordosten von den Albaner Bergen begrenzt wird und der Fundort zahlreicher antiker Gefäße mit dieser Henkelform war. Einer der bekanntesten Besucher und Liebhaber der „Campana" war der Italienreisende Goethe.

9 Das Verbreitungsgebiet des Fürstenberger Porzellans war durchaus beschränkt auf einen Bereich, der sich von Braunschweig bis in den Harz, nach Nordhessen, Westfalen und bis zur Nordsee erstreckte, was Ansichten beispielsweise von Braunschweig, Bremen, Blankenburg, Celle, Clausthal oder auch Corvey, Höxter, Holzminden, Karlshafen, Kassel, Göttingen, Hannover, Wolfenbüttel und Zellerfeld exemplarisch belegen. Ansichten etwa von größeren Residenzstädten im Süden oder Osten des deutschsprachigen Raumes sind dagegen nicht bekannt (vgl. dazu auch Anm. 6).

10 Schon 1859 war die Manufaktur verpachtet worden, 1876 ging sie in Privateigentum über.

11 Der Fürstenberger Werksmodelleur Walter Nitzsche schuf in den 50er Jahren in enger Anlehnung an dieses Service „639" die Form „653/Patricia".

12 Der Keramiker und Innenarchitekt Hermann Gretsch in: Hausrat, der zu uns paßt. Heft 1: Eßgeräte, Stuttgart 1941, S. 21.

13 Zum Beispiel das Kaffeeservice, Form „Selecta 680" aus dem Jahr 1974 von Ernst August Sundermann.

14 H.G., Keramik mit Schmelzglasuren. In: Alexander Koch, Das neue Kunsthandwerk in Deutschland und Österreich, Darmstadt 1923, S. 109 (Abb. S. 108 f.).

15 Durch einen vom Töpfer beabsichtigten ungleichen Schwund von Scherben und Glasur entsteht ein Netz feiner Haarrisse, die oft nachträglich eingefärbt und so besonders betont werden. Die sogenannte Craqueléglasur hatte ihre größte Beliebtheit in den 20er und 30er Jahren.

16 Kristallglasuren sind Glasuren mit glänzendem oder mattem Grund, in dem sich einzelne Kristalle oder Kristallgruppen durch Verwendung von Oxyden meist dunkel vor hell, oft aber auch in einer anderen Farbe absetzen. Beliebt war diese Art der Glasur schon in der Jugendstilkeramik.

17 Die kostbare, sonnig, rot-golden flimmernde Aventuringlasur aus unzähligen Kristallflittern gehört zur Gruppe der Kristallglasuren und entsteht durch die Beigabe von Eisenoxyd.

18 Die heute sehr bekannte und bedeutende Keramikerin Hedwig Bollhagen (geb. 1907), die an der Fachhochschule von Höhr-Grenzhausen studierte und seit 1934 ihre HB-Werkstätten im märkischen Marwitz bei Velten betreibt, absolvierte zu Hedwig Krauts Zeiten ein Praktikum in der Hamelner Töpferei. Daneben arbeitete sie auch bei Albert Comes in den Fürst-Adolf-Werkstätten in Bückeburg.

19 B. Siepen, Leben, Bewegung, Farbe in der Keramik. In: Die Schaulade 10 (1934), S. 160.

20 Zwischen der Reederei W.A. Fritze und der Firma Sowerbutts hatten mit einem gemeinsam betriebenen Exportgeschäft für englisches Steingut nach Trinidad schon früher Geschäftsbeziehungen bestanden.

21 Bremen trat erst im Jahr 1888 dem Zollverein bei, was für eine auf Bremer Staatsgebiet ansässige Steingutfabrik den Nachteil großer Zollabgaben bedeutet hätte.

22 Magnussen entwarf auch andere Artikel wie beispielsweise Wandbrunnen für die Witteburg und ließ seine gesamte Keramik dort brennen.

23 Dem Vorstand gehörten an: Albert Encke, Baumeister aus Bremen, Johann Christoph Rust, Rentner aus Bremen, Dietrich Friedrich Rabe, Kaufmann aus Bremen, Ernst Christian Weyhausen aus Bremen und Johann Wilhelm Smidt zur Dunge.

24 Während des Krieges zwischen Deutschland und Frankreich hatte es starke Transporteinschränkungen gegeben.

25 Zu der regionalen Konkurrenz der feinkeramischen Betriebe des Rheinlandes, die nach Absatzschwierigkeiten die Preise gesenkt hatten, kam ein Überangebot von englischem Steingut, das einen weiteren Preisverfall nach sich zog.

26 Dieser wurde bis zum Jahr 1900 zum alleinigen Vorstand bestellt.

27 Da der Gewichtszoll bei erhöhten Stückzahlen gleichblieb, hatte die Reduzierung der Plattenstärke einen derart positiven Einfluß auf den Warenexport, daß es trotz hoher Zölle möglich war, den Absatz in die Exportgebiete zu steigern.

28 1906 ebenfalls von Vegesacker und Bremer Geschäftsleuten mit dem Ziel der Herstellung von Steingut, Wand- und Fußbodenplatten in einem Fabrikgebäude in Schönebeck an der Bremen-Vegesacker-Eisenbahn gegründet, schloß schon das Gründungsjahr mit einem Verlust ab. Auch diverse technische Neuerungen brachten keinen nennenswerten Aufschwung, wie auch die Übernahme durch die „Norddeutsche Steingut“ nur zu einer vorläufigen Verbesserung der wirtschaftlichen Situation führte. Im Jahr 1932 schon einmal kurzfristig für 9 Monate stillgelegt, wurde das Unternehmen zum 1.1.1958 ebenso wie die Steingutfabrik Witteburg und die Bremer Wandplattenfabrik von der alleinigen Gesellschafterin „Norddeutsche Steingut“ geschlossen.

29 Das Unternehmen „Norddeutsche Steingut“ war über 4 leistungsstarke Dynamos zum großen Teil elektrifiziert; die Brennanlage setzte sich aus 16 Biskuitöfen, 11 Glattbrandöfen und 13 Majolikamuffeln zusammen.

30 Auf der Kartell-Konferenz vom 27./28.11.1922 in Köln beschlossen die Mitglieder der Glazed & Floor Tile Manufacturers' Association Festpreise für die einzelnen Abnehmerländer.

31 Zwar hatte man in der Zwischenzeit die „Grohn Tile Corporation New York“ gegründet, um die Einfuhrsanktionen der USA zu umgehen, die durch hohe Zölle ihre eigene Wirtschaft zu schützen versuchte. Aber man konnte den amerikanischen Marktanteil nicht halten und mußte die Gesellschaft zur Jahreswende 1937/38 wieder aufgeben.

32 Kurzzeitig hatte man, wie schon einmal nach dem Ersten Weltkrieg, in geringem Umfang auch kunstgewerbliche Gegenstände hergestellt. Aschenbecher, Vasen und Dosen im Stil des Art Déco, Kleinskulpturen wie Eulen, Adler, Pinguine, Bären und Affen, aber auch Bogenschützen und Tänzerinnen wurden wohl in der Hauptsache vom NSTG-Modelleur Friedrich Glißmann entworfen.

33 Auszug aus einem Rundfunkmanuskript vom 7.11. 1933.

34 Karl Schaefer in: Bremer Nachrichten vom 16.12.1913.

35 Werner Kloos in: Kat.-Ausst. „Keramik von Auguste Papendieck (1873-1950)“. Hefte des Focke-Museums, Nr. 37, Sonderausstellung Focke-Museum Bremen vom 22.9. bis 25.11. 1973, Bremen 1973, S. 3.

Bernd Küster

Die Weser im Spiegel der bildenden Kunst

„Der stete Weserblick ist eine Augenfreude". So schrieb die junge Malerin Paula Becker 1899 ihrem Bruder aus Bremen. Immer wieder zog es sie zum Fluß, einer damals überaus belebten Wasserstraße, hinunter. Ihr Anblick vermochte dem malerisch geschulten Auge aber noch viel komplexere Reize und Stimmungen zu eröffnen. Der Lauf des Flusses erschien ihr wie ein Körper, ein lebender Organismus, der still und stetig vorwärts strebte und dessen Oberfläche die darüber liegende Welt als ein bewegtes und bewegendes Bild reflektierte.

„Ich sitze im Wesererker und lasse das Wasser unter mir vorbeigleiten. Sonst macht mich dies Wasser immer so traurig. Es ist so langsam und lautlos und geduldig, und die langen Kähne liegen darauf, als weinten sie still. Und eigentlich weint sonst alles, was um das Wasser herum steht, die großen roten Speicher und die kleinen weißen Häuser, und wenn sie sich im Wasser spiegeln, dann zittern sie und weinen noch mehr. Ich glaube aber heute weinen sie nicht, denn es ist Weihnachten. Die Häuser weinen heute, glaube ich, nicht, und das Wasser auch nicht, nur ist es still und alt und traurig und gut und lächelt nur selten und wie mit Schmerzen, denn das Leben hat es gelb und mürbe gemacht."[1] Wenige Tage später, zu Sylvester des Jahres 1900, brach die dreiundzwanzigjährige Paula Becker in ein neues Leben auf, das aus ihr eine der bedeutendsten Malerinnen des 20. Jahrhunderts machen sollte. Die Weser aber, die ihr in Phasen des Zweifels tröstend zur Seite floß, hat sie nicht gemalt. Vielleicht hinderte sie ihr Fortgang aus Bremen daran.

Zwei große Kapitel der Kunstgeschichte trennte die Wende vom 19. ins 20. Jahrhundert: im ersten dominierte das Natürliche als Fundus und Maß jeder künstlerischen Form; im zweiten behauptete sich diese Form als unabhängig von der erlebten Wirklichkeit, aber sie blieb in der bildenden Kunst abhängig von dem Subjekt, das erlebt. Der Prozeß der Subjektivierung ist an der Landschaftsmalerei ablesbar, dieser Domäne des 19. Jahrhunderts, die mit Eintritt in den Expressionismus, in die Abstraktion, ganz überwunden schien. Gleichwohl behielt die Landschaft als Thema eine bleibende Attraktivität, weil in ihr die Verbindung zwischen Subjekt und Welt anschaulich greifbar wird, weil das Raumempfinden, jedermann vertraut, in das Erlebnis der eigenen Wirklichkeit des Bildes leicht zu überführen ist. Und so steht am Ende des 20. Jahrhunderts und seiner wechselvollen Geschichte der Stile die Landschaftsmalerei als Gattung ganz unverbraucht da.

Wir blicken über zwei Jahrhunderte Malerei zum Thema Weser, aber über keine geschlossene Einheit, nicht einmal über einen kontinuierlich fortgeführten Diskurs. So unstet wie die Geschichte sind die künstlerischen Beiträge zu einem Bildgegenstand, der nur selten als ein solcher ausdrücklich formuliert worden ist. Eher beiläufig erscheint der Fluß als Kulisse einer Staffage, einer topographischen Beschreibung.

Anton Wilhelm Strack (1758-1829) hat als Bückeburger Hofmaler und Auftragskünstler ein genaues Bild der Weserlandschaft hinterlassen, aber er war eben nicht genialisch genug in einer an Genien reichen Goethezeit, um weitreichendere Wirkung zu finden. Allerdings brachte er es zu einer erstaunlichen Fähigkeit, wovon die Präzision topographischer Schilderung ein Teil ist. Mit seinen in Kupfer gestochenen und handkolorierten Veduten gelang es ihm immerhin, Badegästen und Weserreisenden eine authentische Erinnerungsstütze in Form seiner künstlerischen Landschaftsberichte zu vermitteln. In seinen Arbeiten erscheinen Badeorte, an denen er seine Klientel und damit ein wichtiges Zubrot zu seiner Tätigkeit als Hofmaler fand. Am Bückeburger Gymnasium unterrichtete Strack im Zeichnen, und so wird seine Lehrtätigkeit 1810 werbewirksam in einem Schulprospekt genannt: „Geometrische und architektonische Risse lehrt Herr Inspektor Stille und der Professor Strack anfertigen, auch gibt der letztere Anleitung zum Zeichnen nach der Natur, zur praktischen Perspektive und zur Ölmalerei."[2]

Wilhelm Pätz, Porta Westfalica vom Glockenbrink, kolorierte Lithographie, um 1850, Museum Minden

„Von dem prachtvollen Schauspiel einer durch einen großen Strom bewirkten Bergöffnung"

Ein wichtiges und neuartiges Element war das geregelte Zeichnen nach der Natur, das Anton Wilhelm Strack selbst praktizierte. Zu seinen bekanntesten Veduten gehören Ansichten der Porta Westfalica, jener eindrucksvollen Passage zwischen Ober- und Unterweser, die er in das Panorama zwischen Wittekindsberg und Jakobsberg spannt. Gegenüber der natürlichen Gegebenheit sind beide den Weserlauf flankierende Berge überhöht, ein Umstand, der nicht auf mangelnde Beobachtung zurückzuführen ist, sondern auf das Dramatische, das dem Romantischen beigegeben war und werden sollte. Die Westfälische Pforte war ein wichtiger Punkt für Handel und Weserschiffahrt, sie wurde im frühen 19. Jahrhundert auch ein begehrtes Ausflugsziel, auf das Strack seine Veduten hin zum Zwecke eines guten Absatzes orientierte. Sieht man im 1826 entstandenen Blick auf den Wittekindsberg noch Bauern bei der Arbeit, so erscheinen auf dem Pendant, dem Jakobsberg, bereits Spaziergänger, die vor der amönen Weite ausruhen. Es handelt sich in diesen Blättern um die sechste Version des Themas, was auf einen vorzüglichen Verkauf der früheren, seit 1786 gedruckten Auflagen schließen läßt. 1796 erschien in Leipzig eigens ein in Kupfer gestochenes Heft zur Porta Westfalica. Dazu der Verfasser des Textbeitrages, Karl Andreas Frölich: „Da diese kleine Schrift nur als Kommentar zur Zeichnung des Herrn Professor Stracks zu Bückeburg von der Westfälischen Pforte, wodurch sie veranlaßt worden ist, dienen soll, und eine bessere Vorstellung von dem prachtvollen Schauspiel einer durch einen großen Strom bewirkten Bergöffnung beabsichtigt wird."[3] In derselben Abhandlung hebt der Autor hervor: „Jetzt erhält diese große Naturscene, die einer der Hauptströme Deutschlands an einer seiner merkwürdigsten Stellen bildet, sowohl für den Ausländer, der diese Urkunde der Weltgeschichte niemals in der Nähe sah, als für den, dem frohe Erinnerungen dadurch geweckt werden, durch die von Herrn Professor Strack zu Bückeburg entworfne Zeichnung und malerische Darstellung derselben, einen neuen Reiz."[4]

Zielgruppengerecht schuf Strack auch Panoramen, wie sie in Deutschland seit etwa 1815 verbreitet waren. Von den Luhdener Klippen und von der Paschenburg führte er den Blick ringsum über das Wesertal, vermerkte die Namen der Berge und Orte und stach das Panorama von

Anton Wilhelm Strack, Die Porta Westfalica, der Wittekindsberg, kolorierte Umrißzeichnung, 1826, Museum Minden

180 Grad in Kupfer. Die einzeln gedruckten Blätter wurden aneinandergeklebt und in Aquarell koloriert. Etwa 21 cm maß das Kleinstpanorama in der Höhe, aber auseinandergefaltet etwa 155 cm in der Länge. Bei aller Geschäftstüchtigkeit des Künstlers ist in seinen liebevollen topographischen Schilderungen eine Genauigkeit gewahrt, die noch heute dazu dienen könnte, mit ihnen in der Hand längs der Weser zu wandern. Das Naturschauspiel, das der Romantik gleichsam zur Entdeckung immer unterschwellig aufgetragen schien, verliert sich hier zu einem prosaischen Bericht über den Raum eines bis dahin nicht bekannten Erlebens. Der aufkeimende Tourismus öffnete die Augen auf neue Sujets, die Panoramen spiegeln die Erfahrung der Reise, zeichnen sie nach und leisten, wie Strack es wollte, Hilfe bei der späteren Erinnerung. Die Wahrnehmungen des Reisenden und die des Künstlers nach 1800 werden miteinander in Einklang gesetzt, und das Wesertal tritt erstmals überhaupt als natürliches Thema der bildenden Kunst in Erscheinung.

„Die verarmten Menschen sind in hiesiger Gegend zu einem großen Theile verwildert"

Wie schwer und gefährlich es war, zu Beginn des 19. Jahrhunderts die Weser zu bereisen, zeigt eine nach 1800 zwischen Corvey und dem Herzogtum Braunschweig über Landesgrenzen hinweg getroffene Verfügung gegen eine schwer bewaffnete Räuberbande, die bei Beverungen ihr Unwesen trieb. Ziel der Vereinbarung war die „Sicherung der beiderseitigen Lande von allem verdächtigen Gesindel, Landstreichern und Bettlern."[5]

Die napoleonische Besetzung nach 1806 vergrößerte das soziale Elend der Region durch eine rigide Kriegssteuerpolitik, die die wenig gesegneten Landstriche am westlichen Rand des jetzt per Dekret aufgehobenen Herzogtums Braunschweig regelrecht aushungerte. Fast zynisch muß es erscheinen, daß der reiselustige Bruder Napoleons, Jérôme, mehrfach von Kassel aus hochherrschaftlich die Oberweser befuhr. Von einer für ihn an der Weser errichteten Ehrenpforte nahm er nur beiläufig Notiz. 1812 kam er mit seiner Gemahlin per Schiff, das von sechs Pferden gezogen wurde, von Karlshafen weserabwärts bis Hameln, mit Aufenthalten in Fürstenberg, Corvey und Holzminden.

Der Wiener Kongreß 1815 garantierte den Anrainerstaaten von Flüssen eine freie und gleichberechtigte Schifffahrt. 1823 erfuhr die neue Regelung in Minden eine Spezifikation, der sich die Nachbarstaaten der Weser – Hannover, Braunschweig, Oldenburg und Lippe – unterordneten. Bis dahin bestehende Zwangsumschlagrechte und Frachtberechtigungen wurden aufgehoben, der Weserzoll vereinheitlicht und anteilig vergeben. Aber er bestand weiter und behinderte in den Folgejahren den Warenverkehr in erheblichem Maße. Hinzu kam die erschreckend große Not, die nach Ende der Franzosenherrschaft längs der Weser weiterbestand und durch Überschwemmungen und Mißernten – wie im Jahr 1830 – katastrophale Ausmaße annahm. Selbst die Landbevölkerung hungerte, Höfe gingen unter, Landstriche verödeten. Auf der Weser schrumpfte der Speditionshandel, das im 18. Jahrhundert blühende Glashüttengewerbe verfiel, vor allem aber versiegte der Handel mit Leinen durch die billigeren englischen Importe. Die noch verbleibenden Kohle- und Steinfuhren wurden zu Hungerlöhnen angeboten. „Die verarmten Menschen", so ein Zeitzeuge 1831, „sind in hiesiger Gegend zu einem großen Theile gänzlich verwildert, dem Trunke und dem Müßiggange ergeben, und zwar in einem

Blick auf Hameln mit Weserfähre, Öl/Leinwand, um 1830, Museum Hameln

Carl Büttger, Blick auf Holzminden mit dem alten Gymnasium an der Weser, Öl/Leinwand, um 1899, Gymnasium Holzminden

solchen Grade, daß oft nur die äußerste Not im Stande ist, sie zu einem anhaltenden Fleiße anzutreiben."[6]

Lediglich in der Wald- und Forstwirtschaft gab es aufgrund der Nachfrage nach Holz akzeptable Lebenschancen, wozu der schiffbare Strom eine wichtige Grundlage bot. So heißt es 1834: „Daß das Bauholz auf der Weser in den anliegenden Ortschaften und zuletzt in Bremen abzusetzen steht, sehen wir deutlich daran, daß sogar vom Thüringer Walde große Bauholz-Transporte vor Holzminden vorbei, die Weser hinunter schwimmen, und wenn die Thüringer bei dem Handel nach Bremen Vorteil finden, so muß der Kaufmann in Holzminden wohl unfehlbar noch mehr Gewinn dabei ziehen, weil er um so viel näher nach Bremen wohnt, und folglich bei weitem weniger Transportkosten zu tragen hat, als jener."[7] Allmählich begann mit dem Handel die Weserschiffahrt wieder zu prosperieren und mit ihr der Reiseverkehr, nachdem man 1819 ein erstes Dampfschiff zwischen Bremen und Hannoversch Münden, den „Herzog von Cambridge", in Betrieb genommen hatte. Die „Gesellschaft Vereinte Weserdampfschiffahrt" wurde 1842 in Hameln gegründet, ab 1845 verkehrten regelmäßig Fahrgastschiffe zwischen Hameln und Bremen und förderten den Tourismus.

Eine kleines, um 1830 entstandenes Ölbild eines anonymen Malers mit dem Blick auf die Weser im Museum von Hameln illustriert, wie das Auge die lokalen Besonderheiten schätzen lernt, die den Charakter der Landschaft letztlich bestimmen, wie das landschaftliche Erleben mit einer ästhetischen Wahrnehmung zu kongruieren begann. Eine Fähre, die ein paar Passagiere mit sich führt, bezeichnet den Übergang über die Weser. Das landschaftlich Große ist unter biedermeierlichem Blick mit dem Detail liebevoll zusammengeführt, und das Erlebnis der Landschaft in den kleinen Passagieren selbst beiläufig thematisiert. Die allmählich zweckfreie Entdeckung der Landschaften längs des Stromes trug im Laufe des 19. Jahrhunderts, des Jahrhunderts der Landschaftsmalerei, immer reichere Früchte.

„Ach, wieviel großartiger ist doch die Ebene gegen das Gebirge"

Carl Büttger (1838-1919) stammte aus Alfeld an der Leine und besuchte nach einer ersten künstlerischen Ausbildung in Hannover Ende der fünfziger Jahre die Düsseldorfer Akademie. Hier studierte er Landschaftsmalerei

Fritz Overbeck, Die Fähre Frieda, Öl/Pappe, um 1906, Stiftung Overbeck, Bremen-Vegesack

bei Johann Wilhelm Schirmer, eine der Kapazitäten des noch recht jungen Lehrfachs, im Grunde der Pionier einer spezifisch deutschen Landschaftsmalerei, der den malerischen Blick auf die Natur von romantischer Sentimentalität befreite. Dieser Prozeß an der Düsseldorfer Akademie wurde durch die französische Besatzung und politische Liberalität der Rheinlande beschleunigt. Aus der biedermeierlich erzählenden Genremalerei hatte sich ein Realismus gehäutet, der in der zweiten Jahrhunderthälfte die Kunstentwicklung maßgeblich leitete.

Schirmers präzise Beobachtung und Virtuosität des malerischen Vortrages färbte auf seine Schüler ab, und auch bei Büttger ist beides zu spüren. Sorgfältig und gefühlvoll erfaßte er die Landschaft der Weser, als er nach zwei Jahrzehnten freier künstlerischer Existenz 1876 nach Holzminden kam. Hier war er zunächst als Lehrer an der Baugewerkschule tätig, zwei Jahre später am Gymnasium. 1908 wurde er zum Professor ernannt und 1914, fünf Jahre vor seinem Tod, pensioniert. Bis zu diesem Zeitpunkt leitete „der gute Lehrer Büttger" (Rainer Maria Rilke) den Zeichenunterricht in allen Klassen des Gymnasiums, wo auch *Fritz Mackensen* (1866-1953) einer seiner Schüler war. Der „Entdecker" Worpswedes und Begründer der dortigen Künstlerkolonie, 1878 mit seiner Mutter und drei Brüdern nach Holzminden gezogen, bekam von Büttger auch außerhalb der Schulzeit Zeichenunterricht und Förderung, bis er – dessen Beispiel folgend – 1883 an die Düsseldorfer Akademie ging. Von dort bereiste er im Sommer 1885 mit seinen Studienfreunden Alexander Hecking und Otto Modersohn das Weserbergland, wo sie u.a. in Rühle Naturstudien betrieben. Zwei Jahre später kehrten Mackensen und Hecking nochmals zurück, ohne daß Mackensen allerdings seine Begeisterung für die Weser wiederfinden konnte. Aus Worpswede schrieb er an Modersohn in Düsseldorf: „In dem Dorf Rühle oder Rüde, wie Du es zu nennen beliebtest, haben wir es nicht lange ausgehalten, da sich erstens keine besonderen Modelle mehr vorfanden und zweitens nur Bauern da waren. Wir blieben eine Nacht in Holzminden, und von da an ging es nach Kassel ... Wie herrlich es hier ist, lieber Otto, kann ich Dir gar nicht beschreiben. Ach, wieviel großartiger ist doch die Ebene gegen das Gebirge. Und wie originell ist nun erst die Ebene mit all ihren Eigentümlichkeiten!"[8]

Büttger gab als Mentor ein künstlerisches Leitbild vor, dem Mackensen folgte. Was er in den Holzmindener Jahren von ihm erfahren konnte, betraf nicht nur die Ernsthaftigkeit und Gewissenhaftigkeit der künstlerischen Arbeit, sondern es war die Möglichkeit der malerischen Übersetzung eines Naturbildes ins Imposante, Erhabene. Die Rolle des Künstlers, so Mackensen noch in späteren Jahren, bestehe darin, „mit schaubaren Mitteln, der Linie und der Farbe die Natur festzuhalten. Alle diese Mittel müssen eine Einheit ergeben, müssen als Einheit erschaut werden, soll ein Kunstwerk entstehen. Die Aufgaben vor der Natur sind unendlich. Der Künstler muß vom Geheimnis gepackt werden. Und er muß fähig sein, diese Verzauberung solange zu bewahren, bis das Kunstwerk vollendet ist."[9] Auch in einem Roman Mackensens mit stark autobiographischen Zügen taucht immer wieder die Kunst als Entschlüsselung zu einer höheren Bedeutung der Natur auf: „Der Mensch ist das einzige Wesen, welches die Geheimnisse der Welt ahnt und diesem Ahnen Form geben kann. Je höher der Mensch in seinem innersten Wesen, desto tiefer wird er die Natur, die größte Wahrheit, als größtes Geheimnis empfinden, desto höher über dem Nützlichkeitsprinzip stehen. Zur Verkündigung der sichtbaren Wunder, die sich der Seele offenbaren, ist der bildende Künstler in erster Linie berufen."[10]

Die wenigen von Büttger erhaltenen Gemälde führen eine ins Ideale gehobene Natur vor Augen, auch und gerade dort, wo er mit größter handwerklicher Sorgfalt Panoramen zu schildern in der Lage war. Sein „Blick auf Holzminden mit dem alten Gymnasium" aus dem Jahr 1899 steht noch tief in der Verbundenheit zu jenem spätromantischen Geist, dem er in seiner Düsseldorfer Akademiezeit begegnet war. Vor der mit mildem Licht beschienenen Stadtsilhouette bewegt sich flußaufwärts unter windgefülltem Segel ein beladenes Bockschiff auf dem ruhigen Strom. Im Zentrum steht der klassizistische Bau der 1826 eingeweihten Schule, in der auch der 1831 in Eschershausen geborene Wilhelm Raabe nach eigenen Worten „um das Jahr 1840 unter dem alten wackeren Schulrat Kokenius mal eine Schulbank abgerieben" hat. Im Alter erinnerte sich der Dichter: „Ich komme noch aus den Tagen, wo in meines Vaters Haus an der Weser mit Stein, Stahl und Pinnenkasten Licht angezündet und Feuer gemacht wurde."

Fritz Overbeck, Blick auf Vegesack von Lemwerder aus, Kohlezeichnung, um 1906, Stiftung Overbeck, Bremen-Vegesack

Das Bild des schlichten Lebens, das Büttger an die Peripherie der alten Ackerbürgerstadt projiziert, war damals ebenfalls bereits Teil der Vergangenheit und glich mehr einem Wunschbild als einem Spiegelbild des äußeren Lebens. Und es zeigt den zeitgenössisch großen Überhang der Wahrnehmung in ein romantisches Naturempfinden, das auch den Tenor mancher Reisebeschreibung diktiert.

„Es schläft der Strom am Uferrand"

„Jeden Tag wandert sie unter meinen Fenstern durch. und wenn ich auf den Balkon trete, spüre ich den frischen Duft ihres Leibes, höre ihr Gewand rauschen und sehe den weißen Spitzenbesatz leuchten. Sie ist eine meiner vielen Jugendlieben, vielleicht die beste, sicher aber die anhaltendste. Und ich bin gar nicht eifersüchtig auf sie. Vielmehr macht es mich froh, wenn sich andere ihrer herben und kraftvollen Schönheit freuen. Darum plaudere ich gern von ihr. Lieber aber wandere ich einsam durch die Berge und Täler, durch die auch sie wandert und bin häufig ihr stiller Begleiter auf ihrem Wege."[11] An der so gepriesenen Weser fand der Schriftsteller *Bernhard Flemes* (1875-1914) seine lyrischen Bilder, in denen ebensoviel Beobachtung liegt wie Melancholie – auch über den Abschied vom romantischen Weserbild.

Juniabend an der Weser

Es geht mit stillem Angesicht
die blasse Nacht im Blütenfeld.
Der Sterngirlanden Flimmerlicht
hängt friedsam über aller Welt.

Wie eine Mauer steht der Duft
der reifen Wiesen überm Land.
Kein Hauch bewegt die warme Luft.
Es schläft der Strom am Uferrand.

Nur aus der Ferne irgendwo
ein schriller Sensenruf erklingt –
das ist der Tod, der beutefroh
die junge Blüte niederzwingt.[12]

Der Blick über die Malerei des 19. Jahrhunderts an der Weser zeigt vor allem in der ersten Hälfte die verschiedenen Grade der idealisierten Wahrnehmung des Landschaftsraumes. In den dramatisierenden oder erhöhenden Darstellungen ist jedoch immer ein Stück Lebenswirk-

Franz Hoffmann-Fallersleben, Stiller Winkel (Corvey), Öl/Leinwand, 1916, Museum Höxter-Corvey

lichkeit zu finden, durchtränkt mit Sehnsüchten und Projektionen. Die zweite Jahrhunderthälfte war die Epoche der Freilichtmalerei, dabei rückte auch Norddeutschland, obwohl hier keine Kunsthochschule bestand, allmählich über die an den Akademien betriebene Praxis des Freilichtmalens ins Interesse der Künstler. An vielen Akademieorten, wo die Landschafterklasse dominierte, bildeten sich Gruppierungen, die in den Sommermonaten die bis dahin unbeachteten Gegenden als Motive entdeckten. Der aus Süddeutschland stammende, in München ausgebildete und seit 1879 an der Karlsruher Akademie lehrende, *Gustav Schönleber* (1851-1917) hatte bereits vor seiner Berufung in die badische Residenz Norddeutschland bereist und brachte später regelmäßig seine Schüler an die Nordsee, wo sich unter seiner Ägide eine kleine Kolonie von Künstlern bildete. Er selbst reiste wohl niemals längs der Weser, aber einige seiner Schüler sind mit dem Strom in Verbindung gekommen. Der in Hamburg geborene *Karl Otto Matthei* (1853-1931) war von 1891 bis 1900 Student der Karlsruher Akademie und verlegte 1916 seinen Wohnsitz nach Bremen. *Hans Richard von Volkmann* (1860-1927), später ebenfalls Schönleber-Schüler, kam im Jahr 1892 als Student der Düsseldorfer Akademie erstmals auf einer Reise von Halle nach Paderborn an die Oberweser, die er in Holzminden passierte und bei der Gelegenheit skizzierte. In späteren Jahren kehrte er regelmäßig zur Sababurg zurück, um den Blick ins Wesertal zu malen.

Neben der Düsseldorfer Akademie erwarb sich die Weimarer Kunstschule durch das Freilichtmalen eine weitreichende Reputation, die letztlich zu einer neuen Bildwürdigkeit schlichter Motive und einer neuen malerischen Auffassung des hiesigen Landschaftsbildes führte: Als sinnliche Ganzheit wahrgenommen, wurde die Landschaft in ein malerisch formuliertes Pendant übertragen, dessen Gesetze wesentlich die der Farben waren.

„Etwas Dramatisches von gewaltsam verhaltener Energie schlummert in diesen Landschaften"

Franz Hoffmann-Fallersleben (1855-1927), Sohn des Dichters des Deutschlandliedes, mit dem er 1860 von seiner Geburtsstadt Weimar nach Corvey gezogen war, zählt zu den wichtigen Vertretern der alten Weimarer Kunstschule. Ab 1873 besuchte er auf Vermittlung des Vaters zunächst die Düsseldorfer Akademie, kehrte aber bereits im Jahr darauf wieder nach Weimar zurück und studierte in der Landschafterklasse von *Theodor Hagen* (1842-1919), dem „Vater" der Weimarer Malerschule. Später ging er nach Berlin, wo er in seinem Atelier in Steglitz bevorzugt Hünengräber und Heidedörfer malte, halb mythische, pathetisch inszenierte Moor- und Heidelandschaften, die immer etwas Archaisches oder Literarisches zu verkörpern scheinen. Auch bildete er in Weimar die Orte ab, an denen Goethe oder Schiller gelebt hatten und die ihre Bedeutung durch die Berührung mit dem Genius empfangen haben sollten.

Dagegen steht der große Fundus an Arbeiten Hoffmann-Fallerslebens aus dem Weserbergland, wo er später auf Schloß Corvey häufiger Gast war und nach der Natur zeichnete oder malte. Die Wahl seiner Motive zeigt, „daß der Künstler sich auch hier in erster Linie von Stätten angezogen fühlt, wo Landschaftsschönheit mit alter Kultur Hand in Hand geht, wo Geschichte, Sage und Märchen die Steine zum Reden bringen. Etwas Dramatisches von gewaltsam verhaltener Energie schlummert in diesen Landschaften, die Geister düsterer Balladen gehen um und der knirschende Trotz alter eigenwilliger Geschlechter reckt sich aus dem blutgetränkten Boden empor."[13]

Drei Jahrzehnte lang arbeitete Franz Hoffmann-Fallersleben an dem Lebenswerk „Aus deutscher Vorzeit", großen Kohlezeichnungen mit Sujets aus germanischer Zeit, die allerdings menschenleer blieben. Das Wesertal und die Gegend um Corvey gehörten dazu, und sein groß-

Joachim Hoffmann-Fallersleben, Landschaft bei Corvey, Öl/Leinwand, um 1920, Museum Höxter-Corvey

formatiges „Kreuz von Dreizehnlinden" war 1903 auf der Großen Kunstausstellung in Berlin zu sehen. Seit Beginn des Ersten Weltkrieges widmete sich Hoffmann-Fallersleben fast ausschließlich Corvey und der nächsten Umgebung, malte die stillen Winkel des Klosters, die Treppen, Tore und alten Mauern, die die Welt draußen ließen. Im Innern richtete der Maler seinen Blick wehmütig auf die stummen, steinernen Zeugen der Vergangenheit.

Die vor allem dank der Weimarer Kunstschule popularisierte Freilichtmalerei wurde von Hoffmann-Fallersleben zwar virtuos beherrscht, aber durch seine inhaltsschweren Themen auf dunkelster Saite gestimmt. Weniger mythisch und erdenschwer erscheint das Werk seines früh verstorbenen Sohnes *Joachim Hoffmann-Fallersleben* (1886-1924). Von seinem Vater, den er schon als Knabe auf seinen Studienreisen begleitete, übernahm er dessen Motivvorlieben, aber er enthob sie ihrer dunklen Mystik und gab ihnen eine lichtvollere Gestalt. „Vom Vater und Großvater trug er ein reiches Erbe in sich. Vom Großvater das dichterisch-literarische Empfinden, vom Vater das Malerauge, die Malerkunst, von beiden die scharfe Beobachtung in Natur und Menschenleben."[14]

Seine „Landschaft bei Corvey" zeigt eine impressiv gelöste Handschrift. Damit ist ein Merkmal bezeichnet, das sich bei vielen Künstlern seiner Generation wiederfinden läßt, die in der Natur nicht mehr eine unsichtbare Macht verkörpert sahen, sondern sie als eine Wirklichkeit begriffen, die in der Malerei einen Ausdruck ihrer Flüchtigkeit und zugleich einer zeitübergreifenden Beständigkeit fand.

Hier äußert sich – im Umbruch zweier Generationen – ein bedeutender kulturgeschichtlicher Wandel: von der Naturergebenheit zur Sinnlichkeit, von der naturtreuen Schilderung zu einem ganz und gar malerisch definierten Bildraum; jene erzeugte einen Spiegel, diese ein Gegenbild zur äußeren Natur.

Der 1876 in Eldagsen geborene *Heinrich Schrader*, Absolvent der Akademien in München und Berlin, schuf in seinem Gemälde „An der Fulda" (1915) auf dunklem Grund das aufgewühlt und bedrohlich anmutende Pano-

Heinrich Schrader, An der Fulda, Öl/Pappe, 1915

rama eines Dorfes, dessen Bauten sich wie organische Körper verhalten. Das Bild der äußeren Natur ist subjektiv geworden, beeinflußt von der veränderten Situation einer Welt, die sich in einem Krieg mit ungewissem Ausgang befand, dem der Maler dann selbst zum Opfer fiel.

War die Kunst nach 1900 zunehmend subjektorientiert ausgerichtet, so mußte sie Resonanzboden für all die Erschütterungen werden, die die Einzelnen betrafen. Was sich unter dem Oberbegriff Expressionismus nach 1918 künstlerisch auf breiter Ebene neu formierte und jenem Geist der Zeit einen anschaulichen Ausdruck gab, das klang mit einer gewissen Verhaltenheit auch bei den Malern an der Weser nach. Doch noch dominierte in der bildenden Kunst zum Thema Weser die Übersetzung des Eindrucks einer von ruhigen Linienläufen und gedämpften Farbigkeiten getragenen Landschaft.

Zu den nennenswerten Künstlern, die noch vor dem Ersten Weltkrieg an der Weser ansässig geworden sind, gehört der aus Helmstedt stammende *Paul Stölting* (1878-1917). Zunächst hatte er die Technische Hochschule in Braunschweig besucht und von 1899 bis 1901 an der Münchner Kunstgewerbeschule studiert. Danach belegte er einen Zeichenlehrerkursus in Dresden und schloß sich der Malklasse von Carl Bantzer an der Königlichen Dresdner Akademie an. Unter dessen Leitung reiste er mit Kommilitonen in den Akademieferien auch nach Willingshausen in die hessische Schwalm, an einen der wichtigsten Studienplätze für Genremaler im 19. Jahrhundert, später und vor allem durch Bantzer, eine Kolonie für Landschaftsmalerei. Hier skizzierte man und erarbeitete Studien vor der Natur, um sie nach Rückkehr an die Akademie gelegentlich in ein großes Format zu bringen oder in eine graphische Technik zu übertragen. Zwei um 1905 lithographierte Arbeiten Stöltings verdeutlichen seine Fähigkeiten als Zeichner und Graphiker – und gehören zu dem wenigen, was aus seiner Hand überhaupt noch nachgewiesen werden kann. Nachdem er 1906 die Dresdner Akademie abgeschlossen hatte, ließ er sich in Holzminden nieder, publizierte Mappen mit Reproduktionen von Ortsansichten und konnte dank der Förderung eines Sammlers 1909 Italien bereisen, um Städteansichten zu zeichnen. Danach wohnte er in Polle an der Weser, traf sich gelegentlich in

Dresden und Willingshausen mit Kollegen und ließ sich später in Lüneburg nieder. Am 26. September 1917 ist er als Soldat in Flandern gefallen.

Um 1910 entstand eine Fotografie, die ihn oberhalb der Weser zwischen Polle und Brevörde zeigt, wo er regelmäßig arbeitete und das ganze virtuose Spektrum seiner Möglichkeiten an diesem vom Weserlauf markierten Panorama erproben konnte. Sein gezeichneter „Blick auf Brevörde" gründet imposant auf jenem Geist des Naturalismus, der sich aus einer intensiven Seherfahrung der um 1870 geborenen Generation entwickelt hatte, um sich 1900 impressionistisch zu öffnen und methodisch auf die Malerei angewandt zu werden.

Den Maler Stölting hat ein Förderer so charakterisiert: „Es darf und muß hier auch davon die Rede sein, wie er bald mit seinem Stoff gerungen, bald mit glücklicher Hand im ersten Anlauf ein Motiv auf sein Bild gebannt hat. Die Jagd nach 'dankbaren Motiven' machte er nicht mit, denn es darf ja nicht der dargestellte Gegenstand, sondern immer nur das Herz des Malers sprechen. Und es ist erstaunlich, wie selbst spröde Stoffe unter seinen Händen Gehalt und Leben annehmen, indem er seinem Objekt an verschiedenen Tagen, in verschiedenen Stimmungen, mit verschiedener Technik zu Leibe ging, bis es sich als geeigneter Träger seiner Empfindung erwies. In den Werken von Paul Stölting treffen wir dieselbe Wahrhaftigkeit an, die ein Grundzug seines Wesens war."[15]

Paul Stölting, Blick auf Brevörde, Kreidezeichnung, um 1910

Paul Stölting, oberhalb der Weser malend, um 1910

„Die schöne Wiege meiner Leiden"

Stölting verkörpert eines der wenigen Beispiele einer freien künstlerischen Existenz im Landschaftsraum Weser, vor allem außerhalb der größeren Städte, in denen ein Käuferpublikum und Institutionen der Vermittlung bestanden. Niemanden kann es wundern, daß sich die bildende Kunst an der Weser wesentlich aus dem Berufsstand der Kunsterzieher rekrutierte, ein Umstand, der noch heute das Bild der einheimischen Kunst charakterisiert. Dazu gab und gibt es eine Wanderbewegung von Künstlern, die aus ästhetischem Interesse die Region bereisen.

Zwischen beiden Gruppen steht der Zeichner *Johann Viebrock* (1872-1955), ein Künstler aus Profession, aber ein Lehrer aus Selbstverpflichtung und Bescheidenheit. Er stammte aus der Nähe von Zeven, war Sproß einer Bauernfamilie und wurde Lehrer, ohne in dem Beruf je glücklich zu sein. 1898 ließ er sich nach Hameln versetzen, wo er bis zu seinem Lebensende blieb. Er bezeichnete die Stadt an der Weser einmal als „schöne Wiege meiner Leiden", zugleich „als Ursprung meiner besten Freuden."[16] In zartesten Valeurs zeichnete Viebrock mit Farbstiften nach der Natur, aber oft nicht eigentlich Landschaften, vielmehr Stimmungen des Lichts über der Landschaft. Vor Sonnen-

Johann Viebrock, An der Weser, Farbstftzeichnung, um 1910

aufgang oder in der Abenddämmerung sah man ihn an der Weser oder in der Altstadt von Hameln sitzen, den Zeichenkarton auf den Knien, in stillem Dialog mit dem Augenblick, dessen Vorübergehen er mit bescheidenen künstlerischen Mitteln zur Dauer verhalf. „Ich hatte auch früher den Zauber der Natur empfunden, aber wohl mehr tief verehrt. Nun sah ich nach und nach ihre Reize bewußt und versuchte mit den Jahren, sie mit meinem geringen Vermögen für mich als Erinnerung festzuhalten."

Johann Viebrock träumte mehr über seinen Motiven, als daß er sie als Teil der Gegenwart wahrnahm. Der realistische Eifer des Zeichners löste sich im Laufe der Darstellung immer stärker in eine lyrische Stimmung, in ein Erzählen von Vergangenem auf, woran das Licht nicht nur mitwirkte, sondern aktiv beteiligt war. Die auf farbigem Karton gelegten Farbstiftstriche wurden im Lauf der Zeit immer sparsamer, um nur noch einer Vorstellung von Landschaft zu entsprechen und nicht mehr ihrer Spiegelung. Licht und Schatten waren am Beginn seiner Arbeit auffällig voneinander getrennt, später milderte der Zeichner die Kontraste ab, und die Blätter wuchsen zu Flächen zusammen. Flimmernd ist mit wenigen Schraffuren der Widerschein der sinkenden Sonne über der Weser in die tonige Fläche gesetzt, einem Klangbild ähnlich, das auf einem Grundakkord und einem Kontrapunkt besteht. Die kleinformatigen Blätter durchwirkt eine Melancholie des Abschiednehmens, sie erzählen nicht von dem Leben ringsum, sondern von einer Welt im Licht der individuellen Erinnerung, und davon gibt der Zeichner mit wenigen Farben einen klangvollen, geradezu lyrischen Abdruck. Die Entschiedenheit der Reduktion des feinfühligen Johann Viebrock, seine Entleerung des Bildraumes von bestimmten, wiedererkennbaren Motiven endete auf einer dunklen Tonfläche, auf der das Licht der sinkenden Sonne einen wehmütigen, letzten Abglanz hinterläßt.

„Für die Stadt ein wirksames Propagandamittel"

In den zwanziger Jahren erwuchs in der bildenden Kunst aus einem überkommenen expressionistischen Lebensgefühl ein neuer Realismus. Es handelte sich um die nüchterne Bestandsaufnahme einer prosaischen Wirklichkeit, die hinter dem Diesseits kein Höheres mehr in Aussicht stellte – ganz im Unterschied zum Romantismus der Jahrhundertwende, der im Wirklichen noch den Vorschein eines Überwirklichen suchte. Auch hierbei gab es einen allmählichen Übergang, wie Johann Viebrock in seinen Arbeiten zeigt. Nach Hameln kam 1919 auch *Otto Ubbelohde* (1867-1922), ein bei Marburg lebender Maler und Graphiker, der vor allem als Illustrator zu nationaler Berühmtheit gelangt war. Seine nach 1904 entstandenen, bis heute millionenfach reproduzierten 450 Federzeichnungen zu den Märchen der Brüder Grimm brachten ihm eine Fülle ähnlicher Aufträge ein, darunter auch Illustrierungen von Städteführern, denen er im Zeitalter der Fotografie noch einmal zu einer ungeahnten Popularität und Qualität verhalf.

Otto Ubbelohde, Blick von der Weserbrücke in Hameln, Federzeichnung, 1921, Museum Hameln

Otto Ubbelohde, Weserlandschaft, Bleistift/Feder, um 1920, Universitätsmuseum Marburg

Grund für Ubbelohdes Reise nach Hameln war ein Text, den der Schriftsteller Bernhard Flemes verfaßt hatte. Man suchte nach einem Illustrator, um „für die Stadt ein wirksames Propagandamittel zu erhalten. So sollen anstelle der Photographien Zeichnungen in Federstrichmanier treten, und es soll dafür der bekannte hessische Maler Ubbelohde gewonnen werden, der schon für viele Städte ähnliche Führer gezeichnet hat, die diesen Städten große Erfolge eingebracht haben."[17] Im Spätsommer reiste der Hesse an, fertigte zeichnerische Studien vor Ort, nach denen er zwanzig Motive in gewünschter Weise ausführte. Bereits im Oktober sandte er die Blätter an den Bürgermeister und schrieb: „Wenn meine Arbeit Ihnen und den in Betracht kommenden Herren gefällt, wird mir das eine große Freude sein."[18] Der Dank folgte prompt: „Bisher ist der Beifall aller Herrn, die Ihre Zeichnungen gesehen haben, ein großer. Wir freuen uns außerordentlich auf unseren neuen Führer und hoffen nur, daß wir mit dem Papier eben solches Glück haben wie mit Ihrer Wahl für die künstlerische Darstellung unserer Straßenbilder."[19]

Ubbelohde hatte sich nicht nur mit seiner sowohl großzügigen als auch äußerst filigranen Technik der Federzeichnungen der Fassaden der Weserrenaissancebauten und der Silhouetten der alten, verwinkelten Straßenzüge angenommen, sondern auch das Zusammenspiel von Stadtbild und Weserlandschaft thematisiert, das er in den ihm eigenen Linienspielen beschreibt und so dokumentiert. Mögen viele der ehrwürdigen Baukörper auch noch erhalten sein, so gehört manches um sie herum doch inzwischen der Vergangenheit an. Die über die Weser aufragende Stadtsilhouette mit dem Turm des romanischen Münsters bietet sich dem Betrachter noch heute, aber der Gürtel davorstehender Fachwerkhäuser ist ebenso verschwunden wie die Boote der Lachsfänger – und mittlerweile auch der Schaufelraddampfer.

Auf einem anderen Blatt führt Ubbelohde den Blick an der Insel der Wesermühle vorbei flußabwärts, erfaßt auf einem dritten die Stadt von Norden her als eingebettet zwischen den Schleifen der Weser, den fernen Höhenzügen der Ottensteiner Hochebene und einem dramatischen Wolkenhimmel. Mit seinem unverwechselbaren Repertoire graphischer Mittel ist es ihm gelungen, in die Genauigkeit topographischer Beschreibung das Atmosphärische einzubinden – den rhythmischen Zusammenklang der natürlichen Elemente innerhalb eines landschaftlichen Raumes. Auch Ubbelohde näherte sich dem Stadtbild, wie es damals nur noch in Teilen sichtbar war, mit dem Ausdruck leiser Wehmut über den Verlust solcher Orte und Umgebungen. Als aktiver Heimatschützer wehrte er sich leidenschaftlich gegen die Ausbreitung neuzeitlicher Technik in den naturnahen Landschaften, meist

Otto Ubbelohde, Bremen – Hafenansicht, Federzeichnung, um 1900

vergeblich. Ebenso wie Johann Viebrock und der Dichter Bernhard Flemes, die als Mitglieder im „Heimatbund Niedersachsen“ engagiert für die Erhaltung der baulichen Substanz der Weserstadt eintraten.

Curt Sauermilch, Die Tonenburg, Öl/Faserplatte, 1919, Stadtmuseum Holzminden

„Blick für die Schönheiten und … Baumgruppen im Spiegel des Weserflusses“

Ähnlich verknüpfte sich der malerische Standpunkt mit dem Heimatschutzgedanken im Werk des aus Warschau stammenden *Curt Sauermilch* (1883-1957), der sechs Jahre an der Dresdner Kunstakademie studierte und 1905 als Lehrer an der Baugewerkschule in Holzminden tätig wurde. Hier wie an allgemeinbildenden Schulen gab er Zeichenunterricht und fand über die Vielzahl seiner Interessen zu einem sehr engen Verhältnis zur Landschaft längs der Weser. Neben seiner Kunst beschäftigte er sich mit Archäologie und Geologie, legte verschiedene naturkundliche Sammlungen an, die heute zum Bestand niedersächsischer Museen gehören, und publizierte über seine Grabungsfunde. Seit 1940 betreute und gestaltete er das Holzmindener Heimatmuseum, fungierte als Kreisheimatpfleger und veröffentlichte zahlreiche volkskundliche Betrachtungen mit eigenen Illustrationen.

„Er hatte einen Blick für die Schönheiten und Bildmotive des Weserlandes, die Sollingtäler, die Baumgruppen im Spiegel des Weserflusses, die stillen Winkel in den Dörfern, Bauernhöfe im Fachwerkschmuck und vieles andere. Es drängte ihn, alle diese Eindrücke des Augenblicks der jeweiligen Tages- und Jahreszeit nicht nur in der schlichten Federzeichnung, sondern auch im farbigen Ölgemälde festzuhalten.“[20]

Sein malerisches Werk basiert auf der hochwertigen Ausbildung der Dresdner Akademie der Jahrhundertwende und geht über den reinen Naturalismus hinaus, indem es die farbigen Zusammenklänge dem reinen Anschauungsbild immer überordnet. So haben wir in seinen Gemälden Stimmungslandschaften vor uns, die von der Lichtheit des Vorfrühlings bis zur Melancholie des Herbstes alle Koloraturen umfaßt, mit denen der Künstler seine subtilen Empfindungen gegenüber seiner Wahlheimat umschreibt.

Curt Sauermilch, Am Kiekenstein bei Holzminden, Öl/Pappe, 1942, Stadtmuseum Holzminden

„Ein Gepräge von natürlicher Schönheit und Poesie“

Eine Folge der Kriegsereignisse nach 1914 war die Einrichtung von Lagern für Kriegs- und Zivilgefangene. In einem solchen Lager bei Holzminden hielt sich 1916 der französische Maler *Henry Bing* (1888-1965) auf. Er stammte aus Paris, war ein Sohn des Barbizon-Malers Henry Bodmer, hatte einen Teil seiner Kindheit und Jugend in Barbizon verbracht und später eine Zeitlang bei Claude Monet in Giverny gelebt. 1905 begann er für die in München erscheinende Zeitschrift „Simplicissimus“ zu zeichnen. Kurz nach Kriegsausbruch wurde er verhaftet und während des Krieges in verschiedenen Lagern interniert, so auch in Holzminden, wo er am Bau des heute noch so genannten „Franzosenweges“ bei Allersheim beteiligt war. „In dem Lager wurde ein eigenes Streichorchester unterhalten, wissenschaftliche Vorträge geboten und künstlerische Werke erstellt.“[21]

Ein französischer Mithäftling nahm den Ort und die umliegende Landschaft 1918 sogar schwärmerisch wahr: „In einer weiten Ebene am Ufer der Weser gelegen, deren Silberband man jenseits der Stadt sieht, wirkt Holzminden aus der Entfernung wirklich hübsch und hat eine ästhetische Note in seinem von Grün und Bäumen durchwirkten Gesamtbild, aus dem ein dünner Kirchturm und einige Industrieschornsteine emporragen ... Berge mit malerischen Konturen, höher als unsere Ardennen, die den Eindruck einer gewissen Größe vermitteln, bilden zu diesem entzückenden Winkel mit ihren Wäldern, ihren Schluchten, ihren rundlichen Hügeln, ihren geradezu alpinen Erhebungen einen wildromantischen Gürtel. Es gibt dort in diesem harmonischen Ganzen ein Gepräge von natürlicher Schönheit und Poesie, die man, wenn man aufrichtig ist, nicht verkennen kann.“[22]

Eine solch unbeschwerte Haltung zur Natur war in diesen Jahren selten zu finden, allenfalls noch in Arbeiten wie der „Weserpartie in Bremen“, die *Ernst Müller-Scheeßel* (1863-1936) 1921 schuf. Er schöpfte aus dem Repertoire des deutschen Impressionismus und gab der sonnenüberstrahlten Badeszene am Bremer Osterdeich eine nahezu mediterrane Atmosphäre. Nach der künstlerischen Ausbildung und einem mehrjährigen Aufenthalt

Ernst Müller-Scheeßel, Weserpartie in Bremen, Öl/Leinwand, 1921

als Glasmaler in Kanada hatte sich der aus Scheeßel stammende Maler 1897 in Bremen niedergelassen, wo er im Roselius-Haus in der Böttcherstraße, dem direkten Zugang vom Marktplatz zur Weser, ein Atelier bezog. Er wurde ein Chronist des Bremer Stadtbildes bis in die dreißiger Jahre hinein, als die Heiterkeit von Szenen wie dieser einer ernsteren Zeitstimmung und einer gedämpfteren Farbigkeit Platz machten.

Zu den ideellen und künstlerischen Weggefährten Müller-Scheeßels gehört der in Bremen geborene *Eduard Scotland* (1885-1945), Nachfahre einer im 18. Jahrhundert aus Schottland eingewanderten Familie. Auf väterliche Weisung hin durfte er nicht, wie es seinem Wunsch entsprach, Maler werden, sondern mußte den Weg zum Architekten einschlagen und ließ sich als solcher 1904 in seiner Heimatstadt nieder. Völlig überwunden aber hat er seine künstlerische Neigung nicht, vielmehr begleitete seine für die Hansestadt wichtige Arbeit als Architekt fortlaufend ein eigenständiger Bereich von freier wie angewandter Kunst. Bereits während seiner Ausbildung am Bremer Technikum zeichnete er Illustrationen für die Zeitschrift „Niedersachsen" als feine Stilisierungen niederdeutscher Landschaftsmotive nach Art der Worpsweder. In der graphischen Strenge und dem dekorativen Einsatz der Linie gehören seine Vignetten und Illustrationen zum Jugendstil. Die ausgeprägte Linienkultur kam seiner späteren gebrauchsgraphischen Arbeit zugute, die er fast ausschließlich für die Firma „Kaffee-Hag" betrieb. Im Jahr 1906 prägte Scotland das erste Markenzeichen der „Kaffee-Hag": den in ein Linienquadrat eingespannten roten Rettungsring, der das Produkt über mehr als zwei Jahrzehnte hinweg weltweit sinnfällig vertrat.

Die Zusammenarbeit mit Ludwig Roselius, dem Inhaber der „Kaffee-Hag", kam durch Vermittlung Ernst Müller-Scheeßels zustande, der mit Eduard Scotland gelegentlich auf Studienreisen ging und malte, bevorzugt irgendwo am Wasser. So auch im Jahr 1916: „Wir waren fünf Tage unterwegs und haben die Zeit mit Wandern, Zeichnen und Malen sehr genossen ... Das ist eigentümlich, wie sehr man als Bremer mit dem Wasser und allem, was dazu gehört, verknüpft ist."[23]

Wiederholt malte Scotland Ansichten seiner Heimatstadt wie 1918 „An der Schlachte", und stets zeigen seine Bilder jene verhaltene Melancholie, die auch ein Ausdruck für den unausgelebten Traum vom Künstlerdasein ist. Doch veranschaulichen die Gemälde zugleich, mit welchem Reichtum an künstlerischer Erfahrung Scotland ausgestattet war, der vor allem durch die bauliche Neugestaltung der Westseite der Bremer Böttcherstraße nach 1922 seinen Namen fest in die Geschichte der Hansestadt eingeschrieben hat.

Eduard Scotland, An der Schlachte in Bremen, Öl/Hartfaser, 1918

„Vokabeln einer Sprache, die ich lernen mußte"

Der Impressionismus hatte der künstlerischen Wahrnehmung eine grundlegend neue Richtung gegeben und an die Stelle einer genauen Beobachtung der Phänomene deren farbige Ortsbestimmung in einen farbigen Gesamtzusammenklang gesetzt, den man gemeinhin mit dem Begriff des Atmosphärischen verbindet. Er hatte auch die Kunst zu einer größeren Systematisierung angehalten, nämlich nicht mehr die ganz und gar zufälligen Situationen eines Sujets als künstlerisch verpflichtend anzunehmen, sondern nach Methoden zu einer Übersetzung zu suchen, die als Äquivalent vor dem Natureindruck bestehen kann.

Nach 1900 wurde das Repertoire an solchen Methoden der Vermittlung eines auf die Anschauung bezogenen und eines ausgesprochen malerischen Standpunktes weit gesteckt, und es ist in Ernst Müller-Scheeßels sonnendurchwirkten Idyllen ebenso zu finden wie in den kleinformatigen Impressionen von *Leonhard Sandrock* (1867-1945). Nach seiner siebenjährigen militärischen Karriere, die ihn nach Verden an die Aller führte und dort infolge eines schweren Sturzes vom Pferd abrupt beendet wurde, ging der aus Breslau stammende Leonard Sandrock nach Berlin, um Marinemaler zu werden. Von Kindheit an war er fasziniert vom Leben und Treiben am Wasser, und – wie er später sagte – aus den „Bemühungen, der See und ihrer Bewegung näher zu kommen, bildete sich allmählich doch eine gewisse Vertrautheit mit ihr heraus. Die Hunderte von Studien, die ich gemacht habe, waren die Vokabeln einer Sprache, die ich lernen mußte, um die Sprache sprechen zu können."[24]

Wilhelm Thielmann, Oberweser mit Dampfer, Öl/Leinwand, 1924

Nach der Jahrhundertwende lebte Sandrock als Marinemaler freischaffend in Berlin, unternahm eine Vielzahl von Reisen, u.a. 1906 nach Norditalien, und widmete sich in den zwanziger Jahren Industriedarstellungen, die er, wie auch die Welt der Häfen, wahrheitsgemäß und doch zugleich höchst malerisch abbildete. Unter Wahrung seines künstlerischen Standpunktes schilderte er die Hochöfen und Montagehallen, beschrieb das Leben auf Bahnhöfen und die Arbeit der Reedereien. Immer ging es ihm

Leonhard Sandrock, Aus Bremen, Öl/Leinwand, Galerie pro Art, Verden

als Maler um die Sondierung einer farbigen Korrespondenz innerhalb eines ganz prosaischen Vorgangs, der eben nicht malerisch war, aber doch ganz und gar malerisch aufgefaßt werden konnte. Das Oberthema seines Werkes blieb das Wasser, und, so Sandrock, „beim Wassermalen lernt man nie aus. Gewiß, wenn man das Wasser nur dekorativ darstellen will, dann geht's schneller; dazu braucht man die See gar nicht mal gesehen zu haben. Wenn man aber die ewig bewegte, ewig andersfarbige Fläche so malen will, wie sie wirklich ist, dann vergehen Jahre, ehe man ihrer Darstellung nahekommt."

Seine Ansicht „Aus Bremen" und seine Darstellung des Leuchturms „Roter Sand" (s.S. 231) bei strömendem Regen illustrieren die Kontinuität und Intensität seiner malerischen Haltung gegenüber einer nüchternen, aber nicht ohne Poesie wahrgenommenen Wirklichkeit. Die von dokumentarischer Gewissenhaftigkeit und ästhetischer Harmonie erfüllte Bildwelt zeigt eine der beachtlichen Verbindungslinien zwischen Tradition und Moderne, zwischen Naturwiedergabe und Ausdruckskunst. So schrieb Leonhard Sandrock 1923 rückblickend über das eigene Schaffen: „Die heutige Zeit des Umsturzes des bisher Bestehenden ist ja einer ruhigen Fortentwicklung in der Kunst nicht günstig. Wenn einer nicht von Jahr zu Jahr als gänzlich Neuerer sicher präsentiert, geht man über ihn zur Tagesordnung über, obwohl man auch ein Kind seiner Zeit sein kann, wenn man für die Besonderheiten derselben Empfindung hat."

„Unser eigentliches Wasser, d.h. die Weser"

Um der Welt des Wassers den ästhetischen Reiz abzugewinnen, war, wie Sandrock es demonstrierte, nicht nur eine besondere Empfindung Voraussetzung, sondern Ausdauer und eine solide Technik, die den Zugriff auf die bewegte und schnell wechselnde Oberfläche erlaubte. Besondere Charaktere und Kapazitäten bildeten sich an der Darstellung des Wassers aus, wie bereits das 19. Jahrhundert für die Marinemalerei eigene Talente hervorgebracht hatte.

Toni Elster (1861-1948) gehört zu den bis heute wenig bekannten Malerinnen, die mit großer Beständigkeit das Treiben auf der Weser thematisierte. Die gebürtige Bremerin studierte zunächst in Schottland Aquarellmalerei, lernte anschließend in München bei Fritz Baer und arbeitete in späteren Jahren in München und Bremen als freie Künstlerin. Regelmäßig war sie auf den großen nationalen Kunstausstellungen in Berlin, Düsseldorf und München vertreten, wo auch ihre subtilen Schilderungen des

Willy Menz, Bremen von Westen, Holzschnitt, 1959

Toni Elster, Kutter im Bremer Hafen, Öl/Leinwand, um 1920, Landesmuseum Oldenburg

winterlichen Bremer Hafens zu sehen waren. In der Jahreszeit, in der die Natur das Licht und die Farbigkeit auf ein Minimum reduziert, entfaltete Toni Elster ihre große Meisterschaft bei der Übersetzung dunkler Impressionen zu pastosen Gemälden von hoher koloristischer Qualität.

Zweiundzwanzig Gemälde zeigte sie im Jahr 1924 auf einer Sonderausstellung in der Bremer Kunsthalle und erfuhr von Publikum und Kritik große Anerkennung. Rudolf Alexander Schröder lobte eindringlich die Werke, die „gerade uns Anwohnern des Weserstroms etwas Besonderes zu geben haben, daß sie uns, nicht nur in der Mehrzahl der gewählten Gegenstände und Ansichten, sondern auch in ihrem ganzen Habitus heimatlich und vertraut anrühren ... Worpswede in allen Ehren; aber unseren Winter und unser eigentliches Wasser, d.h. die Weser und ihre Ufer und Häfen hat noch niemand so gemalt wie Toni Elster ... Ihre Palette hält sich in engen Grenzen, aber innerhalb der kühlen und halberhellten Atmosphäre weiß sie vermittels mannigfacher Abstufungen und Übergänge einen großen und sehr malerischen Reichtum zu entwikkeln, der gelegentlich durch den Gegensatz einer kühlen Note noch deutlicher wird.“[25] Und der Dichter schloss seine Eloge: „So stellt sich Toni Elster in die Reihe der Bremer Künstlerinnen, neben Paula Modersohn, Anna Plate, Clara Rilke-Westhoff und andere als die Jüngste, nicht an Jahren, wohl aber ihrem Hervortreten nach.“[26]

„Ursprung des Schönen ist die Linie“

Wegbereitend für eine nachfolgende Künstlergeneration in und um Bremen war der in Guatemala als Sohn eines Kaffeekaufmanns geborene *Willy Menz* (1890-1969), seit 1915 Lehrer an der Kunstgewerbeschule, seit 1931 dort Professor und bis 1934 deren Direktor. Nach seiner Entlassung aus dem Lehramt blieb er in Bremen und wurde nach Ende des Zweiten Weltkrieges der erste Direktor der neueingerichteten Staatlichen Kunstschule. Menz war Graphiker, ungeachtet seiner Leistungen auf malerischem Gebiet. Sein nächtlicher Blick auf die „Alte Kaiserbrücke in Bremen“, um 1910 gemalt, enthält deutliche Reminszenen an den Jugendstil und seine verhaltene, auf bizarre Lichtstimmungen ausgerichtete Farbigkeit. Es beweist aber auch den Rückhalt des Zwanzigjährigen in der Graphik. Denn, so schrieb der Künstler später in sein Tagebuch: „Ursprung des Schönen ist die Linie an sich.“

Willy Menz, Kaiserbrücke in Bremen, Öl/Leinwand, um 1910

Nach einer frühen Lithographenlehre hatte Menz ab 1908 an der Hochschule für Graphik und Buchkunst in Leipzig studiert und nach seiner Rückkehr 1911 in Bremen eine graphische Werkstatt eingerichtet. Sein malerisches Werk ist zeichnerisch entwickelt, seine Bilder sind aus dem Vordergrund heraus aufgebaut, nicht aus der Tiefe. Er brauche, wie er einmal sagte, immer einen Vordergrund und eine Perspektive. Die Nähe zum Wasser blieb für ihn zeitlebens inspirierend, und eine Vielzahl von Gemälden und Zeichnungen hat er der linear bewegten Welt der Häfen gewidmet.

Zu den frühen Schülern seiner Lehrzeit an der Kunstgewerbeschule zählen u.a. Mieke Vogeler, älteste Tochter Heinrich Vogelers, die Worpsweder Maler Karl Arste, Walter Bertelsmann und Alfred Lichtenford, aber auch der Formgestalter Wilhelm Wagenfeld. Über sie hat Menz jene ihm eigene Kultur der Linie weitertradiert, die zu den auffälligsten Merkmalen seines umfangreichen Werkes gehört.

Unvergessen bleibt als Leistung des Zeichners Willy Menz die dokumentarische, scheinbar emotionslose Erfassung des von Zerstörungen heimgesuchten Stadtbildes. Die Bombenangriffe der Alliierten, die im September 1940 begannen, schienen die alte Hansestadt an derWeser binnen zwei Jahren in ein Trümmerfeld zu verwandeln. Menz setzte sein Leben aufs Spiel und zog durch die zerbombten Straßen, von deren vormaligem Aussehen kaum noch eine Vorstellung zu gewinnen war. Aus Angst vor Spionage wurde ihm die Lizenz zum Zeichnen nach Kriegsende vorübergehend verwehrt. „Ich hätte gern noch einige trostlose Zeichnungen aus dem Stadtbild gemacht“, schrieb er im Juni 1945 in sein Tagebuch. Erst im Spätsommer nahm er seine Arbeit als Chronist der Zerstörung wieder auf und zeichnete die gesprengten Brükken an jenen Stellen der Weser, vor deren bewegter Kulisse er einmal seinen Weg zur Kunst beschritten hatte und von wo aus Bremen nun nicht mehr zu erkennen war.

Walter Bertelsmann, Lemwerder – Vegesack, Bleistiftzeichnung, 1898, Stiftung Overbeck Bremen-Vegesack

85 % der Bremer Hafenanlagen waren während des Zweiten Weltkrieges zerstört worden. „Eigentlich", so Menz in einem späten Bekenntnis, „bin ich Hafen- und Küstenmaler, und ich habe von Ceylon bis Mallorca wohl alle Inseln bereist … Ich experimentiere viel und zerreiße alles, was ich nicht für fertig halte. Aber ich bleibe gegenständlich, denn ich habe in meinem Leben zu viel gelernt, um diese Erfahrungen aufgeben zu können und auf leichtere Art abstrakt zu werden."[27]

Franz Fuhrken, Bremen: Woltmershauser Strand, Öl/Strohpappe, 1929, Landesmuseum Oldenburg

„Luft und Wasser in ihrem opalisierenden Durcheinanderschwingen"

Neben seiner Gewissenhaftigkeit und der Kultur der Linie hat Willy Menz an seine Schüler auch seine Motivvorlieben weiterzugeben vermocht, wofür u.a. der in Oldenburg geborene *Franz Fuhrken* (1894-1943) mit seinem impressiven Blick auf den „Woltmershauser Strand" von 1929 exemplarisch angeführt sein mag. Nach einer ersten malerischen Ausbildung 1918/19 in englischer Kriegsgefangenschaft studierte Fuhrken in Bremen bei Menz, ab Mitte der zwanziger Jahre dann an der Kasseler Akademie bei Curt Witte. Seit 1928 lebte er in Bremen als Zeichenlehrer.

Auch der gebürtige Bremer und spätere Worpsweder *Walter Bertelsmann* (1877-1963) trat das Erbe seines Lehrers Willy Menz an, und wie bei seinem Lehrer waren biographische und künstlerische Sphäre weitgehend identisch. Das mag ihren jeweiligen Ruf als Künstler regional begrenzen, gibt aber ihrem Werk Authentizität – als Zeugnis einer künstlerischen Haltung und einer erlebten Welt.

„In den Bildern wie in den unzähligen Skizzen und Studien Bertelsmanns offenbart sich die Kraft, der Ernst

Max Usadel, Die Weser und Minden – Blick vom Wittekindsberg,
Öl/Leinwand, um 1912, Museum Minden

Hardt, Dorf im Winter, Öl/Hartfaser, 1946, Museum Minden

Hans-Ludwig Fischer-Nienburg, Winter, Aquarell, 1949

und die Vielseitigkeit dieses Malers. Eine große Wärme und Liebe ist darin, die sich in das Wesen der Dinge versenkt hat. Bertelsmann ist nicht bei der Erscheinung stehen geblieben, nicht bei den Reizen ihrer Oberfläche, überall in seinen Bildern ist ihr Innerliches ans Licht geholt. Die Sonne, Wolken, Wasser, Felder, Bäume und die Häuser, wie sie gerade nur aus diesem Stück Erde hervorwachsen konnten, leben; sie sind intim gesehen, ohne daß doch ihrer Erscheinung Größe und eine gewisse Einmaligkeit fehlt ... Luft und Wasser in ihrem opalisierenden Durcheinanderschwingen ist ein Vorwurf, den Bertelsmann in unzähligen reizvollen Auffassungen und Abwandlungen immer wieder auf der Leinwand und im Aquarell festgehalten hat. Seine Nordseebilder, das farbig flüssige Zusammenklingen von Düne, Welle, Klippe und Luft, gehören, wenn auch nicht zu den bekanntesten, so doch zu den stärksten Stücken seines bisherigen Lebenswerkes."[28]

„Ich war der Fischer am Strom, der das Fließende liebt"

Um die Mitte der zwanziger Jahre malte der in Nienburg geborene Hans-Ludwig Fischer, der sich *Fischer-Nienburg* (1891-1990) nannte, seine 900jährige Heimatstadt hinter einer Weserschleife in schwermütig trüben Farben, die präzise den Ton der „Neuen Sachlichkeit" treffen und deren Weltsicht charakterisieren könnten. Die Wahrnehmung konzentriert sich nicht auf das Ästhetische, sondern auf die Vergänglichkeit, die zum elementaren Ausdruck einer perspektivlosen Zeit wird.

Fischer-Nienburg hatte von 1907 bis 1910 die Kunstgewerbeschule Hannover besucht, danach an der Münchner Akademie studiert und war später wieder in Nienburg ansässig geworden, wo er als Porträtist und Landschaftsmaler arbeitete. Studienreisen führten ihn durch ganz Europa, aber stets kehrte er an die Weser zurück. „Ich kann wirklich nicht sagen, was mich an Nienburg band. War es Bequemlichkeit, war es Selbstzweifel? ... Ich suchte und fand Anregungen gerade im Kleinstädtischen, im heimatlichen Milieu. Nach den Reisen zog mich die Ruhe, die Beständigkeit an, die in Nienburg herrschte. Ich war wie der Fischer am Strom, der das Fließende liebt, aber auch die Standhaftigkeit des Ufers zu würdigen weiß, und der sich selbst genügt und dem Warten auf den großen Fang."[29]

Nach dem Zweiten Weltkrieg lebte er vorübergehend in Hameln, wo er sich, wie in seiner Heimatstadt auch, gegen die Monotonie des Städtebaus und für den Erhalt der alten Bausubstanz einsetzte. Seine Aquarelle – wie der „Winter" von 1949 – bekamen etwas Historisierendes, Altmeisterliches, gegen die Zeit Gerichtetes, die in diesen ruhigen Landschaften stillzustehen scheint und das Dauernde stärker prononciert als den Wandel. So hatte der Maler den Blick der „Neuen Sachlichkeit" auf die Natur, die detaillierte Erfassung der Dinge der Welt festgeschrieben. „Es kann", sagte er mit einem Unterton von Resignation, „in diesem Augenblick nur festgestellt werden, daß ja nicht nur auf dem Gebiete der Kunst die Zeit an sich selbst gescheitert ist und wir auf Trümmern stehen und wir nicht wissen, wie wir den Glauben an die Persönlichkeit und an ihren individuellen künstlerischen Ausdruck zurückgewinnen werden."[30]

Fischer-Nienburg glaubte, daß die disziplinierte Ordnung der Dinge und die subjektive Bescheidenheit die vom Menschen aus dem Lot gebrachte Welt wieder zurechtrücken könnten; „das verlangte der Objektwelt eine Art von Genossenschaft mit den Menschen ab, eine Art Solidarität."[31] Doch die Hoffnung auf Ausgleich mußte Resignation zur Folge haben. Auch der Maler weiß, „daß

Ernst Thoms, Weserbrücke, Kreide/Aquarell, 1965

Hans-Ludwig Fischer-Nienburg,
Abend an der Weser, Eitempera, 1960

die Welt der Gegenstände mit dieser Erwartungshaltung überfordert ist."[32]

Ein anderer bedeutender Vertreter der „Neuen Sachlichkeit" stammte ebenfalls aus Nienburg und verbrachte hier den überwiegenden Teil des Lebens: *Ernst Thoms* (1896-1983). Er hatte 1911 in seiner Heimatstadt eine Malerlehre begonnen, sie nach Einberufung zum Kriegsdienst unterbrochen und nach Rückkehr aus englischer Kriegsgefangenschaft 1919 abgeschlossen. Zunächst studierte auch Thoms an der Kunstgewerbeschule Hannover, brach aber bereits nach sechs Monaten die Ausbildung ab und lebte von da an als freier Künstler. 1930 wurde er Mitglied der Hannoverschen Sezession, zwei Jahre später trat er dem Deutschen Künstlerbund bei. Auch Thoms schuf ab Mitte der zwanziger Jahre akribisch eine aus Einzeldingen zusammengefügte Wirklichkeit, studierte sorgsam das ihm Vertraute und gab ihm durch die Malerei eine zuweilen ans Naive, manchmal auch ans Mystische grenzende Gestalt. Das Aquarell „Fähre in Drakenburg" entstand 1920 und zeigt in seiner kontrastreichen Farbigkeit noch jene Anlehnung an den Expressionismus, der in seiner Entwicklung vor die neusachliche Phase gehört. Aber auch diese ist, bezogen auf die Landschaft, nicht von großer Beständigkeit, denn Thoms studierte weiterhin ausgiebig vor der Natur und stellte die Weserlandschaft immer auch als natürlichen Raum dar. „Um 1930 spürt man in den von Ernst Thoms gemalten Landschaften eine Veränderung. Sie wirken natürlich, bekommen immer mehr Weite und Atmosphäre, wobei Licht und Schatten effektvoll eingesetzt werden."[33]

Das Aquarell „Flußfischer auf der Weser" (s. S. 243) schuf Thoms ein halbes Jahrhundert später. Es knüpft noch an die frühere Auffassung an, vor allem in der Methode farbiger Kontraste, die hier in die gesuchte Struktur des Bildaufbaus eingebunden werden. „Der gegenwärtige Thoms", so ein Kritiker 1957, „der mit dem Element der Farbe sparsam umgehende Aquarellist, der aus Landschaften und Gestalten alles Vordergründige, Genaue, Einmalige tilgte und mit breitem Pinsel den Malflächen nur noch ganz Wesentliches mitteilt, hält wohl auf einer anderen Station seines künstlerischen Weges, aber was sich hinter

Ernst Thoms, Fähre in Drakenburg,
Aquarell, 1920

Carl Jörres, Bremer Vulkanwerft, Öl/Leinwand,
um 1910, Bezirksregierung Lüneburg

Rudolf Jahns, Lüchtringen, Öl/Hartfaserplatte, 1957

jenen stets sehr sicher gefügten Konstruktionen dieser Flächen an Räumen aufzutun scheint, kündet vom gleichen Geheimnis, das schon ... hinter den klar umrissenen Flächen früher gemalter Gesichter und Interieurs lebte: dem Geheimnis aller echter Kunst."[34]

„Ich bin in einem Rhythmus mit der Landschaft"

Die konstruktive Bildform, zu der Thoms im Alter neigte und die in seinen Aquarellen nachhaltig spürbar ist, war seit den frühen zwanziger Jahren ein bestimmendes Element der Kunstentwicklung. In Hannover bildete sich Mitte der zwanziger Jahre neben der genannten Sezession die Künstlergruppe „die abstrakten hannover", zu der auch *Rudolf Jahns* (1896-1983) gehörte, der seit 1920 in Holzminden lebte, als Finanzbeamter arbeitete und abstrakte Bilder malte. Kandinsky und Schwitters hatten sein Sehen beeinflußt, mit letzterem verband ihn später eine Freundschaft. 1924 hatte er erstmals in der legendären Galerie „Der Sturm" von Herwarth Walden in Berlin ausgestellt, dann seinen Weg zur Hannoveraner Avantgarde gefunden, um 1927 mit Carl Buchheister, Hans Nitschke und Friedrich Vordemberge-Gildewart die genannte Gruppe zu gründen, die bis Anfang der dreißiger Jahre bestand.

„Die 'Sturm'-Zeichen waren damals noch nicht bis zur Weser am Rande des Sollings vorgedrungen. Aber immerhin hatte der Direktor der Holzmindener Bauschule in Erfahrung gebracht, daß Rudolf Jahns malte, und ihn kurzentschlossen aufgefordert, im Lichthof seiner Schule auszustellen. Wer der einzige registrierte Besucher dieser exceptionellen Ausstellung gewesen ist, verschweigt die Anekdote."[35] Unbeeindruckt von dieser Erfahrung schaffte es Jahns, im Februar 1927 Kurt Schwitters zu einem der legendären, dadaistischen MERZ-Abende nach Holzminden zu holen.

Die ungewöhnliche Leistung von Rudolf Jahns als Maler besteht in der Verschmelzung der abstrakten, konstruktiven Bildform mit der Landschaft, die ihm als Thema stets vor Augen stand. „Ich bin oft und lange am Wasser", schrieb er im August 1921[36] Und im Jahr darauf: „Abends sitze ich am offenen Fenster und sehe über Gärten, in denen Kirschbäume blühen und saftiges Grün aufleuchtet. Ich bin in einem Rhythmus mit der Landschaft und fühle, wie meine Schwingungen sich denen draußen verbinden. Ich fühle, daß ich nichts sein kann und daß alles ohne mich nicht wäre. Es ist eine wunderbare Ergänzung, die einfach und klar erscheint."[37]

Mit einfachen farbigen Flächen gab Jahns seiner Überzeugung von Klarheit in der natürlichen Ordnung einen bildnerischen Ausdruck. Exemplarisch dafür können die 1923 entstandene „Weserlandschaft" und das „Brükkenbild" von 1928 gelten. Die Systematik der farbigen Felder ist konstruiert, aber nicht als ein flächiges Zeichen

Rudolf Jahns, Brückenbild, Öl/Leinwand, 1923

Rudolf Jahns, Weserlandschaft, Öl/Leinwand, 1928

– wie später zur Zeit der „abstrakten hannover" –, sondern als eine subtile, auf Klarheit bezogene Organisation der Farbe auf der Leinwand. Jahns baute seine Bilder wie nach musikalischen Regeln einer Komposition, basierend auf Akkorden als eine Folge von Tönen, die er miteinander kontrastierte, aber insgesamt in ein wohldurchdachtes Gleichgewicht brachte. Sein Konstruktivismus orientiert sich am Lebendigen, an der Essenz, an den Bausteinen der Natur, die er nicht – wie im Naturalismus – wiederholt oder nachmalt, sondern ihnen eine bisher unbekannte ästhetische Ordnung verleiht.

„Nicht ist meine Sehnsucht ein Himmel voller Landschaften. Ich sehe selbst täglich die schönste Landschaft und werde sie nicht hundertmal unvollkommen reproduzieren. Aber es steht fest: Die geschwungene Linie des Berges, dunkel gegen den grünen Abendhimmel mit blasser silberner Mondsichel birgt viel mehr vom Absoluten als manches gemalte 'absolute' Bild. Also Du kannst nicht aus Deinem Willen neue Formen (rein zeichnerisch-schöpferische) schaffen. Du kannst nur neu formen, was vorhanden ist und das ist Menschenschöpfung. Unsere Grenze."[38]

„Ich werde ... ohne unseren Strom nicht zurechtkommen können."

Erich Spinti (1909-1942) hat sich als Schüler Rudolf Jahns' bezeichnet und stand wohl auch in einer schülerhaften Beziehung zu ihm; aber Jahns wollte diese Rolle nicht gefallen. Der als Sohn eines Lehrers in Holzminden geborene Spinti hatte früh seine Neigung zum Zeichnen entdeckt und 1929 bis 1932 die Kunstgewerbeschule in Braunschweig besucht. Sein Drängen zu hoher Kunst jedoch wurde hier nicht erfüllt, und diesem Suchen gab Spinti in seiner Holzmindener Einsamkeit Raum, wo er kubistisch und konstruktivistisch experimentierte und sich dabei immer auch an Rudolf Jahns orientierte.

1941 wurde er zur Deutschen Wehrmacht eingezogen und starb während des Rußland-Feldzuges 1942 im Alter von nur 33 Jahren. Die etwa einhundert hinterlassenen Arbeiten zeigen einen Suchenden, der aus fremden Sprachen eine eigene zu formen begann, aber sie zeigen auch seine Unselbständigkeit, weil ihm das Ziel oft wichtiger war als der Weg. Rudolf Jahns berichtete, er sei hin und wieder zu ihm ins Atelier gekommen, um Arbeiten vorzulegen und die Methoden der Abstraktion und Bildkon-

Karl Hoffmann, Weserbergland, Öl/Leinwand, um 1950

struktion verstehen zu lernen. Dazu Jahns 1938: „Ich glaube nicht, dass Spinti jemals Besonderes zu sagen und zu malen haben wird. Sein Wesen ist klein, zaghaft, weder gut noch böse. Es fehlt ihm die Form. Sein Urteil ist manchmal mangelhaft. Und trotzdem lasse ich ihn nicht fallen ... Es ist nötig, von Zeit zu Zeit wirklich – und nicht nur brieflich – über meine Bilder und Absichten sprechen zu können. Und da ist Spinti – trotz der anfangs geschilderten Eigenschaften – der einzige, mit dem ich das kann.“[39]

Nach dem Tode Spintis reiste Jahns mit dessen Vater nach Stettin, um den Nachlaß zu übernehmen, „eine schmerzliche Aufgabe“[40] Von dort hatte Spinti immer wieder Briefe voller Sehnsucht und Heimweh an die Eltern gesandt: „Stettin habe ich satt, ganz Pommern habe ich dick ... Ich werde ohne unsere Berge und Wälder, ohne unseren Strom nicht zurechtkommen können. Da hilft nun alles nichts!“[41]

„Korrespondenzen zwischen Geist und Natur“

Als sich die Kunst nach 1900 immer stärker vom Naturbild löste, ging allmählich die Anschauung als Grundlage und Konsens für künstlerisches Handeln verloren. Eine Vielzahl von Tendenzen trat an die Stelle einer in der Generation der um 1870 Geborenen noch spürbaren Geschlossenheit der künstlerischen Haltung. Das Naturbild wurde durch die Intensität des inneren Lebens ersetzt, nämlich eines Subjektes, das die Erfahrung des Weltkrieges verinnerlicht hatte. Davon zu abstrahieren, konnte nach 1918 kaum noch gelingen, und die Kunst wurde zum leidenschaftlichen Instrument einer neuen Sinnstiftung, mit der die Krise der Endzeiterfahrung überwunden werden sollte. Die nach 1925 verbreitete „Neue Sachlichkeit“ suchte noch einmal zur Naturverbindlichkeit zurückzukehren, aber die Seele in den Bildern war erkaltet, und die Welt glich einem Stilleben. Die Kunst der um 1900 Geborenen konnte von den Dramen und von der Tragik der Geschichte nicht absehen, das Weltgefüge war ins Wanken geraten, die Kunst konnte das nicht heilen – aber mit ihren Mitteln spiegeln. Nicht mit Resignation, mit Preisgabe aller Visionen und Hoffnungen ist das Generationsgefühl in den zwanziger Jahren zu umschreiben, sondern mit der Begründung einer neuen Wirklichkeitserfahrung, um ein neues und positives Verhältnis zur Welt zu finden. Die alten Ismen lieferten dazu kein Rezept, lediglich Hilfestellung. Und so knüpfte man an den Expressionismus an und suchte ihn mit einer neuen Naturerfahrung zu verbinden.

Ein bescheidenes und doch überzeugendes Beispiel für die Spannweite des Nachexpressionismus und die veränderte Naturerfahrung gibt die verschollene jüdische Malerin *Dora Bromberger* (1881-1942). Aus ihrer Heimatstadt Bremen war sie 1912 nach München gezogen, um hier bei dem Maler Hermann Groeber eine außerordentlich solide künstlerische Ausbildung zu erfahren. 1913

Erich Spinti, Rauchende Schiffe unter Brücken, Öl/Hartfaserplatte, 1940, Stadtmuseum Holzminden

Erich Spinti, Landschaft im Wesertal bei Corvey, Öl/Pappe, 1931, Stadtmuseum Holzminden

reiste sie nach Paris und arbeitete im Atelier von Paul Serusier und Maurice Denis, die „den Ursprung der Künste in den Empfindungen und Korrespondenzen zwischen Geist und Natur“[42] sahen und durch ihre großformatige, plakative Malerei der Kunst neue Wege zu einer formalen Vereinfachung zeigten. 1914 kehrte Dora Bromberger nach München zurück, lebte als freie Malerin und nahm mit ihren zarten und spielerisch-dekorativen Landschaftsbildern regelmäßig an den Ausstellungen der Münchner Sezession teil. Finanzielle Schwierigkeiten und eine unvermindert starke Beziehung zu ihrem Bremer Elternhaus bewegten sie schließlich zur Rückkehr in die Hansestadt, wo sie auch in den Jahren ihrer Abwesenheit regelmäßig ausgestellt hatte. 1922 fand eine Ausstellung ihrer Aquarelle große Anerkennung: „Trotz der auffallenden Betonung geometrischer Formen bleiben sie flüssig und wirken insbesondere farbig in ihrer Gesamtheit außerordentlich reich und geschmackvoll.“[43]

Die Lichtheit ihrer Arbeit und der hier gepriesene Reichtum an Farben verlor sich im Verlauf der dreißiger Jahre, die Zahl der antisemitischen Übergriffe in Bremen hatte seit 1923 beständig zugenommen. Dora Brombergers jüdische Abstammung trat in den Vordergrund, die Malerin durfte nach Übernahme der Macht durch die NSDAP nicht mehr öffentlich ausstellen und keines ihrer Werke verkaufen. Einen Aufenthalt 1936 in der Schweiz nutzte sie trotz wohlmeinendem Rat nicht zur Emigration, sondern kehrte in die Heimatstadt zurück. Seit 1939 bemalte Dora Bromberger, die ihre freie Arbeit längst hatte beenden müssen, zeitweise Porzellan und Lampenschirme, womit sie notdürftig ihren Lebensunterhalt bestritt. Im Oktober 1941 wurden die Bremer Juden in den Osten deportiert. Zuvor hatten sie schriftlich erklären müssen, ein „Feind der deutschen Regierung“ und „staatenlos“ zu sein. Vor ihrem Abtransport verschenkte die Malerin ihre noch verbliebenen Arbeiten an Freunde. Ihr Tod im Zusammenhang mit der Liquidation von 10 000 Juden in Minsk ist auf den 28. Juli 1942 festgelegt worden. „Es ist ... mit größter Wahrscheinlichkeit anzunehmen, daß sie in einem der Vernichtungslager im Osten ums Leben gekommen ist.“[44]

Die Aquarelle sind Ausdruck ihrer künstlerischen Resignation und Einsamkeit zu Beginn der dreißiger Jahre. Sie spiegeln behutsam die von zunehmender Tragik überschattete Situaton einer Künstlerin, welche, durch die politischen Umstände gezwungen, ihre vielversprechende Karriere als Malerin beenden und sich auf kleinformatige Monologe beschränken mußte. Die vormalige Kühnheit ihrer Farb- und Formgebung, die sich selbstbewußt an die malerische Kultur der Franzosen anlehnte, wurde immer weiter zurückgenommen, bis die Schwermut ihre Wahrnehmung lenkte und sich ihr Blick auf ein bescheidenes Stück Weserufer beschränkte. Die stumpf gewordenen

Dora Bromberger, An der Weser in Farge, Aquarell, um 1930

Hans Düne, Weserbogen bei Hameln, Aquarell, um 1950

Felix Meseck, An der Weser bei Lüchtringen, Aquarell, 1947

und tonig dunklen Farben ihrer späten Werke vermitteln nur eine dürftige Vorstellung vom einstigen Farbvolumen ihrer Malerei.

„Es geht so ziemlich kümmerlich"

Im Jahr 1955 starb in Holzminden der Maler *Felix Meseck* (1883-1955), ein damals so gut wie vergessener Vertreter des Expressionismus der zwanziger Jahre, der nach Verlust seines gesamten künstlerischen Besitzes während des Weltkrieges ins Weserbergland floh. Er begann als Schüler des deutschen Spätimpressionismus und studierte nach der Jahrhundertwende an den Akademien in Berlin und Königsberg. Im Umkreis der Berliner Sezession machte er sich einen Namen und hatte nach 1914 erste große Erfolge mit Zyklen illustrativer Radierungen – wie fünfzehn Blätter zu Goethes „Faust" oder sieben Arbeiten „Biblische Frauen" –, die er in Berlin publizierte. Der Erste Weltkrieg, den er als einfacher Soldat erlebte, führte zu einer sichtbaren Wandlung seines bildnerischen Ausdrucks. „Das kräftige Hell-Dunkel der frühen Blätter mit einer fast barocken Körperlichkeit des Bildinhalts weicht nunmehr einer asketischen Formensprache, die in klaren Linien und strenger Stilisierung den neuen Themen die adäquate künstlerische Form verleiht."[45]

Seine Themen wurden zeitbezogener, Meseck behandelte das soziale Elend, „Jammer – Das große Leid", „Totenklage" und „Neue Hoffnungen", verlor aber nicht die Beziehung zur Literatur. In späten Jahren erinnerte er sich: „Meine Fruchtbarkeit in den Jahren 1919 bis 1924 war groß. Einzelblätter, Mappen und Illustrationen zu bedeutenden Dichtungen, besonders der Romantik, entstanden, fanden reichen Absatz, weite Verbreitung und machten meinen Namen im In- und Ausland bekannt."[46]

1924 erhielt Meseck einen Ruf zum Professor an die Weimarer Akademie. In seinem Werk zeigten sich Tendenzen der „Neuen Sachlichkeit", seine Landschaften wurden flächiger, ruhiger, verloren ihre expressive Spannung. 1926 erfuhr seine Arbeit folgende Würdigung:

„Ohne in schematischer Weise rubrizieren zu wollen, darf gesagt werden, daß sich in Meseck die fruchtbaren Kräfte unserer beiden künstlerischen Hauptströmungen glücklich vereinigen: über die artistisch-impressionistische Malkultur, in der er uns den Gegenstand bringt, hinaus sucht er eine psychologische Durchdringung und Vergeistigung zu erreichen, die durch seine Mitteilungsfähigkeit besonders lebendig und echt wirkt, eine Gabe, die ihn aus dem Schatten vieler Expressionisten heraushebt."[47]

Im Jahr 1930 wurde Meseck vom neu berufenen Direktor der Weimarer Akademie, dem Nationalsozialisten Paul Schulze-Naumburg, aus dem Amt entlassen. Vergeblich hoffte er auf eine neue Festeinstellung. Schließlich kehrte er in seine Geburtsstadt Danzig zurück, um sie bald darauf wieder zu verlassen. „Nach der Flucht aus Danzig gelangte ich über Thüringen ins Weserbergland. Rückschau ist unfruchtbar. Der neuen Lage galt es sich anzupassen. Die Voraussetzung zur künstlerischen Bewältigung des Themas, hier einer schönen Landschaft, waren gegeben."[48]

Mit seiner spätromantischen Seele versenkte sich Felix Meseck in die Landschaften längs der Weser, die er auch bei hellem Sonnenschein als Spiegel seiner künstlerischen Einsamkeit und Melancholie darstellte. Die ruhigen Panoramen mit den immer wieder einzeln aufragenden Bäumen und ihrer gebrochenen Farbigkeit dokumentieren das Schicksal eines um Kontinuität der eigenen Entwicklung betrogenen Künstlers, der nach der geschichtlichen Katastrophe einen späten Neuanfang suchte und dem es doch nicht gelang, von der Leiderfahrung loszukommen.

Auf kleineren Ausstellungen in Hameln und Holzminden konnte er 1949 erstmals wieder Bilder verkaufen, eine Graphikausstellung im Gustav-Lübcke-Museum in Hamm gab ihm 1950 Auftrieb. In Holzminden litt er unter der Enge der provisorischen Wohnung. Im Juni 1951 bezog er endlich ein neues Domizil. „Es geht so ziemlich kümmerlich, elend schlackert man sich so durch, oft aber, wenn man dabei ist zu verzweifeln, schickt einem der liebe Gott, der sich vielleicht doch um den armen Maler kümmern mag, eine Hilfe. So ist es jetzt, gleich auch stei-

Felix Meseck, Blick auf Corvey, Öl/Pappe, um 1948, Herzog von Ratibor, Schloß Corvey

gen die Wünsche auf, die wollen befriedigt sein, und dann steht wieder der leidige Notstand drohend an der Ecke. Solange man hat, freut man sich."[49]

Am kulturellen Leben der Region aber nahm Meseck Anteil. Er befreundete sich mit Kollegen wie Rudolf Jahns und gründete in Holzminden den Künstlerbund „Der Strom", der im „Kunstkreis Holzminden" heute noch weiterbesteht. Krankheit überschattete die späten Jahre, wiederholte Krankenhaus- und Kuraufenthalte suchten seine Herzschwäche zu lindern. Der Tod seiner Ehefrau im Januar 1954 brach seinen Lebensmut. „Mein Zustand ist leidlich, mäßig, mies, manchmal auch besser."[50]

Am 17. Juni 1955 starb Felix Meseck im Alter von 72 Jahren. Paul Fechter würdigte in einem Nachruf die Einheit von Maler und Werk: „Was er als Mensch war, erlebt man vor seinen Landschaften, in denen Realität und Vorherrschaft des Gefühls um den Ausgleich ringen, der das Werk erfüllt und trägt. Meseck war kein Porträtist des Draußen; die Landschaft enthüllte ihm, was an Vision und Gestalt in ihr war – ihr farbiges Abbild übertrug er in die Welt seiner leichten, gedämpften Melancholie, die für ihn und sein Leben das eigentlich Bestimmende war. Er hat im Süden gemalt und in den letzten Jahren, seit er aus der östlichen Heimat geflüchtet in Holzminden an der Weser hauste, sehr schöne Sollinglandschaften geschaffen."[51]

„Es geht ja nicht um die Malerei als Selbstzweck"

Ein anderes Beispiel einer durch den Zweiten Weltkrieg beeinträchtigten Karriere ist der in Verden geborene *Hans Meyboden* (1901-1965). Er war 1914 nach Bremen gezogen und besuchte dort das Gymnasium. 1919 ging er an die Kunstakademie nach Dresden, hier wurde er Meisterschüler Oskar Kokoschkas. 1925 ließ er sich als freier Maler in Berlin nieder, wo er regelmäßig auf der „Juryfreien Kunstschau" vertreten war und an den Ausstellungen der Preußischen Akademie der Künste teilnahm. Ab 1929 leitete er ein Meisteratelier an der Berliner Akademie. 1933 suspendierten ihn die Nazis und er siedelte nach Fischerhude über. 1940 erhielt der Maler, der aufgrund einer Tuberkulose vom Kriegsdienst freigestellt war, Ausstellungsverbot. Das Kriegsende erlebte er in einer Lungenheilanstalt in Davos, 1946 kehrte er nach Fischerhude zurück. Seine nun beginnende zweite malerische Phase ist durch einen flächigen Bildaufbau und eine kontrastreichere Farbigkeit gekennzeichnet. Formale Vereinfachung und farbige Intensivierung sind auch bei Meyboden gleichlaufende Prozesse, die sich zu einer ihm unverwechselbar ge-

Hans Meyboden, Blick von der Stephanibrücke auf die Weserburg in Bremen, Öl/Leinwand

wordenen Bildsprache verdichteten. Im Grunde schöpfen Werke wie Meybodens „Blick von der Stephanibrücke auf die Weserburg in Bremen" aus den Erfahrungen der klassischen Moderne, die sie nicht wiederholen und nicht zu Ende bringen, sondern sie in eigener Weise zu einem prägnanten und neuartigen Ausdruck bringen. Denn, so der Maler in einer persönlichen Aufzeichnung, „es geht ja nicht um die Malerei als Selbstzweck, sondern um das Suchen nach der Wahrheit, die wir in Dokumenten spiegeln möchten. Das ist das Kriterium von aller Kunst, daß in ihr die Wahrheit inkarniert ist. Diese kann auch im Bild, wie an jeder anderen Stelle, wo sie ihr Haupt erhebt, nicht bewiesen, sondern nur erlebt werden."[52]

Der in Kiel geborene *Erhart Mitzlaff* (1916-1991) war als Architekturstudent der Technischen Hochschule Mannheim im Jahr 1940 erstmals zu einem längeren Genesungsurlaub nach Fischerhude gekommen und begann hier zu malen. Nach Ende des Weltkrieges ließ er sich dort nieder und widmete sich fortan ganz der Malerei, wobei die enge Freundschaft zu Hans Meyboden eine wichtige Quelle der Inspiration und malerischen Orientierung wurde. Die Formenarchitektur der Bilder Meybodens hat Mitzlaff weiter in den Bereich des Gegenstandslosen hineingeführt. An einem Motiv wie dem winterlichen Hafen in Bremen entwickelt er formale Strukturen als ein ästhetisches Ordnungssystem, das den visuellen Natureindruck nur noch wie eine Erinnerung spiegelt. Der malerische Prozeß hat zu einer eigenen Dramaturgie gefunden, das Auge erschließt das Bild als autonomen Raum der nur noch von Ferne gegenständlichen Formen, die bei näherem Hinsehen als ein abstraktes Gebilde erscheinen. Die Vorliebe des gelernten Architekten galt der Stadtlandschaft, die er menschenleer schilderte, als ein Gewebe aus organisch anmutenden Formen und Zeichen, als eine „rhythmische Schwankung zwischen gegenständlicher Nähe und gegenständlichem Abstandnehmen."[53]

„Die Magie des Inneren und Verborgenen"

Hans Pluquet (1903-1981) beschrieb in seinem Werk eine sehr ähnliche Bewegung, basierend auf einer Verbindung von freier und angewandter Kunst. Im ostpreußischen Wertheim geboren, studierte er zunächst an der Kunstakademie Königsberg, anschließend in Breslau bei Otto Mueller und Alexander Kanoldt. 1928 zog er nach

Hans Pluquet, Segelhafen, Farbholzschnitt, 1956

Erhart Mitzlaff, Winterlicher Hafen in Bremen, Öl/Leinwand, um 1955

Norddeutschland, hatte 1930 in Hamburg seine erste Ausstellung und wirkte als Zeichner und Illustrator. Der Zweite Weltkrieg unterbrach seine Entwicklung, und erst 1951 gelang ihm in Bremen ein Neuanfang. Nahezu alle bis dahin entstandenen Arbeiten waren im Krieg verloren gegangen oder zerstört worden. In der zu neuem wirtschaftlichen Leben erblühenden Hansestadt erhielt Pluquet eine Reihe von öffentlichen Aufträgen zur Wand- und Fassadengestaltung, die er zu einem Teil in Keramik ausführte. Zwischen Illustration und Abstraktion bildet seine Arbeit eine eigentümliche Mitte, und zwischen seinen feinen, die Karikatur streifenden Federzeichnungen vom Milieu in St. Pauli Ende der zwanziger Jahre und den Flächendekorationen der späten Zeit besteht der Zusammenhalt in der linearen Gestaltung, die hier wie dort die Fläche gliedert. Seine Fähigkeit zu subtilem Flächendekor kommt auch in seinen Farbholzschnitten zum Ausdruck, die vermehrt in den fünfziger Jahren entstanden und vielfach Szenen aus dem Bremer Hafen oder Ansichten der Hansestadt zum Gegenstand haben. Pluquet setzt die Sujets aus mehreren, übereinandergedruckten Platten zusammen, die in ihrer verhaltenen Farbigkeit ein harmonisches Klangbild erzeugen, das das Gerüst der in Holz geschnittenen Formen unterfängt und trägt. Auch die Leere der Fläche wird zum Gestaltungselement seiner Weseransichten, die nicht nur die formalen Strukturen eines Motivs analysieren, sondern auch der Bewegung auf dem Wasser und des Wassers selbst zu entsprechen suchen. Seine Holzschnitte gehen derart spielerisch mit dem Gegenständlichen um, daß sie es als dekoratives Flächenelement gebrauchen und damit ins Abstrakte übersetzen, ein Verfahren, das in der Kunst der fünfziger Jahre als Gestaltungsmittel auffällig wird.

Es ging „Pluquet nicht einfach darum, eine gefällige Außenwelt nachzubilden. Als ausgesprochener Individualist ist er empfänglich für die Magie des Inneren und Verborgenen. Wo er das Wesen der Dinge in Vereinfachungen und Reflexionen tiefer zu enthüllen sucht, spürt man sein ehrliches Ringen um die Materie, um Inhalt und Form. In diesem Bemühen gewann sein künstlerisches Bewußtsein viele neue Dimensionen. Ob als Illustrator literarischer

Hans Pluquet, Weserhafen, Farbholzschnitt, 1956

Werke oder als Bildner der äußeren, wie der transportierten inneren Wirklichkeit, stets offenbaren sich bei ihm neben einer vorzüglichen Beherrschung des Handwerks persönliche Handschrift und Begabung so wie Begnadung zum Schöpferischen.“[54] In diesem bildgewordenen Diskurs von innerer und äußerer Wirklichkeit, von Maler und Thema ist ein Grundzug der Kunst der zweiten Hälfte des 20. Jahrhunderts beschrieben, deren Entwicklung nach 1945 allgemein mit starken Vorbehalten gegen jedwedes Gegenständliche begann. Das Ende einer Tradition der Landschaftsmalerei schien darin besiegelt, aber dieses En-

Hans Pluquet, Weserhafen, Entwurf Wandbild, 1956

de war nur vorläufiger Art. Sofern Kunst die Bedingungen des individuellen und sozialen Lebens reflektiert, ist der natürliche Lebensraum „Landschaft“ immer ein behandelnswertes Thema. Und in der Tat: in den siebziger Jahren setzt jene Wiedererweckung der Landschaftsmalerei ein, die nicht zu einer Wiederholung tradierter Formen führte, sondern auf der Grundlage der Postmoderne alle Stile der klassischen Moderne vereinnahmte, um daraus etwas Zeitgemäßes zu formulieren. Eines der wichtigen Kriterien zur Näherung an diese neue Kunst ist die Bereitschaft, die Welt des Bildes als eine autonome Welt anzuerkennen, in der das schöpferische Individuum eine eigene Sprache in Form von Zeichen erschafft, die nicht unmittelbar Bedeutung tragen, sondern deren Verbindungen und Verflechtungen innerhalb des Bildes wie eine Chiffre gelesen werden können. „Wir können uns doch nicht“, schrieb der 1932 geborene Maler Gerhard Richter, „auf das Bild von Wirklichkeit verlassen, das wir sehen: denn wir sehen es doch nur, wie es uns unser Linsenapparat Auge zufällig vermittelt, plus den sonstigen Erfahrungen, die dieses Bild korrigieren. Und weil das eben nicht ausreicht, weil wir neugierig sind, ob das alles nicht ganz anders sein kann, malen wir.“

„An der Quelle der Inspiration, d.h. inmitten der Landschaft“

Malerei also spiegelt nicht mehr die Welt als die beste aller möglichen, sondern sie setzt ihrerseits eine andere, eine begründete und eine persönliche Wahrheit hinzu. Diese zu zeigen, braucht einen Gegenstand, aber es braucht ihn nicht notwendig: das Thema kann auch aus den Mitteln der Malerei, aus Farbe und Form selbst hervorkommen und ohne Reflexionen auf natürliche Gegenstände behandelt werden. Die Natur ist nicht mehr einfach sinnlich zu bejahen, sie ist zu gestört, zu unnatürlich geworden. Und wer heute als Maler wie *Wolfgang Heinrich* (geb. 1928) dem Geheimnis des Landschaftlichen an der Weser auf die Spur zu kommen sucht, der unternimmt diese Reise eben nicht nur mit den Augen, sondern auch in Kenntnis der malerischen Zusammenhänge dieses Jahrhunderts, die die Methoden der Kunst weit auffächerten, ohne das Mysterium der Verbindung zwischen Maler und Motiv ganz ausgeschöpft zu haben. Wolfgang Heinrich über seine Arbeit: „Bei der Wiedergabe von Eindrücken geht es mir um das Herausheben des Wesentlichen … Mir geht es vor allem um die Reinheit und Transparenz der Aquarellfarben, wobei ich aus den Originalfarben immer neue, der Stimmung angemessene Töne mische. Manchmal arbeite ich nach Skizzen im Atelier. Hier sind die technischen Bedingungen zweifellos günstiger. Ich glaube aber, daß ich an der Quelle der Inspiration, das heißt inmitten der Landschaft, glaubwürdigere Bilder malen kann.“[55]

Hans Pluquet, Brautbrücke in Bremen, Farbholzschnitt, 1956

„Die eigene, unverwechselbare Form“

Im Jahr 1972 schuf der aus München stammende *Josef Apportin* (geb. 1922) das Temperabild „An der Weser“ als eine ins Abstrakte weisende Ordnung von farbigen Bildelementen, die keiner unmittelbaren Anschauung einer Landschaft entsprechen, aber doch um nichts weniger wahr sind als ein der Bild der Natur; eher erscheint Apportins Arbeit wie eine Improvisation, aber aus beherrschten Zeichen, die sich nicht in einem Willkürakt verbinden, sondern sich aus der Dynamik eines eigenen Formprozesses heraus entwickeln. Das Werk mag ein Ausdruck sein für die neue Erfahrung des Sehens innerhalb einer Generation, die mit der Bildsprache der klassischen Moderne aufgewachsen ist und deren Positionen zum Ausgang für eine neue, eigene Sprache der Kunst nehmen. Zugleich ist hier die aus der Abstraktion begonnene Rückkehr in die Wirklichkeit angezeigt, die in den beiden nachfolgenden Jahrzehnten eine Renaissance des Landschaftlichen in der Malerei ankündigt.

Josef Apportin suchte in seinen zwischen Abstraktion und gegenständlichem Formgefühl eingebundenen Bildern

Rudolf Koch, Weserschleife bei der Porta Westfalica,
Öl/Leinwand, um 1930, Museum Minden

Wolfgang Heinrich, An der oberen Weser, Aquarell, 1998

Josef Apportin, An der Weser,
Eitempera/Papier, 1972

„nach dem eigenen Ausdruck, die eigene, unverwechselbare Form, seine Zeit, wie er sie erlebte, darzustellen. Was ihn faszinierte: Bewegung – und fast schon zwanghaft: das starre Bild aufzulösen, zu verändern, Bewegung ins tradierte Tableau und seine zweidimensionale Starre zu bringen – Bewegung umzusetzen – bis zu den kinetischen Experimenten, mit denen er sich lange befaßte und die ihn schließlich zu seinen Meditationsbildern führten. Hier endlich fand er sein Medium sich auszudrücken – seine Welt zu beschreiben und sichtbar zu machen.“[56]

Der 1947 in Leer geborene und in Kassel und im norditalienischen Grizzana-Morandi lebende *Johann Rosenboom* hat seinerseits als Maler zu einem eigenen Dialog mit der Landschaft gefunden, entwickelt über einen malerischen Diskurs, der ebenfalls bei den Grundpositionen der klassischen Moderne seinen Ausgang nahm: einer Auflösung der Form in die Fläche, ihrer organischen Ver-

Johann Rosenboom, In der Frühe, Öl/Leinwand, 1999

netzung durch die Farben, die nicht mehr das Bild der Natur spiegeln, sondern es nach eigenen Gesetzen neu formulieren. Mit einer subtilen Sprache der Farben, die immer wieder auf große malerische Traditionen wie die der italienischen Frührenaissance zurückgreift, arbeitet Rosenboom vor dem Bild der Landschaft. Seine Weserspiegelung „In der Frühe" von 1999 zeigt eine aus der Farbe kommende Aufbereitung eines Sujets, das im Laufe wiederholter Übermalungen von einem prosaischen Abbild in ein lyrisches Klangbild verwandelt wird und das äußere Bild der Natur als Anstoß zu dieser autonomen Sprachschöpfung zurückläßt. Die Details verlieren in dem Flächenverbund des Bildes ihre Eigenständigkeit, das Zeichnerische, das dem Bild vorausläuft, wird allmählich ganz durch Farbe substituiert, die, in transparenten oder deckenden Schichten übereinandergelegt, die Wirkung eines Flächenreliefs annimmt. Die Konzentration des Malers teilt sich dem Sujet mit, welches hier ins Meditative hinüberzugleiten beginnt.

In solchen Verfahren hat die zeitgenössische Kunst auch zur Freilichtmalerei zurückgefunden, von der die gesamte Entwicklung der Moderne in der Malerei im späten 19. Jahrhundert einmal ihren Ausgang nahm. Rosenbooms malerische Etüden sind immer auch zugleich Reflexionen über die Geschichte der bildenden Kunst, die sie mitberühren, ohne die malerische Haltung gegenüber dem Thema, in diesem Fall der oberen Weser bei Hilwartshau-

Ronald Franke, Weserbergland, Öl/Papier/Leinwand, 1998

sen, zu verlieren und nichts als ein Bild zu geben, das aus den unendlichen Möglichkeiten eine als unabweisbar neu gewinnt: als eine unabhängige Schöpfung von großer innerer Stimmigkeit, als notwendige Ordnung einer bisher unbekannten Harmonie.

„Von Dunst, Nebel und Regen und den Lichtern am Ufer"

Zu Beginn der achtziger Jahre zeigte der 1960 in Bonn geborene und in Köln lebende Maler *Ronald Franke* erstmals öffentlich eine Reihe von Arbeiten, die zum Thema Landschaft in Italien während eines Stipendienaufenthaltes entstanden waren. Die 60 Blätter dokumentierten in ihrer Skizzenhaftigkeit auf ungewöhnliche Weise die Flüchtigkeit des heutigen Landschafterlebens, und sie waren in der Tat alle während einer Zugfahrt durch Italien entstanden. Diese Aquarelle wurden der Ausgang einer intensiven Auseinandersetzung mit dem Thema, speziell mit den Flußlandschaften entlang von Rhein, Mosel, Donau und Weser. „Aus der Perspektive des Schiffers, der Fahrtgeschwindigkeit und Bewegung des Schiffes angepaßt, vermittelt er mit seinen Bildern die Atmosphäre und Dichte der Flußlandschaften, die Nuancen von Morgen- und Abendlicht, von Dunst, Nebel und Regen und den Lichtern am Ufer."[57]

Den Arbeiten auf Papier folgten Serien großformatiger Schleusenbilder, in denen das Monumentale der Technik das Landschaftliche überwog und erdrückte. „Die Landschaft ist ausgesperrt, dem Blick verwehrt durch Mauern, die die nassen Gewalten trennen. Desto wichtiger wird der Himmel, seine Spiegelungen auf dem Wassr und dem feuchten Gemäuer."[58]

Im Jahr 1990 begann Frankes Beschäftigung mit der Weser, von der Unterweser aus, als er dank Unterstützung des Freundeskreises Paul Ernst Wilke e.V. in Bremerhaven ein Stipendium erhielt und aus dem kleinen Atelier des Kollegen heraus eine ideale Kulisse für Studien angeboten bekam, die wiederum zu einer Reihe großformatiger Panoramen führte. Immer ist es die Technik, die dem natürlichen Raum eine Ordnung vermittelt, seine Natürlichkeit aber zugleich durchbricht. Zwischen Romantisierung und Dämonisierung wagen seine Bilder eine schwierige, aber immer beherrschte und damit gelungene Balance, bei der sich der Maler auf die Sicherheit seiner Farbsetzung verläßt. „Es sind nicht die Farben selbst, sondern die Farbvaleurs in ihren chromatischen Abstufungen, die mehr das Ahnende als Festgefügtes einer Landschaft bestimmen und die Schatten einer sanften Melancholie auf die Bilder werfen."[59]

Über die Unterweser ist Ronald Franke zum Oberlauf der Weser gekommen, seine Reise im Vorfeld der Ausstellung, die dieses Buch begleitet, führte ihn 1998 ins Weserbergland, wo die abgebildeten Sequenzen seiner Weseransicht vor der Natur enstanden sind. In einen grauen Raum gebettet liegt das helle Band des Stromes, der in seiner Reflektion des wolkenverhangenen Himmels die Skala der fahlen Farben um eine lichte Nuance erweitert. In diesem schmalen Spektrum aus Grau- und Brauntönen bewegt sich der Maler mit großer Sicherheit und einer Kraft,

Ronald Franke, Weserbergland,
Öl/Papier/Leinwand, 1998

die den bildnerischen Möglichkeiten, welche unvermindert in dem Thema Weserlandschaft stecken, eine eigene und unverwechselbare hinzugefügt hat.

„Die Leere wird zum Motiv"

Die Schwierigkeit der künstlerischen Entwicklung besteht eben darin, auf einem scheinbar ausgeschöpften Terrain von Möglichkeiten neue, individuelle und zeitgemäße Formen des Ausdrucks zu finden. Eine liegt im Problem der Analyse der Wahrnehmung und wurde im Kontext der Umweltbewegung in den siebziger Jahren bedeutsam. Die Problematik einer technisierten Umwelt wird nicht nur ins Bild der Natur hineinprojiziert, auch die technischen Medien der Wirklichkeitsaneignung werden am Bild der Landschaft erprobt. Der aus Polen stammende *Bogdan Hoffmann* (geb. 1957), in den achtziger Jahren Student an der Hochschule der Künste in Bremen, hat sich als Graphiker im Zyklus „Unterweser" des Flusses angenommen und ist zu seinem Chronisten geworden. Sein Verfahren der Reduktion der Industrielandschaften der Unterweser ist Ergebnis eines aufwendigen Prozesses. Hoffmann fotografierte vom Schiff aus die Panoramen der Weser mit ihren gedehnten Ufern und einer spärlichen Architektur, setzte anschließend die Fotografien zu Aquarellen und Drucken um, in denen er die wesentlichen Strukturen des Unterlaufs der Weser erfaßt und auf eine sparsame Anzahl grafischer Linien und Flächen beschränkt.

„Wie in den früher entstandenen Weltkarten und Landkarten, die Wege von Polen nach Paris verzeichnen, oder auch in den Stadtplänen, in denen sich die grafische Struktur der Straßen mit dem Wirrwarr der Häuser verzahnt, so überlappen in den ... Aquarellen, Holzschnitten und Radierungen die Landschaftsskizzen eine eigenhändig nachgedruckte Topographie weserabwärts von Schwa-

Bogdan Hoffmann, Unterweser III,
Holzdruck auf Chinapapier, 1997

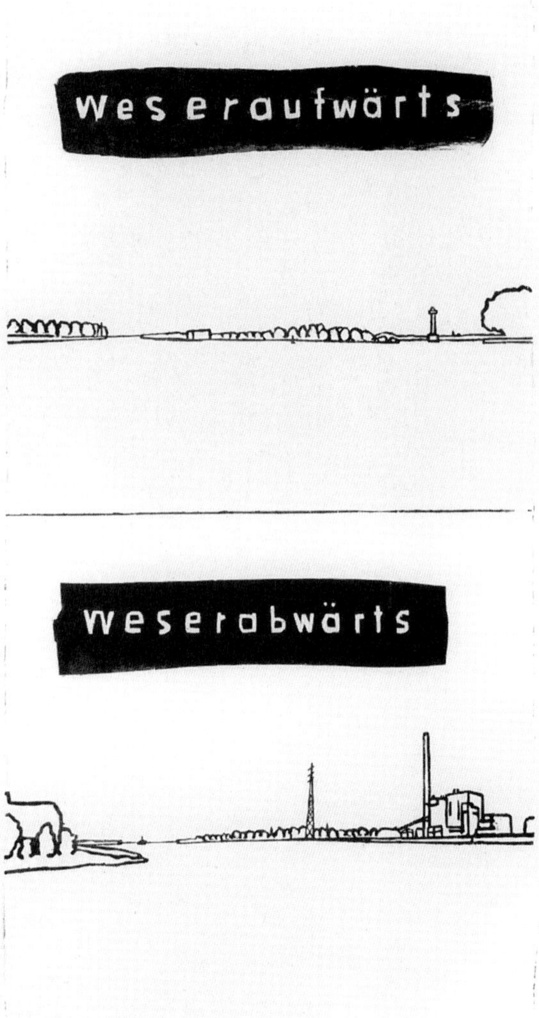

Bogdan Hoffmann, weseraufwärts – weserabwärts, Holzdruck auf Chinapapier, 1993

newede nach Nordenham."[60] Die Weserlandschaft hat hier jede pittoreske Gestalt verloren, sie ist ein Zeichen geworden, lesbar wie ein Hinweisschild, Ausdruck der Leere und Distanz zwischen der industrialisierten Welt und der naturnahen Landschaft dieses Stromes, der zwei Jahrhunderte hindurch die künstlerischen Emotionen bewegte. „So leer wie in Hoffmanns Graphiken ist die Landschaft nie, und spätestens dort trennen sich Motiv und Darstellung. Die Leere wird zum Motiv."[61]

„Und doch bleibt es der Fluß"

Diese Leere mit neuem Sinn zu füllen, die Erfahrung der Landschaft in die Erfahrung der eigenen Persönlichkeit zu überführen, das ist einer der schmalen Grate der künstlerischen Entwicklung. Damit verbunden ist der Versuch, aus der Selbstisolation künstlerischer Existenz auszubrechen, aus den Monologen der eigenen Arbeit in ein neues substantielles Verhältnis zur Wirklichkeit zurückzufinden. Die abstrakten Sprachmuster, die daraus erwachsen können, scheinen jede Verbindung zum Raum der eigenen Erfahrung preiszugeben, aber genau darin steckt die Irritation: Die Charakterisierung einer landschaftlichen Situation oder einer subjektiven Verbindung zur Landschaft braucht nicht das konkrete Bild, sondern es genügt eine über Formen und Farben vermittelte Assoziation, die prägnant eben das Wesentliche zu zeigen vermag.

Die Amerikanerin *Margaret Kelley* (geb. 1954) hat sich auf unorthodoxe Weise der Landschaft genähert, die in ihrem Werk eine essentielle Rolle spielt, seit sie in Europa lebt und arbeitet. 1979 erhielt sie in Los Angeles ein Stipendium für ein Studium an der Münchner Akademie und hatte zwischen den beiden Kulturen, die ihre Biographie miteinander in Verbindung brachte, nun einen Standpunkt einzunehmen oder zu entwickeln. Die Ordnung der süddeutschen Landschaft gab ihr Muster vor, die als Strukturen in ihren Bildern wiederkehrten, ohne daß die Bilder jemals das Gesehene zeigen. Lediglich die Erfahrung von Landschaften teilt sich in den großformatigen Gemälden mit, die ihr Werk in den 80er Jahren beherrschen. In diesen Arbeiten, organisch anmutenden Farbfeldern, die miteinander kommunizieren oder sich ausgrenzen, fand auch ihre eigene Situation Ausdruck, in einem Zustand zwischen Chaos und Ordnung, Stabilität und Fließen, Rhythmus und Schwere. Und eigentümlicherweise gab ihr das Wasser der Isar zuerst ein Bild für diese schwer in einen Begriff zu fassende Situation: „Das Wasser der Isar erneuert sich ständig als flüssiges Medium, aber nicht weniger in seiner Beziehung zum Ufer. Und doch bleibt es der Fluß. Er mag ruhig erscheinen und hat doch starke Unterströmungen. Er mag im Frühling rauschen und toben und die Ufer überschwemmen oder verrinnen, in der Hitze des Sommers austrocknen und bleibt doch praktisch immer die Isar."[62]

Das Chaos lichtete sich zur Ordnung, und über die Erfahrung des Flusses bildete sich ihre künstlerische Sprache mit eindringlichen Verwebungen von Formen reiner Farbe, in der Dehnung und Verdichtung, deren Konzentration und Auflösung. Sie scheint sich in ihrer Arbeit sehr weit von den Gegenständen entfernt zu haben, aber die Räume in ihren Bildern bleiben plastisch, und ihre Zeichen drücken immer etwas aus, was mit ihrer inneren Natur, aber auch mit der Welt der Dinge notwendig zusammenhängt.

Margaret Kelley über ihre Arbeit: „Ich drücke niemals mein Gefühl über Punkt A oder B aus, über diese Landschaft oder jene Person, sondern vielmehr über beide gemeinsam und die Energie, Spannung und das Gefühl

Margaret Kelley, Past the Water, Öl/Collage/Holz, 1999

der Bewegung zwischen beiden nach vorn oder zurück, freiwillig und manchmal unfreiwillig."

Seit Ende der achtziger Jahre lebt und arbeitet Margaret Kelley in Bremen in Nähe der Weser, die auf eine geheimnisvolle Weise durch viele ihrer Arbeiten hindurchscheint: als eine große Metapher für die komplexe Situation des Lebens, das sich auf keine stabile Wahrheit beziehen läßt und nur als Relativität besteht. Im ruhigen Fliessen der stets sich verändernden Weser findet die künstlerische Natur auch heute noch einen ihr angemessenen Spiegel.

Anmerkungen

1 Paula Modersohn-Becker an Otto Modersohn, Weihnachten 1900

2 Herbert Klingst, Das Brot der Zeichenlehrer. In: Adolfinum, 14. Jg., Bückeburg 1964, S. 50

3 Karl Andreas Frölich, Beschreibung der westphälischen Pforte mit einigen Ideen und Nachrichten von dem Ursprung und der jetzigen Beschaffenheit des umliegenden Landes, besonders in geologischer und mineralogischer Hinsicht, Bückeburg 1797, S. 47

4 Ebd., S. 3 f.

5 Zitiert nach: Paul Kretschmer, Die Weser – Solling – Stadt Holzminden – wie sie wurde, was sie ist, Holzminden 1981, S. 308

6 L. Krüger, „Über die Notwendigkeiten von Arbeitsanstalten mit besonderer Beziehung der Wesergegend": In: Braunschweigisches Magazin, 4.6.1831

7 Forstsekretär Schulze, „Holzhandel im Weserdistricte". In: Braunschweiger Magazin, 3.5.1834

8 Fritz Mackensen an Otto Modersohn, 17.8.1887. Zitiert nach: Otto Modersohn – Das Frühwerk 1884-1889, München 1989, S. 127
9 Fritz Mackensen, zitiert in: Niedersächsische Tageszeitung (Hannover), 8.4.1936
10 Fritz Mackensen, Gerd Klindworth. Betas Sohn, Bad Rothenfelde 1947, S. 166
11 Bernhard Flemes, Eine Weserfahrt von Münden nach Hameln. In: Niedersachsen, 11. Jg., 1905/06, S. 273
12 Bernhard Flemes, Juniabend an der Weser. In: Niedersachsen, 11. Jg., 1905/06, S. 291
13 Friedrich Düsel, Franz Hoffmann-Fallersleben. In: Niedersachen, 16. Jg., 1910/11, S. 270
14 Adolf Reuter, Hans Joachim Hoffmann-Fallersleben. In: Ders., Hoffmann von Fallersleben. Gedenkbuch, Höxter 1925
15 Gustav Hecht in einer Mappe von Reproduktionen und Exlibris zur Erinnerung an Paul Stölting (Privatdruck), Holzminden 1921
16 Diese und weitere Zitate von Viebrock entnommen aus: Bernd Küster, Johann Viebrock, Lilienthal 1991
17 Sitzungsprotokoll der Städtischen Kollegien Hameln, 4. Juli 1919, Stadtarchiv Hameln
18 Otto Ubbelohde an den Hamelner Bürgermeister Bock, 30.10. 1919, Stadtarchiv Hameln
19 Bürgermeister Bock an Otto Ubbelohde, 30.10.1919, Stadtarchiv Hameln
20 Friedrich Schreiber, Curt Sauermilch zum Gedächtnis. In: Jahrbuch für den Landkreis Holzminden, Nr. 1/1983, S. 1
21 Paul Kretschmer, Die Weser, S. 498
22 Louis Gofflot, Souvenirs de Holzminden, 1918. Stadtarchiv Holzminden
23 Eduard Scotland an Ludwig Roselius, 30.5.1916
24 Dieses und die folgende Zitate entnommen aus: Dorothy von Hülsen, Leonhard Sandrock 1867-1945. Galerie pro Art, Verden o.J.
25 Rudolf Alexander Schröder, Toni Elster. In: Niedersachsen, 30. Jg., März 1925, S. 162 f.
26 Ebd., S.163
27 Willy Menz, zitiert nach: Weser-Kurier (Bremen), 16.1.1960
28 S. D. Gallwitz, Der Maler Walter Bertelsmann. In: Niedersachsen, 35. Jg., Februar 1930, S. 63
29 Hans Ludwig Fischer-Nienburg, zitiert nach: Katalog Fischer-Nienburg Retrospektive, Nienburg 1992, S. 18
30 Ebd., S. 27
31 Thomas Gatter, „... aus dem Ich überzeuge ich die Welt.“ In: Katalog Fischer-Nienburg, S. 30
32 Ebd.
33 D. Gadesmann/F. Krahé, Ernst Thoms – Bilder aus Nienburger Privatbesitz, Nienburg 1981, S. 5
34 Wolfgang Schlüter, Kraft des Wahrhaftigen. In: Norddeutsche Zeitung, 25.1.1957
35 Werner Schumann, Rudolf Jahns (= Niedersächsische Künstler der Gegenwart, Bd. 9), Göttingen 1966, S. 20
36 Rudolf Jahns, Malen ist leben (Tagebücher, Briefe, Texte), Münster 1989, S. 35 (Eintrag vom 31.8.1921)
37 Ebd., S. 38 (Eintrag vom 10.2.1922)
38 Ebd., S. 71 (Eintrag vom 18.7.1925)
39 R. Jahns an Walter Wilhelm, 7.7.1938. Rudolf Jahns-Stiftung, Detmold
40 R. Jahns an W. Wilhelm, 23.11.1943. Rudolf Jahns-Stiftung, Detmold
41 Erich Spinti an die Eltern, Marwitz, 9.10.1941. Kopie in: Privatarchiv B. Küster, Rastede
42 Zitiert nach einer Ausstellungsbesprechung in: Kunst-aktuell, Nr.1/1995, S. 34
43 Bremer Nachrichten, 31.5.1922
44 Rolf Rübsam, Die Brombergers. Schicksal einer Künstlerfamilie, Bremen 1992, S. 135
45 In: Katalog Felix Meseck, Museum Höxter-Corvey 1987, S. 5
46 Felix Meseck. In: Unser Danzig, 7. Jg., Nr. 9, September 1955, S. 10
47 Cornelius Müller, Felix Meseck. In: Hellweg (Essen), Nr. 6/ 1926
48 Ebd.
49 Felix Meseck, 16.6.1951. In: Katalog Höxter-Corvey, S. 26
50 Felix Meseck, 20.12.1954. Ebd., S. 28
51 Paul Fechter, Ein Erbe des Impressionismus. Zum Tode von Felix Meseck. In: Berliner Tagesspiegel, 24.6.1955
52 Zitiert nach: Hans Meyboden 1901-1965. Gemälde und Graphik, Kornwestheim 1992, S. 23
53 So Günter Busch anläßlich einer Ausstellung Erhart Mitzlaffs 1973 in der Kunsthalle Bremen, Typoskript
54 Hermann Faltus, Bremen, 15.10.1966, Typoskript
55 Wolfgang Heinrich, Das Weserbergland. Eine Region in Aquarellen (Mit Texten von Dieter Alfter), Hameln 1997, S. 11
56 Richard Peter in: Stationen eines Weges. Retrospektive Josef Apportin 1947-1992, o.O. (Hameln) 1992, S. 4
57 Frank Günter Zehnder in: R. Franke, Fluß- und Hafenlandschaften. Katalog Schiffahrtsmuseum Bremerhaven 1990, S. 3
58 Ebd.
59 Konrad Hommbach in: Ebd., S. 5
60 Inken Steen, Der Künstler als Kartograph. Bogdan Hoffmanns „Unterweser“. In: Weser-Kurier (Bremen), 23.12.1997
61 Arie Hartog in: Bogdan Hoffmann.Unterweser. Katalog Bremen 1998
62 So Margaret Kelley im Katalog ihrer Ausstellung in der Kunsthalle Wilhelmshaven 1992, S. 9

An der Oberweser bei Höxter

Bei Fürstenberg

Höxter

Weserpartie bei Polle

Fähre bei Brevörde

Felsen über der Steinmühle

Blick auf Dölme

An der Porta Westfalica

Bei Rinteln

Weserkähne bei Rinteln

Bei Nienburg

Dagmar Koopmann

Märchen und Mythen an Ober- und Unterweser im 19. und 20. Jahrhundert

Das Erzählen und Überliefern von Märchen hat an der Weser eine lange Tradition. In alter Zeit, als die Welt der Bauern und Handwerker noch überschaubar und aufgeschlossen war für Kobolde und Geister, die in der Natur ihr Unwesen trieben und die Phantasie der Menschen anregten, konnten sich zahlreiche Legenden entwickeln. Bücher waren damals mehr zum Vorlesen in den wenigen Mußestunden nach Feierabend gedacht, denn zum Lesen im stillen Kämmerlein. Eine große Anzahl von Zuhörern – zumeist Analphabeten – erzählte das Gehörte oft genug weiter. Mündliche und schriftliche Überlieferung vermischten sich zunehmend – ein Prozeß, der bis weit in die Gegenwart hineinreicht.

Seit dem Ende des 17. Jahrhunderts, als der Franzose Charles Perrault (1628-1703) das Volksmärchen literaturfähig machte, hat es Dichter, Leser und Forscher gleichermaßen beschäftigt, ja fasziniert. Beeinflußt von der französischen galanten und moralisierenden Dichtung, beginnt auch das deutsche Rokoko, sich „märchenhafter" Stoffe anzunehmen: Johann Karl August Musäus (1735-1787) gibt seine „Volksmärchen der Deutschen" heraus, Christoph Martin Wieland (1733-1813) schreibt Märchenepen; auch Goethe (1749-1832) gefällt sich als Verfasser von Dichtungen mit märchenhaften Zügen. Vollends zur Epoche des aus dem Volksmärchen hervorgegangenen Kunstmärchens aber wird die bis in die 1830er Jahre hineinreichende Romantik. Ihr verdanken wir die Sammlung der „Kinder- und Hausmärchen"[1] der Brüder Grimm, die uns auch für das Gebiet der Weser, besonders deren Oberlauf, interessieren werden und die in der Nachfolge der Liedersammlung „Des Knaben Wunderhorn" (1805 und 1808) von Achim von Arnim (1781-1831) und Clemens Brentano (1778-1857) entstanden sind. Hinzu trat das große Interesse der Grimms an allen Lebensäußerungen des sogenannten „einfachen Volkes" in Glaube, Sitte, Brauchtum, Recht, Kultur und Sprache[2], was nirgends besser zum Ausdruck kam, als in den unzähligen Volksmärchen und Legenden. Neben den Grimms betätigten sich auch zwei uns heute weniger bekannte Männer als Märchensammler im Wesergebiet: Theodor Colshorn (1821-1896) zeichnete als Hannoveraner Lehrer gemeinsam mit seinem Bruder Sagen und Märchen im Hannoverschen auf und versäumte dabei nicht, die Fundorte zu vermerken. Adalbert Kuhn (1812-1881) trug als angehender Sprachwissenschaftler auf Wanderungen durch Norddeutschland und Westfalen Volksüberlieferungen zusammen. Auch der dichtende Maler Wilhelm Busch (1832-1908) spürte in den Jahren 1853/54 in Wiedensahl Volksmärchen und -erzählungen[3] nach, ebenso wie der vorpommersche Maler Philipp Otto Runge (1777-1810), der die beiden niederdeutschen Märchen „Von dem Fischer un syner Fru" und „Von dem Machandelboom" um 1806 in Norddeutschland aufschrieb. Beide sind später von den Grimms in ihre „Kinder- und Hausmärchen" aufgenommen worden.

Wilhelm und Jakob Grimm, Lithographie nach einer Zeichnung von Ludwig Grimm aus dem Jahre 1829

Die gebürtigen Hanauer Jakob (1785-1863) und Wilhelm Grimm (1786-1859) waren mit der ehemaligen Residenzstadt Stadt Kassel und ihrem Umland auf das engste verbunden. Mehr als dreißig Jahre ihres Lebens verbrachten sie hier u.a. als Bibliothekare in der Kurfürstlichen Bibliothek. Dem waldreichen Gebiet Nordhessens, aber auch den Aufenthalten vor allem Wilhelm Grimms bei der freiherrlichen Familie von Haxthausen auf Schloß Bökerhof im ostwestfälischen Bökendorf (Kreis Höxter) verdankten sie fruchtbare Anregungen und lernten Erzählungen des Volkes (plattdeutsche Märchen aus dem Fürstentum Paderborn) kennen, die vor allem in den 1815 erschienenen zweiten Band der „Kinder- und Hausmärchen" eingeflossen sind. Wenn auch nach dem heutigen Stand der Forschung die Grimmschen Märchen und Sagen viel eher aus bürgerlichen Kreisen, denn „aus dem Volke" stammten, so ist doch als deren bekannteste Beiträgerin die Gastwirtstochter Dorothea Viehmann (1755-1815), die alte Viehmännin, aus dem Dorf (Nieder-)Zwehren bei Kassel zu nennen.[4] Ähnlich bedeutend ist der sogenannte Bökendorfer Kreis um den Freiherrn August von Haxthausen (1792-1866) und seine Verwandtschaft, zu der auch die Dichterin Annette von Droste-Hülshoff (1797-1848) gehörte. Immerhin stammen 33 von den insgesamt 70 Märchen des zweiten Bandes aus den Quellen des Bökendorfer Romantiker-Kreises; wobei aus einem Brief Wilhelms an seinen Bruder Jakob Grimm hervorgeht, daß die Droste-Hülshoff die größte Kenntnis an Volksüberlieferungen besaß. Ohne ihre Mithilfe hätte der letzte Band Märchensammlungen wohl eine andere Gestalt gehabt. Nicht zuletzt steuerten die Bökendorfer, ebenso wie Freunde aus dem Hannoverschen, diverse Märchen aus dem Weserland bei.

Überhaupt sind die Brüder Grimm, bedingt durch eine gewisse „angeborene" Scheu im persönlichen Umgang mit fremden Menschen, entgegen landläufiger Meinung keineswegs märchensammelnd über Land gezogen. Vielmehr kamen die Märchenbeiträger, darunter manch sprachgewandte, gebildete junge Dame aus gutbürgerlichem Hause[5], zu ihnen.

Daß die Sammlungen der Brüder Grimm eine leichte Tendenz zum Kunstmärchen besitzen, ist vor allem Wilhelm Grimm zu verdanken, der federführend sowohl bei der Herausgabe des zweiten Bandes als auch bei der Gestaltung späterer Auflagen gewesen ist. Dabei ging er sehr frei mit dem Urstoff um, den er nach seinem künstlerischen Empfinden stilisierte und so das „Buchmärchen" schuf, ein gewissermaßen gehobenes Volksmärchen, das sich dennoch deutlich vom dem frei fabulierenden „Kunstmärchen" der anderen Romantiker unterscheidet. Zudem kombinierten beide Grimms oft mehrere Märchenvarianten und wählten die ihnen am meisten zusagenden Episoden und Wesensmerkmale danach aus, ob

Die Figur des „Doktor Eisenbart" vor dem Haus Lange Straße 34 in Hannoversch Münden

sie ihrem poetischen Sinn und pädagogischen Bewußtsein entsprachen.[6] Generell sind die erzieherische Absicht und der moralisierende Hintergrund der Märchen ein Ausdruck der Zeit. Romantik wie auch Biedermeier suchten Empfindungsweisen zu erzeugen, die sich in pädagogisch sinnvolle Bahnen lenken ließen.

Am Zusammenfluß von Werra und Fulda in Hannoversch Münden begegnet uns sogleich eine der bekanntesten Gestalten aus der Welt der Sagen und Legenden: Doktor Eisenbart. Obgleich eine historisch belegte Figur[7], klingt sein Lebenslauf derart sagenhaft, daß man ihn im Laufe der Jahrhunderte gern in das Reich der Legenden verwies bzw. den Anstrich einer Sagenfigur gegeben hat. Die Geschichte von „Doktor Eisenbart" taucht nicht in

Wilhelm M. Busch, Dornröschen, Illustration zu dem Märchen der Brüder Grimm, Federzeichnung, 1948

den Sammlungen der Brüder Grimm auf, sondern ist über die Jahrhunderte hinweg weitergegeben und irgendwann einmal in Versform aufgeschrieben worden.[8] Auslösendes Moment zur Stilisierung Eisenbarts als sagenumwobenem Wundarzt sind wohl seine unkonventionellen, zuweilen grotesken Heilmethoden gewesen, die man mit der Zeit immer ein wenig mehr ausschmückte. Als ein charakteristisches Beispiel sei folgender Vers aus dem „Eisenbart-Lied" zitiert: „Zu Wimpfen accouchierte (= entbinden) ich / ein Kind zur Welt gar meisterlich. / Dem Kind zerbrach ich sanft das G'nick, / die Mutter starb zum grossen Glück."[9] Die Biographie eines mehr oder weniger gewöhnlichen Wundheilers entwickelte sich so zu der Geschichte eines bösartigen und misanthropischen Scharlatans und Quacksalbers.

Für Hannoversch Münden ist uns eine Sage zur Stadtgründung überliefert, die sich vor weit über tausend Jahren zugetragen haben soll. Zwei Ritter passierten die reizvolle Gegend um Werra und Fulda und kamen an die Stelle ihres Zusammenflusses, dem Entstehungsort der Weser. Weil es ihnen dort so gut gefiel, „bauten (sie) nun in brüderlicher Einigkeit eine Stadt und nannten sie 'Mün und Dün', woraus später das geläufigere (Hannoversch) Münden entstand." [10]

In Reinhardshagen, gelegen zwischen Reinhardswald und Bramwald, begegnen wir der „Sage vom Reinhardswald". Graf Reinhard, ein Adeliger des 13. Jahrhunderts und besessener Spieler, verlor im Würfelspiel stets gegen seinen Gegner, den Bischof von Paderborn, zu guter Letzt auch seine ganze Grafschaft, die sich zwischen Weser und Diemel erstreckte. Nicht auf den Mund gefallen, rang er dem Gewinner jedoch noch eine letzte Aussaat und Ernte ab: Er ließ die Dörfer niederbrennen und alles umpflügen, um Eicheln und Bucheckern zu säen, so daß im darauffolgenden Frühjahr die jungen Bäumchen das Land talauf und talab begrünten. Im Herbst konnte er dem Bischof weismachen, daß seine Ernte noch nicht so weit sei, er sich deshalb noch etwas gedulden müsse. „Er ist wohl darüber gestorben, denn noch immer rauschen die Eichen und Buchen im Reinhardswald."[11] Die List rettete Graf Reinhard das Land.

Auf der rechten Flußseite liegt auf einer steil zur Weser hin abfallenden Bergnase die Ruine der Bramburg, die, einst zum Schutz des nahen Klosters Bursfelde erbaut, der Landgraf von Thüringen bereits 1458 zerstörte. Vor langer Zeit hauste hier der gefürchtete Raubritter von Stockhausen, der unter dem Wasser des Weserstromes eine Kette mit einer Klingel hatte ziehen lassen, um die vorbeifahrenden Schiffe leichter anhalten und ausrauben zu können. Als eine Prinzessin aus Münden anläßlich einer Wallfahrt nach Corvey auf der Weser überfallen wurde, schwor der in Münden residierende Herzog Rache und belagerte die Bramburg mit seinen Truppen. Kein männliches Wesen sollte lebend aus der Burg herauskommen. Die Burgfrau bat um Gnade, und sie durfte mit dem die Burg verlassen, was sie in ihrer Schürze tragen könne und sich am Fuße des Berges wieder ein Haus bauen, das nur von einer Hecke, nicht aber einer Mauer umgeben

Wilhelm M. Busch, Dornröschen, Illustration zu dem Märchen der Brüder Grimm, Federzeichnung, 1948

sein sollte. Die Frau packte ihren einzigen kleinen Sohn in die Schürze, was den Herzog so zu Tränen rührte, daß er auch dem Raubritter das Leben schenkte, ihn aber zu Münden gefangen hielt. Die Burgfrau aber ließ sich einen Hof mit einem Hagen (einer Hecke) errichten. „Als der Bau fertig war, sagte sie: 'Dat sal mek en lewe hagen sin'."[12] So erhielt das Dorf Lewenhagen, durch Lautverschiebung heutzutage auf Karten als Löwenhagen zu finden, seinen Namen.

In der Nähe der Bramburg wird auch das Märchen „Die drei Rehe"[13] angesiedelt. Ein Forstgehilfe aus der Umgebung wollte einst drei Rehe erlegen, die, immer um Mitternacht aus dem Wald kommend, die Fluten der Weser durchschwammen, um in Richtung der Sababurg den Blicken zu entschwinden. Als er sich des nachts auf die Lauer legte, fiel er just in dem Augenblick in eine Art Betäubung, als er schießen wollte. Wie durch einen Schleier sah er statt der Rehe drei wunderschöne Fräulein vor sich. Am nächsten Mittag fand man ihn nahe der alten Burg an einen Eichenbaum gelehnt, das Gewehr noch im Anschlag, und konnte ihn nur sehr mühsam wieder aus dem Schlaf erwecken. Natürlich zeigte er künftig keine Lust mehr, die drei Rehe zu jagen – und so sollen sie bis heute nachts den Weserstrom durchqueren.

Wir folgen den drei Rehen auf die andere Weserseite zur Sababurg, in das einstige Jagdschloß der hessischen Landgrafen, wo sich eines der bekanntesten Märchen der Brüder Grimm zugetragen haben soll: „Dornröschen"[14]. Die heute mit ihrem Kanzleigebäude als Hotel und Restaurant dienende, im Kern aus dem 14. Jahrhundert stammende, wuchtige Burganlage gilt landläufig als Urbild des „Dornröschenschlosses". Dornröschen, das wunderschöne einzige Kind eines spät – nach Prophezeiung eines Frosches – zu Vater- und Mutterfreuden gekommenen Königspaares, sollte sich nach der Verwünschung einer nicht zum Feste der Geburt geladenen Fee an ihrem fünfzehnten Geburtstag mit einer Spindel stechen und in einen hundertjährigen Schlaf fallen. Entgegen aller Vorsichtsmaßnahmen ging der Zauberspruch in Erfüllung. Nur einem Königssohn sollte es glücken, die dichte und haushohe Dornenhecke, die die Burg umschloß, zu überwinden und Dornröschen und das ganze Schloß zum Leben zu erwecken.

Von der Sababurg den Berg hinunter Richtung Weser erreicht man die Gemeinde Oberweser mit dem Ortsteil Gieselwerder, dem Schauplatz der gleichnamigen Sage[15], die beschreibt, wie der Ort sowie die umliegenden Burgen zu ihren Namen gekommen sind: Ein Riese auf der Krukenburg bei Bad Karlshafen hatte sechs Töchter; sie hießen Bramba (Bramburg), Saba (Sababurg) und Trendula (Trendelburg), Giesela, die sich bei einem Abendspaziergang ob der Schönheit der Gegend die Stelle des heutigen Gieselwerder für ihre Burg aussuchte, Lippolda, die

Wilhelm M. Busch, Der Fährmann, Federzeichnung, 1948

das heutige Lippoldsberg zu ihrem Wohnsitz erkor, und Drenta, mit der die Sage leider nichts zu verbinden weiß. Giesela, die Menschenfreundin und Herzensgute, wünschte sich eine Stätte des Segens für die Menschen, und so entwickelte sich in Gieselwerder gegenüber den anderen Orten an der Oberweser eine überaus reiche Gewerbetätigkeit.

Der Legende nach soll Lippoldsberg, heute Teil der Gemeinde Wahlsburg, auf der rechten Weserseite kurz vor Bodenfelde gelegen, noch einen zweiten Namensgeber haben: Luitpold, den Erzbischof von Mainz.[16] Als französische Mönche aus Corbie das Kloster Corvey gründeten, standen sich hier, an der Mündung der Schwülme in die Weser, die Heere der Franken und Sachsen gegenüber, wobei Bischof Gerold von Mainz von einem vornehmen Sachsen getötet wurde. Nachdem auch der Sachse, mit Hilfe einer List in die Mitte des Stromes gelockt, durch das Schwert des Bischofssohnes gestorben war, erhob sich ein fürchterlicher Kampf, den die Sachsen verloren. Sein Namensvetter Luitpold, ein späterer Bischof von Mainz, ließ an dieser Stelle zum Gedenken an seinen Vorgänger eine hölzerne Kapelle errichten und gründete das Dorf.

Ebenso soll sich hier die Geschichte der wundersamen Einkehr des Landgrafen von Hessen in das nahe gelegene Fährhaus zugetragen haben. Der Landgraf war einst auf dem Reichstag mit dem jungen Kaiser in einen Streit geraten, infolgedessen er diesem eine Ohrfeige verabreichte. Der Kaiser ließ ihn dafür gefangennehmen und zu Wien in einen Turm sperren, wo der Landgraf zwei Jahre verbrachte, bis ihm der Teufel in Gestalt eines Mannes erschien. Dieser wollte ihn, nach dem Versprechen, die Hexenverfolgung und -verbrennung in Hessen zu be-

Wilhelm M. Busch, Illustration zu „Münchhausens Abenteuern", aquarellierte Federzeichnung, um 1952

enden, zu dem Fährhaus bei Lippoldsberg bringen. Und so erhob sich der Teufel in die Lüfte, flog mit dem Landgrafen über Kassel nach Lippoldsberg, wo ihn der Fährmann mit Namen Westphal – nicht ahnend, mit wem er es zu tun hatte – in sein Haus aufnahm und ihm Speis und Trank reichte. Unterkunft für die Nacht wollte er ihm aber nicht geben. Doch der mitleidige Sohn des Fährmannes richtete ihm ein Nachtlager auf dem Heuboden des Hauses unter der Bedingung, daß er des morgens zur rechten Zeit verschwände, damit man ihn nicht entdecke. Am anderen Morgen aber stand über der Tür geschrieben: „In dieser Nacht hat hier der Landgraf von Hessen geschlafen".[17] Nach drei Tagen wurden Vater und Sohn nach Kassel gerufen, wo ihnen der Landesfürst in demselben Aufzug entgegentrat, wie in Lippoldsberg. „Daß der Alte ihn nicht habe im Hause behalten wollen, sei ganz recht gewesen, weil es ja verboten gewesen sei; dafür aber, daß er ihm zu essen gegeben habe, solle er und seine Nachkommen die Fähre ohne Pacht haben, solange der Namen Westphal bestehe."[18]

Den Flecken Bodenfelde verbindet der Volksmund mit der Geschichte eines sagenhaften Fährmannes[19], dem einst ein Zwerg einen guten Fährlohn versprach, wenn er ihn einen ganzen Vormittag lang zwischen beiden Weserufern hin- und herfahre. Der Lohn entpuppte sich als eine Anzahl Pferdeäpfel, die der Fährmann aber – bis auf einen einzigen, den er übersehen hatte – voller Wut in den Fluß warf. Der Apfel verwandelte sich in pures Silber, woraufhin der Mann in der Weser nach dem verschmähten Schatz suchte, ihn aber nicht mehr finden konnte.[20]

Die Abhänge des Sollings am rechten Weserufer im Blick, erreicht man nach einer starken Krümmung des Flusses Bad Karlshafen, wo die Diemel in die Weser mündet. Auch um diese barocke Badestadt, gerade noch auf hessischem Gebiet im Dreiländereck Hessen, Nordrhein-Westfalen und Niedersachsen gelegen, und ihre Entstehung rankt sich eine Geschichte, in der sich Historisches mit Sagenhaftem vermischt.[21] Landgraf Karl von Hessen-Kassel plante um die Wende vom 17. zum 18. Jahrhundert, den Nachbarort Helmarshausen zu einem Hafen- und Handelsplatz auszubauen. Die Bürger aber waren nicht bereit, ihre Gärten für die Ansiedlung von Glaubensflüchtlingen (Hugenotten und Waldenser) herzugeben. Zornig ordnete der Landgraf daraufhin die Gründung einer Stadt direkt unter Helmarshausen und der Krukenburg an. Um den hannoverschen Zoll- und Stapelplatz in Münden zu umgehen, ließ er zudem den Bau eines Kanals von der Weser bis nach Kassel in Angriff nehmen, der jedoch in den Anfängen stecken blieb. Das erste Haus soll genau im Jahr 1700 an der Stelle entstanden sein, wo Karl einen Eber erlegt hatte. Ein Vierteljahrhundert später nannte man den bisher nach einer altgermanischen Fliehburg „Sieburg" benannten Ort um in Karlshafen. Die architektonische Klarheit der auf dem Reißbrett angelegten Innenstadt mit dem Rathaus und dem stillen Hafenbecken als markantem Mittelpunkt hat sich bis heute erhalten.

Zwischen dem hessischen Karlshafen und dem ostwestfälischen Beverungen im Landkreis Höxter liegen das Kloster und der kleine Ort Herstelle. Nach alter Überlieferung soll hier Kaiser Karl der Große, ähnlich wie Kaiser Friedrich Barbarossa im Kyffhäuser am Harz, samt seinem siegreichen Heer[22] in einem Berg wohnen und nach tausend Jahren wieder erscheinen. Ein Schweinehirt will den greisen Kaiser einmal gesehen haben, als er nach einem Schwein suchte und dabei in die Höhle geriet. Kaiser Karl soll dort „im tiefen Nachdenken (sitzen), einen Schreibgriffel an der Hand, vor einer steinernen Tafel, um die der Bart dreimal herumgewachsen ist"[23]. Zweifellos entspricht diese Darstellung des Frankenherrschers der Kyffhäuser-Sage.

Über Lauenförde gelangt man in den bekannten Porzellanort Fürstenberg. Aus Kaiser Napoleons Zeiten hat sich hier eine Geschichte überliefert. Jérôme Bonaparte, König von Westfalen, trat auf einem Ausflug nach Fürstenberg höchstpersönlich das Tor zum Schloß ein, als sich partout kein Schlüssel finden wollte. Aus Wut über den peinlichen Vorfall mißhandelte der Direktor der Porzellanmanufaktur den buckligen Inspektor Lungershausen vor den Augen des Königspaares. Jérôme soll den Armen durch seinen eigenen Leibmedikus verarztet haben lassen.[24]

Vorbei an der schönen alten Fachwerkstadt Höxter und dem sich anschließenden Kloster Corvey kommt man schon bald in das niedersächsische Holzminden. Die Stadt ist Schauplatz einer Geistergeschichte aus alter Zeit, in der ein reicher, hartherziger Bauer um seine Grabesruhe gebracht wird. Er hatte einst eine arme alte Tagelöhnerin betrogen, so daß sie ihn bis in alle Ewigkeit verfluchte. Nach seinem Tode spukte er in seinem Anwesen herum, das die Leute bald mieden. In ihrer Verzweiflung rief die Familie des Verstorbenen nach einem katholischen Geistlichen, der den bösen Geist in eine Flasche bannte und ihn in einen Sumpf bei Polle versenkte. Seitdem soll es in und um Holzminden nie wieder gespukt haben.

Allerorten im Weserbergland erzählt man sich von Riesen, die Burgen zerstörten und gewaltige Steinblöcke bewegten. Im Landkreis Holzminden rankt sich eine solche Sage um die sogenannte Steinmühle zwischen Polle und Bodenwerder. Danach geriet ein Hüne von der Hämelschenburg, der eine Mühle sein eigen nannte, mit seinem Nachbarn von der Weser, der ein Backhaus besaß, in Streit um die wechselseitige Nutzung. Wutentbrannt zielte er mit seinem Speer auf den Konkurrenten, verfehlte diesen und bohrte dabei nahe der Ortschaft Ottenstein ein Loch in einen Felssturz über dem Fluß. Ein klarer Bergquell trat daraus hervor, an dem der Weserhüne seine eigene Mühle errichten konnte, die „Steinmühle".[25]

In Bodenwerder begegnet uns der legendäre „Lügenbaron" Freiherr Karl Friedrich Hieronymus von Münchhausen (1720-1797), der hier in einem heute als Rathaus dienenden Gebäude das Licht der Welt erblickte. Die mehr oder weniger erfundenen Geschichten[26], die der große Fabulierer Münchhausen gerne in seinem 1763 erbauten, an einem Berghang gelegenen Gartenpavillon zum besten gab, erschienen noch zu seinen Lebzeiten in England[27]. Nur wenig später brachte Gottfried August Bürger (1747-1794) die Lügengeschichten in einer Art Rückübertragung aus dem Englischen unter dem Titel „Wunderbare Reisen zu Wasser und zu Lande, Feldzüge und lustige Abenteuer des Freiherrn von Münchhausen" auch in Deutschland heraus. Geschrieben im volkstümlichen Stil, einer mündlichen Erzählung nicht unähnlich, fügte Bürger neun Geschichten eigener Erfindung hinzu. Das Original, wie auch Bürgers Ausgabe, erschien anonym. Eine der geläufigsten Geschichten ist wohl jene von dem mär-

Wilhelm M. Busch, Illustration zu „Münchhausens Abenteuern", aquarellierte Federzeichnung, um 1952

chenhaften Ritt auf der Kanonenkugel, hinreichend bekannt aus dem Film „Münchhausen" aus dem Jahr 1942, dem Jubiläumsfilm der Ufa, mit Hans Albers als Hauptdarsteller.[28] Das Grab des Lügenbarons befindet sich in der 1046 geweihten Klosterkirche von Kemnade, unweit Bodenwerders.

„Der Rattenfänger zu Hameln"[29] ist eine der bekanntesten Sagen, die die Brüder Grimm in ihre Sammlung aufnahmen. Er war eines Tages in der Stadt Hameln erschienen, um sie von ihrer großen Ratten- und Mäuseplage zu befreien. Da er aber um den versprochenen Lohn betrogen wurde, sann er auf Rache, kehrte am Tag der Sommersonnenwende in Gestalt eines sonderbar anmutenden Jägers in die Stadt zurück und lockte mit seinem betörenden Flötenspiel, das schon die Ratten und Mäuse verzaubert hatte, die Kinder, die man nie wieder sah, aus der Stadt. Der Rattenfänger ähnelt in seiner Beschreibung als wunderlicher Mann mit einem Rock aus vielfarbigem, bunten Tuch stark dem Bild, das allgemein von der Figur des Till Eulenspiegel gezeichnet wird. Auch in dieser Sage

Rinteln, kolorierte Lithographie
von L. Niebour, 1845

steckt ein wahrer Kern: Demnach sollen im Jahr 1284 wirklich an die 130 Kinder aus Hameln verschwunden sein. Es gibt heute zwei Theorien, die das seltsame Verschwinden zu erklären suchen: Die eine besagt, daß man die Kinder, die wohl eher schon als Jugendliche anzusehen sind, überredete, sich im Zuge der Ostkolonisation in den östlichen Gebieten niederzulassen. Die andere verweist auf den Kinderkreuzzug von 1212 oder die Schlacht bei Sedemünde im Jahr 1260.

Eine Variante des Zaubermärchens „Rumpelstilzchen", das möglicherweise auf eine Zwergensage zurückgeht, gab Theodor Colshorn unter dem Titel „Zwerg Holzrührlein Bonneführlein"[30] heraus. Aufgezeichnet in dem heute zu Hessisch-Oldendorf gehörenden Ort Weibeck an der Weser, verknüpft der Erzähler eine dörfliche Liebesgeschichte zwischen der Tochter eines Hirten und dem Sohn eines Schäfers mit dem Motiv des Erratens eines Zwergennamens, das wir aus „Rumpelstilzchen"[31], einem sehr alten Märchentypus, kennen. Wie der Schäferssohn, dem die Liebe des Mädchens gehört, wirbt auch ein häßlicher Zwerg um dessen Hand. Die Mutter des Mädchens hat die reichen Geschenke des Zwerges bereits angenommen, und er verlangt als Lohn die Tochter, es sei denn, die Mutter käme bis zum Mittag des nächsten Tages auf den Namen des Wichtes. Die Not ist groß, aber dem Liebsten der Hirtentochter gelingt es, den Zwerg in seiner Berghöhle zu belauschen und seinen Namen zu erraten. Der Heirat der beiden Liebenden steht nichts mehr im Wege.

Eine weitere Hünengeschichte soll sich nahe Rinteln bei der gegenüberliegenden Luhdener Klippe zugetragen haben. Sie berichtet von einem Riesen, der die Hünenburg unterhalb der Klippe bewohnte. Er verstand sich gut mit einem Artgenossen, der jenseits der Weser bei Hohenrade lebte. Als der Luhdener wieder einmal den Hohenrader besuchte und über den Fluß schritt, rief ihm sein Freund zu, er solle doch aufpassen, daß er sich in dem kleinen Bach, dem Weserfluß, nicht die Füße naßmache.[32] Gerade in der Gegend um Rinteln und Bückeburg, bis hin zum Steinhuder Meer, existieren viele Sagen und Geschichten, in denen die Entstehung von Orten und Landschaften mit sagenhaften Gestalten verbunden ist. Gerne wird dabei der wahrlich frappierende Größenunterschied zwischen den Riesen und der Flußlandschaft aufgezeigt.

Nahe des Kurparks von Bad Oeynhausen ist das Deutsche Märchen- und Wesersagenmuseum zu finden, in dem der Besucher Interessantes über die Sagen- und Märchenlandschaft der Weser und ihrer Quellflüsse erfahren kann. Hier ist auch die Sage um die „Leiter im Wappen der Stadt Oeynhausen"[33] dokumentiert: Dem Entdecker der Salzquelle zu Ehren, dem preußischen Bergrat Freiherr von Oeynhausen, „dessen Geschlecht auch heute noch auf der Grevenburg im Kreis Höxter zu Hause ist, hat unser Badeort nicht nur den Namen Oeynhausen angenommen, sondern auch das Wappen mit der Leiter. Und über die Entstehung dieses Wahrzeichens, das auch Schildzeichen unserer Stadt geworden ist, hat sich eine bemerkenswerte Wappensage erhalten: Im frühen Mittelalter entbrannte bekanntlich der Investiturstreit zwischen der Kirche und dem deutschen Kaiser. Infolge dieses Kampfes war der Kaiser Heinrich IV. (1056-1106) mit dem Kirchenbann belegt worden. Die Strafe lastete schwer auf ihm, denn keine Kirche, keine gastliche Türe durfte sich vor ihm öffnen. Der Herr aller Deutschen mußte heimatlos durch das Vaterland schleichen, wo er sonst mit Ehrerbietung empfangen worden war. In dieser Not gelangte der landflüchtige Monarch eines Tages vor ein Haus. Wohl war auch hier die Pforte verrammelt und verriegelt. Aber siehe da, zu seiner Freude lehnte eine Leiter einladend vor einem Fenster im Oberstock. Da rief der Kaiser freudig aus: 'O eyn Haus ist mir treu geblieben!' Hurtig erstieg er die gastlichen Sprossen und gelangte somit in das Innere. Bei der nun folgenden Tafel verlieh der Fürst seinem Wohltäter den Namen 'O eyn Haus' oder Oeynhausen, als Erinnerung an seinen Freudenruf vor der Leiter. Und außerdem setzte er diese Leiter in das Wappenschild der treuen Familie, die sich von nun ab Freiherren von Oeynhausen nennen durfte."[34]

Auch zur Entstehung der Porta Westfalica, der „Westfälischen Pforte", die das Weserbergland von der Norddeutschen Tiefebene trennt und deren Name nicht etwa römischen Ursprungs ist, sondern ein seit zweihundert Jahren geläufiger geographischer Begriff, existiert eine Sage mit dem Teufel als Hauptperson.[35] Als ihm die Bewohner des Wesertales in grauer Vorzeit nicht mehr dienen wollten, verschloß er aus Zorn die Weserschlucht bei Vlotho mit einem riesigen Damm, so daß das Wasser immer mehr anstieg. In ihrer Not flohen die Menschen auf die Berge. Ein gewaltiges Unwetter brach aus, ein Blitz spaltete das Gebirge, und es entstand eine Schlucht, durch die das Wasser abfliessen konnte. Wütend packte sich der Teufel einen Berg auf den Rücken, mit dem er die Talenge verschließen wollte, und erhob sich in die Luft. Aber die Last wurde ihm so schwer, daß er etwa an der Grenze des heutigen Lipperlandes zu Boden fiel und ihn die Felsen unter sich begruben. Noch heute soll der Teufel unter dem Felsstapel sitzen und von Zeit zu Zeit rumoren. Die Bergschlucht, die der Blitzstrahl schuf, ist die Porta Westfalica.

Rudolf Riege, Steinmühle, Farblithographie, um 1910

Rudolf Riege, Polle, Farblithographie, um 1910

Nördlich des Naturdenkmales, dort wo der Mittellandkanal die Weser kreuzt, liegt die ehemalige Hanse- und Bischofstadt Minden. Sie soll durch Kaiser Karl den Großen zu ihrem Namen gekommen sein. Nach der Bekehrung des Sachsenherzogs Wittekind zum christlichen Glauben stellte dieser seine Lieblingsburg Wisingen dem künftigen Bischof Herkumbert als Wohnsitz zur Verfügung und sprach zu Kaiser Karl: „Meine Burg Wisingen an der Weser ist reich und geräumig. Da ist wohl Platz für dich und mich. Min un Din schall de Borch sien!"[36] Woraufhin Karl zur Antwort gab: „Alsdann wollen wir sie auch nach dieser Teilung benennen: Min un Din soll sie fernerhin heißen."[37]

Zwischen Petershagen und Windheim weidete eines Tages ein Schäfer seine Herde an der Weser. In der Nacht gewahrte er im Mondlicht auf dem Fluß eine weibliche Figur, die in einer Art hölzernem Trog trieb. Als die Gestalt, eine zierliche Zwergin, nahebei an Land ging, fischte er die Molle aus dem Wasser, um sie in einer hohlen Weide zu verbergen, holte sie aber gleich darauf aus Mitleid mit der wehklagenden Frau wieder hervor. Das war zu seinem Glück – denn, als sich der Schäfer nach Weisung der Zwergin am nächsten Tag zur gleichen Stunde an derselben Stelle wieder einfand, erwartete ihn dort ein Stück feinsten Leinens, das er seiner Braut schenkte. „Und bald stellte es sich auch heraus, was es mit der Gabe auf sich hatte. Denn, so viele Tücher und Hemden sie auch immer davon herausschneidern mochte, das Dankgeschenk ... ging ihnen niemals mehr aus."[38]

Hugo Friedrich Hartmann, Die Bremer Stadtmusikanten, Federzeichnung in der „Fibel für Niedersachsen", 1910

Nienburg, früher Kreuzungspunkt wichtiger Heer- und Handelsstraßen, ist Schauplatz einer weiteren Teufelsgeschichte[39]. Die Magd eines Freisassenhofes soll eines nachts von einem Lichtschein erwacht sein, der sie glauben machte, sie habe den Sonnenaufgang verschlafen. Als sie in den Hof hinunterstieg, fand sie einen Haufen glühender Kohlen, vor dem ein großer schwarzer Pudel mit grimmig funkelnden Augen lag. Schnell lief sie mit einer Schaufel glimmender Kohlen ins Haus, um das Herdfeuer zu entzünden, aber dort angekommen, waren sie bereits erloschen. Das Geschehen wiederholte sich, und beim dritten Mal ertönte eine tiefe Stimme und bedeutete ihr, es sei nun das letzte Mal. Wieder in der Küche, schlug die Turmuhr der Stadtkirche bis zwölf – und das Kohlenfeuer und der große Hund im Hof waren verschwunden. Von Angst ergriffen, eilte die Magd in ihre Bettkammer und betete alle Gesänge her, die sie kannte. Den Morgen verschlief sie, so daß ihr Herr als Erster die Küche betrat. Er traute seinen Augen kaum, fand er doch auf dem Herd statt glühender Kohlen einen Haufen funkelnder Goldstücke vor, die ihm sehr gelegen gekommen sein sollen. Aber auch die Magd erhielt ihren gerechten Anteil an dem neu gewonnenen Reichtum.

Einem der Grafen von Hoya, die im Mittelpunkt einer weiteren Zaubersage[40] stehen, erschien des nachts ein Bergmännlein[41], das ihm eine große Belohnung versprach, sofern er in der folgenden Nacht ein Festgelage tolerieren würde, von dem aber niemand im Schloß Notiz nehmen solle. So geschah es, und am nächsten Morgen schenkte das Bergmännlein dem Grafen ein Schwert, ein Salamanderlaken und einen goldenen Ring, den ein roter Löwe zierte: Solange diese drei Dinge zusammenblieben, sollte Einigkeit in der Grafschaft Hoya bestehen. Wenn aber eines der Stücke oder alle verlorengingen, sollte die Familie das Glück verlassen. So ging es bis zur Regierung des unmündigen Grafen Jobst und seinen Brüdern, als Schwert und Salamanderlaken abhanden kamen und der Glanz der Grafschaft zu verblassen begann. Nur der goldene Ring mit dem roten Löwen war bis zum Ende der Herrschaft in Hoya zu finden – über seinen heutigen Verbleib aber ist nichts bekannt.

Wir nähern uns der alten Hansestadt Bremen, die, ein Kleinod der Weserrenaissance, sich rechts und links der Weser erstreckt und uns schon von weitem mit der markanten Silhouette ihrer beiden Domtürme grüßt. Bremen war namensgebend für das Märchen der Brüder Grimm über „Die Bremer Stadtmusikanten"[42]. Es ist so bekannt, daß auf seine inhaltliche Wiedergabe verzichtet werden kann. Allerdings haben die vier Stadtmusikanten, die ihre Reise auf der in weiten Teilen parallel zum Fluß verlaufenden „Wesertalstraße" angetreten haben sollen, die Domstadt nie erreicht, weil es ihnen im Räuberhaus zu gut gefiel. Und doch stehen sie seit den fünfziger Jahren des 20. Jahrhunderts am Rathaus zu Bremen. Gestaltet und in Bronze verewigt von dem bekannten Bildhauer Gerhard Marcks (1891-1981), sind sie einer der großen Anziehungspunkte für Touristen aus aller Welt.

Noch eine weitere Sage, die der „Gluckhenne", läßt sich mit der Stadt Bremen, genauer ihrer Gründung, verbinden. Sie hat – im Unterschied zu den „Stadtmusikanten" – einen direkten Bezug zum Weserfluß: „Über dem zweiten Bogen des Rathauses ist ein Relief, eine Gluckhenne mit ihren Küchlein[43] darstellend, angebracht. Es ist eines der Wahrzeichen der Stadt Bremen. – Wie es dazu kam, darüber berichtet die Sage folgendes: Vor Zeiten seien Menschen auf der Flucht vor ihren mächtigen und beutegierigen Nachbarn den Fluß herabgekommen. Da es schon dunkelte, suchten sie für sich und für ihre Boote eine geschützte Unterkunft für die Nacht. Aber es wurde immer später, und sie konnten keinen geeigneten Platz finden. – Da, in den letzten Strahlen der untergehenden Sonne, sahen sie eine Henne mit ihren Küchlein, die ebenfalls einen ruhigen Ort für die Nacht suchte. Sie lief einen kleinen Hügel hinauf und verschwand zwischen den hohen Heidekrautsträuchern. – Die Flüchtlinge nahmen dies als ein gutes Zeichen und schlugen auf demselben Hügel ihre Zelte auf. Aus dieser Ansiedlung entwickelte sich die Stadt Bremen, und aus Dankbarkeit setzte man der Gluckhenne mit ihren Küchlein am Rathausbogen ein Denkmal."[44]

Unter dem Titel „Hahl Awer!" ist die Geschichte von zwei Brüdern überliefert, die in Bremen ihr Glück machen wollten. Der eine verdingte sich bei einem reichen Bürger als Gärtner, heiratete bald die Tochter des alten Fährmannes am Punkendeich[45] und wurde dessen Nachfolger; der andere fing als Packknecht bei einem Kaufmann an, stieg dann zum Buchhalter auf und bekam die reiche Pflegetochter des Hauses zur Frau; später wurde er sogar zum Stadtrichter ernannt. Eines Tages gerieten die Melker vom

Stadtwerder mit dem Fährmann in Streit um den Fährpreis. Vor Gericht gab sein Bruder als Richter den Melkern recht, um nicht parteiisch zu erscheinen, was den Fährmann in so große Not stürzte, daß er seinen Bruder mit den Worten „das ungerechte Urteil wird dir auch noch im Tod keine Ruhe lassen“[46] verfluchte. Sekunden später fiel der Richter tot zu Boden, und fortan spukte sein Geist durch das große Haus und tyrannisierte die Bewohner, auch nach dem Verkauf des Hauses an fremde Leute. Man holte einen gelehrten Kapuzinermönch, der den Geist bezwang und nach dem „Schwarzen Meer“ und der „Pauliner Marsch“ – zwei Straßen- bzw. Bezirksnamen in Bremen – verbannte. Nicht eher solle er zurückkommen dürfen, bis er nicht den Sumpf mit einem Sieb ausgeschöpft und das Gras auf der Wiese bis zum letzten Halm gezählt habe. – „Da sich nun niemand mehr auf die Pauliner Marsch getraute und er [der Richter] ja in die Stadt der Bedingung wegen nicht rückkehren konnte, versuchte er nach dem Werder auszuweichen. Als der Bruder Fährmann am Morgen sein Schiff betrat, um die Melker überzusetzen, stand unter ihnen mit abgewandtem Gesicht ein prächtig angezogener Mann. Und als er drüben angekommen war und das Fährgeld heischte, raffte sich jener Mann empor, schoß jäh an ihm vorüber und rief aus: Der letzte Mann bezahlt die Fähr! Da erkannte der Fährmann, wen er übergesetzt hatte und die Melker schrien, er möge sie um Gotteswillen gleich wieder zurückführen. Der Bruder Richter aber übte nun hier seine Neckereien und Quälereien, wie vordem auf der Pauliner Marsch. Als aber der Winter kam und es auf dem Werder einsamer wurde und das Wasser die Landschaft weit und breit überströmte, da verlangte es ihn zurück auf die Marsch. Er trat also ans Ufer und rief den Fährmann: Hahl awer! Der kam, als er den aber erkannte, der am Ufer stand, da wandte er die Fähre und entwich. – Jener hat später noch sehr oft gerufen; aber dem Fährmann war der Ruf bekannt und er ließ sich nicht täuschen, und ebensowenig nach ihm seine Kinder und Nachfolger. So muß nun der Verbannte, den man um seines Rufes willen den Hahlawer nennt, für immer auf dem Werder bleiben. Und noch heute ziehen sich die Anwohner am Punkendeich die Bettdecke über die Ohren, wenn sie vom Werder herüber den Hahlawer hören.“[47]

Für die Hansestadt wären noch viele Überlieferungen aus alter Zeit anzuführen, die auch gegenwärtig nichts von ihrem Bekanntheitsgrad eingebüßt haben: So kann, so lange der Roland seinen Standort am Marktplatz nicht verläßt, die kosmopolitische Handelsstadt nicht untergehen – weshalb die Bremer immer ein besonderes Augenmerk auf ihr Symbol der Freiheit und Gerechtigkeit gerichtet halten.[48] Der Krüppel zu Füßen der Rolandstatue erzählt uns von der Gräfin Emma von Lesum, die im Jahr 1032 dem Rat der Stadt auf Anraten ihres Schwagers Benno von Sachsen soviel Weideland versprach, wie eben dieser Lahme an einem Tag „abzuschreiten“ schaffe. Tatsächlich wuchs er kräftemäßig über sich hinaus und umrundete auf allen vieren bis zum Sonnenuntergang das Areal der Bürgerweide, auf der noch heute, wie nun schon seit hunderten von Jahren, in jedem Oktober der „Bremer Freimarkt“, einer der größten Jahrmärkte Deutschlands, abgehalten wird.

Wilhelm M. Busch, Die Bremer Stadtmusikanten, Illustration zu dem Märchen der Brüder Grimm, Federzeichnung, 1948

Bremens Tochterstadt Bremerhaven, die heute gemeinsam mit der alten Hansestadt das Bundesland Bremen bildet, ist Ort der Sage vom „Klabautermann“[49]. Man hat ihm sogar einen Brunnen nahe des Schiffahrtsmuseums errichtet. Der Klabautermann, ein Poltergeist in Gestalt eines kleinen grauen, nach anderen Meinungen aber auch roten, kräftigen und gedrungenen Männchens mit gutmütigen Augen und roten Pausbacken, das ausschließlich auf hölzernen Schiffen sein Unwesen treibt, ist an der gesamten Nordseeküste bekannt. Bekleidet wie ein Matrose, stellt er sich oft schon beim Bau jenes Schiffes ein, das er später bewohnen will und ist dabei immer mit einem hölzernen Hammer in der Hand anzutreffen. Auf See behütet er das Schiff vor allen Gefahren, paßt aber auch auf die Mannschaft auf, die ihm dafür gutes Essen auftischen muß. Für gewöhnlich ist er unsichtbar, man hört ihn allenfalls poltern und rumoren und sieht höchstens am anderen Morgen die getane Arbeit. Der Klabautermann ist der gute Geist des Schiffes. Hört man jedoch einmal kein Poltern und Klopfen mehr, ist dies ein sicheres Zeichen dafür, daß er das Schiff verlassen hat und es von seiner nächsten Fahrt nicht wiederkehren wird. – „Ein Reeder besaß einmal ein Segelschiff, das lange Jahre glückhaft über viele Meere gefahren war. Von Stürmen zerzaust und vom Salzwasser zernagt, war es allmählich alt und morsch geworden, und es war unmöglich, Mannschaft für große Fahrt anzuheuern. Da beschloß der Reeder, den alten Segler abzutakeln und zu slopen, d.h. entzwei zu schlagen. Als man nun anfangen wollte abzuwracken, nahm das Holz weder Axt noch Beil an; immer wieder glitten die Werkzeuge ab, wie von Stahl oder Eisen. Zufällig fand jemand an Bord des alten Schiffes in einer Kajüte eine Kiste und nahm sie mit an Land. Gleich danach fiel das ganze Schiff von selbst auseinander. Da war es klar, daß in der Kiste der Klabautermann gewesen war."[50]

Manch ein Autor verlegt auch das Märchen „Von dem Fischer un syner Fru" nach Bremerhaven, was aber nicht schlüssig ist, da dieses Zaubermärchen nachweislich von Philipp Otto Runge auf Rügen in pommerscher Mundart aufgezeichnet worden ist, bevor die Grimms es in ihre „Kinder- und Hausmärchen"[51] übernahmen.

Auf den Spuren alter Märchen und Sagen entlang des Weserflusses gibt es vieles zu entdecken: Zwerge und Riesen trieben hier einst ihr Wesen und Unwesen und erlaubten sich so manchen Schabernack mit den Menschen beiderseits des Stromes; Kobolde und Geister sowie der Leibhaftige selbst, beschäftigten von jeher die Phantasie der einfachen Leute. Viele Ortsnamen an der Weser sind verknüpft mit Sagen, aber auch geschichtlichen Begebenheiten wie den Glaubenskämpfen zwischen den Franken und den heidnischen Sachsen – Karl der Große und Wittekind[52] –, die sich im 8. Jahrhundert oftmals direkt in Wesernähe zugetragen haben. Häufig beziehen sich diese Mythen auf den Fluß, binden ihn und seine landschaftlichen, topographischen und geologischen Gegebenheiten ein in die Tradition der sagenhaften Erzählung, so wie die Menschen im Land an der Weser sich immer eingebunden fanden in die Geschicke des Weserstromes – ein Miteinander, oft genug aber auch ein Gegeneinander, wenn man nur an die immer wiederkehrenden Sturmfluten, Deichbrüche und Überschwemmungen denkt. Solche Naturkatastrophen waren wiederum Anlaß für das Entstehen von neuen Geschichten, die im Volke umhergeisterten und zumeist in einer bösen Frau, einer Hexe, oder einem Mann, der mit teuflischen Mächten paktiert, den Schuldigen suchten oder fanden.[53] Oftmals vermischten sich Glaube und Aberglaube, historisch Belegtes und frei Erfundenes, zu einem lebendigen Bild des Volkes mit all seinen über Jahrhunderte hinweg überlieferten und bewahrten Mythen und Bräuchen.

Anmerkungen

1 Die „Kinder- und Hausmärchen" sind in vielen Ländern rund um den Erdball das meistbegehrte und gedruckte deutsche Buch.

2 Aus eben diesen Gründen sammelte auch der Dichter des Deutschlandliedes, August Heinrich Hoffmann von Fallersleben (1798-1874), in seiner Zeit als Bibliothekar im Kloster Corvey an der Weser Volkslieder.

3 Sie wurden erst nach seinem Tode von seinem Neffen Otto Nöldeke (1867-1948) unter dem Titel „Ut ôler Welt" (1910) herausgegeben.

4 Die Grimmsche Bezeichnung einiger Märchen als von einer alten hessischen Märchenfrau („Alte Marie") ist vorsätzlich falsch. Die Quelle war in Wahrheit die 1788 geborene Kasselanerin hugenottischer Abstammung Marie Hassenpflug, in deren Familie sich die Grimms seit 1808 regelmäßig zu einer Art literarischen Teekränzchens einfanden, bei dem ausschließlich französisch gesprochen wurde. Dieser Umstand liefert denn auch eine Erklärung für die oft frappante Übereinstimmung des Hassenpflugschen Repertoires mit französischen Märchenfassungen des 18. Jahrhunderts.

5 Seit dem frühen 18. Jahrhundert galt das Märchenerzählen als Domäne der Frau.

6 Aufgrund dessen sind die „Kinder- und Hausmärchen" nicht so ohne weiteres in die Kategorie des Volks-Märchens im eigentlichen Sinne des Wortes einzuordnen.

7 Doktor Johannes Andreas Eisenbart, geboren am 27.3.1663 in Oberviechtach/Oberpfalz, war Heilkünstler, Augenarzt, „Stein- und Bruchschneider" und lebte im Haus „Zum Wilden Mann" in der Langen Straße 34 in Hannoversch Münden, wo er am 11.11.1727 verstarb. Seine prächtige Grabplatte findet sich noch heute an der nördlichen Außenwand der St. Aegidien-Kirche.

8 Z.B. Arthur Kopp, Eisenbart im Leben und im Liede, Berlin 1900

9 Zitiert nach ebd., S. 56 f.

10 Zitiert nach Ulf Diederichs/Christa Hinze (Hrsg.), Sagen aus Niedersachsen. Zwischen Harz, Heide und Meer, Düsseldorf/Köln 1977, S. 93

11 Zitiert nach Eberhard M. Iba, Sagen und Geschichten aus Nordhessen, Hofgeismar [3]1976, S. 9 f.

12 Zitiert nach U. Diederichs/Ch. Hinze, Sagen aus Niedersachsen, S. 94 f.

13 In: Georg Schambach/Wilhelm Müller, Niedersächsische Sagen und Märchen, Göttingen 1855, S. 190 f.

14 In: Jakob und Wilhelm Grimm, Kinder- und Hausmärchen, Berlin 1812/15, S. 251 ff. Es besteht eine große Affinität zwischen diesem Märchen und dem Feenmärchen „La Belle au Bois dormant" aus den „Contes de ma mère L'Oye" (1697)

von Perrault, weshalb als Quelle eigentlich nur die französischstämmige Marie Hassenpflug aus Kassel in Frage kommt. Ebenso bestehen starke Ähnlichkeiten zu einer Geschichte mit dem Titel „Sonne, Mond und Talia" aus dem „Pentamerone" (Anfang des 17. Jahrhunderts) des neapolitanischen Dichters Giambattista Basile (1575-1632), dem ersten Märchenerzähler der europäischen Literatur.

15 In: Heinrich Rohde, Weserwellen, Hofgeismar o.J., S. 62 f.

16 In: Ebd., S. 54 ff.

17 Zitiert nach U. Diederichs/Ch. Hinze, Sagen aus Niedersachsen, S. 99 f.

18 Ebd.

19 Thematisch den Zwergengeschichten zuzuordnen, findet sich diese Sage in: Balzer Rock, Die Ortsgeschichte von Bodenfelde, Uslar 1940/41, S. 98.

20 Eine nur geringfügig variierende Version dieser Sage ist auch für den zwischen der Stadt Rinteln und Hessisch-Oldendorf an der Weser gelegenen Ort Großenwieden überliefert. Vgl. U. Diederichs/Ch. Hinze, Sagen aus Niedersachsen, S. 110 f.

21 In: H. Rohde, Weserwellen, S. 43

22 Kaiser Karl besiegte hier, wie auch an anderen Orten im damaligen Sachsen, dem heutigen Nordrhein-Westfalen, Niedersachsen und Sachsen-Anhalt, zwischen 772 und 804 die heidnischen Sachsen.

23 Zitiert nach Gerd Hoffmann/Heinz Rölleke (Hrsg.), Der unbekannte Bruder Grimm. Deutsche Sagen von Ferdinand Philipp Grimm, Düsseldorf/Köln 1979, S. 45 f.

24 In: Eberhard M. Iba, Auf den Spuren der Brüder Grimm von Hanau nach Bremen. Märchen, Sagen, Geschichten – ein Reiseführer, Regensburg ^{2}1981, S. 122. Das Amt Fürstenberg gehörte zu dem 1807 von Napoleon geschaffenen Königreich Westfalen, das sein Bruder von Kassel aus regierte.

25 In: Karl Paetow, Die schönsten Wesersagen, Hameln ^{3}1974, S. 83 f.

26 Rudolph Erich Raspe/Gottfried August Bürger, Des Freiherrn von Münchhausens Wunderbare Reisen und Abenteuer zu Wasser und zu Lande, Göttingen 1855

27 Rudolf Erich Raspe, Baron Münchhausen's Narrative of his Marvellous Travels and Campaigns in Russia, London 1786; der ehemalige Kasseler Bibliothekar Raspe hatte nach England fliehen müssen, wo er die Erzählungen, die er aus dem Vade Mecum für lustige Leute (1781-83) übernahm, ins Englische übersetzte und veröffentlichte.

28 Das Drehbuch für den Film schrieb der bekannte Kinderbuchautor und Satiriker Erich Kästner (1899-1974), der in der Nazizeit mit einem Schreibverbot belegt war, unter dem Pseudonym „Berthold Bürger"; er lieferte auch den Filmstoff.

29 In: Jakob und Wilhelm Grimm, Deutsche Sagen, Leipzig 1911, S. 271 ff.

30 In: Carl und Theodor Colshorn, Märchen und Sagen, Hannover 1854, Nr. 29

31 Der Rumpelstilzchen-Stoff fand seine Verbreitung vor allem im germanischen und romanischen Sprachgebiet. Ein erster deutschsprachiger literarischer Beleg findet sich in der zweiten Ausgabe des Hauptwerkes des Elsässers Johannes Fischart (1546-1590) mit dem Titel „Affentheurlich Naupengeheurliche Geschichtklitterung", das 1582 erschienen ist.

32 In: U. Diederichs/Ch. Hinze, Sagen aus Niedersachsen, S. 109

33 In: Karl Paetow, Die schönsten Wesersagen, S. 223

34 Zitiert nach ebd.

35 In: Johann Grässe, Sagenbuch des Preußischen Staates. Bd. 1 und 2 (hier Bd.1), Glogau 1868/71, S. 709

36 Zitiert nach: K. Paetow, Die schönsten Wesersagen, S. 200 f.

37 Ebd.

38 Ebd., S. 229 f.

39 In: Hermann Weichelt, Hannoversche Geschichten und Sagen, Leipzig 1908, S. 36 f.

40 In: U. Diederichs/Ch. Hinze, Sagen aus Niedersachsen, S. 117

41 In jener Zeit wohnte das Volk der Zwerge genau unter dem Schloß zu Hoya.

42 In: Grimm, Kinder- und Hausmärchen, S. 145 ff.

43 Küken

44 In: Diethard H. Klein (Hrsg.), Hausbuch der Hansestädte – Hamburg, Bremen, Lübeck in guter alter Zeit: Geschichten, Bilder und Gedichte, Freiburg i.Br. 1983, S. 344; in nur geringfügiger Variante auch in: K. Paetow, Die schönsten Wesersagen S. 252 ff.

45 Der Bremer Punkendeich ist schon seit über hundert Jahren Schauplatz der „Bremer Eiswette", bei der ein Schneiderlein jedes Jahr am 6. Januar mit Hilfe eines heißen Bügeleisens prüfen muß, ob die Weser „geiht oder steiht", d.h. ob sie offen oder zugefroren ist. Da heutzutage durch die großen und tiefgreifenden Weserkorrekturen und Ausbaggerungen die Weser nicht mehr zufrieren kann, wird der Schneider von einem Seenotrettungskreuzer der „Deutschen Gesellschaft zur Rettung Schiffbrüchiger", die ganz in der Nähe ihren Hauptsitz hat, zur Flußmitte gebracht, damit er seinen Auftrag ausführen kann.

46 Zitiert nach: Heinz Rölleke (Hrsg.), Das große deutsche Sagenbuch, Düsseldorf/Zürich 1996, S. 135 (Hansestädte)

47 Ebd.

48 Im letzten Weltkrieg wurde dem Roland zu Bremen deshalb ein dicker Panzer aus Backsteinen verpaßt, was sich während der Bombardierung der Altstadt, die dabei zu einem sehr großen Teil zerstört wurde, bewährt hat.

49 In: Hermann Lübbing, Oldenburgische Sagen, Oldenburg 1968, S. 138 ff.

50 Zitiert nach: Eberhard M. Iba, Sagen und Geschichten aus Nordhessen, S. 226 f.

51 In: Grimm, Nr. 19

52 Nach anderem Sprachgebrauch auch Widukind

53 Z.B. „Verräter wird geopfert" (Altenesch bei Lemwerder). In: Leander Petzoldt (Hrsg.), Deutsche Volkssagen, München ^{2}1978, S. 223, und „Wie der Theisenradsdeich gerettet wurde" (Bremen). In: K. Paetow, Die schönsten Wesersagen, S. 254 ff.

Jürgen Dierking / Johann-Günther König

Die Weser – Ein Kaleidoskop aus literarischen Texten des 19. und 20. Jahrhunderts

„Leider von mir ist gar nichts zu sagen; auch zu dem kleinsten Epigramme, bedenkt! gab ich der Muse nicht Stoff" ließ Friedrich Schiller 1797 in seinen Xenien die Weser sprechen.[1] Das Verdikt des Klassikers vom Neckarstrand ist, versteht sich, nicht unwidersprochen geblieben; schon gar nicht zwischen Hannoversch Münden und Bremerhaven. Doch bereits ein flüchtiger Vergleich mit Rhein und Elbe legt auch poetisch eine gewisse Bescheidenheit nahe. Wen es beispielsweise aus den Schweizer Alpen an die Porta Westfalica verschlägt, der ist wohl zunächst einmal enttäuscht. So heißt es 1821 bei Jeremias Gotthelf: „Wir hatten gehofft, die Weser im kühnen Drang zwischen zwei Felsen durchstürzen zu sehn, nun fanden wir dagegen, daß zwei mit Wald bewachsene Hügel eben nicht sehr steil sich senkten und zwischen sich mehr als dreifach für den Fluß Raum ließen. Man sah wohl, daß ehemals hierdurch die Weser sich Bahn gebrochen, und nur der Gedanke, wie es dabei zugegangen sein mag, macht die Stelle noch merkwürdig, sonst ist sie es nicht, besonders wer irgendeinen reißenden Bergfluß gesehen, findet das Aufheben, das man davon macht, drollig."[2]

Wer dagegen durch seine Überquerung einem ganz und gar unfreiwilligen Militärdienst zu entgehen hofft, wird den Fluß anders wahrnehmen. Johann Gottfried Seumes Schrift „Mein Leben", erschienen 1813, bricht mit der Darstellung einer solchen Situation ab: „In Bremen versuchte ich's indessen allein auf meine eigene Hand, und es gelang mir, am hellen, lichten Tage unter ziemlicher Gefahr ... Das Gespenst der Preußen saß mir fest im Gehirn; ich hatte, ganz gegen meine Gewohnheit, ohne alle Absicht in einigen Gläsern Wein mich etwas warm getrunken und machte kurz und gut auf und davon, am Ufer hin, über die Brücke weg, in die Altstadt hinein. Ein guter, alter, ehrlicher Spießbürger mochte mir doch wohl einige Verwirrung ansehen; er kam freundlich zu mir und fragte: ‘Freund! Ihr seid wohl ein hessischer Deserteur?’ ‘Und wenn ich denn einer wäre?’ sagte ich. ‘Da muß ich euch sagen, unser Magistrat hat Kartell mit dem Landgrafen.’ Und nun verhalfen ihm Bremer Bürger zur Flucht."[3] Am Werderufer bei der Kleinen Weser erinnert ein Denkmal an diese Begebenheit.

Ein berühmter Geheimer Rat nahm dagegen regen Anteil an dem Projekt, den Fluß durch die Gründung von Bremerhaven vor allem für die Freie Hansestadt wirtschaftlich dienstbar zu halten. Eckermann hielt fest, daß Goethe in seinen letzten Lebensjahren von „Charten und Plänen" umgeben war und für das „großartige Unternehmen ein besonderes Interesse zeigte". In einem Brief an seinen Bremer Gewährsmann Nicolaus Meyer formulier-

Die „erbsengelben Fluten" der Weser mit einem Teil der von Veronika Dobers stammenden Außengestaltung des Bremer Charterschiffes „Das Schiff", 1997

Ansicht von Hameln, Bleistiftzeichnung von Wilhelm Busch, um 1890, Museum Hameln

te der Weimarer Dichter 1829: „Die Notiz mit dem Interims Riß der neuen Anstalten an der Einmündung des Weserflusses ist von mir höchst dankbar empfangen worden ... Ich habe dabey kein anderes Interesse, als das allgemein Deutsch-Continentale. Seit der Casseler Zusammenkunft und den dortigen Beschlüssen muß uns höchst wichtig seyn, eine Unternehmung, die der Weser erst ihre Würde giebt, vorschreiten zu sehen; und wenn an jenem westlichen Ende etwas Bedeutendes der Art eingeleitet wird, so muß es bis zu uns herauf in die Werra bis Wanfried wirken ... Müssen wir doch so viel von den englischen Doks, Schleußen, Canälen und Eisenbahnen uns vorerzählen und vorbilden lassen, daß es höchst tröstlich ist, an unserer westlichen Küste dergleichen auch unternommen zu sehen."[4]

Wilhelm Raabe wuchs in Holzminden und Stadtoldendorf auf, wo Straßennamen, Denkmäler und Tafeln an den Dichter erinnern. „Wer heute auf der Weser zu Berg oder zu Tal fährt, der bemerkt bei der guten Stadt Holzminden ein stattlich Gebäude, an dessen Giebel die Worte stehen: Deo et litteris ... ein berühmtes Gymnasium", so gedachte Raabe einer der Stätten seiner Bildung. In seinen Werken spielen Menschen und Orte des Weserberglandes eine wichtige Rolle, und nicht zuletzt die Weser, der „Fluß, der auch in Schillers 'Xenien' seine Stelle gefunden hat, schlängelt sich in mannigfachen Windungen" durch seine Texte. In einer seiner vielen Novellen gibt er folgende Beschreibung: „Es war ein wirklich feuchtkalter Tag. Schweres Regen- und Schneegewölk wälzte sich über den Solling. Die geschwollene, stets hastige und übereilige Weser rollte ihre erbsengelben Fluten in anscheinend völlig breiartigen Wirbeln aus den Bergen zwischen Fürstenberg und Godelheim und Meigadessen her, quirlte durch das kahle Weidengebüsch und das welke Röhricht am Ufer und ärgerte sich heftig über den Widerstand, der ihr auf ihrem Weg aufstieß. Solch einen Widerstand fand sie unter den Mauern der Stadt Höxter."[5]

An seinen Geburtsort, das Dorf Wiedensahl zwischen Hannover und Minden, hat es Wilhelm Busch zeitlebens zurückgezogen. Der Flecken liegt zwar nicht unmittelbar am Fluß, doch in einer volkskundlichen Studie des Malers und Zeichners erscheint die Gegend als ein vom Wasserlauf geprägter strategischer Raum: „Nicht weit von der Wiedensahler Grenze zieht sich im Schaumburger Walde der Schanzgraben oder Drusenwall hin. Eine Stelle, an der er doppelt ist, nennt man den Pferdestall. Rückten nun die Schlüsselburger von der Weser her, wie sie öfters taten, zum Sengen und Plündern aus, dann zogen sich die Wiedensahler hinter den Wall zurück, und regelmäßig eilte ihnen der tapfere Ritter von Bückeburg mit seinen Leuten zu Hilfe. Die Wiedensahler waren nicht undankbar. So oft die gnädige Frau in Wochen kam, brachten sie ihr Eier und junge Hähnchen. Was aber guten Willens geschah,

Wilhelm Raabe am Schreibtisch, Federzeichnung von Wilhelm M. Busch, um 1948

wurde später ein Zwang. Die Eier und Hähnchen mußten nach Bückeburg geliefert werden, ob die Frau in Wochen war oder nicht. Bis um die Mitte des letzten Jahrhunderts ist die Verpflichtung in Kraft geblieben … Die Zeit kramt alles um, nur tut sie es an einsamen Orten später als anderswo.“[6]

Eine der vorindustriellen Nutzungsformen der Oberweser klingt bei Annette von Droste-Hülshoff an, die 1842 in ihrer Erzählung „Die Judenbuche“ über die Gegend des heutigen Landkreises Höxter schreibt: „Das Dorf B. galt für die hochmütigste, schlaueste und kühnste Gemeinde des ganzen Fürstentums. Seine Lage inmitten tiefer und stolzer Waldeinsamkeit mochte schon früh den angeborenen Starrsinn der Gemüter nähren; die Nähe eines Flusses, der in die See mündete und bedeckte Fahrzeuge trug, groß genug, um Schiffbauholz bequem und sicher außer Land zu führen, trug sehr dazu bei, die natürliche Kühnheit der Holzfrevler zu ermutigen, und der Umstand, daß alles umher von Förstern wimmelte, konnte hier nur aufregend wirken, da bei den häufig vorkommenden Scharmützeln der Vorteil meist auf seiten der Bauern blieb.“[7]

Ein Student aus Rinteln hat die historische Dimension der Weser poetisch bearbeitet. „Ihr ganzes geschichtliches Leben wie ihre Erscheinung tragen ächt deutsches Gepräge, von dem Zeitpunkte an, wo in den Bergwäldern am Wesergestade zum ersten Male der Siegesfluch römischer Adler sich ermattet verfing, bis zu dem heutigen, wo hessische, preußische, braunschweigische, frei reichsstädtische und Gott weiß, welche Farben alle noch in schöner deutscher Zerrissenheit an dem Silberfaden des gleichmütig hinflutenden Stromes aufgereiht sind.“ Mit diesen Sätzen leitet Franz von Dingelstedt 1835 sein Gedicht „Die Weser“ ein:

„Ich kenne einen deutschen Strom,
der ist mir wert und lieb vor allen,
umwölbt von ernster Eichen Dom,
umgrünt von kühlen Buchenhallen.
Ihn hat nicht, wie den großen Rhein,
der Alpe dunkler Geist beschworen;
ihn hat der friedliche Verein
verwandter Ströme still geboren.

So taucht die Weser kindlich auf,
von Bergen traulich eingeschlossen,
und kommt in träumerischem Lauf
durch grüne Au'n herabgeflossen.
So windet sie mit leichtem Fuß
zum fernen Meere sich hernieder
und spiegelt mit geschwätz'gem Gruß
der Ufer sanften Frieden wider.

Doch hat sie in der Zeiten Flug
gar manche große Mär' erfahren,
und ihre stille Woge trug
viel Herrliches zu fernen Jahren.
Sie sah in ihrer Wälder Schoß
zum erstenmal den Adler wanken
und vor der deutschen Arme Stoß
der ew'gen Roma Säulen schwanken.

[…]

So kündet sie euch manchen Traum
aus ihrer Vorzeit Tagen
und sieht dabei des Lebens Baum
stets frisch an ihren Ufern ragen.
Es glänzen in der lichten Flut
der Klöster und der Burgen Trümmer,
des Mondes Schein, der Sonne Glut,
des Turmes wie der Segel Schimmer.“[8] […]

Bruch des Osterdeichs in Bremen,
Lithographie von Otto Speckter, 1827

Im Gegensatz zu der Lyrik des Freiherrn nehmen sich die Schilderungen, die ein junger Kaufmannsgehilfe seiner Schwester in Barmen zukommen ließ, recht prosaisch aus. Friedrich Engels verbrachte eine dreijährige Lehrzeit in Bremen. Er lebte in unmittelbarer Nähe des Flusses, der nicht durchgängig nur liebliche Seiten an den Tag legte. „Den 28. Dezember 1840. Die Weser ist jetzt ganz zugefroren, so daß man mit Wagen darauf spazieren fährt. Ich glaube, daß man bis Vegesack, was auf der Weser 5 Stunden sind, Schlittschuh laufen könnte. Nachmittags geht der ganze beau monde darauf spazieren...

18. Februar 1841. Seit meinem letzten Briefe haben wir hier eine schöne Überschwemmung gehabt. Das Wasser stand bei Treviranus zwölf bis vierzehn Zoll hoch in meiner Stube, und ich mußte zum Alten [seinem Lehrherrn; d.V.] flüchten, der mich mit gewohnter Güte beinahe vierzehn Tage beherbergte. Da aber ging der Tanz erst recht los. Das Wasser stand anderthalb Fuß vor dem Hause, und damit es nicht in den Keller käme, der eine Luke hat, mauerten wir diese mit Kuhmist zu. Aber das maliziöse Wasser lief nun aus dem Keller des Nachbars in unsren durch die Wand, und damit unsre schönen Rumfässer und Kartoffeln und vor allem der wohlassortierte Weinkeller des Alten nicht ersoff, mußten wir Tag und Nacht pumpen, vier Nächte hintereinander, die ich alle vier durchgepumpt habe...

Bei dieser Überschwemmung sind rührende Dinge vorgefallen. In einem Hause vor der Stadt, das bis an die Fenster des untersten Stocks voll Wasser stand, sahen die Leute plötzlich eine ungeheure Masse Ratten anschwimmen, die durch die Fenster hereinkamen und das ganze Haus besetzten. In diesem Hause waren außerdem lauter rattenscheue Frauenzimmer, gar kein Mann, so daß die zarten Damen sich trotz ihrer Angst entschließen mußten, mit Säbeln, Stöcken etc. auf die wilde Horde loszugehen. In einem Hause, das ganz an der Weser liegt, saßen eben die Comptoiristen beim Frühstück, als eine große Eisscholle herabgetrieben kam, die Wand durchstieß und den unbescheidenen Kopf ins Zimmer steckte, worauf denn gleich eine gute Portion Wasser nachfolgte."[9]

Friedrich Engels ist auch einer der frühen Touristen, die sich mittels damals modernster Technologie das Pläsir einer Flußfahrt gönnten. Im „Morgenblatt für gebildete Leser" veröffentlichte er 1841 den Bericht über „Eine Reise nach Bremerhaven", die er an Bord der „Roland"

Georg von der Vring, um 1934

Friedrich Engels als junger Soldat, 1841

angetreten hatte: „Das Dampfschiff fuhr ab … Auf dem Räderkasten stand, trotz des starken Regens und scharfen Windes, ein langer Assekuranzmaklergehülfe und unterhielt sich in plattdeutscher Sprache mit dem Kapitän, der ruhig seinen Kaffee trank … Jetzt stürmte er eilig vom Räderkasten herunter und brachte die Nachricht: 'In einer Viertelstunde sind wir in Vegesack.' 'Vegesack!' wiederholten erfreut alle Zuhörer; denn Vegesack ist die Oase in der bremischen Wüste … Die Lesum fließt hier in die Weser und bildet mit ihren Hügeln ebenfalls ganz 'niedliche' Ufer, die sogar romantisch sein sollen."[10]

Das Bild, das sich dem genauen Beobachter seinerzeit von der Bremer Weserbrücke aus flußabwärts bot, beschrieb ein unbekannter Zeitgenosse von Friedrich Engels. Er war Mitarbeiter der von Karl Marx herausgegebenen „Rheinischen Zeitung" und sah mehr als Landwirtschaft und Architektur, nämlich auch die Menschen, die an und auf der Lebensader nicht nur dieser Stadt arbeiteten: „Auf beiden Seiten der Weser zieht sich eine lange Häuserreihe stromabwärts. Rechts die Schlachte, über welche die Thürme des Domes und der übrigen Kirchen hervorragen. Hier ist alles Leben und Bewegung. Zwanzig Krahne sind in beständiger Bewegung. Tausende von Fässern und Ballen liegen hier aufgeschichtet, werden ein und ausgeladen. Arbeiter, Packknechte, Schiffsknechte, Rheder und Mäkler drängen sich durcheinander. Und inmitten dieser beiden schmucken Häuserreihen sieht man nach Norden einen Wald von Masten, so weit das Auge reicht. Die langen Böcke zur Schiffahrt auf der Oberweser, die kleinen mehr runden Zweimaster zu Fahrten nach Bremerhaven und den holländischen Küsten liegen da zu Hunderten … Im weiten Hintergrunde jagt der 'Roland', ein mächtiger Dampfer von 60 Pferdekraft, seine schwarzen Wolken über die Flügel einer Windmühle. Das ist ein eigenthümliches Bild von Schönheit! Man freut sich unwillkürlich über dies Treiben."[11]

Einen knappen Kilometer flußaufwärts ist schon bald Platz für die Behäbigkeit bürgerlicher Spaziergänger, unter die sich gelegentlich ein bedeutender Jurist mischte. Albert Hermann Post, einer der Begründer der vergleichenden Rechtswissenschaft und Richter zu Bremen, faßte die Eindrücke, die er „An der Weser" gewann, 1872 in die Verse:

„An der trüben gelben Weser,
Ach! wie wird mir öd' und öder,
Selbst in stillen Mondscheinnächten
Späh't mein Geist umsonst nach Köder.

Viele ernste Männer seh' ich,
Und es wird mir ganz elendig.
Denn die schauen so gewöhnlich
Und so grauenhaft verständig.

Torfstreufabrik im Braker Holzhafen, Zeichnung, vermutlich von Friedrich Schultze, um 1888

Viele Weiber, jung' und alte
Gehen aufgeputzt spazieren;
Doch beginnen sie zu reden,
Ja, da muß ich mich geniren.

Und mein Geist, der arme Junge,
Huscht mit langen Schattenschritten,
Über Wasser, über Wiesen,
Und brennt durch trotz meiner Bitten."[12]

Daß zu den Begleiterscheinungen des Lebens am Strom das Verbrechen gehört, ist mit den Holzfrevlern der Annette von Droste-Hülshoff bereits angeklungen. Ein Tatort war auch die Vaterstadt Georg von der Vrings. Der in Brake an der Unterweser geborene Schriftsteller schildert in seinem 1936 publizierten Unterhaltungsroman „Spur im Hafen" einen geheimnisvollen Mordfall, der sich beinah ein Jahrhundert zuvor ereignet hatte. Im Buch figuriert seine Heimatstadt freilich unter anderem Namen: „Eine halbe Wegstunde vor Werderfleth verließ ich den Postwagen. An dieser Stelle, oben vom Deich aus, hat man den herrlichsten Ausblick. Der Tag war klar. Spiegelblank zog der Strom unter dem wolkenlosen Himmel dahin. Mitten im Fahrwasser ankerten ein paar kleinere Seeschiffe. Die Insel dahinter schimmerte silbergrau herüber. Alles ist wie einst und immer, dachte ich kopfschüttelnd und schritt auf meine Vaterstadt los. An der Deichbiegung kam Werderfleth in Sicht. Der Kirchturm stand vierschrötig und schiefergedeckt in der heißen Luft. Die Dohlen saßen als dunkle Punkte auf der Turmkrone und rasteten in der Mittagshitze. Weiter links ragten die Masten der großen Segelschiffe aus dem Hafen auf. Bei einem hingen weiße Segel zwischen den Rahen. Die Seeleute, die da oben an den Segeln hantierten, schienen sich ebenso wenig zu bewegen wie die Dohlen am Turm."[13]

Neben der Schriftstellerei galt von der Vrings Neigung der Malerei. Zunächst Kunstschüler in Berlin, wirkte er von 1919 bis 1928 als Zeichenlehrer in Jever. Wie sehr ihn die Erinnerungen an seine Jugend in Brake – die Stadt verlieh ihm, „obwohl er sich dort durch seine realistisch-kritischen Erzählungen nicht nur Freunde geschaffen hatte"[14], 1960 die Ehrenbürgerwürde – zeitlebens begleitet haben, verdeutlicht seine autobiographische Erzählung „Die Wege tausendundein" (1955), in der es heißt: „Unsre kleine Hafenstadt liegt, einige Stundenmärsche von der Wesermündung entfernt, unmittelbar am Strom.

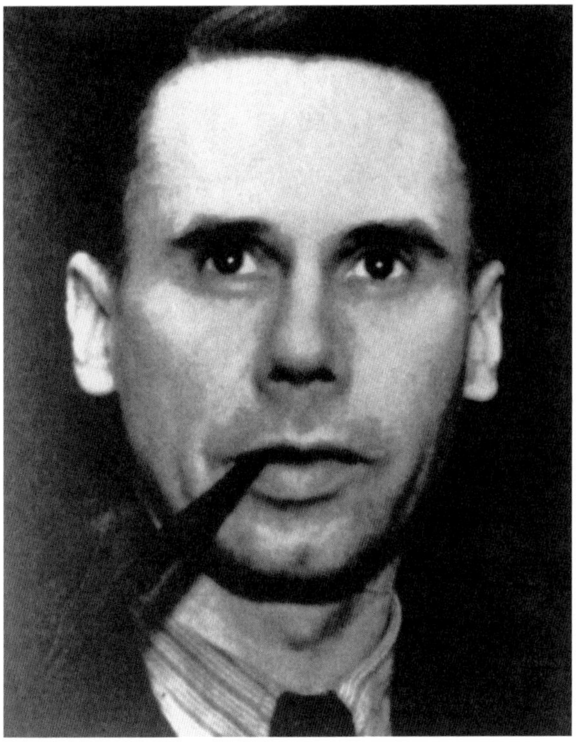

Friedo Lampe, 1944

Sie steht auf einer bleigrauen Tonschicht, in der sich Herzmuscheln und Schilfreste finden. Bei uns im Kleinen Zimmer hing eine Landkarte, auf der vermerkt, daß vor zweihundert Jahren hier das Meer gewesen ist: Schilf wuchs und Schiffe segelten, wo sich jetzt Steinhäuser, gepflasterte Straßen, Höfe und Stapelplätze befinden. Die Stadt besitzt somit keine alten Gebäude, an denen etwas wie Tradition abgelesen werden könnte. Hier ist Neuland ... Aus dem Meeresboden erwachsen, schaut sie gegen Osten auf den breiten Strom hinaus, von dem sie lebt, und hat keinen Blick für das ein wenig reizlose Hinterland, wie es sich tafeleben bis nach Holland hinauszieht. Von ihren Menschen ist zu sagen, daß sie nicht leicht zu nehmen sind. Wie das Meer haben auch sie etwas Maßloses: die Fleißigen sind dort fleißiger, die Faulen fauler, die Leichtfertigen leichtfertiger als anderswo."[15]

Im Winter 1878/79 kam ein Mann nach Bremen, den Detlev von Liliencron als „geistvollsten unter allen lebenden Poeten" rühmte. Peter Hille stellte in seinem 1886 erschienenen Roman „Die Sozialisten" einen denkwürdigen Vergleich an: „Hier ist die City, das Quartier latin von Bremen. Auch eine Insel, eine bebaute Insel, ganz wie zu Paris, bettet hier der Fluß zwischen Wacht- und Brautstraße! Ein Arm der Weser verläuft sich hier im Sande, wie der Arm eines Polypen."[16]

Zentrale Funktion hat unser Strom im berühmtesten Werk eines plattdeutschen Autors, der wie sein Held trotz aller Enge im Elternhaus „reich wie ein König" an, auf und in der Weser aufwuchs. In Georg Drostes Roman „Ottjen Alldag", der in drei Teilen 1913-16 erschien, wächst dem Fluß eine beinahe mütterlich behütende Rolle zu: „Wenn een Mann mit de Werser un ähre Eegenheiten vertroot weer, denn weer dat Ottjen Alldag. Dör rojen un swommen, seilen, fischen un strietschohlopen kennde he den Strom un sien Nucken to allen Jahrestieden von buten un binnen, von baben an'r Marsch, bit unnen an'r Stadt. Sied de Tied, datt he domols den eischen Kubbumsschuß von'n Slengenkopp makt harr, harr he jo lange mit'r Werser up'n Kriegsfot stahn, denn he harr dat spitz krägen, datt dat Water keene Balken hett, un datt dat lichtfarig den betwingt, de datt nich sulbens twingen kann. So harr he sick denn bold up gunnssied an'r Badestä dat Swommen instudeert, un dat wahrde ok nich lange, denn dukde un swommde he as so'n Fischotter. Von de Tied an, as de Werser inseeg, datt se em nix mehr dohn konn, dar heelt se gode Frundschup mit Ottjen, nehm em week un sachte in ähren Arm un weer em to Deensten in allen Stucken."[17]

Weltläufigere Aspekte einer Kindheit an der Weser beleuchtet Josef Kastein, der 1890 als Julius Katzenstein in Bremen geboren wurde und sich 1945, ein Jahr vor seinem Tode in Haifa, lebhaft erinnerte: „Kinder, die an einem Fluß und dann noch in der Nähe des Meeres aufwachsen, haben eine ganz natürliche Beziehung zu allem, was auf dem Wasser treibt oder gleitet. Das erste Spielzeug, das sie sich selber anfertigen, ist mit großer Wahrscheinlichkeit ein Schiff, und zwar ein Segelschiff. Es besteht in den Anfängen zumeist aus einem an den Enden abgestumpften Brett, in dessen Mitte man einen kleinen Holzstab einbohrt und an dem man ein dreieckiges Stück Papier als Segel anbringt. In einer ruhigen Bucht, im Schutz von Weidensträuchern, kann man es mit einem langen Stock dirigieren und auf weite Reisen schicken. Aber mit den Jahren wird die Phantasie komplizierter, der Ehrgeiz größer und die technische Begabung bedeutender...

Ich hatte oft genug im Hafen gestanden und Schiffe ankommen sehen, und wenn auch die stolzen großen Viermaster immer seltener wurden, und wenn auch die Dampfer sich bis auf die Größe wenig voneinander unterschieden, verrieten sie doch das Geheimnis und die Romantik ihres Herkommens durch die Besatzung, die auf dem Verdeck auftauchte: Kulis, Malayen, Chinesen, Japaner, Mulatten, Neger, Inder. Ein erregender Anblick! Aber die Erregung erreichte erst ihren Zenith, wenn sie an Land gegangen waren und ihre Heuer bis auf den letzten Pfennig vertrunken hatten. Denn dann rückten sie mit ihrer Reserve heraus, mit den Schätzen, die sie aus ihrer Heimat zum Verkauf mitgebracht hatten, Papageien, kleine Affen, einen bunten Sarong, eine geschnitzte Kugel aus Elfenbein, eine Schlangenhaut, einen chinesischen Holz-

Ulrike Hock, Spundwand/Weserdeich,
Acryl/Nessel, 1999

schnitt, und zuweilen auch nur eine Kokosnuß oder Banane. Ach, eine Stunde so auf Schiffstauen an der Pier sitzen und zuschauen, war mehr, als hundert Märchenbücher zu lesen!"[18]

Der Fluß kann auch helfen, Fernweh zu stillen, wie es sich in der lyrischen, magisch-realistischen Prosa Friedo Lampes artikuliert, der am Ende seines zweiten Kurzromans „Septembergewitter" (1937) die Vogelperspektive einnimmt: „Und der Mond hob sein Antlitz immer höher über die Stadt hinaus, und die Stadt wurde kleiner und ferner, eng zusammengedrängt lag sie nun am Fluß in dem weiten Wiesengrund, und der Mond drehte sein Antlitz weg von der schlafenden Stadt, sah hin über Wiesen, Werften und Bauernhäuser, die hinter den Deichen lagen, sah hinunter den Fluß, der breiter und breiter wurde, und da, an seiner Mündung, in der Nähe der Küste, da fuhr ein Dampfer hin auf silbernen Bahnen, das war die 'Tosca', und Alberto stand vorne am Bug, und die frische erste Seebrise fuhr ihm in die Locken und ins Hemd, und er streckte den Kopf vor, gierig schnuppernd: das Meer, das Meer. Vergessen nun die dumpfe enge Stadt, vergessen Dora da auf dem Friedhof zwischen den Gräbern. Genua, Neapel, Konstantinopel."[19]

In der Gegend der Wesermündung hätte die „Tosca" wohl der „Stine vom Löh" begegnen können. In Tami Oelfkens Roman „Maddo Clüver" (1940) nimmt das Küstensegelschiff nämlich die umgekehrte Richtung: „Als sie die Wurt bei Farge im Rücken hatten, steuerte Pieter seinen Ewer aus dem breiten Fahrwasser der Weser heraus und hielt sich mehr unter Land. Er hatte das Großsegel eingezogen, der Flutstrom nahm sie mit, und der Besahn würde sie in die letzten schwierigen Windungen des Weserarms tragen. So, nun waren sie unter Land, und die 'Stine vom Löh' konnte alle ihre Schönheiten gegen das junge Grün der Erlen und Weiden aufleuchten lassen: einen kräftigen, kurzen, braunen Rumpf, um den sich gleich über dem Wasserspiegel ein breites rosa Band zog, wie eine Schärpe, die im Wasser in Wellenlinien gebrochen und noch einmal da war. Seitwärts waren eingehängte Schwerte, die wie gestutzte Flügel anmuteten, und vorn trug er seine freche Nase, über der ein goldbrauner Besahn prall gegen den Wind stand. Es war ein Frühlingswind, ganz weich kam er über die Oldenburger Niederung, streichelte drüben das Schiff und legte sich an der rechten Seite gegen die blühenden Hänge des Geestrückens wie in einen mütterlichen Arm."[20]

Eine Schriftstellerin, die den Fluß genau dort, in unmittelbarer nordbremischer Nachbarschaft, täglich vor Augen hatte, war Alma Rogge. Ihr Text „Bremen vor meinem Fenster" (1965) drückt in Sprache aus, was sie als Gemälde der Natur empfindet: „Zwischen Blumenthal und Farge (liegt) das schönste Stück des ganzen Weserufers: eine baumbestandene Anhöhe, etwa zwanzig Meter hoch. Den Nachtigallenhang nennen ihn die Segler, denn hier schlagen immer noch die Nachtigallen vom frühen Frühling bis in die hellen Sommernächte hinein. Von oben aber hat man einen herrlichen Blick über die Weser hin und darüber hinaus weit ins Oldenburger Land. Es ist etwas anderes, ob man in einem Talkessel wohnt oder an

Alma Rogge, 1965

den bayerischen Seen, wo die Berge rings um und die ferne Kette der Alpen den Blick begrenzen. Wir hier am hohen Weserufer leben mit der Weite, wir leben durch die Überseedampfer mit der ganzen Welt! An die hundert Schiffe befahren täglich den Strom, dazu noch ist er ständig bewegt von Ebbe und Flut. Der Tidenhub beträgt im Durchschnitt drei Meter, bei nordwestlichem Wind und hohen Fluten weit mehr. Und nach Ebbe und Flut richten sich immer noch die Schiffe. Hier zu wohnen ist eine immerwährende Freude, ein Geschenk des Himmels. [...]

Vorbei fahren tagein und tagaus Fischkutter, Schlepper, Lastkähne, Motorboote, Marineeinheiten, im Sommer ungezählte Segelschiffe, es fahren vorbei die großen Überseedampfer aus der ganzen Welt: Deutsche, Engländer, Franzosen, Niederländer, Norweger und Schweden, Russen und Türken, Nord- und Südamerikaner, Japaner und Chinesen, Afrikaner und Australier – man kann sie nicht alle nennen. Man kennt bald ihre Flaggen, eine Flaggenkarte hängt zu schnellem Vergleich an der Wand, ein Fernglas daneben. Man merkt sich die Zeichen, Farben und Schornsteine der verschiedenen Reedereien: des Bremer Lloyd, der Hamburger Hapag, die drei goldenen Kronen der schmucken weißen schwedischen Schiffe, die wie mit einer roten Mütze bedeckten Schornsteine der neuen, nach Südamerika fahrenden Dampfer. Drängen die großen Schiffe gegen Strömung und Wind an, rauschen hohe Bugwellen die Uferböschung entlang, meine Fensterscheiben beben leise.

Bei dichtem Nebel, wenn man die Umrisse der Schiffe gerade noch erkennen kann, hebt auf dem Strom ein unheimliches Leben an: Dampfer tuten sich, bald hell, bald grollend heiser, ihre kurzen und langen Signale zu. Hier oder da klirrt eine Ankerkette durch eiserne Klüsen, die Nebelglocke läutet in vorgeschriebenen Abständen. Flache Frachtkähne treiben langsam wie dunkle Särge vorbei.

Besonders eindrucksvoll aber ist es in der Nacht: Die grünen und roten Seitenlichter der Schiffe glühen, weiße Toplaternen oben an den Mastspitzen blinken. Die grossen Dampfer sind hell erleuchtet, ihre Schornsteine werden angestrahlt. Begegnen sich aber zwei solche schwimmenden Paläste, ist das ein Ereignis, dem man immer wieder gebannt zusieht.

Das erleben wir oft. [...]

Wohl am wunderbarsten aber ist es, wenn am Morgen ein zarter graublauer Dunst über der Weser liegt. Die Sonne scheint von Osten herein, hellt ihn leicht auf, beglänzt auch mit mattem Schein das Schiff, das in diesem verschleierten Licht sachte stromab gleitet, geisterhaft unwirklich, zauberhaft schön – kein Maler könnte das malen, kein Dichter es gültig schildern, ein Bild aus 'jenem Stoff, aus dem die Träume sind'.

Und wie auch soll man die Sonnenuntergänge beschreiben, die so mannigfaltig sind, daß man immer wie-

Karl Lerbs, 1942

Eisgang am Weserufer, 1997

der meint, so leuchtend schön sei noch keiner zuvor gewesen. In letzter Stunde legt die Sonne einen breiten Streifen Goldes über die Weser, die Wolken im Westen färben sich glutrot, zart erglühen weithin die Lämmerwölkchen. Das Wasser ist rosenrot, matter wird es dann, schimmert violett, wird endlich tintenblau – eine ganze Palette von Farben scheint ausgegossen über Himmel und Strom."[21]

Während die Weser bei Alma Rogge im Zentrum eines natürlichen Gemäldes fließt, wechselt sie bei Manfred Hausmann in einem Text, der aus den dreißiger Jahren stammt, ins Musikalische hinüber und verwandelt sich in den „singenden Strom": „Die zerbrechlichen Eisscheiben, die er mit sich führt, stoßen aneinander, trennen sich, schwenken herum und begegnen sich abermals mit kristallenem Ding.. dingding. Hier und hier und dort und überall. Der ganze Strom ist voller Eismusik. Mit einem Male verdoppelt, verdreifacht sich das Geläut. Ein kühler Windhauch atmet durch den Nebel. Es läutet eilig zum anderen Ufer hinüber. Immer noch. Ein anschwellendes Durcheinander. Dazwischen ein Knistern und Seufzen. Dann verlangsamt es sich. Dann schweigt es. Und dann beginnt es wieder. Das alte Ding.. dingding.. dang ding trägt sich wieder leise vorüber.

Der Strom kommt aus dem Nebel daher und vergeht im Nebel. So zieht er durch Bremen, zieht unter den Brükken hindurch, zieht an den Häfen vorbei, zieht durch die Nebelniederung, an Dörfern und Bollwerken hin, weiter und weiter, bis er, unaufhörlich läutend und klingelnd, zwischen den Sänden die freie See erreicht, die ihn und seinen zarten Gesang gleichmütig in ihr dunkles Wogen hineinnimmt."[22]

Neben solch hohem Prosaton hat die Weser, wie wir sahen, Gedichte, Reisebeschreibungen, Spottlieder, Erzählungen und Kriminalromane inspiriert; versteht sich, daß ein anekdotisches Element nicht fehlt. Dessen bis heute wohl unübertroffener Meister ist Karl Lerbs gewesen, der in den späten dreißiger Jahren die ersten Sammlungen veröffentlichte. Unser Beispiel ist dem ersten Bändchen entnommen, das 1937 erschien: „'Lebensgefahr?' sagte Käpt'n Bruns. 'Nich, daß ich wüßte. Ich bün bei dschedem Wind auf dschedem Wasser gefahren und hab mich mit Salznegern und Patzkaffern un was weiß ich nich noch alles rumgetakelt. Abers in Lebensgefahr bün ich einklich nie gekommen.

Doch, einmal bün ich'r in gewesen. Das war, als mein Freund Tscharlie Nottebohm mich auf seine Parzelle eingeladen hatte un mit mir in seinem alten verrotteten Ruderkahn von'n Sielwall nach'n Werder übere Weser fuhr. Da kam der dusslige Hund zu dicht an den Radkasten von dem alten Pott 'Porta Westfalica' ran, un da kenter-

Schutzumschlag zu Karl Löbes „Weserbuch", 1968

von Peter Weiss eher als Moment strategischen Kalküls denn als wirtschaftlich und freizeitlich genutzte oder gar idyllische Wasserstraße: „Ich war wenig mehr als ein Jahr alt, als ich die Salven der Gewehre und Maschinengewehre, das Krachen der Mörser hörte, doch bewußt konnten die Eindrücke erst durch spätere Erzählungen geworden sein. Meine Mutter stand frühmorgens am vierten Februar Neuzehnhundert Neunzehn mit mir auf dem Arm am Fenster, als in unserem Viertel gekämpft wurde. Wir wußten nicht, sagte mein Vater, ob die Soldaten in der Kaserne am Neustadtwall noch zu uns hielten oder sich schon den weißen Garden angeschlossen hatten, die, wie wir von Meldegängern hörten, die Innenstadt besetzten, und über Buntentor in die Neustadt eindrangen. Auf der Weserbrücke hatten sich unsre Einheiten verschanzt, wir versuchten, uns durchzuschlagen zum Arbeiterrat in der Werft, über die Kaiserbrücke zum Lloyd Anleger, zur Schlachtpforte, ein Militärzug, hieß es, war auf dem Weg zur Eisenbahnbrücke, um das Stephanitor zu versperren ... Von der Innenstadt her waren Abteilungen des Freikorps über die Martinistraße zur Kaiserbrücke vorgestoßen. Bei Sankt Pauli, am Neuen Markt, in der Johannis Straße wurde geschossen, aus den Seitenstraßen, über die Dächer, die Gartenmauern, kamen die Aufständischen, die abgeschnittenen Revolutionäre, ich sah es jetzt deutlich..., mein Vater war unter denen, die dort über die Schindeln krochen, in den Schneeböen, sich in die Bäume

ten wir denn dscha, un da wär ich doch warraftigen Gott, beinah wär ich da in das alte labbrige Süßwasser abgesoffen.'

'Können Sie denn nich schwimmen?' fragte einer der Zuhörer verblüfft.

'Natürlich kann ich schwimmen', antwortete Käpt'n Bruns. 'Abers das hatt ich doch vor Schreck reineweg vergessen.'"[23]

Überdies gibt es ein Werk, das die Weser gar zur personifizierten Heldin hat. „Fast ein Menschenschicksal" ist denn auch das letzte Kapitel überschrieben. Karl Löbe versieht zwar sein „Weserbuch" mit dem Untertitel „Roman eines Flusses" , doch sind die gut 400 Seiten seiner historischen Darstellung der menschlichen Eingriffe und Versäumnisse, der Städte und Dörfer, der Kähne und Schiffe bei allem Bildungs- und Unterhaltungswert nicht wirklich belletristischer Natur.[24]

Mit poetischen Überhöhungen und beschaulichem Humor war es nach der Erfahrung von zwei Weltkriegen, Holocaust und atomarer Bedrohung auch in der Literatur weitgehend vorbei. So erscheint die Weser im ersten Band des Romans „Die Ästhetik des Widerstands" (1975-1981)

Peter Weiss, Selbstbildnis, 1938

Die Weser im Nebel, 1996

warfen, hinunterkletterten zum Deichweg, und als er beschrieb, wie sie sich von der Uferfeste langsam vorschoben zur Großen Allee, zum Ansatz der Brücke, wie sie sich am Geländer entlangdrückten, gedeckt vom Feuer der Cuxhavener Matrosen, hingen über mir die genieteten Brükkengewölbe mit ihrem dichten Kreuzwerk von Balken, Minen schlugen in den Boden ein, eine blaue Stichflamme schoß aus einer zersprengten Gasleitung hervor, die Arbeiter drüben auf der Weserbrücke, sagte mein Vater, waren überwältigt worden, von ihren Barrikaden, zusammengetragen aus Karren, Kisten, Brettern, Matratzen, stieg schwarzer Qualm auf, die Domglocken läuteten bereits den Sieg der Konterrevolution ein, als wir noch mitten auf der Kaiserbrücke lagen, dort am Fuß des Eisenbogens, wo der Weg zum Teerhof abzweigte."[25]

Einen der wenigen Versuche in den letzten Jahrzehnten, sich der Weser lyrisch zu nähern, hat der 1921 in Bremen geborene Schriftsteller Otmar Leist unternommen. In seinem 1976 erschienenen Gedichtband „In halber Helle" schildert er Momentaufnahmen und Stimmungsbilder am Fluß:

„Ein Boot zu sein, allein, am Abend, / wenn die Signale verhallt sind / und der Leib die Stege einzog – / Treibgut, den Strom hinunter." Und an anderer Stelle heißt es mit Blick auf die Verschmutzung der Weser: „Hochwasser kam und ging. / Unten am Deich die Schlangenlinie / von Hölzern, toten Brassen, Plastiktüten."[26]

Unterdessen geht es der einstigen Lebensader selbst ans Leben – ein Umstand, den der 1942 geborene Autor Detlef Michelers in seinem Titel „Weser ade" nicht etwa mit einem Fragezeichen versieht: „Die Wasserexperten jammern, Unheil lastet über der Stadt – die Weser ficht ihren letzten Kampf gegen Sauerstoff, Sonnenlicht und Algenwuchs.

Nur ein anhaltender Wetterumschwung kann den Fluß davor bewahren umzukippen, um als toter Strom in die ewigen Jagdgründe der Nordsee einzuziehen, die ja auch nicht mehr die frischesten sind, wie man weiß.

Blättern wir einmal zurück: Vor gut einem Jahrtausend haben sich die ersten Menschen an der Weser niedergelassen, sicher aus existenziellen Gründen.

1. Weil es massenweise Fische gab.
2. Trinkwasser.
3. Eine Furt, denn über die Weser zog man nach Norden.

Dadurch Handel, Wandel und nicht zuletzt Geschäfte. Sieht man sich die Lage heute an, so kann uns der

Weserspiegelung, 1997

Fluß in bezug auf diese Punkte nicht mehr allzuviel bieten. Er hat abgewirtschaftet. Die Weser ist alt und müde geworden, trinken kann man die Plörre nicht, der Fischfang ist ein Hohn, und die Brücken und Fähren über den Strom kosten die Stadt und uns ein Heidengeld.

Eigentlich ist sie nur noch als Gepäckträger für den Bremer Hafen nutze, und das könnte man auch per Bahn und LKW von der Küste aus bewerkstelligen.

Also nicht lange gefackelt. Schütten wir den Fluß zu, ebnen wir ihn ein, laßt uns die Autobahn nach Bremerhaven in das ehemalige Flußbett legen.

Ansonsten haben wir schließlich noch die Wümme und Ochtum, so daß jeder die Möglichkeit hat, sich mal ein Stück Wasser anzuschauen, wie es fließt...

Bedauerlich ist die Stillegung der Weser natürlich für die am Fluß liegende Industrie, denn so preiswert wie bisher wird sie ihren Dreck nicht mehr los.

Doch ein volksnahes Hilfsprogramm für die notleidende Industrie könnte Härtefälle auffangen. Ich denke da z.B. an den 'Weser-Groschen'. D.h., daß jeder Bürger einen Zehner monatlich opfert, um den Unternehmen zu helfen.

Gesche Gottfried veranschaulichte es in ihrem Wasserhandbuch 'denke & darbe' mit den glühenden Worten: 'Fluß kaputt, Bilanz ganz'."[27]

Was die jüngeren Autoren eint, ist Respektlosigkeit gegenüber Traditionen, die den Älteren noch als ehrwürdig galten. Von solchem Bedeutungsverlust sind gerade hanseatische Überlieferungen keineswegs ausgenommen, wie Michael Augustin zeigt, der, 1953 in Lübeck geboren, in Bremen lebt, arbeitet, zeichnet und überwiegend Miniaturen schreibt: „Herr Lehmensieck wurde in eine alte hanseatische Trinkerfamilie hineingeboren. Der Vater soff wie ein Plattfisch, die Mutter wie eine Rohrdommel, was dem Jungen schlicht ein Greuel war.

Eines schönen verregneten Tages warf er seine Schultasche in die Weser und ging für sechsundvierzig Jahre nach Amerika. Die Eltern machten sich schon Sorgen. Doch als er im siebenundvierzigsten Jahre zurückkehrte, soff auch er wie ein Schwamm, und die beiden Alten konnten ihren Jungen stolz in die Arme schließen."[28]

Bei Jochen Schimmang, Jahrgang 1948 und in Ostfriesland aufgewachsen, steht der Alkohol zwar nicht im Mittelpunkt, aber eine seiner spezifisch modernen Darreichungsformen spielt eine Nebenrolle. So lesen wir in dem Erzählungsband „Das Vergnügen der Könige": „Ein letzter ruhiger Tag an der Unterweser folgte. Es war unverändert heiß, und zahlreicher und aggressiver als noch im Mai waren die Insekten, was indes Harm Oetken, der kein Blut hatte, das Insekten reizte, kaum störte. Er saß auf einer Decke nahe am Fluß, aß Aal, den er unterwegs gekauft hatte, und trank Dosenbier dazu. Er konnte sich nicht erinnern, daß ihm in den letzten zehn Jahren etwas auch nur annähernd soviel Spaß gemacht hatte. Nie hätte er sich vorstellen können, in Düsseldorf am Rhein zu sitzen, Aal zu essen, Dosenbier zu trinken und nach und nach immer fettigere Finger zu bekommen. Das wäre geradezu geschäftsschädigend gewesen. Nach dem Essen verstaute er den Abfall sorgfältig in einer Plastiktüte und schlief danach eine Stunde in der Nachmittagssonne. Als Junge, der noch darauf aus gewesen war, die Welt oder wenigstens Teile davon zu erobern, hatte er manchmal, allein oder mit Freunden, ähnliche Nachmittage erlebt. Damals war das quasi eine Vorbereitung auf die kommenden Eroberungsfeldzüge gewesen. Überlebenstraining am Fluß, bei knapp bemessenem Taschengeld. Heute handelte es sich eher um die Rückkehr von den Eroberungen. Der Kämpfe müde, liegt der Held am Fluß, die Taschen und den Bauch gleichermaßen gefüllt. Eigentlich gehörte noch eine schöne Frau neben Harm Oetken auf die Decke, aber da es erst früher Nachmittag war, mußten die schönen Frauen alle noch arbeiten. Er träumte sich eine."[29]

Gut 170 Jahre nach Jeremias Gotthelf artikuliert Franz Hohler das Bewußtsein, mit dem ein heutiger Schweizer Besucher durch die Freie Hansestadt an der Weser joggt. In seinem Lesebuch „Der Mann auf der Insel" heißt es: „Ich bin für ein paar Tage in Bremen ... Nach einer Weile kam ich zur Weser. Der Fluß ist schmutzigbraun, trotzdem strahlte er eine wunderbare Weite aus. Viele Menschen lagerten sich am Abhang oder spazierten auf der großen Uferaue oder rannten, wie ich, oder fuhren Rad, oder waren mit Hunden und Kindern unterwegs. Liebespaare saßen da, einige schon in Badekleidern. Vor einem Jahr, bei ähnlich schönem Wetter, explodierte der Reaktor von Tschernobyl."[30]

Joseph Apportin, Das Lied von der Flöte, Eitempera/Papier, um 1990

Helmut Debus, 1999

Dieser alles andere als heiteren nachmittäglichen Szenerie folgt bei dem plattdeutschen Liedermacher und Poeten Helmut Debus eine düstere Abenddämmerung; der Tiefgang des Flusses ist hier nicht in Lot zu bemessen:

„Kutters in'n Haben rieten stumm an de Tampen,
Schlummerstunn hollt Wacht.
Brackwater sappt an Bojen un Dalben,
'n Waalfischmuul de Nacht.
Ankers pultert füünsch ut de Klüsen,
Noordoostwind jaagt un weiht.
Maand treckt dat Meer in sien' Wattenbahn,
wiest wu Läwen vergeiht.

Schippermutz, blaue Jack, ruukt na Teer un Tobak
wiet gahn, he drunk as'n Fisch.
Swömm jede Nacht dar düüster Netten,
in Glöös an'n Pieseldisch.

Ellen Fischer, Unterweser, Farbholzschnitt, 1998

Aal is'n Nachtdeer, 'n fixen Swemmer
Specksiet verkruupt sik in'n Slick.
Ik magg sien' Aart, sien eenfach Läwen,
sien' drögen Fischerblick.

Koole Stadt in'n Noorden, ewig natten Wind.
Hier Fischer woorden, as Fischerskind.
Hier Fischer bläwen, as Fischerskind.
Koole Stadt in'n Noorden, ewig natten Wind.

An dissen Morgen hett he mi mit ruutnahmen,
up't Water koolt Sonnenlicht.
Büxbeen' fladdert as hungen se full Aal,
de'n nich eenfach to faaten kriggt.
Netten utsmeeten, de Freeheit mit em smeckt,
den Töörn funnen mit de Tiet
Miel för Miel na den Tofluchtsoort
wiet wiet buten, guntsiet.

Koole Stadt in'n Noorden…"[31]

Der schwedische Schriftsteller Lars Gustafsson dagegen versieht den Fluß mit einer geradezu utopischen Funktion. In seinem Roman „Die dritte Rochade des Bernard Foy" flieht der Held mit einem Boot aus Worpswede: „Es war nicht einfach, in Nebel und Dunkelheit die Fahrrinne zu finden, und mehr als einmal sah Foy in letzter Sekunde Erlengehölze aus dem Dunkel auftauchen. Mein Ziel, dachte er, muß es sein, mich durch das Labyrinth von Flüßchen und Kanälen zum Hauptfluß der Weser durchzuschlängeln, die weit im Westen liegen muß. Komme ich dorthin, kommt Rat."[32]

Wie aber, wenn er den Fluß gar nicht mehr vorfände? In der Literaturzeitschrift „Stint" entwickelte der in Bremen lebende Autor Jürgen Alberts eine solche Vision: „'Die Weser is wech', murmelte der Mann in verständlichem Missingsch … War der Fluß versickert, um an angenehmerer Stelle wieder zu erscheinen? Vielleicht in Ligurien. Oder in Kuba. In Malta, Tirana, Asturien oder auch in der Normandie, dem Lake District oder bei Limerick?…

Ich radelte zum Fluß. Der Schock. Ein Doppelschock. Das Flußbett war trocken. Was sag ich, ausgedörrt. Als hätte niemals dort ein Fluß seine Wasserbahn gezogen. Horror-Schock. Und die Menschen, die an diesem Dörrbeet vorbeiliefen, schienen gar nichts zu merken…

Ich schaltete in den siebten Gang. Natürlich vermutete ich die Weser im Unterlauf, oder in der Quelle, wo sie verschüchtert hockte, weil man ihr nach der Wiederverei-

Ellen Fischer, Die Weser 1800-2000, Linolschnitt, 1999

nigung die Versalzung entzogen hatte ... Der Radweg war so gut ausgebaut, daß ich noch einen zweiten Gedanken wagen konnte. Das war das Werk der Hamburger, die zu ihrem letzten Schlag gegen die kleine Hanseschwester ausgeholt hatten...

Ich radelte weiter. Noch immer regte sich kein Wässerchen. Als niemand mich beobachtete, oder ich glaubte jedenfalls, daß niemand dies tat, pinkelte ich in das trockene Bett. Ein tiefes Murmeln war zu vernehmen. Dann war Stille. Gut, die Weser fand nicht genügend Aufmerksamkeit ... Gut, sie wurde geschunden mit Abwässern und Abfällen, Einleitungen und Erwärmung ... Der Fluß mußte von Grund auf neu entstehen. Und zwar diesmal als sauberes Gewässer. Schließlich soll es früher mal Lachse und Meeresneunaugen hier gegeben haben und heute nur noch Stint, der an Schwermetall zu Boden sinkt...

Ich delirierte. Plötzlich stoppte mein Rad. Die Weser. Da saß sie. Ganz feucht. In einem schönen grasgrünen Tal. War etwas in die Breite gegangen. 'Hallo', rief ich ihr etwas schüchtern zu, 'hallo'.

Sie reagierte nicht. War wohl mit sich selbst zu sehr beschäftigt...

'Und Sie kommen auch nicht wieder?' fragte ich leise."[33]

Anmerkungen

1 Friedrich Schiller, Musen-Almanach für 1797, Tübingen 1796

2 Zitiert nach Martin Beutelspacher, Porta Westfalica. In: Dirk Dasenbrock (Hrsg.), Stadt, Land, Weser, Fluß, Bremen 1987, S. 106

3 Johann Gottfried Seume, Mein Leben (fortgeführt von C.A.H. Clodius), Stuttgart 1961

4 Zitiert nach Johann-Günther König, Bremen im Spiegel der Literatur, Bremen 1991

5 Wilhelm Raabe, Sämtliche Werke. Hrsg. von Karl Hoppe, Göttingen 1951 f.

6 Wilhelm Busch über Wiedensahl, zitiert nach: Das große Wilhelm Busch-Buch. Hrsg. von Dietrich Leube, München/Zürich 1979

7 Annette von Droste-Hülshoff, Werke in einem Band, München/Wien 1984

8 Zitiert nach Hans Kasten, Bremen in der Dichtung, Bremen 1946; Klaus Nägelen, „...doch glücklich ist er nie gewesen", Heimatfunk Radio Bremen, 3.12.1994 (Typoskript)

9 Friedrich Engels, Über die Bremer. Briefe, Aufsätze, Literarisches, Bremen 1966

10 Ebd.

11 Zitiert nach Johann-Günther König, Bremen im Spiegel der Literatur

12 Albert Hermann Post, Bremer Leben, Bremen 1872

13 Zitiert nach Bernhard Gleim, „Tatort Brake", Heimatfunk Radio Bremen, 14.12.1985 (Typoskript)

14 Albrecht Eckhardt, Gründung und Aufstieg der Stadt Brake (1848-1910). In: A. Eckhardt/W. Günther/F.-W. Schaer/H. Schmidt/F.-H. Winter, Brake. Geschichte der Seehafenstadt an der Unterweser, Oldenburg 1981, S. 241

15 Georg von der Vring, Die Wege tausendundein, Hamburg 1955, S. 7. Zitiert nach: A. Eckhardt, Gründung und Aufstieg der Stadt Brake, S. 241

16 Peter Hille, Gesammelte Werke. Bd. 3, Essen 1985

17 Georg Droste, Ottjen Alldag (Gesamtausgabe), Bremen 1982

18 Zitiert nach Johann-Günther König, Kinner mit'n Willen... Bremer Kindheiten, Bremen 1989

19 Friedo Lampe, Das Gesamtwerk. Mit einem Nachwort von Jürgen Dierking und Johann-Günther König, Reinbek bei Hamburg 1986

20 Tami Oelfken, Maddo Clüver. Konturen einer Kinderlandschaft, Dülmen 1988

21 Alma Rogge, Bremen vor meinem Fenster. In: Merian-Heft 7 des XVIII. Jg., Hamburg 1965, S. 82-86; auch abgedruckt in: Henriette Carola Deppe, Ansichten vom Fluß. Weser-Bremen-Live, Bremen 1997, S. 62 ff.

22 Manfred Hausmann, Geliebtes Bremen, Bremen 1947

23 Karl Lerbs, Die besten bremischen Anekdoten. Mit einer Auskunft über Karl Lerbs von Jürgen Dierking, Bremen 1993

24 Karl Löbe, Das Weserbuch. Roman eines Flusses, Hameln 1968

25 Peter Weiss, Die Ästhetik des Widerstands. Bd. 1, Frankfurt a.M. 1975

26 Otmar Leist, In halber Helle, München 1976, S. 19 und 25

27 Detlef Michelers, Ischa Umzu. Bremer Schlüsselerlebnisse, Fischerhude 1976

28 Michael Augustin, Mal eben Zigaretten holen. Miniaturen, Bremen 1991

29 Jochen Schimmang, Das Vergnügen der Könige, Frankfurt a.M. 1989

30 Franz Hohler, Der Mann auf der Insel. Ein Lesebuch, Darmstadt/Neuwied 1993

31 Helmut Debus, Afsiet vun Tiet. CD, Brake 1994

32 Lars Gustafsson, Die dritte Rochade des Bernard Foy, München/Wien 1987

33 Jürgen Alberts, „Die Weser is wech." In: Stint, Nr. 15, Bremen 1994

Andreas Frenzel

Denkmalskultur an der Weser

Auf dem Gelände der Hochschule Bremerhaven entstand im Herbst 1998 ein Backsteinwürfel mit rund 6 m Seitenlänge, ein Entwurf des Künstlers Ilya Kabakov. Der Würfel hat zwei Eingänge, aber keine Fenster. Innerhalb des Backsteinwürfels sieht der Betrachter nur durch Umrißlinien skizzierte Auswandererszenen. Kabakovs Denkmal, „The Last Step" betitelt, erinnert an die Auswanderung. Im letzten Jahrhundert stand auf dem Gelände der jetzigen Hochschule ein Auswandererheim, das architektonisch in den Neubau einbezogen ist und das Kabakov als „den letzten Ort in der Alten Welt vor dem Sprung in die Neue" begreift. Aus diesem Grund steht der Gedenkkubus genau in der Verlängerung der Türachse der einstigen Exilantenunterkunft.

Der „Weserstein" in Hannoversch Münden

Die Hauptaufgabe des skulptural oder architektonisch, mit einem Wort künstlerisch gestalteten Denkmals ist das „zweckvolle Erinnern"[1] an Personen oder Ereignisse. Damit unterscheidet sich das Denkmal einerseits von der freien Plastik, andererseits vom Denkmal im allgemeinen – wie Bahnhöfe, Fabriken etc. –, das nicht auf Erinnerung hin angelegt wurde. Dies zu erkennen, erhalten und zu präsentieren ist Sache der Denkmalpflege, die als Denkmalschutz gesetzlich verankert ist. Denkmäler und Denkmalpflege fußen dabei auf dem historischen, kulturellen und nationalen Bewußtsein des 19. Jahrhunderts. Und natürlich ist „das öffentlich sichtbare Symbol", wie Nipperdey feststellte, „eine Sache, die alle angeht."[2]

Der Fluß

Die Eingravierungen der Höchstwasserstände veranschaulichen das Leben mit einem Fluß, der nicht immer ruhig in seinem Bett dahinfließt, auch wenn sie mit der Definition des Monuments zu kollidieren drohen. Viele Orte entlang der Weser haben die Höchstpegelstände festgehalten, so etwa Holzminden an der Weserbrücke, Hameln auf der Hochwassersäule an der Weserpromenade oder Bodenwerder in der Nähe des heutigen Schiffsanlegers. Von insgesamt 16 markierten Höchstständen seit dem 17. Jahrhundert stammt in Bodenwerder nur einer, dafür aber mit rund drei Metern der höchste, aus dem 17., zwei sind aus dem 18. Jahrhundert. Drei Überschwemmungen gab es im 19. Jahrhundert, davon die dritthöchste des Ortes 1841, weitere 1871 und 1880. Bereits 1845 schreibt August Engel in seinem „Weserbuch", daß Bodenwerder „durch häufige, sehr bedeutende verwüstende Überschwemmungen" eine „traurige Berühmtheit erlangt"[3] hat. Zehn Überflutungen hat man im 20. Jahrhundert festgehalten, die erste 1909, gleich zwei 1947 und die vorläufig letzte 1981. Die nüchterne Staffelung von horizontalen Linien und Jahreszahlen dieses „Rudimentärdenkmals" macht Not und Elend deutlich, die das Leben an der Weser mit sich bringt.

Am Zusammenfluß von Werra und Fulda, auf dem Tanzwerder in Hannoversch Münden, liegt der 1899 eingeweihte „Weserstein". Er trägt den Sinnspruch: „Wo

Werra sich und Fulda küssen / Sie ihre Namen büssen müssen / Und hier entsteht durch diesen Kuss, / Deutsch bis zum Meer, der Weser Fluss". Die poetische Auffassung des Zusammenflusses von Werra und Fulda verklärt den Fluß unter zweierlei Vorzeichen: einerseits haftet sie ihm ein idealistisch nationales Motiv an, andererseits weist sie auf die faktische Nutzung der Weser als Wasserstraße von nationaler Bedeutung hin.

Ein weiteres Denkmal zeugt von der Verklärung der Weser: Es ist die oberhalb der jungen Weser gelegene „Weserlied-Anlage", die einen herrlichen Blick über den Fluß mit dem Gedenken an den Texter und den Komponisten des „Weserliedes", Franz von Dingelstedt und Gustav Pressel, verbindet, indem sie eine Aussichtsplattform mit den Reliefporträts der beiden ergänzt. Die Reliefs sind von Gustav Eberlein (1847-1926) gestaltet. Da die Anlage zwar dem Texter und dem Komponisten gewidmet ist, das „Weserlied" aber selbst nicht präsentiert, ist davon auszugehen, daß es zur Zeit der Einweihung des Denkmals (1914) dem Besucher geläufig gewesen ist. „Ich kenne einen deutschen Strom", heißt es darin, „der ist mir wert und lieb vor allen"[4]. Dingelstedt hat damit die Heimatverbundenheit der Weseranwohner ausgedrückt, Grund genug, ihn und das „Weserlied" zu ehren. Die Verknüpfung eines landschaftlich herausragenden Ortes mit Denkmalselementen verleiht der Anlage zudem einen Ausflugscharakter, die sie von den Denkmälern der Innenstädte, an denen die Menschen zumeist achtlos vorbeigehen, unterscheidet.

Das „Stedinger-Denkmal" von 1834 bei Altenesch an der Unterweser

Die Weser als Ort historischen Geschehens

Eines der frühen Denkmäler des 19. Jahrhunderts liegt bei Altenesch (Unterweser): das 1834 erstellte „Stedinger-Denkmal". Es erinnert an ein Heer freier Bauern, das 1234 auf einem Kreuzzug von einem Ritterheer unter Führung des Bremer Erzbischofs Gerhard II. vernichtend geschlagen wurde. Das Denkmal, ein bescheidener Obelisk, ist „von späten Nachkommen" „den im Kampfe für Freiheit und Glauben auf diesem Schlachtfelde gefallenen Stedingern" gewidmet. Die „Nachkommen" artikulieren 600 Jahre später, in der Epoche des „Vormärz", ihren Wunsch nach Meinungsfreiheit und politischer Mitbestimmung. Damit sind wir bei der Ambivalenz der Denkmäler angelangt: Es wird ein – in diesem Fall historisches – Ereignis aufgegriffen, um aktuellen Auffassungen Ausdruck zu verleihen.

Blick auf Zusammenfluß von Werra und Fulda, um 1960

Am 1. August 1859 errichtet man in Todtenhausen bei Minden ein Denkmal, das eines weniger weit zurückliegenden Ereignisses gedenkt. Eine in neugotischer Manier gestaltete Säule trägt die langatmige Erklärung: „Dem Andenken der vereinigten Truppen Preußens, Englands, Hannovers, Hessen-Cassels, Sachsen-Gothas, Braunschweigs und Schaumburg-Lippes unter der Führung Ferdinands Herzog von Braunschweig am 1. August 1759 bei Minden erfochtenen Sieg über die französische Armee". Warum die ausufernde Inschrift? Weil sich hinter der Aufzählung der verschiedenen Truppen der Wunsch nach nationaler Einheit – natürlich ohne England – verbirgt. So ist ausdrücklich von „vereinigten" und nicht etwa von

Die „Tilly-Schanze" in Hannoversch Münden, Postkarte

„verbündeten" Truppen die Rede. Preußen wird zuerst genannt, schließlich befinden wir uns auf preußischem Gebiet, und die Inschrift richtet sich gegen den „Erbfeind" Frankreich.

Das Denkmal zeigt vier, von F. W. Dankberg gestaltete Porträtmedaillen, oberhalb der zitierten Inschrift Ferdinand von Braunschweig, links- und rechtsseitig davon Carl Wilhelm Ferdinand von Braunschweig und Wilhelm zu Schaumburg-Lippe. Nicht eines „freien Volkes" erinnert man sich – wie es die Stedinger tun –, vielmehr tritt eine monarchische Gesinnung zutage. Dies wird noch deutlicher an einer auf der Rückseite des Monuments angebrachten Medaille, die das Profil eines älteren Herrn mit Lorbeerkranz, großer Nase und großen Augen zeigt. Es handelt sich um Friedrich den Großen. Neben der monarchistischen Ausrichtung sucht das Denkmal sinnfällig zu machen, daß Friedrich hinter der Idee der nationalen Einigung steckt. Es stilisiert ihn zum Ahnherrn der nationalen Einheit.

100 Jahre später, 1959, in den Wirtschaftswunderjahren, wird eine Tafel aufgestellt, die erläutert, daß die „Schlacht bei Minden" während des Siebenjährigen Krieges stattfand. Infolge des preußischen Sieges vermochten die Engländer ihre Vormachtstellung als Kolonialmacht gegenüber Frankreich auszubauen. Und deswegen feiern die beteiligten „englischen Traditionsregimenter" jährlich am 1. August den „Minden-Day". So wird mit der Tafel ein Bezug hergestellt zwischen dem Denkmal und den im Umland stationierten englischen Truppen, zwischen dem in rund 30 Einzelstaaten zerfallenen Deutschland und dem nach der Kapitulation, von alliierten Truppen besetzten Deutschland.

1880 finden sich in Münden drei Mitglieder des Verschönerungsvereins zusammen und bilden das „Turmbaukomitee". Ihr Ziel ist der Bau eines Aussichtsturms oberhalb der Stadt. Entstehen soll der Turm an der Stelle des Rabanenkopfes, von der aus während des Dreißigjährigen Krieges Tilly die Stadt beschossen haben soll. Finanziert wird die Anlage zunächst durch Spendengelder. Neben dem Turm sind eine Aussichtsplattform und ein kleines, zweigeschossiges Gebäude geplant, das sich an den Turm anschmiegt. Der Turm soll die Höhe von 25 Metern erhalten und das Gebäude „in echt gotischem Stil" errichtet werden. Ende 1881 ist der Rohbau fast abgeschlossen, der Turm selbst ist schon für Besucher zugänglich. Jedoch verzögert sich die Fertigstellung bis 1885. Nicht vollendet bis dahin ist das obere Zimmer, für das der gebürtige Mündener Künstler Gustav Eberlein bereits 1880 großzügig Allegorien der Fulda, der Werra und der Weser sowie eine Darstellung der Belagerung Mündens durch Tilly zugesagt hatte. Endlich wird 1888 als einziges Eberleins Relief „Die Verteidigung der Stadt Münden im Dreißigjährigen Krieg" an Ort und Stelle enthüllt.

Das Gipsrelief (2,75 m x 2 m), wiegt in feuchtem Zustand 19 Zentner, den Transport vom Berliner Atelier des Künstlers nach Münden zahlt die Stadtkasse. Im Zentrum zeigt es Hauptmann von Rheden (dargestellt durch Karl Gruber, einen Freund Eberleins), der sich um die Verteidigung der Stadt verdient gemacht hat. Mit der Linken schwingt er das Stadtbanner, das auf die alles bekrönende Stadt-Allegorie, die Mundenia, weist, um Rheden herum ein wildes Hauen und Stechen. Eberleins Selbstbildnis findet sich unten links, Porträts seiner Eltern hat er in den Kapitellen der das Relief seitlich begrenzenden Pilaster untergebracht.

Aufgrund einer möglichst historisch-authentischen Ausgestaltung des Monuments sind etliche Versatzstücke anderer Gebäude und Epochen in den Turmbau eingefügt worden: Sattelsteine aus dem 16. und Grabsteine aus dem 17. Jahrhundert, ein englisch-hannoversches Wappen von 1828 und als i-Tüpfelchen ein großer gotischer Türklopfer. Die Suche nach „Alterthümern" aller Art führt 1885 auch zur Ausstellung einer „Altertumssammlung" mit 700 Objekten.

Der Bau der Tilly-Schanze ist nicht, wie die beiden vorgenannten Denkmäler, verbunden mit einer offenkundigen politischen Haltung. Typisch für die Denkmalskultur allerdings ist, daß sie von einem Verein ins Leben gerufen wird. Sie ist ein Ensemble historischer Artefakte, ein Spruchband über der Tür rät dem Besucher: „Vollkommenheit beanspruche nicht." Historischer Ort und historisierende Architektur sind pittoresk gemeint, in erster Linie wird ein historisch verkleideter Ausflugsort geschaffen, wie auch Eberlein seine Zeitgenossen historisch verkleidet hat. Daneben steht die Tilly-Schanze in einer ganzen Reihe von Denkmalstürmen entlang der Weser, etwa dem Moltketurm (Wittekindsberg), ursprünglich als Vermessungsturm errichtet, oder dem Bismarckturm.

Zu Pfingsten des Jahres 1899 weiht man in Rechtenfleth (Unterweser), nahe des Wohnsitzes des „Marschendichters" Hermann Allmers, ein Denkmal zu „Ehren des großen Glaubenshelden und Kulturbringers" (Allmers), Karl des Großen, ein. Allmers hatte eine Textstelle ausfindig gemacht, in der es heißt: „Wiederum kam der Herr Karl, nachdem er ein Heer gesammelt, nach Sachsen. Da verwüstete er mit großer Vorsicht und Anstrengung Sachsen...; und die Franken schlugen eine Brücke an einem Orte, dessen Name ist Alisni, von da rückte er nach dem Wigmodiga"[5], so die Übersetzung des Allmers-Intimus Detlefsen. Für den greisen Allmers steht damit zweifelsfrei fest, daß Karl der Große bei Rechtenfleth die Weser überquert hat und ihm ein Denkmal gesetzt werden muß. Anfang Mai 1899 beschreibt Allmers in einem Brief an A. Tiede die Situation zwischen Aufbau und Einweihung des Denkmals: „Wenn Du kommst, hast Du große Not, daß Du die große Straße neben dem Hause und den Deich hinter dem Garten seit heute morgen wiedererkennst. Gestern abend, wo ich im Festkomité beim Landratsamt in Geestemünde war, dröhnte halb Rechtenfleth von elf hintereinander mit wohlbehauenen Steinen beladenen Wagen, die Bausteine des Denkmals enthalten, während aus dem Deiche hervorragend schon ein Backsteinbau aus dem grünen Rasen schaute, während in seiner Höhlung die Bleiplatte im Grundstein harrte, welche der Nachwelt meldet, daß hier ein Denkmal von H. Allmers, dem letzten seines alten Geschlechtes, mit Hülfe seiner Freunde und Gesinnungsgenossen zum Gedächtnis Karls des Grossen errichtet, seines Weserübergangs zu Rechtenfleth und seines Heereszuges an die Elbe im Jahr 797 unter der Regierung Wilhelms II., des Landrates usw. ..., während das Denkmal selbst mit dem Mosaikbilde des alten Kaisers am 2. Pfingsttag mit Kanonendonner, Posaunen- und Hörnerschall sowie Sängerchören und Festreden feierlich enthüllt und eingeweiht wird, worauf späterhin man sich mit ...

Hermann Allmers, Bildnis von Franz von Lenbach, 1895, Landesmuseum Oldenburg

Waldmeisterbowle und Bier labt und gütlich tut, auch ein gut und verständig Wort in den Klosterhallen [aus Zeltbahnen] redet, die hier und dort nach Art Karls des Grossen zur Labung und Erquickung der Menschheit angelegt sind"[6]. Die Inschrift lautet: „Carl de Grote bin ick genannt/ein weldich Herr over vele Land/Von duetschen Blode gar hochgeboren, darto heeft Gott mi uterkoren./ Syn Lof to bringen in diszet Land/ Allwo syn Name noch unbekannt". Denkmalskultur heißt neben der historischen Herkunft (auch wenn der Anlaß noch so nichtig ist) also auch Fest- und Sängerumzüge, geselliges Beisammensein in dem Bewußtsein einer gewachsenen, kulturellen Einheit, die auch religiös fundiert ist und als deren Quell Allmers Karl den Großen ausgemacht hat. Karl als Kriegsherr tritt allerdings in den Hintergrund, was auf die bürgerliche Haltung Allmers' verweist, der 1848 auf seinem Grundstück eine „Freiheitseiche" gepflanzt und so die bürgerliche Revolution gewürdigt hat.

Ebenfalls an der Unterweser, in Rodenkirchen, vergegenwärtigt die Statue eines Mannes mit gesenktem Morgenstern die „Schlacht bei der Hartwarder Schanze" von 1514. 1913 von dem Düsseldorfer Künstler E. Jungblut-Sahl gestaltet, trägt sie die Inschrift „Lever dod as Sklav" (Lieber tot als Sklave) und erinnert an die Kämpfe zur Erhaltung der bäuerlichen Freiheiten gegenüber den Bremer Territorialherren, deren Truppen die Weser hinabgezogen waren und ihre Geschütze auf dem zugefrorenen Fluß mitführten. Rodenkirchen fällt, und auch der Versuch der

Das „Senator-Meyer-Denkmal" oberhalb Steinmühle, Postkarte, 1930

Einwohner, die Hartwarder Schanze mit Eisbarrieren zu schützen, nutzt wenig, da der Feind die Schanze umgeht und etliche Bauern gefangennimmt. Die heute vergessene „Schlacht" wird 400 Jahre später politisch instrumentalisiert: Ein Volk, das sich von übermächtigen Feinden umringt sieht, rüstet auf und ist zum Kampf bereit. Das Attentat von Sarajevo gilt als willkommenes Fanal, endlich losschlagen zu können. Daß sich mit der Niederlage 1918 die Statue als böses Omen erweist, zeigt die Interpretationsweite eines Denkmals oder die Voraussicht der Rodenkirchener.

Die beschriebenen Denkmäler bringen die Weser als Ort historischen Geschehens in Erinnerung und geben Einblick in die Entwicklung und Haltung des Bürgertums an der Weser. Die Forderung nach bürgerlichen Freiheiten (Allmers' Eiche, Stedinger-Denkmal) steht neben dem Verlangen nach einem monarchistischen Nationalstaat preußischer Prägung. Darüber hinaus dienen sie als Erinnerungsmal der nationalen und kulturellen Identität, wie es sich in Allmers' Karlsdenkmal manifestiert, oder sie demonstrieren, wie in Rodenkirchen, militaristische Großmannssucht. Es wäre jedoch zu wenig, wollte man den Denkmälern nur eine politische Interpretation zukommen lassen. Allmers Einweihungs-Vorstellung und die Errichtung der Tilly-Schanze machen sie zu Ausflugsorten und Mittelpunkten von Volksfesten, und so wirken sie auch auf diese Weise konsensbildend und identitätsstiftend.

Weserberglandtourismus und die Oberweser

Bei Steinmühle steht oberhalb der Felsen das „Senator-Meyer-Denkmal". Ähnlich wie bei der Mündener Tilly-Schanze ragt ein Turm gen Himmel. Goldene Lettern verraten: „Dem Senator F. W. Meyer-Hameln / das Weserbergland". Darunter die Wappen Holzmindens, Hamelns und Höxters. Auf der Rückseite des nicht begehbaren Turms erklärt eine Tafel: „Dies Denkmal ist vom ehemaligen Wesergebirgsverein, im Jahre 1926, zu Ehren des Gründers der Oberweser-Passagier-Dampfschiffahrt und des Wesergebirgsvereins errichtet worden und am 29.5.1927 eingeweiht". Die Unterhaltung obliegt seit 1970 der „Interessengemeinschaft Senator-Meyer-Denkmal".

Der Tafel ist nicht zu entnehmen, daß Friedrich Wilhelm Meyer ein rühriger Industrieller war. 1840 als Sohn eines Müllers in Österweg, also abseits der Weser, geboren, gelingt es ihm mit 15 Jahren, seinen Vater von der Anschaffung einer Dampfmaschine zu überzeugen, um so die Wassermühle unabhängig von Wasserstandsschwankungen betreiben zu können. Das Mehl wird mit Gespannen nach Melle gebracht und von dort mit der Eisenbahn weitertransportiert. Auf einer dieser Fahrten lernt Friedrich Luise Dieckmann, die Tochter des Mühlenbesitzers von Melle, kennen. 1862 heiraten sie, und der Schwiegervater überläßt Meyer den Meller Betrieb, der auf Lohnmüllerei spezialisiert ist. Meyer gestaltet ihn zu einer Handelsmühle um und vertreibt sein Weizenmehl hauptsächlich nach Holland. Das Geschäft läuft glänzend, Meyer erwirbt das Meller Gaswerk und beteiligt sich an einer Kunstdüngerfabrik. Da die Meller Mühle bald überlastet ist, optioniert Meyer den Kauf einer Wasserkraftmühle an der Ems, zumal er so auch seinem Hauptabsatzgebiet näher ist. Kurz darauf erfährt er, daß in Hameln die „Brückenmühle" zum Verkauf steht. Meyer tritt von den geschlossenen Verträgen zurück und übersiedelt nach Hameln. Sofort nach der Übernahme ersetzt er die Wasserräder der Mühle durch zwei Turbinen, des weiteren erwirbt er 1877 die Pfortmühle und macht aus ihr eine Mühle für Roggen mit drei Turbinen. Bald beläuft sich die tägliche Produktion auf 40 Tonnen Roggen- und auf 14 Tonnen Weizenmehl. Allerdings ist Meyer sich bewußt, daß er seinen Absatz noch vergrößern könnte, wenn die Weserschiffahrt ausgebaut würde. Da sich der Bremer Lloyd jedoch 1873 aus der Oberweserschiffahrt zurückgezogen hatte, gründet Meyer mit Th. Rocholl 1877 in Bremen eine Schleppschiffahrtgesellschaft. Davon überzeugt, daß der Niedergang der Weserschiffahrt u.a. mit der Nutzung der ungenügenden, hölzernen „Weserböcke"[7] zusammenhängt – und um das Getreide direkt in Bremerhaven löschen und stromaufwärts transportieren zu können –, läßt Meyer die ersten eisernen Böcke bauen. Das Projekt beflügelt sein Interesse an der Weserschiffahrt, er beteiligt sich mit zahlreichen Vorschlägen an der Weserkorrektion der 1880er Jahre. 1915 legt er auf Anregung König Ludwigs III. von Bayern den Plan eines „Werra-Donau-Kanals" vor, der die Werra und damit auch die Weser mit der Donau verbinden soll. Er schlägt Talsperren im Quellgebiet der Weser vor, um Zuschußwasser für die Weser verfügbar zu machen (aus der Idee erwächst die Edertalsperre), und hat auch gleich die Finanzierung parat: Der Gewinn elektrischen Stroms soll die Talsperren langfristig amortisieren. 1884 verschreibt sich Meyer der Weser-Personen-Dampfschiffahrt: Er kauft einen Personendampfer, der noch aus den Beständen der 1843 in Gang gebrachten und inzwischen brachliegenden Personenschiffahrt stammt, läßt ihn modernisieren und regelmäßig auf der Weser zwischen Münden und Hameln pendeln. Von vornherein ist es Meyers Ziel, den Fremdenverkehr an der Weser zu beleben. Das Rückgrat soll der Dampferverkehr bilden. 1902 ist er Mitbegründer des Wesergebirgsvereins, bis 1914 wächst seine Flotte auf sechs Dampfer an. In den Jahren 1954 und 1971 ergänzte der „Verkehrsverein Weserbergland" sein Denkmal um die Namen weiterer Persönlichkeiten.

Das Industriedenkmal „Einkurbel-Verbund-Dampfmaschine" in Bodenwerder

Um die Weser als Wasserstraße hat sich in anderem Rahmen als Meyer auch der preußische Oberbaudirektor Dr. Ing. Leo Sympher (1854-1922) verdient gemacht. Er förderte den Bau des seit 1904 errichteten Mittellandkanals, der die Weser in west-östlicher Richtung bei Minden kreuzt. An der Schachtschleuse, der Verbindung der beiden Wasserwege, erinnert ein Denkmal, das sich heute weder an seinem ursprünglichen Ort noch in seinem ursprünglichen Zustand befindet, an ihn. Sympher, aus Münden gebürtig, war darüber hinaus am Bau anderer deutscher Binnenkanäle sowie der Edertalsperre beteiligt. Das „Sympherschiff" – 67 m lang, 8,20 m breit und 2,20 m Tiefgang – ist die bis heute gültige Grundlage der Binnenschiffstypen.

Ganz anders faßt ein Denkmal jüngeren Datums die Industrialisierung auf: Während Sympher und Meyer persönlich genannt sind und ihrer Verdienste gerühmt werden, besteht das unter Mitwirkung der Mitarbeiter des Kraftwerks Afferde und des Kernkraftwerks Grohnde in Bodenwerder aufgestellte Industriedenkmal nur noch aus der 1950 in Betrieb genommenen und nun ausrangierten „Einkurbel-Verbund-Dampfmaschine" einer Garnspinnerei. Auch die Energiewirtschaft ist also bestrebt, der Vergangenheit ein Denkmal zu setzen und mit ihm ein positives Image zu transportieren.

Das „Franzius-Denkmal" von Fritz Schumacher in Bremen, 1908

Die Unterweser und der Zugang zum Meer

Im 16. Jahrhundert setzt die Versandung der Unterweser ein, die für größere Schiffe unpassierbar wird. Bremen legt für die Schiffe in Vegesack von 1619 bis 1622 einen Hafen an. Es ist das erste künstliche Hafenbecken Europas. Die fortschreitende Versandung zwingt Bremen zu weiteren Maßnahmen. Unter Bürgermeister J. Smidt entsteht ab 1827 Bremerhaven. Ein Denkmal für ihn findet sich heute im Zentrum der Stadt.

Seit 1847 entwickelt sich der Postschiffsverkehr mit den USA, und 1851 wird Bremerhaven zur Stadt erhoben. Auswandererschiffe sind schon früh unterwegs, 1849 wird das heute als Hochschule dienende Auswandererhaus errichtet, vor dem das eingangs erwähnte Denkmal Kabakovs steht. Ein vollplastisches Aussiedler-Denkmal ist 1986 nach Entwürfen von Frank Varga am Bremerhavener Außendeich aufgestellt worden.

Mit einer anderen Gruppe befaßt sich der Architekt Fritz Höger in dem von ihm gestalteten Denkmal für den Reeder Friedrich Busse. Busse hat 1885 mit seinen Fischdampfern die deutsche Hochseefischerei ins Leben gerufen. Das Denkmal befindet sich an der Geestemünder Zufahrt zur Drehbrücke nach Bremerhaven. Sie ist 1934 mit einer Rampe versehen worden, in die das Denkmal eingebunden ist. Höger verzichtet auf die Darstellung des überragenden Einzelnen zugunsten der Vielen: Eine Sandsteinplatte zeigt die Fischer beim Einholen der Netze, die Fischschwärme sind aus plastisch geformten Backsteinen gestaltet.

Nach der Reichseinigung 1871 scheint eine nationale Lösung der Unterweserversandung in greifbare Nähe gerückt zu sein. Bereits 1874 läßt der Bundesrat eine Kommission bilden, die sich des Problems annehmen soll. Neben Bremen sind Preußen und Oldenburg vertreten. Die ersten Ideen einer Unterweserkorrektion gehen allerdings nur so weit, die Weser bis Vegesack auszubauen, was auf den Protest von Oberbaurat Ludwig Franzius stößt, der Bremen in der Kommission vertritt. Bremen, das sich weiterhin als Seehafen versteht, fordert den Ausbau bis zur Stadt, woraufhin Oldenburg und Preußen auf eigene Pläne verzichten und Franzius die Federführung übernimmt. Kernpunkt der Unterweserkorrektion ist die Beseitigung der zahlreichen Untiefen und Inseln durch Ausbaggern eines Niedrigwasserbettes bei gleichzeitiger Flußbegradigung, so daß Seeschiffe den Hafen Bremens mit der Flutwelle anlaufen können. Die 1881 von Franzius der Kommission unterbreiteten Pläne erregen jedoch das Mißfallen von Reichskanzler Bismarck, der eine Beteiligung des Reiches an der Weserkorrektion ablehnt, zumal Bremen nach seinen Worten gar keine Seehafenstadt sei, sondern erst eine werden wolle. Damit ist die Stadt bei dem 30 Millionen Mark teuren Projekt auf sich allein gestellt und zögert, während Franzius den Plan eines seegängigen Hafens für Bremen entwirft, der aber zunächst keine Beachtung findet.

Als Bremen 1884 beschließt, dem Reichszollsystem beizutreten, fordert es, einen Freihafen als Zollausland behalten zu dürfen. Die zuständige Reichskommission weist den Antrag als gegenstandslos zurück, da Bremen keinen seegängigen Hafen besitze. Daraufhin werden Franzius' Hafenpläne ans Licht geholt und behauptet, Bremen habe einen solchen seetüchtigen Hafen längst vorbereitet. Das Reich gibt seine Zustimmung, und zwischen 1885 und 1888 entsteht der Hafen I (später „Europahafen"). Franzius' Pläne setzen aber die Weserkorrektion voraus, ohne die der Hafen keinen Zugang zum Meer hat. Sie ist unabdingbar geworden und wird seit 1887 in Angriff genommen. 1894 endlich erreicht das erste seegängige Schiff mit 5 m Tiefgang den neuen Hafen.

Die wieder zum Seehafen gewordene Stadt hat allen Grund, Ludwig Franzius ein Denkmal zu setzen, was 1908, fünf Jahre nach seinem Tod, geschieht. Es setzt sich aus architektonischen und plastischen Elementen zusammen und wird von einem anderen Oberbaurat, dem Architekten Fritz Schumacher, gestaltet. „Ludwig Franzius bahnte der Flut den Weg zur Stadt" – lautete die Inschrift des an der stadteinwärtigen Seite der Großen Weserbrük-

„Kaiser-Wilhelm-Denkmal" an der Porta Westfalica, Postkarte, 1941

ke gelegenen Denkmals, das im Zuge einer Modernisierung der Brücke 1959 abgetragen wurde. Damit ist auch die Erinnerung daran geschwunden, daß Bremen nicht immer einen Seehafen hatte. In Anerkennung seiner persönlichen Leistungen stellte man 1962 auf der stadtauswärtigen Brückenseite die nachgegossene Büste Ludwig Franzius' wieder auf.

In Blumenthal, heute ein Stadtteil Bremens, steht am Weserufer der „Bertholdstein". Er ist dem preußischen Landrat Paul Berthold gewidmet. Während seiner Amtszeit (1884-1894) wächst die Bevölkerung, bedingt durch die Ansiedlung mehrerer Industrieunternehmen, stark an. Man zieht Arbeitskräfte aus Polen und Schlesien heran. Da die Wohnraumkapazität des Dorfes schnell erschöpft ist – und die Betriebswohnungen nicht ausreichen –, gründet Berthold in Übereinstimmung mit den Arbeitgebern 1894 den „Spar- und Bauverein". Ziel ist die Errichtung von Eigenheimen für das Industrieproletariat auf genossenschaftlicher Basis. Mit Haus und Garten versehen, so die Überlegungen des Landrates, seien die Arbeiter überdies vor sozialdemokratischer Propaganda gefeit. Da die monatliche Abzahlung unter den üblichen Mieten liegt, breitet sich die auf konservativem Gedankengut beruhende Idee vom genossenschaftlichen Bauen aus, und Berthold wird „Vorsitzender der Baugenossenschaften Deutschlands".

HERRliche Monumente

Eines der bekanntesten Denkmäler ist das „Kaiser-Wilhelm-Denkmal", das oberhalb der Ortschaft Barkhausen, an der Porta Westfalica, am Übergang vom Weserbergland zur norddeutscher Tiefebene, liegt. Es ist dem ersten Kaiser des zweiten Deutschen Reiches gewidmet. Wilhelm, der 1797 das Licht der Welt erblickte und sich in der Revolution von 1848 den Spitznamen „Kartätschenprinz" einhandelte, übernimmt 1858 als Prinzregent die preußischen Regierungsgeschäfte und wird 1861 als Wilhelm I. König von Preußen. 1863 beruft er Bismarck zum Ministerpräsidenten. Damit endet die liberale „neue Ära". 1871 proklamiert man Wilhelm in Versailles zum Deutschen Kaiser. Er stirbt 1888.

Sein Denkmal auf dem Wittekindsberg wird auf Beschluß (1889) des ehemaligen preußischen Provinzial-Landtages zwischen 1892 und 1896 nach Plänen des Berliner Architekten Bruno Schmitz (1858-1916) errichtet. Er avanciert zum Spezialisten für Nationaldenkmäler (Kyffhäuser- [1891-96] und Leipziger Völkerschlachtdenkmal [1898-1913], Deutsches Eck [1894-97]). Damit ist auch schon klar, daß man nicht in regionalen, sondern natio-

Denkmal des Großen Kurfürsten in Minden, Postkarte, 1901

nalen Maßstäben dachte. Die Gestaltung des kaiserlichen Standbildes übernimmt der gebürtige Westfale Caspar Ritter von Zumbusch.

Die Gesamthöhe des Monuments beträgt 88 m, der Baldachin mit Kaiserkrone erreicht 51 m, und das Standbild des Kaisers selbst ist 7m hoch. Die Kosten belaufen sich auf 833 000 Goldmark. Der Sockel trägt die Inschrift „Wilhelm der Große". So hat Wilhelm II. gern seinen Großvater tituliert: einerseits, um ihn in eine Reihe mit Ahnen wie Friedrich den Großen oder dem Großen Kurfürsten stellen zu können, andererseits, damit die Leistung der Reichseinigung nicht allein auf Bismarck zurückfiel. Mit der Aufstellung auf der „Wittekindsberg" genannten Kuppe an der Porta Westfalica wird eine Herrschaftskontinuität von den Sachsenhäuptlingen bis hin zum preußischen Kaisertum propagiert, die den Vorstellungen der Zeitgenossen durchaus entgegenkam.

Dabei betont die Errichtung hoch über dem Fluß den nationalen Aspekt, unter dem die Weser gesehen wird, über die Wilhelm und damit Preußen schützend seine Hand hält. Darüber hinaus steht das Denkmal in Zusammenhang mit den in und um den preußischen Regierungssitz Minden verstreuten preußischen Heroen: Dem Schlachtendenkmal (Todtenhausen) gegenüber erscheint Wilhelm als Vollender der angeblich von Friedrich dem Großen initiierten Reichseinheit.

Das Denkmal des Großen Kurfürsten von W. Haverkamp ist 1900, also nach dem „Kaiser-Wilhelm-Denkmal", in Minden aufgestellt worden. Unter seiner Regentschaft fiel Minden 1648 an Preußen. Das Denkmal steht in den ehemaligen Befestigungsanlagen an der Weserbrücke. Am Sockel ist die Inschrift „Gedenke, dass Du ein Deutscher bist" zu lesen. Auch hier, in den preußischen Gebieten an der Weser, ist Preußens sogenannter „deutscher Beruf" in Stein gehauen.

Im Gegensatz hierzu tradieren einige andere Denkmäler entlang der Weser antipreußisches Gedankengut. 1870 läßt Sophie Gräfin Bremer „allen Denen aus der Grafschaft Hoya" einen Denkstein errichten, die gegen Preußen „1866 bei Langensalza stritten und starben im Heldenkampfe für Hannover und sein Königshaus". Auch das „getreue Amt Thedinghausen" erinnert 1900 (!) wehmütig an „Herzog Wilhelm [von Braunschweig] 1831-1884".

Monarchische Repräsentanz ist jedoch nicht immer monumental. In der Tilly-Schanze ist beispielsweise ein englisch-hannoversches Wappen von 1828 eingefügt, vor der Sababurg (Oberweser) ist dem Kurfürsten Wilhelm II. von Hessen-Kassel ein Denkstein gewidmet. In Bad Karlshafen erinnert seit 1899 ein Obelisk an „Carl Landgraf zu Hessen", „Ihrem Erbauer dem Schützer des evangelischen Glaubens / Dem Förderer der Wohlfahrt seines Landes, / die dankbare Stadt Carlshafen 1699-1899". In Kemnade findet sich vor der Klosterkirche ein Gedenkstein „Zur Erinnerung an den Besuch Ihrer königl. Hoheit den Prinzen Albrecht, Regent von Braunschweig am 1. July 1886". In Rühle verweist ein Denkmal erneut auf dessen Vorgänger Herzog Wilhelm. Auf dem Wittekindsberg ist 1842 in

Gedächtnistafel für Georg von der Vring in Brake

„Oeynhausen-Denkmal" in Bad Oeynhausen

Anwesenheit des preußischen Königs eine Linde gepflanzt worden, die den Namen „Königslinde" trägt.

Neben die Regentendenkmäler und die Herrschafts- und Hohheitszeichen treten zahlreiche obrigkeitliche Denkmäler, so etwa für Bismarck (z.B. in Münden die Statue von Reinhold Begas). Oder in Bremen, wo in der Innenstadt Statuen verteilt sind von Moltke (H. Hahn, Einweihung 1909), Bismarck (A. v. Hildebrand, Einweihung 1910), Wilhelm I. (im Zweiten Weltkrieg als Metallspende eingeschmolzen) und dem 99-Tage-Kaiser Friedrich III. (L. Tuaillion, Einweihung 1905), allesamt zu Pferde und auf hohen Sockeln. Die Stadt kompensierte mit den Denkmälern ihre kritische Position gegenüber dem Reich und Preußen, die sie lange Zeit beibehalten hatte.

Verdiente Ehrungen

Fallen den adeligen Regenten die Ehrenzeichen qua Amt und Würden zu, werden, beginnend mit der zweiten Hälfte des 19. Jahrhunderts, herausragenden Mitbürgern Denkmäler gesetzt. Für die erste Hälfte des Jahrhunderts ist die Form des Grabmals verbindlich. In Hoya ist es eine Prunkvase, gewidmet dem königlich-hannoverschen Deichgräfe J.C. Dammert (1755-1828): „Der Bau der Schleuse zu Neustadt [am Rübenberge] und seine Hülfsleistung bey Bremen's Einnahme durch Tettenborn im Jahre 1813 zeugen ... von seiner Einsicht und regen Vaterlandsliebe". General Tettenborn hatte Bremen von den Franzosen befreit. „Einsicht und rege Vaterlandsliebe" werden als rühmenswerte Eigenschaften festgehalten und suchen nationalen Standpunkten den Weg zu ebnen. Ein älterer Grabstein aus dem Jahre 1798 bezeugt hingegen noch allgemeine bürgerliche Qualitäten und Ansprüche: „Weise – Gütig – Rastlos", heißt es z.B. auf dem Grabmal G.H. Westermanns (Petershagen). Ähnliches gilt für den Sarkophag des Ernst Michael von Schwichow (1759-1823) in Minden. Nach Entwürfen Schinkels 1823 gefertigt, werden die Verdienste von Schwichows aufgezählt, darunter die empfangenen Orden, was dem mit neugotischen Zierleisten versehenen Denkmal einen stark militaristischen Charakter verleiht. Von Schwichow hatte sich zwischen 1813 und 1815 vielfach in den Auseinandersetzungen mit den Franzosen bewährt und leitete nach 1815 den Wiederaufbau Mindens und seine militärische Befestigung ein. Der Sarkophag, „aus wahrer und allgemeiner Hochachtung errichtet von den Einwohnern Mindens" und zunächst am Simeonswall aufgestellt, wurde später an seinen heutigen Platz am Schwichowwall umgesetzt.

Seit der Jahrhundertmitte gestaltet man die Denkmäler mit Statuen oder Porträtmedaillen plastisch aus. 1850 wird der Astronom W. Olbers mit einer Statue bedacht (Bremen), 1869 F. L. Haarmann ein Denkmal geweiht (Holzminden), dem Gründer der heute als „Fachhochschule ... für Architektur und Bauingenieurwesen" fortgeführten „Baugewerkschule", in Hameln entsteht eine Plastik für Dr. theol. F. G. F. Schläger. In Fürstenberg gedenkt man mit einer Medaille des Begründers der Porzellanmanufaktur, Oberjägermeister J.G. von Langen, und in Bad Oeynhausen erinnert eine Büste an den „Begründer des Bades ..., den Königlichen Berghauptmann C.A. von Oeynhausen (1795-1865)".

Für bildende Künstler stellt man deren Plastiken auf, so etwa für Hussmann (Fürstenberg) oder Eberlein (Hannoversch Münden). Dichter werden nicht nur als verdiente Mitbürger, sondern auch als nationale Kulturrepräsentanten geehrt. Theodor Körner, dem Dichter der Freiheitskriege, weiht man 1865 ein Denkmal (Bremen), das ihn mit Leier und Schwert zeigt. In Höxter stellt man einen Gedenkstein für Hoffmann von Fallersleben auf, der im nahen Corvey als Bibliothekar diente. In Bremen gedenkt man des Dichters Johann Gottfried Seume, dem es hier gelungen war, vor dem Militär zu fliehen. 1927 wird in Holzminden der Wilhelm-Raabe-Brunnen eingeweiht, geschmückt von seiner literarischen Figur Klaus Eckenbrecher. In Brake ist für den Schriftsteller Georg von der Vring (1889-1968) eine Gedenktafel an seinem Geburtshaus angebracht.

„Skagerrak-Denkmal" zwischen Polle und Brevörde an der Oberweser

Neben den verdienten Mitbürgern erscheint die Repräsentation der bürgerlichen Geselligkeit, das Vereinswesen, etwa im Denkmal zu Ehren „Friedrich Ludwig Jahns gewidmet von Mündens Turnern und Turnfreunden 1904", während sich der „Akademische Turnerbund" zum Andenken seiner Gefallenen am „Kaiser-Wilhelm-Denkmal" verewigt hat. Auch die Gesangvereine sind nicht untätig. 1989 wird auf dem Doktorwerder unterhalb der „Weserliedanlage" eine Plastik enthüllt, die des 150 jährigen Bestehens des „Mitteldeutschen Sängerbundes" gedenkt. Neben den Gründungsdaten verschiedener Gesangsbünde zeigt das Denkmal einen Chor und vergegenwärtigt die Kontinuität bürgerlich-gesellschaftlichen Lebens.

Die Kriegsdenkmäler

Sie sind wohl die größte und traurigste Gruppe unter den Denkmälern an der Weser. In vielen Orten entlang der Weser sind die Namen der Kriegsgefallenen auf Gedenksteinen verzeichnet. Es gilt hierbei zu unterscheiden zwischen den Kriegs- oder Kriegerdenkmalen und den Kriegsgräberstätten, die der Pflege des „Volksbundes Deutsche Kriegsgräberfürsorge" unterstehen – letztere seien hier ausgeklammert. Sie dienen, beginnend mit den sogenannten Reichsgründungskriegen (1864 gegen Dänemark, 1866 gegen Österreich und 1870/71 gegen Frankreich), dem Andenken der Gefallenen. Auf preußischem Gebiet an der Weser findet sich ein Denkmal für die ersten beiden Kriege, die vor der Stadtverwaltung Mindens aufgebaute Siegessäule mit der Sockelinschrift „Es starben den Heldentod und treu Ihrer Pflicht 1864 und 1866".

Nach der Annexion Hannovers durch Preußen (1866) finden sich auch auf hannoverschem Gebiet Gedenksteine. Sind jedoch auf der Mindener Siegessäule Medaillenporträts u.a. von Bismarck, König Wilhelm und dem Thronfolger Friedrich zu finden, sind die ab dem 1870er Krieg aufgestellten Denkmale entpersonalisiert. Oftmals tragen sie Allegorien wie den Reichsadler (z.B. in Bodenwerder) oder eine Viktoria (Kirchweyhe). Fast alle Denkmale sind mit einem Eisernen Kreuz versehen, das, nach einem Entwurf Schinkels, der preußische König während der Befreiungskriege für besondere Verdienste verlieh. So wird im Denkmal ikonographisch der Bogen zwischen den Befreiungskriegen und der kleindeutschen Reichseinigung gespannt. Ein ausgefallenes Modell ist in Berne (Unterweser) anzutreffen. Es handelt sich um ein Mahnmal zum deutsch-französischen Krieg. Zwischen Wirtshaus, Kirche und Rathaus umschließt ein Eisengußzaun eine Eiche und erinnert mit goldenen Lettern an die Gefallenen des Krieges und der Kolonien.

Mit dem Ersten Weltkrieg steigt die Zahl der Opfer und Denkmäler. Widmete sich die Siegessäule in Minden den Toten des „2ten westphälischen Infanterieregimentes", entstehen nun vermehrt solche für lokal stationiertes

Teilansicht des „Gefallenen-Denkmals" in Berne an der Unterweser

Militär, so ein Ulanendenkmal (Verden), eines für ein Reserve-Jäger-Bataillon (Rinteln) oder für die Pioniere (Münden). Sie sind mit Statuen der jeweiligen Waffengattung ausgestattet, während ansonsten figürliche Darstellungen vermieden werden. Auch Betriebsangehörigen werden Denksteine gesetzt, so „Unseren gefallenen Berufskameraden" (Weyhe). Zwischen Brevörde und Polle ist „unseren Helden in der Seeschlacht vorm Skagerrak" ein grosses Eisernes Kreuz gewidmet. Nach 1945 hat man die Gedenksteine oftmals um die Namen der Toten des Zweiten Weltkrieges ergänzt. Spricht man jedoch nach dem Ersten Weltkrieg noch von den „Helden", derer man am „Heldengedenktag" (heute „Volkstrauertag") gedachte, wird nach dem Zweiten Weltkrieg der „Opfer" gemahnt.

Zumeist bedienen sich die Gefallenendenkmäler ab 1920 einer teilweise expressionistischen Formensprache. Anders der von Bernhard Hoetger gestaltete „Niedersachsenstein" (Worpswede), der in seiner Monumentalität und seiner vollkommen expressionistischen Auffassung aus dem Rahmen fällt. Schnell wurde gewitzelt: „Das ist nie der Sachsenstein". Hoetger hat gegen ein Gesetz der bürgerlichen Denkmalskultur verstoßen: der klaren Lesbarkeit des Denkmals, das eingängig und nach Möglichkeit gefällig darzubieten ist. Für die Gefallenen der Bremer Räterepublik hat Hoetger eine Pietà gestaltet (Einweihung 1922), eine ihren Sohn betrauernde Mutter (Bremen-Walle). Das Denkmal ist 1933 von den Nazis zerstört worden und wurde 1972 durch eine abstrakte Plastik G. Arfmanns ersetzt. Korrelierend zu Hoetgers Pietà ist 1935 in den Bremer Wallanlagen, in unmittelbarer Nähe zur Weser, eine Ringmauer mit Namenssteinen erbaut worden für die während des Ersten Weltkrieges gefallenen Bremer sowie die Angehörigen der Division Gerstenberg und des Freikorps Caspari. Ursprünglich waren auch drei Namen von Mitgliedern der NSDAP eingefügt; sie sind nach 1945 getilgt worden. Der im Inneren der Ringmauer befindliche altarähnliche Stein und die vor der Ringöffnung stehende Mutter mit Kindern verleihen der Anlage einen pseudoreligiösen Charakter.

Nationalsozialismus und Verfolgung

Zum Denkmalsprogramm der Nazis gehörte die Zerschlagung nichtkonformer Denkmäler, ansonsten knüpften sie an eine „arische" Vergangenheit an. Im „Sachsenhain" (Verden) soll Karl der Große in einer Vergeltungsaktion 4500 Sachsen (-Häuptlinge) hingerichtet haben. Einige noch vorhandene Findlinge, angeblich zur Erinnerung an die Massenschlachtung aufgerichtet, läßt man unter NS-Regie auf die Anzahl der Getöteten aufstocken und gruppiert sie in Doppelreihe um einen Anger. Das Gelände übergibt man der SS, die – laut Augenzeugenberichten – mit polnischen Zwangsarbeitern über die Erhaltung des Geländes wacht. Aufmärsche, Jugendweihen und SS-Hochzeiten sollen hier vollzogen worden sein.

Bernhard Hoetgers Revolutionsdenkmal auf dem Waller Friedhof in Bremen, beseitigt 1933

Die Nationalsozialisten verkehren die bürgerliche Denkmalskultur in ihr Gegenteil. Statt des Ausfluges organisiert man Aufmärsche. Nicht mehr der Einzelne als Teil der Gesellschaft ist gefragt, sondern die Unterordnung des Einzelnen in eine von oben gesteuerte „Volksgemeinschaft". Feierte Allmers Karl den Großen noch als „Kulturbringer", erscheint er nun als Schlächter, während man die niedergemetzelten Sachsen bejubelt. Damit knüpfen die Nazis an die preußische Darstellung der Herrschaftskontinuität an, akzentuieren aber das Martialische. Nicht die plastische Ausgestaltung des Denkmals ist gefordert, sondern die symbolisierte und gleichzeitig erdrückende archaische Formgebung, die sich mit einer mythischen Verklärung des Geschehens verbindet. Der Rückgriff auf die vorgeblich „völkische" Vergangenheit führt gegenüber den früheren Denkmalen zu einer konfusen Haltung: Hoetgers Pietà wird zerschlagen, da sie an den politischen Gegner gemahnte, während der Niedersach-

U-Boot-Bunker „Valentin" im Bau, Ölbild von Paul-Ernst Wilke, 1944, Heimatverein Farge-Rekum e.V.

senstein desselben Künstlers mit derselben Formensprache aus ideologischen Gründen erhalten wird.

In Farge (Unterweser) steht bis heute der in seiner Monumentaltät als unsprengbar geltende U-Boot-Bunker „Valentin". Zu seinem Bau ab 1943 wurden KZ-Häftlinge des Lagers Neuengamme sowie Zwangsarbeiter aus verschiedenen Ländern herangezogen, von denen viele beim Bau ihr Leben verloren. Ein Denkmal zeigt zwischen Betonmassen eingepreßte Leichen. 1983 ist es in Anwesenheit ehemaliger Häftlinge und deren Nachkommen eingeweiht worden. Gedenkplatten in den Landessprachen – insgesamt 13 – der KZ-Insassen erinnern an das grausige Geschehen.

Viele Mahnmale sind den ehemaligen jüdischen Mitbürgern gewidmet, etwa ein schwarzer Stein aus gefärbtem Beton zur Erinnerung an die Opfer der Reichspogromnacht (Bremen), in Minden ist das abstrakte Denkmal „Wider das Vergessen" mit in Bronzeplatten gefaßten Zitaten versehen. An die Hinrichtung des Lemgoer Bürgermeisters W. Gräfer (8.10.1885-5.4.1945) erinnert eine Bronzeplatte am Ort des Geschehens, der Nikolaikirche in Bodenwerder.

In Münden gibt es eine Besonderheit: Ein Turm der ehemaligen Stadtmauer, die Rotunde aus dem 16. Jahrhundert, ist mehrfach umgewidmet worden. Zunächst dem Andenken der Gefallenen der Reichsgründungskriege geweiht, hat man das Tor der Rotunde 1937 mit einem Gitter versehen, auf dem in goldenen Lettern steht: „Sie sanken, ihr Geist aber lebt, ein ewiger Mahner uns zur Pflicht". Die Pflicht dürfte in der Kapitulation 1945 geendet haben. Rückseitig mahnt eine Plastik der „Opfer der Gewalt 1933-45". Mit Beginn der 90er Jahre allerdings galt diese Pauschalformel nicht mehr als ausreichend. Auf einer Bronzetafel, wiederum neben dem Tor der Rotunde angebracht, heißt es: „Wir bitten um Vergebung und Frieden. Viele schwiegen, als jüdische Mitbürger entrechtet / gemieden / vertrieben / gefoltert / deportiert / und ermordet wurden". Die zum Denkmal umgewidmete Rotunde verdeutlicht, daß der Holocaust sich auch aus nationaler Überheblichkeit speiste.

Schwieriges Andenken

In der Tat befassen sich die Denkmale nach 1945 vorwiegend entweder mit den Opfern des Nationalsozialismus oder mit der deutschen Teilung. Der herausragende Einzelne tritt nach zwölf Jahren „Führerkult" in den Hintergrund. Erst im Verlauf der 70er Jahre und mit der Wiederbelebung des Denkmals im Rahmen der „Kunst im öffentlichen Raum" erhält es allmählich wieder regionale Aspekte, wendet sich verstärkt den bislang wenig beachteten historischen Gruppen und Einzelpersonen zu, etwa Berufs- oder Einwohnergruppen, so den Zigarrenmachern (Achim, Bremen), den Glasbläsern (Nienburg und Rinteln, auch wenn bereits 1938 in Rinteln ein Glasarbeiterbrunnen gestiftet wurde), den Fischern (Brake) oder

Mahnmal „Vernichtung durch Arbeit" des Bremer Künstlers Fred Stein vor dem Bunker „Valentin"

U-Boot-Bunker „Valentin“, Luftaufnahme

den Ackerbürgern (Holzminden). Stadtbekannte Originale wie die „Mudder Cordes“ in Bremen werden bemüht, zuweilen auch wieder herausragende historische Personen wie Wittekind/Karl in Nienburg.

Diese Statuen sind nicht mehr durch einen Sockel herausgehoben, sondern stehen mit dem Betrachter auf einer Ebene. Die Skulpturen erinnern selten an eine Person oder ein Ereignis, gleichwohl thematisieren sie Geschehenes, stehen im Grenzbereich zwischen Denkmal und freier Plastik und zumeist in der Fußgängerzone.

Anmerkungen

1 H.-E. Mittig, Das Denkmal. In: Werner Busch (Hrsg.), Funkkolleg Kunst. Eine Geschichte der Kunst im Wandel ihrer Funktionen, München/ Zürich 1997, S. 532 ff.

2 Thomas Nipperdey, Wie das Bürgertum die Moderne fand, Berlin 1988, S. 17

3 August Engel, Weserbuch. Ein erklärender Begleiter auf der Weserreise, mit Berücksichtigung der Fulda von Kassel ab, Hameln 1845 (Reprint: Hameln 1990), S. 60 ff.

4 F. von Dingelstedt, Gedichte, Tübingen 1845 (MF-Reprint: Stuttgart 1988)

5 Zitiert nach R. Koop (Hrsg.), Hermann Allmers und Detlef Detlefsen. Briefwechsel, Hamburg 1959, S. 400 f.

6 Zitiert nach K. Schulz (Hrsg.), Hermann Allmers. Briefe. Bearbeitet i. A. der Hermann-Allmers-Gesellschaft. Göttingen 1968, S. 245

7 Man unterschied seinerzeit, so Engel 1845, in Bremen drei Arten „oberländischer“ Schiffe: die größten nannte man „Böcke“, die mittleren „Achterhänge“ und die kleinen „Bullen“.

Weser in Bremen

Überseehafen Bremen

Überseehafen Bremen

Stadtgarten in Vegesack

Weser bei Vegesack mit Blick auf die Vulkan-Werft

Weser bei Vegesack

Vulkan-Werft bei Vegesack

Weser bei Dedesdorf

An der Weser bei Brake

Wesermündung bei Bremerhaven

Dietrich Reusche

Die Weser in der Werbung

Wo der touristische, industrielle und wirtschaftliche Bereich mit der Weser in Verbindung steht, gehört die Werbung dazu. Sie wird jedoch nicht immer bewußt wahrgenommen, wie sich besonders in der Touristik erweist. Fremdenverkehr – im landschaftlich reizvollen Weserbergland oder in der Großstadt Bremen – wäre ohne Werbung mittels Broschüren, Faltprospekten, Beherbergungs- und Restaurantverzeichnissen nicht denkbar. Neben diesen klassischen Werbeträgern existiert eine indirekte Ebene von Werbung, die nicht unseren Vorstellungen von zielgerichteter Reklame entspricht. Hierzu zählen die vielen Reise- und Kunstführer, in denen die Städte, Landschaften und Kulturstätten zumeist positiv, d.h. in werbender Form, beschrieben werden. Manches Mal beinhalten sie „authentische Reklame", also Anzeigen, die auf regionale Erzeugnisse, auf touristische Besonderheiten oder Ferienmöglichkeiten aufmerksam machen, so daß indirekte und zielgerichtete Werbung zusammentreffen.

Die Ansichtskarten gehören ebenso zur indirekten Werbeform wie einige Genres der Literatur. Der „Rattenfänger von Hameln" oder die „Bremer Stadtmusikanten" beweisen, daß es keine vorzüglichere Werbung für einen Ort gibt, als ein berühmtes Märchen oder eine Legende, die mit ihm eine Verbindung eingegangen ist. Auch Dichtkunst kann, wenn sie eine Flußlandschaft zum Thema hat und ansprechend vertont worden ist, durchaus zur Popularität beitragen. Das oft zitierte, melancholisch-romantische „Weserlied" von Franz von Dingelstedt (Hier hab' ich so manches liebe Mal / Mit meiner Laute gesessen) erreichte indessen nie den Bekanntheitsgrad der zumeist lebensfroheren rheinischen und donau'schen Volkslieder (Warum ist es am Rhein so schön, Wo die Donauwellen fließen).

Die Oberweser steht für eine andere Form von Tourismus als die Unterweser. Die Idee eines mit der Landschaft verwobenen Flusses und des ungestörten Urlaubs in waldreicher Umgebung unterscheidet sich deutlich vom Weserabschnitt zwischen Bremen und Bremerhaven, wo das Maritime, der Handel nach Übersee und die Großindustrie dominieren, was sich auch in der Werbegraphik niederschlägt. Nicht zuletzt vor dem Hintergrund einer Seeschiffahrtsstraße, die mehr im Zusammenspiel mit den am Ufer befindlichen Fabriken, Umschlagsanlagen und Werften erscheint als im Zusammenwirken mit der Landschaft. Die Unterweser ist in viel größerem Maße als andere Weserabschnitte Arbeitgeber für die lokale Bevölkerung. Daran änderten auch die tiefgreifenden Krisen im Schiffsbau nichts.

Die Oberweser spielt in der Werbung vor allem für den Tourismus eine Rolle. Orte wie Hannoversch Münden, Höxter, Hameln, Bodenwerder oder Rinteln befinden sich nach wie vor im verträumten Einklang mit der sie umgebenden Flußlandschaft, obwohl die Infrastruktur, der Handel und die Industrie dort durchaus modern sind. Aber die Weser dient den Unternehmen hier weit weniger als Existenzgrundlage und Verkehrsstraße als am Unterlauf. Man mag einwenden, daß die großen Kühltürme der Kraftwerke bei Grohnde oder Würgassen nicht ohne den Fluß auskommen. Trotzdem kann man sich, umgeben von bewaldeten Höhenzügen, in die mit ihnen verbundene

Kloster Corvey an der Weser in der Nähe von Höxter

Welt der Märchen und Legenden gut hineinversetzen. Das Weserbergland „lebt“, und es ist bezeichnend, daß es seit nunmehr über hundert Jahren auf der Oberweser eine Personendampfschiffahrt gibt. Sie überdauerte alle Pläne einer durchgehenden Eisenbahnverbindung zwischen Minden und Hannoversch Münden entlang der Weser (etwa nach rheinischem Vorbild) oder auch die Idee, aus der Oberweser ein Bindeglied zwischen den Wasserstrassen Nord- und Süddeutschlands zu machen. Eine Flußregulierung zu diesem Zweck – mit einem anschließenden Kanalbau zwischen Werra und Main – blieb Wunschdenken.

Touristikwerbung im „Weserland“

Das Unternehmen Friedrich Wilhelm Meyer

Als um die Jahrhundertwende dem Fremdenverkehr im Weserbergland verstärkt Aufmerksamkeit geschenkt wurde, konnte man auf Erfahrungen aus dem Rheinland, dem Harz oder dem Thüringer Wald zurückgreifen, wo der Tourismus schon länger von Bedeutung war. Diesem Vorteil stand die nicht leichte Aufgabe gegenüber, das Oberwesergebiet als einen weiteren Anziehungspunkt dem gesamtdeutschen Fremdenverkehr anzugliedern. Urlaub für jedermann, wie er sich in den 30er Jahren und dann in der Nachkriegszeit auszuformen begann, war ohnehin noch ein weites Ziel. Erholungsreisen blieben zunächst dem gutsituierten Bürgertum vorbehalten. Andererseits hatte das Weserbergland den Vorzug eines noch unentdeckten Gebietes, das ungestörten Erholungswert versprach und eine der Wiegen deutschen Märchenzaubers war. Die örtlichen Verkehrsvereine bemühten sich redlich um die Anerkennung ihrer Region, aber erst mit der Personendampfschifffahrt kam es zum entscheidenden Durchbruch. Der Besitzer der Wesermühlen in Hameln, Friedrich Wilhelm Meyer, gliederte 1881 seinem Betrieb ein Schiffahrtsunternehmen an, das zunächst nur dem Transport seiner Handelsgüter dienen sollte. Nach nur zwei Jahren entstand daraus die Oberweser-Personendampfschiffahrt, die am 19. Mai 1883 mit dem Dampfschiff „Fürst Bismarck“ den regelmäßigen Linienverkehr zwischen Hameln und Hannoversch Münden aufnahm. Das war gewissermaßen der Beginn des modernen Tourismus an der Oberweser.

Meyer war nicht allein auf Gewinn aus, sondern „von dem Bestreben geleitet, das landschaftlich hervorragend schöne, im weiteren Deutschland jedoch wenig bekannte Oberwesergebiet dem Fremdenverkehr zu erschließen“.[1] Es gab zwar schon eine Reihe örtlicher Tourismus- und Wandervereine, aber der Unternehmer wußte, daß man

WESERLAND

Amtliches Anzeigeblatt und offizielles
Organ des Weser-Gebirgs-Vereins
Moderne illustrierte Monatsschrift über Land und Leute
am deutschen Weserstrom - Zur Förderung von
Heimatkunde und Heimatliebe sowie des
Fremdenverkehrs und zur Hebung des
Sports in dieser von der Natur
sehr bevorzugten Gegend
Verlag: Hüpke & Sohn,
Hoflieferanten
Holzminden
a. d. W.

Juniheft 1913
5ter Jahrgang

Inserate: 4spaltg. Raum
(20 Pfg. pro Millimeter)

Preis für das Jahr (12 Hefte) 1 Mark, ausschließlich Porto, für das Einzelheft 10 Pfennig.

Verlag: Hüpke & Sohn, Hoflieferanten - Holzminden

Titelblatt der Zeitschrift „Weserland“, Juni 1913

den künftigen Gast nur erfolgreich bewerben konnte, wenn man sich als einheitliche Region darstellte. Ein wichtiger Schritt dazu war der auf seine Initiative hin gegründete Wesergebirgsverein (1902), der überregional die touristischen Interessen von Kassel bis Minden wahrnehmen sollte. Das offizielle Mitteilungsblatt des Vereins, die „Nachrichten aus dem Oberwesergebiete“, erschien ab 1907 und verstand sich als wichtiger Werbeträger: „Dem Blatte soll unsererseits die weiteste Verbreitung gegeben werden, nicht nur, daß die Behörden, Magistrate, daß unsere Mitglieder und die der einzelnen Vereine ... dasselbe erhalten, sondern wir werden in allen Hotels und Gasthöfen, namentlich auch in allen Badeorten und größeren Städten Nord- und Mitteldeutschlands und Hollands dasselbe auslegen lassen.“[2] Ab 1910 wurde die Zeitschrift in „Weserland“ umbenannt, ein heutzutage wenig üblicher und nicht ganz stimmiger Terminus (das Weserland kann nicht bei Minden enden!). 1912 erhielt das Titelblatt ein modernes Aussehen, ein Anspruch, auf den der Untertitel ausdrücklich hinwies: „Moderne illustrierte Zeitschrift über Land und Leute am Weserstrom“. Das Moderne wird vor allem an der Jugendstil-Typographie deutlich, die nun die gotische Schrift ersetzte. Während zuvor auf dem Titelblatt ein großes Dampfschiff mit einem Felshang

Fahrplanplakat der „Oberweser-Dampfschifffahrt", 1908

im Hintergrund zu erkennen war, erscheint das Schiff jetzt verhältnismäßig klein und läßt einem für das Weserbergland typischen Gesamtausschnitt den Vorrang. Damit wird nicht auf Werbung verzichtet, denn mittels einer Schiffsreise war die in der Graphik dargestellte Flußlandschaft am besten zu „erfahren". Sie zeigt den durch Buhnen bezähmten Strom, wie er in einem weiten Bogen dahinfließt, umsäumt von Höhenzügen. Eine malerische Ortschaft erstreckt sich bis an das Ufer, auf dessen anderer Seite sich Weiden und Triften befinden.

Da im Oberwesergebiet der Jugendstil keine außergewöhnlichen Blüten trieb, schien die Strategie offensichtlich, die Großstädter, vor allem wohl die Berliner, mit einem neuen Layout auf die Region neugierig zu machen. Ein 1910 empfohlener Anzeigentext des Wesergebirgsvereins wendete sich denn auch an die Hauptstädter: „Die Oberwesergegend – Neuland für Berliner Sommerfrischler. Köstlicher Ruhepunkt, billige Pensionspreise. Liebliche Natur. Man begegnet keinen Berlinern, in den weiten Wäldern keinem Menschen und keinen Stullenpapieren. Personenschiffahrt, Rudersport, Angelsport, Jagd."[3]

Zu Beginn des 20. Jahrhunderts ergänzte Meyer seine Fahrpläne durch Reisebeschreibungen, die der Fahrgast mit dem Kauf des Billets – kostenlos – ausgehändigt bekam und die man nun auch an Verkaufsstellen in Bremen, Braunschweig, Hamburg oder Dortmund erwerben konnte. Der aus heutiger Sicht ungewöhnliche Fahrplan enthielt außer einer illustrativen Beschreibung der Landschaft ein Weserpanorama sowie den Fahrplan der Nordseeinselfahrten des „Norddeutschen Lloyd".

Man bemühte sich um Gäste nicht nur durch umfassende Informationen, sondern auch durch plakative Werbung. Fahrplanplakate waren zwar schon früher gedruckt worden, aber erst jetzt schöpfte die Oberweser-Dampfschiffahrt die Möglichkeiten des neuen Werbeträgers ganz aus. Auf einem ungewöhnlichen und zugleich historisch aussagekräftigen Fahrplanplakat ist 1908 das Schloß Fürstenberg oberhalb der Weser zu sehen. Strom, Wälder und das etwas trutzig wirkende Schloß fügen sich zu einem stimmungsvollen Bild, in das sich mit dem dampfgetriebenen Schiff die moderne Technik schiebt. Aus der vom Räderwerk durchbrochenen Weserromantik tritt die gehobene bürgerliche Zivilisation hervor, versinnbildlicht durch die junge „Dame" im Vordergrund. Sie ist nicht etwa volkstümlich-heimatlich gekleidet, sondern sommerlich elegant, in einem roséfarbenen Kleid, das durch die Überlänge beim Gehen noch angehoben werden muß. Dazu trägt sie einen leichten, befederten Hut und schützt sich mit einem Sonnenschirm. Von Bedeutung ist das aufgeschlagene Buch, das sie in der einen Hand hält und dem Bildungsbürgertum zugehörig ausweist. Als idealisierte Person ihres Standes tritt sie in selbstbewußter Haltung auf und blickt den Plakatbetrachter sinnlich an. Daß eine junge Frau so durch die Wälder des Weserberglandes streifte, ist unwahrscheinlich. Aber aus werbekaufmännischer Sicht ist sie genau die „Richtige", schließlich sollen Menschen wie sie mit dem Dampfboot fahren. Die Gesellschaft befindet sich im Speisesaal (links unten) – bei „Guter Restauration" an Bord des „Kaiser Wilhelm", der hier nicht als Dampfschiff, sondern als „Salon-Dampfer" vorgestellt wird. Dort setzt man die gehobene Sprache voraus, denn um 1 Uhr ist nicht Tischzeit, sondern „table d'hôte", bei dem man gerade auf einen Aperitif oder den im Kühler befindlichen Sekt wartet und beim sich verneigenden Kellner die Bestellung aufgibt. Eine zweite oder gar dritte Klasse ist auf dem Dampfer nicht zu erkennen.

Hervorragend wird auf dem Plakat die Weserbergland-Stimmung wiedergegeben, eine farbige Herbstatmosphäre mit dem Schloß Fürstenberg, in der die „Charaktervögel" der Landschaft, die Graureiher, nicht fehlen. Das Fahrplanplakat ist Ausdruck einer Blütezeit der Oberweser-Dampfschiffahrt, deren Aufschwung mit Beginn des Ersten Weltkrieges ein vorläufiges Ende nahm. Plakate in dieser Form kehrten später nicht mehr zurück.[4]

Von Hannoversch Münden bis zur Wesermündung

Auch die Zeitschrift „Das Dampfboot", eine Vorgängerin der Zeitschrift „Weserland", bezieht sich auf die besondere Stellung der Schiffsreisen. In der ersten Ausgabe des Jahres 1909 bekundet sie treffend: „Wir haben sie 'Das Dampfboot' genannt, weil die Dampferfahrten auf der Weser die größte Anziehungskraft für unsere Gegend bilden."[5] Neben einer Beschreibung der Stadt Münden findet sich eine kleine Anzeige, deren geschwungener Rand dem Jugendstil entlehnt ist. Die Graphik ähnelt einem Holzschnitt, ist im Ausdruck erhaben und zeigt, wofür Münden bekannt ist: den „Weserstein", vor dem Werra und Fulda zusammenfließen. Auf der Bank neben dem Stein sitzt ein Mann, der – als sei er ein Teil von ihr – die sich ihm darbietende Flußlandschaft betrachtet. Die Darstellung sucht nicht das Detail oder erhebt naturalistischen Anspruch – z.B. fehlen die Hügel auf der linken Weserseite –, sondern zeigt, ohne abstrakt zu sein, das Wesenhafte. Die weiße Schrift „Hann. Münden" stört keineswegs, sondern fügt sich als Kontrast in das vorherrschende Schwarz. Zwar ist die Graphik kein Meisterwerk, aber für ihre Zeit gesehen verständlich, in sich stimmig und wirkungsvoll. Die anderen Schönheiten der Stadt sind nicht auf ihr zu sehen, etwa die alte Werrabrücke, die „große Kirche", die Basilius-Kirche, oder die Fachwerk-Bauten. Auch fehlt ein Hinweis auf das Wirken Dr. Eisenbarts, der zu Hannoversch Münden gehört wie die drei Flüsse. Die Kenntnis um diese „Schönst gelegene

Anzeige in der Zeitschrift „Das Dampfboot", 1908

Touristikwerbung der Stadt Holzminden, hier sich als „Mittelpunkt des Oberwesergebietes" ausgebend, 1911

Prospektillustration der Stadt Hannoversch Münden, 1961

Stadt Norddeutschlands, an der Wiege der Weser", wie in der Anzeige zu lesen ist, wird vorausgesetzt, und es bedarf offenbar nur einer gezielten Erinnerung, daß man auf seinen Reisen Hannoversch Münden nicht versäumen darf.[6]

Der etwas melancholischen, aber im Charakter durchaus wesergemäßen Anzeige, steht eine Tourismusreklame aus den 50er und 60er Jahren gegenüber. Nicht Schwere und Sinnlichkeit werden hier sichtbar, sondern das Leichte und Beschwingliche. Die „große Kirche" und die Fachwerkhäuser sind ebenso zu erkennen wie die sich weit erstreckende Weserlandschaft und die im Vordergrund befindlichen Brücken, die über Werra und Fulda führen. Die Anordnung des Werbetextes ist aufgelockert und in verschiedenen Schriftgrößen und -arten der Darstellung angeglichen. Der Stil der Nachkriegsjahre ist charakteristisch für diese Graphik, einer sprudelnden Ausgelassenheit und Jovialität: Ein verliebtes Paar schwebt genießend in einem geöffneten Koffer durch die Lüfte und wird von einem Hirsch aus der bewaldeten Umgebung in das Weserbergland geleitet. Das „Paar im fliegenden Koffer" erinnert an die Witzseiten der Illustrierten aus den 60er Jahren. Im Verlauf von über fünfzehn Jahren wurde es in verschiedenen Variationen zum „Markenzeichen" der Mündener Touristikwerbung und erschien auf Faltprospekten, Zeitungsinseraten, Beherbergungsverzeichnissen und anderes mehr.

Ist an der Weser von Märchen und Sagen die Rede, die mit dem Namen ihrer Stadt eine Einheit bilden, so kann es sich nur um die „Bremer Stadtmusikanten" oder den „Rattenfänger von Hameln" handeln. Der Bezug des Rattenfängers zu seiner Stadt – durch jüngste Forschungsergebnisse wieder ins Licht der Öffentlichkeit gerückt – ist dennoch größer als bei den Stadtmusikanten, denen es in dem Räuberhaus bekanntlich so gut gefiel, daß sie Bremen gar nicht erst erreichten. Das Rattenfänger-Ereignis hingegen wurde schon 1284 in einer Stadtchronik überliefert. Da Rattenfänger und Hameln Synonyme sind – das eine steht für das andere –, bot die 650 Jahrfeier der Sage eine hervorragende Gelegenheit zur Städtereklame. „Dich ruft Hameln" heißt es auf dem Plakat in großer, leuchtend gelber Schrift. Die Farbe wiederholt sich in der darunter liegenden Silhouette der Stadt. Es sollte nicht übersehen werden, in welcher Zeit das Plakat entstand, und daß die in gotischer Schrift gesetzten Boten „deutsche Geschichte – deutsche Sage – deutsche Landschaft" etwas befremdlich sind. Dennoch haben wir ein exemplarisches Werbe-Plakat vor uns. Es weckt im Vorübergehen die Aufmerksamkeit und vermittelt die wichtigsten Informationen. Der Text ist kurz, die Gestaltung einfach, aber wirksam. Die malerische Ausführung ist flächig, verzichtet auf das Detail und weist doch auf das Wesentliche hin. Bewußt wird mit den Gesetzen der Komplementärfarben gearbeitet, auf die Goethe in seiner Farblehre hinwies und

Plakat zur 650 Jahrfeier der Stadt Hameln, 1934

Minden-Plakat mit Mädchen in Bückeburger Tracht, 1902

die heute in jeder Reklame angewendet werden: Wird eine Grundfarbe (das Rot des Rattenfängers) neben eine Sekundärfarbe gesetzt (das Grün der Wälder), so beleben beide Farben verstärkt die Netzhaut und betonen sich gegenseitig. Neben diesem Rot/Grün-Kontrast findet sich mit gleicher Wirkung ein weiterer: Stadtsilhouette, Brücke und Schrift (Gelb-Orange) stehen im Gegensatz zum Blau des Flusses und Himmels. Daß hier gezielt mit den Farbgesetzen gearbeitet wurde, bezeugt die farblich unrealistische Darstellung: Weder ist die Stadt gelb, noch entspricht das Grün den Farben der Natur. Auch die einheitlich rote Wiedergabe des Rattenfängers mit seiner Flöte ist willkürlich –, ebenso wie die Weser ein fremdes Blau aufweist, das dem des Himmels gleicht, als dunkler Hintergrund dient und die ohnehin helle Schrift noch leuchtender hervortreten läßt. Insgesamt sind Malweise und Inhalt aufeinander abgestimmt und assoziieren in der Ausführung die Welt des Kinderzimmers: Schemenhaft zeigt sich die Stadt in Bauklötzchen-Manier, Dampfboot und Frachtschiff könnten einem Modellbaubogen entstammen, links deutet sich eine Burg an, und über allem schreitet – gleichsam schwebend – die alles dominierende Legenden-Gestalt des Rattenfängers von Hameln.

Holzstich mit dem Wasserkreuz Minden, Anzeige der Mindener Schleppschiffahrtsgesellschaft aus der Zeitschrift „Die Weser“, 1929

Die Werbung im Mittelweser-Bereich

Als frühes Beispiel der Touristikwerbung ist ein Plakat anzusehen, das der Verein zur Hebung des Fremdenverkehrs in Minden 1902 herausbrachte. Man wollte in den „Wettbewerb“ treten, wie es hieß, und hatte dabei Städte wie Hannover und Wiesbaden vor Augen, die als Vorbild einer gelungenen Fremdenwerbung galten. Zumindest eines der 1000 gedruckten Plakate ist erhalten geblieben und zeugt davon, daß man durchaus mithalten konnte. Das Plakat ist eine Kollage, auf der die Sehenswürdigkeiten der Stadt und die Umgebung zu betrachten sind, auch die Porta Westfalica sowie die Weser. Neben traditionellen Motiven – wie dem alten Dom – wies man auf Neues hin: Das Kaiser-Wilhelm-Denkmal auf dem Wittekindsberg war gerade fünf Jahre alt (oben/Mitte), das Denkmal des Großen Kurfürsten soeben fertiggestellt (rechts/Mitte), und die Bismarcksäule, die heute nicht mehr steht, war ebenfalls noch jung (links). Als Attraktion galt gewiß der abends beleuchtete „Boulevard“ an der Tonhalle (links). Nicht zu sehen ist das erst 1914/15 entstandene Wasserkreuz mit dem Mittellandkanal, das seither in keiner Stadtwerbung fehlt und für das Minden ebenso berühmt ist wie für seine Lage an der Porta Westfalica.

Das Kaiser-Wilhelm-Denkmal war offenbar schon bald nach der Erbauung ein großer Anziehungspunkt. Der Wittekindsberg, auf dem es sich befindet, wird in den verschiedenen Bildsegmenten gleich mehrfach gezeigt, ebenso wie Gastronomie und Hotelwesen, die auf den Fremdenstrom vorbereitet schienen, z.B. das „Hotel Kaiserhof“ (rechts) oder die Gaststätte „Zur Wittekindsburg“. Es erstaunt dagegen, daß sich die städtebaulichen Besonderheiten Mindens auf dem Plakat zurückhalten; sie sind nur klein und fast am Rande dargestellt. Der Dom war um die Jahrhundertwende immerhin schon 900 Jahre alt – und unversehrt (unten rechts)[7] –, und das um 1250 erbaute Rathaus mit der gotischen Ratslaube gilt als das im Kern älteste Rathaus in Nordrhein-Westfalen (unten links). Sehr anschaulich bietet sich die besondere Lage an der Weser dar, mit den alten Hafenanlagen und der alten Weserbrücke, die zum Bahnhof führt.

Auffallend ist das „Mädchen in Landestracht“ im Bildzentrum, obwohl es in aufgesetzter Natürlichkeit posiert und sein gesundes, strahlendes Antlitz etwas übertrieben erscheint. Sie trägt die „Bückeburger Tracht“, eine der schönsten in der Region, in der auf verhältnismäßig engem Raum nicht weniger als sechs Trachten beheimatet sind.[8] Zwar gibt es auch eine „Mindener Tracht“,

Weserbrücke in Hoya mit Blick auf das linke Weserufer, Postkarte, 1914

die jedoch nicht in Minden selbst getragen wurde, doch für das Plakat „entlieh" man sich aus der nahen Nachbarschaft die bekanntere „Bückeburger". Ihr Merkmal ist vor allem die prächtige, wuchtig wirkende Flügelhaube, die sich erst ab ca. 1870 von einer kleinen Mütze zu einer bis 1,5 kg schweren Haube entwickelt hat. In der gezeigten Ausführung handelt es sich um die „Kirchgangstracht", die ausschließlich der Freudenzeit vorbehalten wurde.[9] Auch wenn die Idealisierung des Mädchens nicht zu übersehen ist, hatte der interessierte Urlaubsgast insgesamt ein ehrliches Plakat vor sich. Aus den einzelnen Bildansichten sprechen der Hang zur Heimatliebe und zum Volkskundlichen ebenso wie der Sinn für das Zeitgemäße.

Das „Mindener" und „Hamelner Plakat" im Vergleich

In mehrerer Hinsicht stellt das „Minden-Plakat" ein Gegenbild zum „Oberweser-Dampfschiffahrts-Plakat" dar und bietet eine gute Vergleichsmöglichkeit, zumal beide Ansichten aus der selben Zeit stammen und zudem einer recht konventionellen, kleinteiligen Darstellung folgen – im Gegensatz zu dem sich damals entwickelnden modernen Plakat, das durch sparsam verwendete Motive (zumeist war es nur ein Motiv) und eine zurückhaltende Farbskala Aufmerksamkeit erlangte. War das moderne Plakat darauf bedacht, dem vorbeieilenden Passanten in Kürze das Notwendige auf einprägsame Weise mitzuteilen, erforderten die hier gezeigten Touristikplakate ein genaueres Hinsehen, ein kurzes Verweilen, um alle Informationen aufzunehmen.

Während auf dem „Hamelner Plakat" eine junge Frau in eleganter, modisch-großstädtischer Sommerkleidung zu bewundern ist, befindet sich auf dem „Mindener Plakat" eine junge Frau in Landestracht. Beide stehen im Vordergrund und treten durch ihre Größe und Nähe zum Plakatbetrachter aus dem Bild hervor. Durch den Kontrast Stadtleben-Landleben liegt zwar eine Welt zwischen ihnen, aber in ihrer Haltung – wie sie sich, ihre Kleidung, ihren Stolz und ihr Selbstbewußtsein ins Bild setzen – ähneln sie sich sehr.

Zwei unterschiedliche Werbestrategien werden erkennbar: Die modisch gekleidete Großstädterin wird gewissermaßen in die Natur (das Weserbergland) „importiert" – vielleicht um dem Städter nahezulegen, sich mit der ihm noch unbekannten Landschaft zu identifizieren. Dagegen entstammt die *Bückeburgerin* ihrem Landkreis und verkörpert jene Kultur, von der die vielen Bildansichten auf dem Plakat künden und in deren Zentrum sie nicht zufällig zu gefallen sucht.

Auch die Flußschiffahrt zeigt auf den zwei Plakaten unterschiedliche Gesichter. Die Oberweser-Dampfschiffahrt wirbt mit einem ihrer Fahrgastschiffe, der Verein zur Hebung des Fremdenverkehrs hingegen mit einer Hafenszene, die Schleppkähne, Weserbockschiffe, Kräne und beladene Pferdefuhrwerke vorführt. Resümieren wir, so kann gesagt werden, daß auf dem „Mindener Plakat" die

Nienburg, Kolorierte Lithographie von L. Niebour, 1845

Schätze der Provinz angepriesen werden, die Natur und städtebaulichen Besonderheiten, die aktuellen Denkmäler, das Volkskundliche und das wirtschaftliche Treiben. Das „Hamelner Plakat“ wirbt dagegen nicht für eine spezielle Stadt, sondern für eine zeitgemäße Schiffsreise – in deren Verlauf natürlich Städte besucht werden können – sowie für eine gehobene Gastronomie, die gleichberechtigt neben der Landschaft und regionalen Kultur steht. Wenn Reisen damals nicht nur der Erholung galt, sondern auch eine Frage von Prestige war, so ist die Fahrt auf dem Dampfschiff als eine der moderneren Urlaubsvarianten zu betrachten.

Nienburg

Bei dem „Nienburg-Logo“ gewinnt man zunächst den Eindruck, hier handele es sich um die zeitgenössische Gestaltung eines Zeichens, das dem Tourismus zugeordnet ist. Diese Zuordnung ist richtig, die Bedeutung des Zeichens geht aber darüber hinaus, wie schon die Tatsache beweist, daß es nicht von einem Künstler entworfen wurde. Die Kreation stammt von einer Werbeagentur, die sich selbst mit den Stichworten „Konzept – Design – Ökologie“ definiert. So ist es nur folgerichtig, wenn sich das Logo als „graphischer Baustein“ innerhalb eines Stadtentwicklungskonzeptes entpuppt. Das Konzept zielt auf eine Stärkung der Innenstadt sowie deren wirtschaftlicher und touristischer Förderung. Angesichts einer sanierten Altstadt, eines breiten Angebots im Einzelhandels- und Dienstleistungssektor sowie vieler Freizeit- und Kulturveranstaltungen, geht es Nienburg darum, das unverwechselbare Profil der Stadt herauszustellen. Daher ist vorgesehen, nicht nur Bestehendes zu erhalten, sondern darüberhinaus Zukunftsperspektiven zu eröffnen. So will man ansässigen Firmen verbesserte Bedingungen bieten, indem Verbrauchermärkte vom Stadtrand ins Zentrum geholt werden. Man bemüht sich, Lücken im Warenangebot zu schließen und eine Koordination von Ladenöffnungszeiten, Gepäckaufbewahrung und Kinderbetreuung zu erreichen. Zudem möchte man jahreszeitliche Schwerpunkte für die Gastronomie setzen, vermehrt Feste durchführen und den Weserwall stärker in das Stadtgeschehen einbinden. Eine bessere Vernetzung des Bahn- und Busverkehrs ist ebenfalls ins Auge gefaßt. Der Fremdenverkehr betrachtet sich künftig nicht mehr nur als Mittler im Städtetourismus, sondern plant eine größere Zusammenarbeit mit dem Umland, wobei einem sanften Tourismus Rechnung getragen werden soll. Kurz: Nienburg will sich als „Markenbegriff“ etablieren.

Kommen wir auf das „Nienburg-Logo“ zurück. Inwiefern entspricht es dem Stadtentwicklungskonzept? Eine erste Antwort gibt die Vielseitigkeit des Zeichens, das als Aufkleber, Anstecknadel, Motiv auf Schokoladentäfelchen und Armbanduhren oder auch im offiziellen Briefpapier des Bürgermeisters und Standesbeamten verwendet wird. In seiner Ausführung ist es wohl durchdacht. Das flächig wirkende Quadrat erinnert an eine Landkar-

Logo der Stadt Nienburg, 1997

te, auf der die Stadt durch einen roten Punkt markiert ist. Er bildet zugleich den „I"-Punkt im Schriftzug: Nienburg – das ist sozusagen das „I"-Tüpfelchen der Region. Zudem symbolisiert das Rot die historischen Klinkerbauten. Die grüne Fläche dagegen ist Ausdruck der Umgebung, der Weite, des ländlichen Raumes, in den die Stadt eingebettet ist, für die Touristen gut zu erreichen. Das Grün verspricht Freizeit, Ruhe, Erholung, Lebensqualität und Idylle. Das Sich-Öffnen nach außen wird auch an dem Schriftzug „Nienburg" sichtbar, der über die Stadtgrenzen hinausragt.

Über den Rand hinaus weist auch die Weser, die als Wasserstraße und Verkehrsweg zwar einen Bogen um Nienburg macht – die andere Weserseite ist nicht besiedelt, dort beginnt unvermittelt die „Provinz" –, aber wirtschaftlich wie kulturell nicht von der Stadt zu trennen ist. Gleichzeitig kann der blaue Weserbogen als einzelne Welle betrachtet werden, die eine dynamische Bewegung durch den nach oben weisenden Schwung erhält: ein bildhafter Ausdruck für die Perspektiven in Wirtschaft, Tourismus und das gesamte städtische Geschehen.

Auch das Gelb im oberen Drittel des Logos hat mehrfache Bedeutung. Als Signalfarbe besitzt es Anziehungskraft, und will Unternehmern wie Zuzugswilligen sagen: Hier ist guter, fester Baugrund, es spricht viel dafür, sich in Nienburg niederzulassen. Bei aller rationalistischer Denkweise soll das Gelb gleichermaßen an die Natur, an die blühende Pflanzenwelt erinnern.

Das „Nienburg Logo", so wollten es die „Macher", müßte eigentlich ohne Erklärung verständlich sein, eine Erwartungshaltung, die sich im großen und ganzen bestätigt, wenn man sich ein wenig Zeit für die Betrachtung nimmt. Der dazugehörige Slogan, im Hinblick auf die Stadt, heißt „Erwarten Sie ruhig etwas mehr", ein Satz, der ebenso für das Logo selber gelten könnte, das sich wohltuend aus der heutigen Fülle oft beliebiger Zeichen und Kodes heraushebt.[10]

Der Unterweser-Bereich / Wesermündung

Bremen, Ausgangspunkt der Unterweser, wird in einer Dauerausstellung im dortigen Überseemuseum treffend als „Handelsstadt am Fluß" bezeichnet. Das Gesicht der Hansestadt, die in der Ausstellung zum großen Teil aus historischer Perspektive dokumentiert ist, hat sich aber im Laufe der Zeit wesentlich verändert, vor allem an der Weser. Nur einige Beispiele:

- Die Schlachte und Tiefer, die mit ihren am Fluß liegenden Handels- und Packhäusern das Bild der Stadt entscheidend mitprägten, haben seit dem Bau des Europahafens (1888, ehemals Freihafen), besonders aber seit dem Zweiten Weltkrieg ihr ursprüngliches Profil verloren. Momentan entsteht hier eine neue Uferpromenade.
- Der gesamte Bereich der alten, stadtnahen Häfen, durch die Schaffung neuer Container-Umschlagsanlagen auf dem gegenüberliegenden Ufer nur noch wenig genutzt, soll ebenfalls eine neue Funktion erhalten.
- Die AG Weser und Vulkan-Werft, früher weltweite Markenzeichen Bremens, existieren nicht mehr. Auch hier warten immense Areale auf neue Nutzung.
  Trotz dieses Wandels bleiben auch in Zukunft Weser und Handel untrennbar verbunden.

Zwei traditionsreiche Bremer Unternehmen befinden sich nach wie vor im Zentrum der Stadt und unmittelbar an der Weser. Sie denken nicht daran, ihren Standort aufzugeben und in Randgebiete umzusiedeln. Wandel gab es auch bei ihnen, aber auf erfreulichere Weise.

Zum einen handelt es sich um die Großrösterei „Jacobs Kaffee". Als Johann Jacobs 1895 einen kleinen Kaffee- und Teeladen am Domshof gründete und bereits zwei Jahre später in die Sögestraße umzog, war dies erst der Anfang einer Reihe weiterer Verlegungen seines Geschäftes. In der Obernstraße, der Straße mit den damals (wie heute) höchsten Mieten, fand er 1902 schließlich genügend Raum für eine eigene Rösterei, von deren Möglichkeiten er überzeugt war. Wurden vorher die Kaffeebohnen in einer Lohnrösterei einheitlich behandelt, konnte Jacobs jetzt jede Sorte nach ihrer besonderen Beschaffenheit veredeln. Damit erhielt jeder Kaffee eine verläßliche und eigene Geschmacksrichtung, quasi ein Qualitätssiegel, das neben einer durchdachten Werbestrategie der Schlüssel zu seinem Erfolg werden sollte. Nach dem Erwerb eines neuen Hauses in der Obernstraße, beabsichtigte Jacobs, den Verkauf über den regionalen Raum hinaus auszuweiten. Er gründete zu diesem Zweck 1926 die „Joh. Jacobs & Co.", eine offene Handelsgesellschaft, und bezog mit ihr im folgenden Jahr einen Gebäudekomplex an der Bonspforte, eine jener Gassen, die unmittelbar an die Weser heranführten.[11] Das Gebäude lag zur einen Seite an der Weser, wo – der Graphik nach zu urteilen – die direkte Verladung vom Schiff zur Produktionsstätte stattfand. Auf der Ansicht, die eine Preisliste aus dem Jahr 1933 zierte, herrscht noch viel Schiffsbetrieb, der sich vom Innenstadtbereich immer mehr in den Europahafen verlagert hatte. Links im Bild befinden sich das alte Kontor und das Packhaus, vor denen ein Dampfschiff liegt, von dem Säcke mit Rohkaffee in das Speicherhaus gehievt werden. Die Gebäude, ebenso wie die danebenliegenden, stehen längst nicht mehr. Gut zu erkennen ist noch der alte Tunnelgang mit den Rundbögen, wie er heute noch zu sehen ist.

Nach dem Bezug des neuen Sitzes in der Langemarckstraße auf der anderen Weserseite sowie nach dem Wiederaufbau 1945 erfolgten An- und Umbauten, die das Gesicht der Großrösterei erheblich veränderten. In den 80er Jahren kam es zu Umstrukturierungen im unternehmerischen Bereich, wie der Zusammenschluß mit dem Schweizer Konzern „Suchard Tobler" (1982) oder der Verkauf an den amerikanischen Nahrungsmittel- und Zigarettenkonzern „Philip Morris" (1990). Zugleich endete damit die Geschichte des Hauses Jacobs als Bremer Familienunternehmen. Die heutige Bezeichnung „Kraft Jacobs Suchard" entstand durch die Vereinigung mit der Philip-Morris-Tochter Kraft General Foods. Während die Rösterei 1982 nach Berlin umsiedelte, befindet sich die Deutschlandzentrale des Konzerns heute im Gebäude an der Weser. „Jacobs Kaffee" bildet noch immer einen eigenständigen Geschäftsbereich.

Das andere Großunternehmen, das nicht nur an der Weser im Herzen der Stadt bleiben, sondern sich hier sogar ausweiten möchte, kommt ebenfalls aus der Lebens/-Genußmittel-Branche. Das Produkt der Firma „Beck & Co.", muß nicht näher vorgestellt werden. Wie „Jacobs Kaffee" befand sich auch die „Brauerei Haake" anfangs nicht direkt an der Weser, sondern in unmittelbarer Nähe zu ihr, auf der Altstadtseite. Und wie es den Röster an die Weser zog, verlegte auch der Brauer Cord Hinrich Haake sein Werk dorthin, allerdings schon in den Jahren 1889/90. Die Brauerei erhielt den Namen „Haake-Beck" 1921, als die „Kaiserbrauerei Beck & Co. KG" mit C.H. Haake einen Vertrag schloß, der festschrieb, daß sie ihr gesamtes Inlandsgeschäft auf die neu entstandene Haake-Beck Brauerei AG übertragen würde. Die Kaiserbrauerei selbst hieß fortan „Beck & Co." und produzierte ausschließlich für das Ausland. Genau 60 Jahre später fusionierten beide Brauereien (1981), wobei Haake-Beck als Bierbezeich-

Die alte Bonspforte an der Weser in Bremen

Unsere

Lieferungsbedingungen

Verpackung

Verpackung wird nicht berechnet. Kaffee wird in ges. gesch. 1/2- oder 1/4-Pfd.-Originalpackungen geliefert. Auf Wunsch auch lose in Handtuchbeuteln von 9 Pfd. netto. Kaffee-Ersatz-Mischung nur in 1/2-Pfd.-Paketen, Tee lose oder in 1/4-, 1/8- und 1/10-Pfd.-Packungen. Kakao in 1/4- und 1/2-Pfd.-Paketen.

Der Versand der Dosen erfolgt nur in Paketen zu 8 Pfund = 16/2 Dosen mit 32/4 Originalpackungen. Die Lieferung erfolgt porto- und verpackungsfrei dort.

Der Versand der Teekartons erfolgt in Schaukartons sorgfältig verpackt porto- und verpackungsfrei.

Preisermäßigung! *Preisermäßigung!*

Versand

Bei Abnahme von 9 Pfd. Kaffee oder Kaffee-Ersatzmischung Lieferung portofrei dort, bei losem Tee von 5 Pfd. an. Bei kleineren Mengen Berechnung des halben Portos.

Zahlungsbedingungen

Die Lieferung erfolgt unter Nachnahme abzüglich 1½%.

Unsere Garantie

Wir liefern nur sorgfältigst verlesene Qualitäten, von bestbewirtschafteten Kaffeeplantagen. Sämtliche Kaffees kommen täglich ganz frisch geröstet zum Versand. Wir verpflichten uns, den Kaffee selbst im Anbruch bei Nichtgefallen auf unsere Kosten zurückzunehmen.

A 4481

Preisliste mit Abbildung der früheren Gebäude von Jacobs Kaffee, 1933

nung zwar bestehen blieb, aber „Beck & Co." Firmenname wurde.

Das hier vorgestellte Plakat der Brauerei Haake-Beck aus dem Jahr 1935 ist das offenbar einzig erhaltene seiner Art und wurde im Groß- wie im Kleinformat gedruckt, für die öffentliche Plakatierung und zur Aushängung in den Gaststätten. Zum ersten Male begegnen wir einer Weserdarstellung in entfremdeter Farbe. Der Strom ist gelb, dazu in der Dimension viel zu breit und soll die Vorstellung vermitteln, er sei ein einziger „Bierfluß", eben das „Wesergold". Man fragt sich, wie es zu dieser Idee kam, zu einer Entsprechung von Bier und Weserwasser, und erinnert sich vielleicht daran, daß es an der Oberweser ein Getränkeunternehmen mit dem Namen „Wesergold" gibt, das Fruchtsäfte anbietet. Sicher ist, daß „Haake-Beck" das Wasser für das Bier keinesfalls der Weser, sondern ausgewählten Brunnen entnahm. Betrachten wir die beiden Biersorten auf dem Plakat näher, vor allem das „Kristall-Pilsener", läßt sich eine Deutung wagen.[12] Unter „Pilsener" versteht man eine helle, untergärige und hopfenbetonte Brauart, die weiches Wasser benötigt. Es hat einen kräftigen, etwas bitteren Geschmack, wie nicht

„Wesergold" der Brauerei Haake-Beck mit Kristall Pilsener und Lagerbier, 1935

nur der Bierkenner weiß, und verlangt eine spezielle, sorgfältige Auswahl der Gerste. Es ist ein sogenanntes „blankes" (klares) Bier und war in den 30er Jahren außerordentlich gefragt, es war in Mode. Vielleicht hat dieses Verlangen nach „Klarheit", das sich ja auch im Namen „Kristall-Pilsener" ausdrückt, den Ausschlag gegeben, das Bier als Wesergold zu bezeichnen. Wie klar die Weser damals war, läßt sich schwer sagen, aber sie versorgte Bremen mit Trinkwasser und diente im Sommer dem Badebetrieb. Es herrschte die Vorstellung eines verhältnismäßig sauberen Weserwassers.

Bei dem „Lagerbier" verhielt es sich anders; es war trübe und paßt daher nicht ganz zur „Wesergold-These". Als untergäriges Bier benötigte es ebenfalls eine lange Lagerung und mußte daher gekühlt werden. Es unterlag einer Flaschengärung und erforderte eine aufwendige Behandlung. War das Bier „ausstoßreif", setzte man ihm einen gewissen Anteil Jungbier zu und füllte es in Flaschen. Nach einer Lagerzeit (Flaschengärung) wurde es mit einem Depot aus Hefe zum Verkauf angeboten. Die (untergärigen) Flaschen-Lagerbiere waren aus der Zeit geboren und kamen dem Wunsch nach einem leichten, gesunden und stoffreichen Getränk mit einer geringen Stammwürze entgegen.

Das Plakat mit seinem tiefschwarzen Grund fiel damals gewiß aus der Reihe. Mit dem breiten, gelben Weserstrom, der sich in einem deutlichen Kontrast vom Schwarz abhebt, bemüht es sich insgesamt um eine sparsame Darstellung, einem der wesentlichen Kennzeichen moderner Plakatkunst. Die zwei Bierflaschen, die auf die Weser einen leichten Schatten werfen, stehen als das angepriesene Produkt zu Recht im Bildzentrum. Ihr Behältnis, das Glas, fällt durch den etwas übertriebenen Glanz auf, verursacht durch eine unsichtbare Lichtquelle. Die Flaschenformen sind unterschiedlich, ebenso wie ihre Etiketten, deren Schrifttypen einerseits modern, andererseits traditionell sind. Das Plakat ist oben und unten mit der grünen Schrift „Das Wesergold" und „Haake-Beck" versehen, wobei das Grün nur schwach mit dem Schwarz kontrastiert. Hervorragend hebt sich dagegen das rot/weiße Wappen vor dem dunklen Hintergrund ab. Die zwei sich überkreuzenden Anker sind seit über 100 Jahren das unveränderte Signet der Brauerei (eine weiterer Bezug zu Schiffahrt und Weser!).

Die Lage an der Weser war für die Brauerei „Haake-Beck" vorteilhaft. Die Schiffe konnten unmittelbar vor der Produktionsstätte anlegen, so daß die zu entladende, zumeist vermälzte Gerste ohne Umwege zur Verarbeitung gelangte (damals wie heute). Da „Haake-Beck" nur im regionalen Raum angeboten wurde, war man nicht auf den Schiffstransport angewiesen. Man benutzte nur einige Schuten, die früher der Proviantierung großer Schiffe gedient hatten. Der Export des namhaften großen „Bruders", des Beck's Bieres, geschieht jedoch zum großen Teil immer noch über die Weser, wenngleich mit einem kleinen Zwischentransport zu Lande über die neuen Häfen, wo die weitere Distribution auf Schiffe erfolgt.

In Reichweite der beiden großen Nahrungs- und Genußmittelkonzerne, liegt auf dem anderen Weserufer die „weiße Flotte" der „Schreiber-Reederei". Sie ist zwar nicht so alt wie die Oberweser-Dampfschiffahrt, gehört aber dennoch zu den traditionsreichen Reedereien der Weser-Personenschiffahrt, die große Bedeutung für den Fremdenverkehr haben.

Als Franz und Otto Wilhelm Schreiber 1928 nach Bremen übersiedelten und aus der Konkursmasse der Weser-Reederei einen kleinen Passagierdampfer kauften, standen die Zeiten schlecht. Dennoch überwanden die beiden seefahrtserfahrenen Brüder Weltwirtschaftskrise und Arbeitslosigkeit und erwarben 1932 zwei weitere Schiffe, die Hafenfährdampfer „Friedrich" und „Franzius". Sie setzten sie für die stadtbremischen Hafenrundfahrten ein, die in Bremen seit 1925 genehmigt und in der Folge besonders gefragt waren. Das Dampfschiff „Friedrich" war bei dem Ankauf bereits 50 Jahre alt, hatte eine

Große Hafenrundfahrt mit dem „Friedrich", Plakat, um 1955

Werbung der Schreiber-Reederei, Plakat, 50er Jahre

Aufstockung hinter sich und blieb noch 30 weitere Jahre in Betrieb. 1963 außer Dienst gestellt, verwendete man es schließlich als Werkstattschiff. Der im Aussehen sehr originelle „Friedrich" entging der Fahrt zum Abwracken nur, weil sich ein Förderverein für seinen Erhalt engagierte. Er wurde restauriert und wird an der Weser seinen endgültigen Platz am neu gestalteten Schlachte-Ufer finden.

Das Fahrplan-Plakat der „Schreiber-Reederei" kündigt die *GROSSE HAFENRUNDFAHRT* an und zeigt „Friedrich", wie er im Einsatz ist. Es stammt aus den 50er Jahren und gibt auch einen Eindruck der alten Häfen wieder. Im Vordergrund ist ein Frachtschiff herkömmlicher Bauart zu sehen, in der Bugansicht von unten. Dieser Blickwinkel wird von Malern und Photographen bei Großschiffen deshalb bevorzugt, weil er optisch täuscht, aber dennoch real ist. Die Schiffe wirken größer, als sie sind, und flößen so dem Betrachter Respekt ein.

Bei dem Fahrplan-Plakat handelt sich um einen Linoldruck (heute eher eine Besonderheit), ein Verfahren, das in der Nachkriegszeit keine Seltenheit war. Er hält keinem Vergleich mit den in der Ausführung präzisen Passagierschiffs-Plakaten stand, z.B. des Norddeutschen Lloyd. Dennoch erlaubt der im Hochdruckverfahren abgezogene Linolschnitt bei begrenzter Farbenwahl eine recht saubere Wiedergabe der Farben und Linien. Auf der Ansicht dominiert ein Blau, die Symbolfarbe alles Maritimen, ohne Farbabstufungen zwischen Himmel und Wasser. Die weissen Flächen sind ungemalt, sie sind ausgespart und lassen das ursprüngliche Weiß des Plakatkartons erkennen. Trotz sparsamer Farbgebung haben wir ein kontrastintensives und wirkungsvolles Plakat vor uns, mit einem Text, der in Kürze das Wichtigste mitteilt: „Schreiber-Reederei / Ruf 26136 / Grosse HAFENRUNDFAHRT / 10.00 11.30 15.00 16.30 / Täglich ab Martini-Anleger". Mit welchem Schiff man fuhr, war unschwer zu erkennen.

Der Schwarz/Weiß-Druck mit Reisebus und drei Schiffen stammt ebenfalls aus den 50er Jahren und zeugt von der Zeit, als die Reederei als Busunternehmen tätig war.[13] Zu sehen sind drei große und komfortable Schiffe, die – wie das Plakat aussagt – für längere Fahrten benutzt wurden und den Streckenbereich von der Oberweser bis zum Leuchtturm „Roter Sand" abdeckten.[14] Von den drei „Dampfern" auf dem kleinen Plakat wird die „MS Oceana" aus dem Jahr 1937 als einziger – nach mehreren Modernisierungen – immer noch im Fahrgastverkehr eingesetzt und fährt mehrmals wöchentlich nach Bremerhaven.

Ein letztes Beispiel aus Bremen ist dem Norden der Hansestadt vorbehalten, der sich mit einem Touristik-Plakat aus Vegesack vorstellt. Über Ursprung und Verbreitung des Plakates liegen keine näheren Angaben vor, aber es kann aufgrund der Typographie und der zu erkennenden Gebäude erst nach 1927 entstanden sein, vermutlich in den 30er Jahren. Es vermittelt die maritime Seite Vegesacks und erinnert an alte Seefahrtstraditionen. Wie sehr der Ort mit der Schiffahrt verbunden war, zeigt sein früherer Ruf als Stadt der Seefahrer. Mitte des letzten Jahrhunderts waren hier nicht weniger als 150 Kapitäne und 100 Steuerleute gemeldet. Als von Vegesack 1895 vier Segellogger zum Fang auf das offene Meer hinausfuhren, war dies der Beginn eines beispiellosen Aufschwungs in der Heringsfischerei. Nach einer Flaute während des Ersten Weltkrieges avancierte der Ort schließlich zur Hochburg der deutschen Heringsfängerei, deren Niedergang – aufgrund nachlassender Nachfrage der seegekehlten und gesalzenen Heringe – in den 60er Jahren erfolgte.

Blick auf Vegesack, Touristik-Plakat, 30er Jahre

„100 Jahre Bremerhaven", Plakat, 1927

Auf diese Tradition verweist das Plakat, denn auf dem Fluß fährt ein Segellogger, der jedoch nicht als repräsentativ für die damalige Heringsfangschifflotte angesehen werden darf, die weit moderner war.

Vegesack ist vor allem mit Blick auf die Weser dargestellt, ohne Ansicht der Stadt selbst. Im Vordergrund überfliegt eine weiße Möwe die Flußlandschaft und füllt mit ihren Flügeln das Plakat in ganzer Breite aus. Die weiße Schrift „Vegesack an der Unterweser", auffallend durch die gewählte Type, hebt sich wie die helle Möwe von dem blauen Hintergrund ab. Zwischen diesen beiden Elementen, Möwe und Schrift, öffnet sich der Blick auf die Weser und den Uferbereich.

Das Schiff spielt mit Farben. Es besteht aus tiefgrünen Planken, einer roten Umbordung, einem leuchtenden Braun der Segel, dem feinen, schwarz linierten Takelwerk und den blau gekleideten Seeleuten. Im Hintergrund befinden sich drei kleine Segelschiffe. Das Ufer ist durch eine scharf konturierte Linie von der Weser getrennt, wodurch einerseits der Gegensatz, andererseits das Verbindende zwischen Land und Wasser hervortritt.

Links von dem Leuchtfeuer steht das markante Haus eines Rudervereins (im funktionalen Stil der Neuen Sachlichkeit), rechts davon die „Strandlust", die als „Schiffsansagegaststätte" seit Jahrzehnten zu den Besonderheiten Vegesacks gehört. Oberhalb davon erstreckt sich die begrünte, langgezogenene Düne, auf der Vegesack zum grossen Teil angesiedelt ist. Der Strand ist heute nicht mehr zu sehen, weil er einer Uferbefestigung gegen Sturmfluten weichen mußte. Er war damals ein wichtiger Erholungsort, wie auch das Plakat andeutet. Über das Vegesacker Strandleben gibt ein Artikel der Zeitschrift „Am Weserstrand" aus dem Jahre 1909 Aufschluß. Zugleich vermittelt er ein lebhaftes Bild der Weserschiffahrt:

„Die warme Frühlingssonne lockt die liebe Jugend hinaus aus der dumpfen Stube in die frische Luft. Eine große Anziehung übt auf die kleine Schar der Strand aus mit seinem hübschen Spielplatz. Wohl gewährt bei der winterlichen Kälte das Treibeis in der Weser ein stets wechselndes Bild, doch ungleich schöner ist es, im molligen Sonnenschein am Strande zu spielen. Man beachte nur, wie niedlich die liebe Gesellschaft sich zu beschäftigen weiß. Als Hauptausrüstung muß der Junge, das Mädchen einen Spaten haben ... Abwechslung muß sein. Sieh dort! Wie zwei Knaben wetteifern, wer am besten den Stein so über den Wasserspiegel werfen kann, daß er hüpfend weitertanzt ... Zwei Mädchen bauen sich eine Burg, die ein Graben umgibt. Ist die Burg groß genug, so wird der Damm durchstoßen, und die Burg wird zur Wasserburg. Doch es wurde höchste Zeit, daß sie fertig wurde, denn schon kommt die 'Gazelle'. Der Dampfer treibt die schäumenden Wellen gegen das Ufer. Barfuß stehen die beiden Mädchen auf ihrer Burg, um zu beobachten, wie die Wellen den aufgetürmten Sand fortspülen. Da kommt eine große Welle, die die Burg vollends zerstört, und laut aufjauchzend springen die Kleinen aufs Trockene ... In der Ferne kommt ein Schiff; die Kleinen wissen sogleich, wie es heißt. Das ist der 'Lachs'! Sofort treffen sie ihre Vorbereitungen, um die Wellen für ihr Spiel zu nutzen ... In nächster Nähe vermittelt die 'Frieda', der Fährdampfer, den Verkehr zwischen beiden Ufern ... Dort fliegt ein Ruderboot dahin ... Eine Weile fesseln die weißen Segel der Yachten die Aufmerksamkeit der Beobachter ... Ab und zu saust ein Motorboot dahin..., zur Sommerzeit nicht selten von einer Schulklasse besetzt, die auf einem Ausfluge begriffen ist. Frohe Lieder schallen dann übers Wasser. Die weißen Lloyddampfer, die den Personenverkehr auf der Unterweser vermitteln, Frachtdampfer, die von Bremen kommen oder zur Hansestadt hinauffahren, Schlepper, die die großen Lastkähne von einem Hafen zum anderen ziehen, ausfahrende und heimkehrende Heringslogger, Segelschiffe, die dunklen Torfboote aus dem Teufelsmoor, sie alle tragen dazu bei, den Weserstrom zu beleben, das Auge des Zuschauers zu erfreuen. Es darf uns darum nicht Wunder nehmen, wenn der Strand ein beliebter Aufenthaltsort der Eingeborenen wie der Ausflügler geworden ist."[15]

Es beeindruckt, welche Betriebsamkeit schon 1909 auf der Weser herrschte. Das Vegesack-Plakat vermittelt nicht diese Stimmung und gibt eine vergleichsweise „friedliche“ Weser wieder. Gleichwohl kommt auf ihm das charakteristische Vegesack zur Geltung, so daß die Ansicht als eine gelungene Einladung für den „Ausflügler“ betrachtet werden kann. Eine andersartige maritime Ausstrahlung zeigt ein Jubiläumsplakat zur 100-Jahr-Feier Bremerhavens. Die Seestadt unterscheidet sich in fast allem von Bremen, in der Historie, dem Profil, der Lage u.a.m. Dennoch wurde bei passenden Gelegenheiten stets auf die tragende Rolle des „großen Bruders“ aufmerksam gemacht, wie auch bei dem Jubiläum von 1927. In einer der Festreden heißt es: „100 Jahre Bremerhaven, das bedeutet ein Jahrhundert bremischer Schiffahrt von der Zeit, in der Bremen mit seiner Segelflotte an der Spitze aller festländischen Häfen stand, über die erste Dampferlinie zwischen Amerika und dem Kontinent, über die Gründung des Norddeutschen Lloyd, über Reichspostdampfer und Schnelldampfer bis zum „Columbus“, – das bedeutet ein Jahrhundert bremischen Handels und bremischer überseeischer Beziehungen mit der Entwicklung Bremens zum führenden Tabak- und Baumwollmarkt, – das bedeutet die Beförderung von Millionen Auswanderern und Passagieren von der Weser aus. Aber alles wäre keine Wirklichkeit geworden, wenn nicht Bürgermeister Johann Smidt zur rechten Zeit den Plan der Gründung Bremerhavens gefaßt und durchgeführt hätte, – man wird es verstehen, wenn heute Bremen und Bremerhaven gemeinschaftlich sich anschicken, die hundertste Wiederkehr des Gründungstages festlich zu begehen und damit des großen Bürgermeisters zu gedenken.“

Diese Sätze sind nicht zu widerlegen, aber es fällt auf, daß das Wort Bremen bzw. bremisch angesichts des Jubiläums doppelt so häufig erwähnt wird wie Bremerhaven. Dennoch kann bei der Plakatbesprechung Bremen nicht übergangen werden, handelt es sich doch in der Ansicht um den Columbusbahnhof, dem Bahnhof am Meer (und an der Außenweser), der ohne den „Norddeutschen Lloyd“ mit Sitz in Bremen sicher nicht bzw. nicht so früh gebaut worden wäre. Die Bedingungen für den Passagier- und Ladeverkehr reichten in Bremerhaven im Hinblick auf die immer größer werdenden Schiffe, wie jenes auf der Plakatansicht, nicht mehr aus. Das an der Kaje liegende Passagierschiff ist die „Columbus“, nach der man die Anlage schließlich benannte. Es hatte eine Länge von 236 Metern und galt als das schnellste und größte der deutschen Handelsflotte, bis es von den beiden Prestigebauten „Bremen“ und „Europa“ übertroffen wurde.

Da der Columbusbahnhof als ein zukünftiges Aushängeschild Bremerhavens rechtzeitig zum Stadtjubiläum fertig war, eignete er sich natürlich gut für das Jubiläumsplakat. Die Anlage mit ihrem hohen Hauptgebäude und den Abfertigungs- und Wartehallen daneben liegt im Zentrum der Ansicht, vor der langgestreckten Kaje. Das Gebäude ist im Holzfachwerk in sachlich funktionaler Bauweise errichtet, aber das Fachwerk wurde – der Zeit gemäß – mit Deckmörtel verkleidet und weiß übermalt (nicht gelb, wie auf der Ansicht dargestellt). Der hohe Mittelbau wies zudem noch einige reliefartige Verzierungen auf, und die Schiebefenster waren auffallend breit; beides ist auf dem Plakat nicht zu erkennen. Aber darum ging es dem Werbegraphiker nicht. Wichtig war die eindrucksvolle Wiedergabe der Stimmung eines einmaligen Bahnhofs am Meer, mit seiner modernen, sachlich-funktionalen Architektur und ihrem Einklang mit der umgebenden Technik (Kran, Dampflokomotive, Passagierdampfer). Der große, im Schattenriß dargestellte Leuchtturm Roter Sand, 1885 fertig geworden, nimmt sich dagegen ein wenig nostalgisch aus. Er ist nicht mehr in Betrieb. Ein Förderverein hat ihn gerettet, in einer aufwendigen Aktion gesichert

Speisekarte des Norddeutschen Lloyd für ein „Gabelfrühstück nach Karte“ auf der „Bremen“, gestaltet von Robert Schmidt-Hamburg, 1929

Heinz Fehling, Plakat für den Verkehrsverein Cuxhaven, 1950

und restauriert. Er galt damals schon als ein Wahrzeichen Bremerhavens, trotz seiner großen Entfernung zur Stadt.

Die Passagierschiffahrt erlitt durch den Ersten Weltkrieg einen Rückschlag, bevor es in den 20er Jahren wieder aufwärts ging, begleitet durch den Bau der Schnelldampfer „Europa" und „Bremen", die eine neue Ära in der Seeschiffahrt einleiteten. Wie die „Columbus" besassen auch diese beiden Schiffe einen vorbildlichen Service und legten großen Wert auf die Versorgung an Bord. Die Reichhaltigkeit der kulinarischen Genüsse wurde in recht aufwendig gestalteten Speisekarten angeboten, deren graphische Ausführung immer wieder wechselte und für die der „Norddeutsche Lloyd" besonders Marinemaler beauftragte. Unter ihnen ragt Robert Schmidt-Hamburg hervor, der zwar vorwiegend Schiffe und Schiffsszenen malte, sich aber künstlerisch schwer einordnen läßt. Schon als Sechzehnjähriger verließ er das Elternhaus in Berlin und heuerte auf einem Dampfschiff der Ost-Afrika Linie an. Von Beginn seiner Seefahrtszeit an war die malerische Umsetzung des Maritimen seine Leidenschaft, weshalb er – um vielfältige Eindrücke zu sammeln – ständig die Linien wechselte. Sein beruflicher Erfolg stellte sich jedoch erst in den 20er und 30er Jahren ein, als er sich mit der Gestaltung von Plakaten, Menükarten und Kalendern hervortat und Aufträge für Sammelbildbände übernahm (z.B. der Zigarettenfabrik C.F. Vogelsang), die 200 Bilder umfassen konnten und etwa unter dem Titel „Vom Einbaum zum Ozeanriesen" erschienen. Für den „Norddeutschen Lloyd" schuf er außerordentlich viele Speisekarten – wie die hier gezeigte Illustration aus dem Jahr 1929, auf der die „Bremen" die Außenweser in Höhe des Leuchtturms Roter Sand passiert. Es ist ein atmosphärisches Bild, auf dem die Farbe des Meeres keinen ausgeprägten Kontrast zum Himmel, zu den Wolken oder den mächtigen Rauchfahnen des Schiffes bildet. In der Mitte gleitet die „Bremen" über die wenig bewegte See, die sogar eine leichte Spiegelung des Passagierdampfers zuläßt. Feine rote Farbtupfer klammern das Schiff links und rechts ein, der Leuchtturm „Roter Sand" und Fischkutter. Die feierliche Stimmung wird eingerahmt durch eine goldglänzende, zarte Ornamentik. Sie setzt sich fort in der Typographie des Schriftzuges „Norddeutscher Lloyd Bremen", der sich unaufdringlich in das Bildganze einfügt. Es wundert nicht, wenn Speisekarten dieser Art zu einem beliebten Sammelobjekt geworden sind.

Mit der „MS Bremen", die die Weser mit Blickrichtung auf das letzte sichtbare Zeichen des Stromes verläßt, den Leuchtturm Roter Sand, ist der Streifzug durch die Weserwerbung noch nicht ganz zu Ende. Eine Prospektillustration aus dem Bereich der Wesermündung, schon etwas abseits der eigentlichen Außenweser gelegen und auch die Außenelbe schon miteinbeziehend, zeigt eine Touristikwerbung aus Cuxhaven. Sie fällt zum einen wegen ihres 50er Jahre-Stils auf, zum anderen wegen ihrer gekonnten Ausführung. Urheber der Illustration ist Heinz Fehling (1912-1989), einer der großen und prägenden Figuren in der Werbegraphik der Nachkriegszeit. Neben einer gleichermaßen beeindruckenden und wirkungsvollen Werbung für Automarken, Genußmittel oder Strumpffabrikate arbeitete er auch im touristischen Bereich. Für die meisten seiner in dieser Zeit geschaffenen Werke verwendete er Fotovorlagen, für die er eigens Modelle engagierte. Zwar waren damals leicht bekleidete Frauen in der Werbung weitgehend ein Tabu, doch malte Fehling sie in durchaus erotischer, manchmal trivialer Ausstrahlung, eine Werbestrategie, die früher so wirksam war wie heute. Für den hier vorgestellten Prospekt des Verkehrsvereins Cuxhaven aus dem Jahr 1950 entwarf er eine Fotovorlage, die mit der späteren Ausführung nur noch wenig Ähnlichkeit aufweist. Lediglich die Körperhaltungen sind unverändert. Der Anziehungspunkt „Nordsee-Heilbad Cuxhaven" ist durch das Meer, die Nordseeluft, den Strand und das Schiff symbolisiert. Der Betrachter wird zum Besuch und Genießen eingeladen. Urlaubsgäste versprach man sich offensichtlich aus dem

Hamburger und Bremer Raum, da beide Hansestädte durch ihr Stadtwappen kenntlich gemacht sind und sich räumlich gesehen mit Cuxhaven in einem ausgewogenen, gleichschenkligen Dreieck befinden. Von den unteren beiden Punkten, Hamburg und Bremen, führen „Linien" zu der oberen Spitze des Dreiecks, durch Autostraßen und Eisenbahnlinien markiert, die direkt zu dem Strandkorb führen. Auch Schiffsverbindungen zwischen Hamburg und dem Heilbad werden sichtbar. Das Meer verlockt zu Ausflügen auf die Insel Helgoland, die wie ein feiner roter Streifen im Hintergrund zu sehen ist, während die Bake auf Wattwandermöglichkeiten zur nahegelegenen Insel Neuwerk hinweist. Durch die weibliche Figur erhält die Illustration ihr Leben. Sie verkörpert das Gesunde, Frische, Wohltuende. Ihr weißer Badeanzug kontrastiert mit der gebräunten Haut, ihr Lachen und ihre wehenden hellblonden, strandgelben Haare strahlen Lebensfreude aus. Kurz: sie genießt den Strand und die See. Es sind nicht die blossen Fakten „Meer, Strand und Gesundheit", die hier vermittelt werden, sondern es ist die perlende und prickelnde Malweise Heinz Fehlings, die dem künftigen Gast das „Produkt" Cuxhaven nahebringen soll. Das Plakat hebt sich in seiner Gestaltung von den anderen Beispielen ab und zeigt einmal mehr, wie vielfältig und ideenreich sich Werbung von Hannoversch Münden bis zur Wesermündung anwenden läßt.

Leonhard Sandrock, Leuchtturm „Roter Sand", um 1920, Galerie Pro Art, Verden

Anmerkungen

1 A. Hinrichsen/N. Humburg/W. Grohs, Das Weserbergland. Die touristische Erschließung durch die Oberweser-Personen-Dampfschiffahrt und den Wesergebirgsverein. Senator F.W. Meyer und die Stadt Hameln. Interessengemeinschaft Senator-Meyer-Denkmal bei Steinmühle e.V. 1982. Im folgenden abgekürzt: Das Weserbergland.

2 „Nachrichten aus dem Oberwesergebiete". Offizielles Organ des Wesergebirgsvereins (Hameln), Nr. 1, 20. Oktober 1907

3 Das Weserbergland, S. 38

4 Drei Plakate aus dieser Zeit, darunter das hier gezeigte, befinden sich im Museum Hameln.

5 Das Weserbergland, S. 24

6 Einen Eindruck verschiedener Anzeigenstile dieser Zeit vermittelt eine vergleichsweise zarte Graphik der Zeitschrift „Weserland" aus dem Jahr 1911, in der Holzminden als eine Stadt im Mittelpunkt des Oberwesergebietes wirbt.

7 Der Dom wurde im Zweiten Weltkrieg erheblich in Mitleidenschaft gezogen und danach wieder errichtet.

8 Dies muß als Besonderheit erwähnt werden, weil es in Deutschland wohl kaum eine vergleichbare „Trachtendichte" gibt. Alle Trachten aus den Kreisen Schaumburg-Lübbecke-Minden sind übrigens in hervorragender Ausfertigung im Museum Minden zu sehen.

9 Als „Freudenzeit" galt jene Zeit, in der Trauer abwesend ist. Die Kirchgangstracht ist an dem vergoldeten Schmuck zu erkennen (Zeichen der Freude).

10 Das Logo wurde von der Firma Beate Mikutta, WERBE*REGIE* (Harpstedt) entworfen.

11 Noch heute gibt es einige „Pforten", z.B. die Kranpforte oder die Schlachtpforte.

12 Mit dem urheberrechtlich geschützten Begriff „Pilsener" gab es immer wieder Schwierigkeiten, so daß das Bier unter diesem Namen nicht sehr lange angeboten werden konnte.

13 Das Busunternehmen endete in den 70er Jahren, als O.W. Schreiber seine Reederei einem neuen Geschäftsführer übergab.

14 Als Oberweser wurde in den 50er Jahren der gesamte Flußabschnitt südlich Bremens bezeichnet. Der Endpunkt der Fahrten der „Schreiber-Reederei" war der Haltepunkt „Badener Berge".

15 Der Bericht ist der Zeitschrift „Am Weserstrand" (2. Ausgabe von 1909) entnommen, die sich als „Heimatliches Sonntagsblatt für das Unterwesergebiet" bezeichnete.

Hans-Joachim Scheffel

Fischerei in der Weser

Vorbei sind die Zeiten, als Weserfischer noch mit ihren Booten an die Kajen der Städte anlegten und ausriefen: „An de Kaje dor sind lebennige Butt!" Viele Weserfischarten waren ein Grundnahrungsmittel der Bevölkerung, Lachse ein teures Herrenessen. Die Flußfischerei ist heute gegenüber der Hochseefischerei fast bedeutungslos geworden. Zu sehr haben sich die Konsumgewohnheiten geändert. Früher ließ sich je nach Saison auf eine oder mehrere Fischarten zurückgreifen, heute ist es nur noch der Aal, der den Fischern zufriedenstellende Erträge bietet. Insbesondere der Rückgang oder gar das Aussterben der Wanderfischarten ließen die Einnahmequellen versiegen. Schiffbarmachung, Wehrbau und Verschmutzung sind als hauptsächliche Gründe für Bestandsverminderung anzuführen, aber im Falle von Stör und Lachs läßt sich auch eine Überfischung nicht ganz ausschließen.

Erbfischer beim Netzflicken in Grohn, um 1910

Fischer wurden von ihrer Obrigkeit zu Abgaben angehalten, und untereinander gab es Konkurrenz um die besten Fangplätze. Darüber wird im ersten Teil berichtet. Die Dampfschiffahrt schränkte die Fischer in ihrer Fangtätigkeit ein. Mit der Industrialisierung an der Weser entstanden lukrativere Arbeitsplätze, die von vielen Fischern angenommen wurden. Wenig geeignete Fischfangplätze, zurückgehende Zahlen der ausgebildeten Fischer und die Bestandsrückgänge der wichtigen Fischarten führten zur Monotonisierung der Fangmethoden, die im zweiten Teil vorgestellt sind. Abschließend wird auf einige befischte Arten eingegangen. Wer hätte gedacht, daß entgegen der weit verbreiteten Meinung die Dienstboten früherer Zeiten des Lachsmahles keineswegs überdrüssig geworden sind und daß der kleine Gründling zumindest eine lokale Bedeutung als Grundnahrungsmittel gehabt hat?

Die Fischer

Bereits die steinzeitlichen Siedler nutzten den Fischreichtum der Weser.[1] Die größte Stadt am Weserstrom, Bremen, wurde erstmalig im Jahre 787 urkundlich als Fischerdorf erwähnt. Im Mittelalter bildeteten die Fangrechte wertvolle Regalien des Adels und der Klöster.[2] Trotz des früher reichen Fischvorkommens war das Fischerleben schon immer äußerst hart. Freie Fischer hat es an der Weser im Mittelalter wohl kaum gegeben. Stets mußte ein bestimmtes Quantum an Fisch oder eine bestimmte Fischart zu einer festen Zeit abgegeben werden (sogenannte Part-Fischer). Am häufigsten war jedoch die Auszahlung in Geld an einen Grundherrn. Wo die Fischerei ergiebig war, bildeten sich Genossenschaften oder Zünfte. Sie bestimmten über die Zulassung von Personen als Fischer, verfügten über die Besitzrechte an Wehren, setzten Zeitpunkt und Einsatz der Fischereigeräte fest und regelten die Hilfe im Krankheitsfalle.[3]

Fischerhäuser in Heinsen, Zeichnung von Helmut Richter aus dem Werk „Der Landkreis Hameln-Pyrmont", vor 1953

Spätestens seit dem 16. Jahrhundert ist zumindest für die Werra ein wilder Raubbau belegt, was zu vielen Fangbeschränkungen durch die Obrigkeiten führte. Fischdiebe wurden meist mit Geldstrafen belegt. Konnten die Frevler nicht zahlen, mußten sie im Halseisen stehen. Wiederholungstäter kamen ins Zuchthaus, oder man verwies sie gemäß der Fischordnung für die Werra von 1627 des Landes.[4] Auch die Bremer Fischer waren gegenüber dem Rat und dem Erzbischof nicht ganz frei: Das Fischeramt mußte z.B. 1659 um Martini 20 Pfund Quappen an den Erzbischof als Deputat liefern, 1800 an den Rat 40 Hechte, oder später vier Gerichte Fisch zu Ostern, Pfingsten, Martini und Weihnachten.[5]

In alten Zeiten hat man der Fischerei in Bremen und an der Unterweser einen hohen Wert zugemessen, sonst hätten sich wohl Kaiser und hohe Gerichte nicht damit befaßt. Dies wird aus den kaiserlichen Schenkungen des Fischereiregals an das Kloster Corvey 832 und an das Erzbistum Bremen 937 und 1062 sowie schließlich 1541 auf dem Reichstag zu Regensburg durch Karl V. an die Stadt Bremen „von der Brücke in Hoya bis zur salzenen See, wie solches alles über etliche hundert Jahre unverhindert hergebracht", ersichtlich.[6]

Wann sich die Bremer Fischer zusammengeschlossen haben, ist nicht bekannt. Bremen besaß eine stattliche Fischereiinnung von 25 Fischermeistern, auch „Fischeramt" genannt.[7] Heute ist hier noch ein Amtsfischer zu finden. Erwähnt werden die Bremer „Amtsfischer" erstmalig in der „Kundigen Rolle" von 1489.[8] Die „Kundige Rolle", das Polizeigesetz des Rates, bestimmt „nemant schall visschen noch visschen laten up der Wesere dan alleyne de amptvisschere"[9]. Für den eigenen Bedarf – „so vele he to siner egen koken behovet by viff marken" – darf aber jeder Bremer Bürger wie von altersher auch weiterhin in der Weser aufgrund dieser alten Rechte sein sogenanntes Stockangelrecht ausüben. Es findet sich noch heute in § 9 des Bremischen Fischereigesetzes von 1991 wieder. Danach darf jeder erwachsene Bürger in Bremen für den Eigenbedarf in der Bremer Weser, Lesum und Geeste zwei Stockangeln benutzen. Eine sonst bundesüblich vorgeschriebene Fischereiprüfung zum Erwerb eines Fischereischeins braucht im Rahmen des Stockangelrechts nicht abgelegt zu werden (§ 35).

Im Jahre 1828 bescheinigte der Staat Bremen dem Fischeramt auf Antrag das Recht zur Ausübung der Fischerei im Rahmen des von Karl V. bestätigten Privilegs.[10] Es sei jedoch nicht verschwiegen, daß andere Weseranrainer die Bremer Fischereirechte nicht immer anerkennen wollten. Auf der Unterweser herrschte von Alters her Streit um die Frage, wer fischereiberechtigt war und wer nicht. Die Sonderrechte Bremens wurden von den anderen Fischern niemals akzeptiert. Schon das Setzen von Stintkörben war konfliktträchtig. Die ehemals außerbremischen Grohner Erbfischer verließen sich im 18. Jahrhundert stets lieber auf ihre Fäuste als auf die Justiz. Nahmen die Bremer ihnen einen Korb weg, kaperten sie bei nächster Gelegenheit zwei oder drei, schließlich das Schiff dazu. Förmliche Schlachten lieferte man sich um den Besitz eines Netzes oder um eine besonders ergiebige Fangstelle. So jagten die Grohner einmal eine vereinigte Oldenburger und Bremer Fischerflotte bei Farge in die Flucht, als es um die Fischereiausübung bei einer Sandbank ging.[11]

Weserufer in Blumenthal-Rönnebeck, 1869

Auch heute gibt es noch umkämpfte Stellplätze. Ein Stintkorbleger, berechtigt nur für das Gebiet des Fischereiamtes Bremerhaven, ließ seine Fangkörbe vor Vegesack auf bremischem Gebiet ins Wasser. Das Urteil gegen ihn lautete nach einer Meldung der Zeitung „Die Norddeutsche" vom 21. Februar 1998: 30 Tagessätze zu je 30 DM für den ersten Fall und 60 mal 30 Mark für eine Wiederholungstat.

Traditionelle Fanggründe der Netz- und Fallenauslegung verlor die Fischerei im Zuge des Ausbaus des Flusses (Verschwinden von ertragsträchtigen Nebenrinnen, Sanden und flachen Ufern). Überdies ist seit 1921 die Fischerei im Fahrwasser verboten, womit man der Großschiffahrt absoluten Vorrang einräumte.

Häpke gab in seinem 1894 erschienenen Beitrag 73 Fischereiberechtigte für die Strecke von Bremen bis Hameln an, darunter 54 Gemeinden.[12] Bei Nolte (1953) ist für die Weser noch von 150 z.T. sehr kleinen Betrieben die Rede.[13] Unklar bleibt jedoch, inwieweit Unter- bzw. Mittelweserbetriebe bei der Zählung ein- oder ausgeschlossen wurden. In Niedersachsen existierten 61 Weserfischer (davon etwa 30 Nebenerwerbsfischer), 10 Allerfischer und 5 Leinefischer.[14] Mit wenigen Ausnahmen handelte es sich um Ein- oder Zweimannbetriebe. Nach Buhse fischen in der heutigen Zeit an Mittel- und Oberweser (km 0-308,85) 21 Einzelpersonen (Fischer und Verpächter), davon mindestens 13 als Berufsfischer und mindestens 7 als Nebenerwerbsfischer.[15] Um 1900 gab es an der Unterweser etwa 200 Berufsfischer, 1965 waren es lediglich 20 und heute nur noch deren zwei, die die Flußfischerei ausüben, wovon einer die Kutterfischerei auf Stint und Aal im Fluß betreibt.[16]

Mit der Industrialisierung Nordwestdeutschlands und der größer werdenden Bevölkerung wuchs der Bedarf an zusätzlichen Nahrungsmitteln, der sich mit der Flußfischerei allein nicht mehr decken ließ. Der Hering, an der Küste und in der Nordsee gefangen, in Fässern gesalzen und konserviert, avancierte zum Volksnahrungsmittel. Von Holland aus hat man die Heringsjagd jahrhundertelang mit Segelloggern betrieben, und Männer aus Bückeburg und Schaumburg-Lippe machten mit ihr Bekanntschaft, als sie im 19. Jahrhundert zum Grasmähen nach Holland zogen. Sie ließen sich in der Folgezeit auf deutschen Heringsloggern anheuern.[17]

Um von Herings-Importen unabhängig zu werden, entstanden in Deutschland an verschiedenen Orten Heringsfänger-Gesellschaften. Gegen Ende des 19. Jahrhunderts baute man eine Loggerflotte mit Reedereien in Emden, Leer, Bremerhaven, Elsfleth, Vegesack und Glückstadt auf, anfangs mit Segelloggern, später mit Dampf- oder Motorantrieb.[18] 1895 erfolgte die Gründung der Bremen-Vegesacker Fischerei-Gesellschaft AG. Der sich ständig ausweitende Betrieb erreichte im Jahre 1938 seinen größten Umfang. Er besaß damals 68 Logger und beschäftigte 1200 Besatzungsmitglieder und 600 Arbeitskräfte im Landbetrieb. Damit hatte er sich zur größten Fischerei-Gesellschaft des Kontinents entwickelt – und sie sollte es in ihrer 75jährigen Geschichte lange Zeit bleiben. 1969 stellte man den Heringsfang ein. Als Gründe sind die subventionierte holländische Konkurrenz, eine rücksichtslose Überfischung und die Tatsache zu nennen, daß die Fischer in der Industrie mehr verdienen konnten als durch Saisonarbeit auf dem Logger.[19]

Die Sportfischerei hat dagegen, als sich die Fünftagewoche durchsetzte, einen steilen Aufstieg erlebt. Bereits 1964 belief sich die Zahl der organisierten Sportfischer allein in Bremen und Bremerhaven auf annähernd 9000. Ende der 60er Jahre gab es im Wesereinzugsgebiet (ohne Werra- und Fuldasystem) mindestens 104 Sportfischervereine, wobei z.B. dem Fischereiverein Hannover e.V. und dem Sportfischer-Verein Bremen e.V. auch heute noch jeweils mehrere tausend Mitglieder angehören.[20] 29 Sportfischereivereine sind entlang der Ufer von Mittel- und Oberweser registriert.[21] Heute stellen die Sportfischerorganisationen aufgrund ihrer Mitgliederzahlen durchaus eine politische Macht dar, wenn es um die Nutzung von Natur und Landschaft geht. In Deutschland sind zur Zeit über eine Million Menschen berechtigt zu fischen – so die „Angelwoche“ vom 27. Juli 1998. Die Zahl der direkt an Weser, Werra und Fulda angelnden Freizeitfischer ist noch nicht erfaßt oder geschätzt worden, dürfte sich aber einschließlich der für Touristen vergebenen Tageskarten auf mehrere Tausend belaufen.

Heringslogger im Vegesacker Hafen, um 1935

Aalschokker unterhalb des Weserwehrs Petershagen, 1996

Fischereimethoden

Bis in die 30er Jahre des 20. Jahrhunderts wurde an der Weser noch eine Vielfalt von Fangmethoden angewendet. Wir unterscheiden verschiedene Hamen, langwandige Netze, Senknetze, Reusen und Körbe und sonstige Vorrichtungen. Hamennetze sind in die Strömung gehaltene große Fangbeutel, die den mit der Strömung treibenden Fisch gewissermaßen aus dem Wasser filtrieren. Der *Pfahlhamen* ist trichterförmig und mit Ringen an zwei senkrecht stehenden Pfählen befestigt. Das Obersimm ist an Pfähle gebunden, das Untersimm mit Gewichten beschwert und schließt am Grund ab.[22] Pfahlhamen sind an der Weser durch Scherbretthamen ersetzt und inzwischen nur noch an der Ems zu besichtigen.

Der *Ankerhamen* ist hingegen nach wie vor ein wichtiges Gerät an der Weser. Der Hamen wird von einem Fahrzeug, das vor Anker liegt, ausgehängt. Prinzipiell besteht der Hamen aus einem Rahmen für die Öffnung und einem trichterförmigen Teil. Daher nennt man ihn auch Rahmenhamen. Als verankerte Fahrzeuge dienen auf der Unterweser kleine Kutter, auf der Oberweser auch als Schokker oder Aalschokker bezeichnet. Bis in die 30er Jahre war der Hamen noch aus einem Rahmen aus 4 Bäumen von z.B etwa 5 x 3 m oder etwa 6 x 4 m Öffnung gefertigt, heute sind die Hamen der Tideweser etwa 12 x 8 m weit. Der Oberbaum des Geräts ist etwas kürzer als der Unterbaum, der Rahmen erhält dadurch eine leicht trapezförmige Gestalt. Der Netzsack setzt sich aus einem bei allen Ankerhamen gleichartigen Teil, dem Vorder- und Mittelstück, und einem verschiedenartigen Schlußstück, dem Steert, zusammen. Die Maschenweite verringert sich stufenweise bis zum Steert, der mit einer Kehle beginnt,

Kutter mit ausgelegtem Hamen auf der Unterweser bei Warfleth, 1993

die sich während der Durchströmung mit Weserwasser aufbläht, aber zum Ende der Tide hin oder beim Einholen bei schwächer werdender Strömungsgeschwindigkeit zusammenfällt und so den gefangenen Fischen den Rückweg versperrt. Der Ankerhamen steht je nach seinem Verwendungszweck zum Fahrzeug und zur Oberfläche des Wassers. Gefischt wird mit dieser Methode auf Aal, Stint, Maifisch, Butt und Kaulbarsch, weiter flußauf auf Weißfisch und Zander.[23] Das Prinzip des Ankerhamens kann als Aal- oder Stinthamen verwendet werden. Der *Aalhamen* dient zum Fang des Treibaals. Der Hamen wird zumeist doppelt, je einer seitlich des verankerten Fahrzeugs, ausgehängt, und zwar nur so tief, daß der Oberbaum gerade mit der Oberfläche des Wassers abschneidet.[24] Der *Stinthamen* ist identisch mit dem Aalhamen, wird aber ganz auf den Boden des Strombetts gesenkt und steht unmittelbar unter dem Fahrzeug. Man fängt mit ihm nicht nur Stint, sondern auch Kaulbarsch.[25]

Die *Scherbretthamen-Fischerei*, in der Wesermündung erprobt, ist an der Mittelweser in Weserschleifen unterhalb von Wehren gebräuchlich. Das Netz wird von seitlich angebrachten Platten und von Schwimmern am oberen Rand sowie Gewichten am unteren Rand offen gehalten. Durch den Bau von Staustufen lassen sich mit diesen Geräten jedoch weite Bereiche langsam fließenden Wassers nicht mit der Intensität befischen, wie es für den Aal wünschenswert wäre.[26] Dennoch handelt es sich um eine heute noch gängige Methode an der Weser.

Das *Treibnetz* ist eine rechteckige längere Netzwand aus drei übereinander liegenden Partien. Zwischen Ober- und Untersimm umschließen zwei äußere, straff eingestellte Teile mit groben Maschen (etwa 180 mm von Knoten zu Knoten), die sogenannte Läderingswände, eine lose eingestellte innere Netzwand mit engeren Maschen. Der Fisch stößt zunächst auf die erste Läderingswand und drückt durch das Ingarn in das zweite Netz vor. In diesem Beutel fängt sich der Fisch, indem er mit Kiemendeckel und Flossen in den Maschen hängen bleibt. Bei der Treibnetzfischerei werden mehrere solcher Netze zu einer „Fleth" aneinander gereiht und durch Schwimmkörper in einer bestimmten Tiefe gehalten.[27] Es ist nicht bekannt, ob sie heute noch angewandt wird.

Die *Stellnetze* sind einwandig, 1 m hoch und 40 m lang; sie haben eine Maschenweite von 40 bis 42 mm. Ober- und Untersimm sind durch Spannschnüre verbunden, die das für den Fang bestimmte Netz auf zwei Drittel seiner Tiefe zusammenziehen. Hierdurch wird eine Beutelung des Netzes erreicht, die die gleiche Wirkung hat wie das Ingarn der Läderingnetze. Das Untersimm ist mit Blei beschwert, das Obersimm mit Korkschwimmern versehen. 8-10 zu einer Fleth vereinigte Netze werden im Tidegebiet auf dem Schlick längs des Stromes etwa zwei Stunden vor Hochwasser ausgelegt und eine Stunde nach Hochwasser wieder eingeholt.[28] Traten die Werra, Eder und Diemel infolge starker Niederschläge über die Ufer, wurden die Wiesen mit Stellnetzen geteilt und abgefischt.[29] Stellnetze sind auch heute noch in der Mittelweser im Gebrauch.[30]

Das *Zugnetz* (Saide) besteht aus nur einer Netzwand, deren Obersimm durch Korke aufgeflottet und deren Untersimm durch Bleikugeln beschwert ist. Man fischt, indem man den einen Flügel des durch den ganzen Strom reichenden Netzes vom oberen Ende des Brinkes (ufernahe Sandbank) in einem Boote ausfährt und stromabwärts weit vorausbringt, während der andere Flügel am Brinke bleibt und vom Fischer langsam stromabwärts geführt wird. Ist der stromseitige Flügel etwa gegenüber dem unteren Ende des Brinkes angelangt, lenkt man ihn unmittelbar auf den Brink zu, so daß das Netz einen großen Beutel bildet, in dem sich die stromauf steigenden Fische gefangen haben. Die Fischer steigen mit dem stromseitigen Flügel ans Land und ziehen das Netz ans Ufer, während der zurückgebliebene Flügel vorangeführt und schließlich mit dem anderen zusammengebracht wird. Es ist nur möglich, den Fang an flach abfallenden Brinken ans Land zu holen, weil an steileren Ufern und im Strome selber die Fische beim Zusammenziehen und Herausholen des Netzes durchschlüpfen würden. Der einzelne Zug dauert etwa eine Stunde. Um Lachse in der Weser fangen zu können und das Zerreissen der Netze zu verhindern, befreite man das Flußbett zunächst von Gestein, Baumstämmen und anderen Hindernissen und planierte es zuweilen noch mittels einer schweren Kette.[31] Solche Fischerei endete etwa um 1900; zuletzt mußte man jedesmal Ausschau halten, ob etwa ein stromabwärts treibender Kahn in Sicht war. Die stromaufwärts fahrenden Schleppzüge und die einzelnen Dampfer waren durch den Rauch früh genug sichtbar.[32] Im Gegensatz zur Mittel- und Oberweser wurden die Netze unterhalb Bremens mit Dampfbetrieb ausgefahren und eingeholt. Zugnetze sind heute noch in geringem Umfang an der Mittelweser in Gebrauch.[33]

Die Hamelner Wehre, um 1967

Hamenkutter beim Reinigen der Netze, Mittelweser bei der Führse, 1993

Zwischen Bremen und Hameln wendete man nach holländischem Vorbilde große *Schleppnetze* von ca. 150 m und ungefähr 8-9 m Breite an, die von Knoten zu Knoten 8 cm Maschenweite hatten. Sie waren mit Gewichten beschwert und Korkschwimmern versehen. Das Netz wurde quer durch den Strom gezogen und an einem Ufer befestigt, während Fischer das abwärts treibende andere Ende mittels eines Seils vom Boot aus dirigierten, um es schließlich in weitem Bogen über eine Windevorrichtung an das befestigte Ende heranzuholen. Noch vor Einholen des Fanges wurde ein zweites in derselben Weise benutzt, und so der Strom Tag und Nacht ausgefischt. Mehr als dreißig Leute waren im Tag- und Nachtdienst in zwei Kolonnen tätig.[34] Ihr Ziel waren Stint, Hecht, Lachs. Heute werden große Schleppnetze vermutlich nicht mehr in der Weser eingesetzt, zumindest nicht mehr in dieser Intensität.

Grohner Fischer beim Einholen eines selbstgefertigten Stintfangkorbes aus Aluminium, 1993

Das *Pümpelgarn*, das gebräuchlichste Netz der Störfischerei, war ein einwandiges Netz von 2 bis 4 m Höhe und bis 200 m Länge. Ein Untersimm fehlte, damit das Netz möglichst locker im Wasser hing. Die Maschenweite betrug 16 bis 18 cm, am Obersimm war an jeder zwanzigsten Masche eine „Pümpelleine" angeschlagen, die man mit einer leichten Holboje, dem Pümpel, versah. Die Pümpel trugen das Netz, und durch Veränderung der Länge der Pümpelleinen konnte man das Netz den unterschiedlichen Wassertiefen anpassen; denn der untere Teil sollte immer locker auf dem Grund liegen.[35] Der Stör geriet mit seiner spitzen Schnauze in die Maschen und verwickelte sich bei seinen Befreiungsversuchen mit dem ganzen Körper im Netz. Sobald der Fisch sich vertakelt hatte, machte er heftige Bewegungen, welche durch das Auf- und Niedertauchen der nächsten Boje verraten wurden. Der Fischer fuhr mit seinem Boot zu der Stelle hin und löste den Fisch aus.[36]

Bei Hameln wurde der Lachs mit *Hebenetzen* (großflächigen Senknetzen) direkt unterhalb des Wehres gefangen.[37] Vor 1900 war das Wehr in Hameln das erste, das sich den in der Weser emporsteigenden Lachsen entgegenstellte und wo sie sich stauten. Man arbeitete mit zwei Hebenetzen, die von eigens dafür gebauten Booten unterhalb des Wehres bedient wurden.[38] Heute sind es insbesondere noch Stinte, die von Nebenerwerbsfischern mit selbstgebauten *Senknetzen* auch an schwer zugänglichen Ufern unterhalb des Weserwehrs in Bremen-Hemelingen erbeutet werden. Es handelt sich dabei um mit den österreichischen Daubeln vergleichbare Fanggeräte, bei denen das Netz an einer Leine über einen starken Stock, der auf einen Schenkel des Fischers aufgestützt wird, herabgelassen und wieder aufgezogen werden kann. Im Bereich von Spundwänden kommen käufliche Senknetze zum Einsatz.

Die *Aalkörbe* sind 1 m hoch, von flaschenförmiger Gestalt und aus Weiden geflochten. Heute zumeist aus Kunststoff hergestellt, weisen sie eine flache Kehle am Eingang (für den Butt) und gleich dahinter eine lange spitze Kehle (für den Aal) auf. Am spitzen Ende sind sie mit einem Holzpfropf verschlossen. Das Auslegen der Körbe geschieht so, daß man sie in 3-10 m Abstand an einer etwa 50 m langen Leine befestigt, die man beiderseits verankert. Bei kälterem Wetter werden sie quer über den Strom, bei wärmerem Wetter mehr von Buhnen und Prielen aus in den Strom befördert. Die Körbe müssen so tief liegen, daß sie auch bei Niedrigwasser noch vom Wasser bedeckt bleiben. Das Simm befestigt man an den Buhnen. Das im Strom liegende Ende ist mit einem Stein beschwert. Die Beköderung der Geräte erfolgt mit dem in den Hamen gefangenen, kleinen, zerdrückten Stinten und Schwebegarnelen.[39] Die Ködermasse bezeichnet man als Grus. Aus Weiden geflochtene Körbe hat man in den letzten Jahren noch bei Wremen eingesetzt.

Garnreusen bestehen aus Netzmaterial und werden mit Steert und beiden Flügeln (bei der Aalreuse ist es zuweilen nur ein Flügel) an je einem Pfahle befestigt. Sie sind bei Nebenerwerbsfischern beliebte Geräte. Sie werden nicht beködert, sondern mit sogenannten Flügeln ausgestattet, die die Fische lenken. Das Netz ist durch verschiedene Bügel offengehalten. Je nach Größe sind sie mit unterschiedlich vielen Kehlen versehen, meist an in den Boden gerammten Stangen aufgespannt und in Reihen angeordnet.[40]

Lachsfang in Hameln im Wehrbereich, um 1914

In Hameln hat sich eine andere Art des Fanges bewährt: das Auslegen von zahlreichen *Drahtreusen* oberhalb des Wehres und der Mühlrechen. Hier kehrte der Aal zunächst um, ehe er schließlich doch die Überwindung des Hindernisses wagte. Währenddessen verkroch er sich und gelangte dabei in die Reusen.[41] Drahtreusen dürften wahrscheinlich nicht mehr in Gebrauch sein.

Selbstgefertigte *Fangkörbe* aus Aluminium werden von einem Grohner Fischer speziell für den Stintfang verwendet. Sie haben die Größe von käuflichen Plastikreusen, sind aber aufgrund ihres Gewichtes besser zum Auslegen in 8-12 m Wassertiefe geeignet. Zwanzig Körbe werden an einem 200 m Tau in vier bis sechs Meter Abstand angeordnet. Vier Taue braucht man für die beiden Anker hinten und vorne, damit die starke Strömung die Körbe nicht wegreißt.[42]

Den *Lachsfang* in der Oerze bei Wolthausen (Aller) hat Häpke folgendermaßen beschrieben: „Der Lachsfang nimmt die ganze Breite des Stromes ein. Ein künstlicher Überfall, der durch bewegliche Schützen ganz gehemmmt werden kann, wird durch bewegliche Schützen besetzt, welche so hoch und eng sind, daß der Fisch weder hinüber noch hindurchstreichen kann, die aber dem Strom des Flusses nicht hinderlich sind. Das Flußbett hat eine abhängige Lage mit dem Strom, und in einer Entfernung von ungefähr 30 Fuß sind 4 große, von starken Weidenruten geflochtene Körbe befestigt, deren spitzes Ende nach dem Strome gekehrt ist, dergestalt, daß das herabstürzende Wasser durch die Körbe fließen muß. Zwischen diesen Körben ist eine schmale Öffnung von ungefähr 1 1/2 Fuß Breite, in welche der Lachs mit einem Sprunge geht, und wider die Heftigkeit des herabstürzenden Stromes bis an das Gitterwerk steigt. Er ist aber genötigt umzukehren, und wird von dem Wasser, dem er im Wenden nicht widerstehen mag, in die Körbe geführt. Wenn nun der Lachsfänger glaubt oder merkt, daß in denselben etwas vorhanden sei, so werden die Schützen zugesetzt, das Wasser dadurch gehemmt, und die Körbe mit Haken heraufgezogen, was gewöhnlich des Tages drei oder vier mal geschieht."[43]

Die nicht mehr gebräuchliche *Stülpe* ist an der Oberweser und in Fulda eingesetzt worden. Der Kahn trieb quer zur Strömung und zog die Netzwand (die eine Hälfte des trichterförmigen Netzes mit Beuteltasche am Rand) neben sich her. Die Fische, die über dem Geröllboden standen, fingen sich in der Randtasche.[44] Das Netz wurde von zwei Personen mit einer Randstange längs der nach flußunter gewandten Kahnseite gehalten.

Ein speziell auf den Fang von einzelnen Barben auf Sicht ausgerichtetes Gerät war der *Rackhamen*. Das Netz war nicht vorn, sondern unten offen und mit Bleikugeln eingefaßt, damit es sich beim Senken des Hamens um die im Strom stehende Barbe legte. Dann zog man die längs

Rackhamen aus Baake an der Oberweser, 1939

des Stieles laufende Schnur an und schloß so die Öffnung unterhalb des Fisches.[45]

Die *Sperrlade* (Stecklade, Scherennetz) bestand aus einem Netzbeutel, der an zwei scherenförmig gespreizten Bäumen befestigt ist. Gespreizt besaß das Netz eine Öffnung von der Gestalt eines gleichschenkeligen Dreiecks. Die Spannweite betrug 7-11 m, teilweise auch nur 4 m. Das Netz wurde vom Boot aus vor Priele, Stromrinnen usw. gesetzt, mit der Öffnung gegen den Strom und mit den Spitzen der Gabelenden auf dem Boden stehend. Der freie Saum über dem Boden blieb gespannt. Gefischt wurde meist bei ablaufendem Wasser nach Aal, Butt und auch Lachs, was allerdings nur bei trübem Wasser erfolgreich war.[46]

Die *Langleine* (Grundtau) ist aus einem sehr dünnen Drahttau, an dem alle 2 m an 1 1/2 m langen Schnüren beköderte Haken sitzen. Das Gerät wird in einer Länge von bis zu 1000 m quer zum Strome ausgelegt. Zielarten sind Aal und Butt.[47] Möglicherweise wird mit der Langleine auch heute noch gefischt.

Beim *Pöddern* ließ man Aale sich in eine durch Tauwürmer geführte Wollschnur verbeißen, so daß man sie aus dem Wasser hieven konnte.[48] Dies ist eine von ostpreußischen Vertriebenen nach dem Zweiten Weltkrieg im Wesergebiet weiter verwandte Methode.

Dem Leser bekannt sind die Utensilien des heutigen Anglers: *Angeln* vorzugweise mit Teleskopstöcken aus Fiberglas, Nylonschnur, Handkurbel, Pose, Blei und Köder, die entweder natürlich sind (Tauwurm, Maden, toter Köderfisch) oder auch künstlich (Blinker, Köderimitate).

Margarete Dreier, Corvey und Höxter, Öl/Holz, um 1947

Spätestens im 9. Jahrhundert war eine Fangvorrichtung im Wesergebiet verbreitet, die man *Vennen* oder auch Maceria, Heckenwehre oder Hagenwehre nannte.[49] Zu ihrem Bau wurden ganze Wälder verbraucht. Die *Venne* bestand aus einem im Wasser stehenden Zaun aus Pfählen und Faschinen, die eine Fischfalle ergaben. Mit dem Dorfe Grohnde verkauften die Grafen von Eberstein 1305 auch eine Anlage, die oft den ganzen Fluß versperrte und mit der man Lachse und andere große Fische fing. Des weiteren waren Vorrichtungen aus Reisig an Wehren in Gebrauch. Dabei wurden gerade die für den Aufstieg der Fische geeigneten Öffnungen in den Wehren gesperrt – eine an der Weser allerdings früh aufgegebene Methode. Auch *Dynamitfischen* und der Einsatz von *Betäubungsmitteln* sollen, wenngleich schon immer verboten, vorgekommen sein.[50]

Neben dem Fang des Fisches hat sich die *Fischzucht* im Fischereigewerbe etabliert und ist heute selbstverständlicher Bestandteil der modernen Aquakultur. Die künstliche Gewinnung der Eier (Rogen) und des Samens (Milch) bezeichnet man als „Abstreifen“ oder „nasse“ oder „feuchte Befruchtung“. Stephan Ludwig Jacobi (1711-1784) erfand die Fischzucht bereits 1741 in den Teichen an der Kalle seines Landgutes in Hohenhausen bei Vlotho. Seine im 23. Stück des „Hannoverschen Magazin“ aus dem Jahre 1763 abgedruckte „Nachricht vom Ausbrüten der Fische“ und die drei Jahre später im 62. Stück derselben Zeitschrift erschienene „Abhandlung über das Ausbrüten der Forellen“ gerieten jedoch in Vergessenheit. Kurz vor der Mitte des 19. Jahrhunderts wurde die Fischzucht systematisch und mit Erfolg nach der Jacobi-Methode in Böhmen, Frankreich und Schottland betrieben und fand bald darauf weltweite Verbreitung. Die Weser erhielt erst relativ spät (1857) in Hameln eine Brutanstalt.

Bei Häpke findet sich die folgende Beschreibung der Befruchtungsanlage: „Die Maschine besteht aus einem ausgehauenen Wassertroge von ungefähr 12 Fuß Länge. Derselbe ist an einen solchen Ort gestellt, wo eine Quelle Fall hat, welche mittelst einer Rinne in den Wassertrog geleitet und wodurch ein kleiner Wassersturz verursacht wird. Auf dem Troge ist ein Brett mit einer Klappe befestigt, welches mit einigen Löchern von 6 Zoll Länge versehen und mit einem Drahtgitter überzogen ist, so dass die Luft hindurchfallen kann. Das Gitter muß so eng sein, daß eine Wassermaus, welche dem Fischlaiche nachstellt, nicht hindurchkriechen kann. Am unteren Ende ist etwa 5 Zoll vom Boden des Kastens zum Abzuge des Wassers ein Loch mit einem Drahtgitter angebracht, wodurch das Wasser in einen unterhalb des Troges befindlichen Teich fällt.

In diesen Trog wird ungefähr 2 Zoll hoch grober Kiessand aus steinigen Bächen geschüttet, so daß der ganze Boden davon bedeckt wird. Wenn nun die Forelle wie gewöhnlich im Dezember den Laich ablegt, so nimmt man ein Weibchen und drücket von selbigem die Eier, welches durch ein sanftes Streichen auf dem Bauche des Fisches sogleich erfolgt, ohne daß man dem Fische etwas zu Leide tut. Wenn der Fisch aber geschlachtet werden soll, wird der Laich herausgenommen, in eine tönerne Schale getan und zum Gebrauch hingestellt. Sodann nimmt man das Männchen von der Forelle, streichet solches gleichfalls, läßt die davon kommende Milch auf die in der Schale befindlichen Eier fließen und rührt solches durcheinander. Mit dieser Schale geht man zu dem Troge, streut den Laich auf den Kiessand und läßt das Wasser in den Trog. Man macht den Deckel zu und beobachtet, daß das Wasser seinen beständigen Lauf behält, und die Drahtgitter von dem daran sich hängenden Unrat zu Zeiten gereinigt zu werden. Um den dritten oder vierten Tag öffnet man

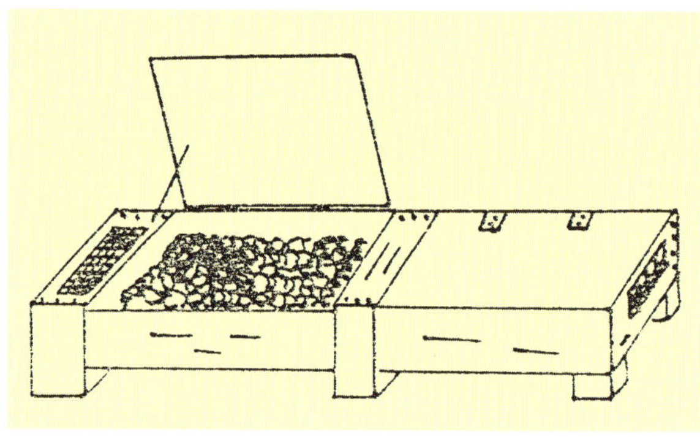

Brutkiste von Jacobi

Ernst Thoms, Flußfischer an der Weserstadt, Mischtechnik, um 1960

den Deckel und sieht nach, ob der Laich vom Schlamme überzogen ist, rührt mit der flachen Hand die obere Fläche des Wassers im Kasten etwas geschwinde um, durch welche Bewegung die Eier sich umwenden und vom Schlamme reinigen."[51] Jacobi entdeckte, daß der geschlüpfte Jungfisch mit einem Dottersack versehen ist, welcher ihm die erste Nahrung gibt. So lange das Dottersackstadium dauert, gönnte er der Fischbrut den Aufenthalt in dem Kasten; nachher aber ließ er sie in einen Teich fließen, wo sie sich ihre Nahrung selbst suchen konnten. Auf die gleiche Art hatte er auch erfolgreich mit Lachsen hantiert.

Die ersten Fischzucht-Anstalten entstanden an der Weser, Werra und Fulda in den Bezirken und Ämtern von Minden, Münden, Hameln, Fulda und Kassel.[52] Heute werden zur Gewinnung von Lachs- und Meerforellenbrut Anlagen in Lauenbrück an der Wümme und in Delmenhorst an der Delme betrieben.[53]

Die *Besatzmaßnahmen* sind insbesondere beim Aal als heute bedeutendstem Fischereiobjekt wichtiger denn je geworden. Zwar gehört der Aal nach wie vor zu den häufigsten Fischarten der Weser, gleichwohl haben die Bestände stark abgenommen. Am leichtesten in Massen fangen und besetzen lassen sich die vom Meer her einwandernden Jungaale, wegen ihrer durchsichtigen Form auch Glasaale genannt. Neue Möglichkeiten eröffneten sich, als es dem Deutschen Fischerei-Verein 1908 gelungen war, eine Aalbrutfangstation in Epnay am Severn zu errichten. In dem an Glasaalen überreichen Fluß ließ der Verein von englischen Fischern jedes Jahr Aalbrut fangen und die Tiere nach kurzer Halterung mit Lastwagen und schnellen Verkehrsschiffen nach Hamburg bringen, von wo man sie in alle Gebiete Deutschlands schickte. Nachdem man 1920 eine Beobachtungsstation für den Glasaalaufstieg am Hemelinger Wehr eingerichtet hatte, fing man hier ab 1922 regelmäßig Glasaale. Die meisten setzte man über das Wehr in die Weser, andere transportierte man auch in die nähere Umgebung. Seit 1924 nutzte man den starken Aufstieg von Glasaalen in der Ems zunehmend auch für die Ansiedlung in der Weser. 1929 erhielt der Oldenburgische Landesfischereiverein die Erlaubnis, am Wehr Herbrum gefangene Emsaale in das Wesergebiet zu versenden. Umgekehrt genehmigte der Senat in Bremen die Versendung von Aalbrut aus der Weser in das Emsge-

Fischer Herbert Treffenfeld nach erfolgreichem Stintfang, Frühjahr 1993

biet. Auf diese Weise wollte man sichergestellt wissen, daß Ems und Weser ausreichend versorgt waren, selbst wenn der Aalbrutaufstieg nur in einem der beiden Flüsse erfolgte.[54] Die Aalbrutfangstation Herbrum ist heute die einzige in Deutschland.

Aufgrund der biologischen Schädigung durch die Salzlast des Kali-Bergbaus forderten die Fischer seit den 50er Jahren, die Besatzmaßnahmen finanziell zu unterstützen. 1988 stellte die Arbeitsgemeinschaft der Fischereigenossenschaften an der Weser einen Schadenersatzanspruch an den Staat und die Kaliindustrie von ca. 1,5 bis 2 Millionen DM jährlich.[55] Umfangreiche Besatzmaßnahmen erfolgen heute neben dem Aal hauptsächlich mit Regenbogenforelle, Zander, Karpfen, Schleie und Hecht.

Befischte Arten

Bis um die Jahrhundertwende waren es die großen Wanderfische wie Lachs, Stör, Nordseeschnäpel, die beiden Maifischarten Alse und Finte sowie das Flußneunauge, die den Fischern größere Einnahmen bescherten. Jedoch erfreuten sich auch die für das gemeine Volk billigen, weil immer zahlreich und leicht zu erbeutenden Flußfische wie Stint, Butt und verschiedene Weißfischarten, großer Beliebtheit. Im Wesereinzugsgebiet sind bisher 73 Fischarten bzw. -formen dokumentiert worden.[56]

Die einstige Bedeutung des *Flußneunauges* für die Weserfischerei zeigt die Existenz von „beeidigten Neunaugenbrätern“ in Bremen. Die Neunaugen wurden gebacken, geräuchert oder mariniert. Wie berühmt sie als bremischer Handelsartikel waren, geht daraus hervor, daß man sie bis nach Wien, Florenz, Rom usw. schickte. Neunaugen waren ein Qualitätsbegriff wie es heute der Bremer Kaffee oder Bremer Tabak ist. Der Proclam von 1839 des Bremer Senats verdeutlicht, daß es in Bremen eine besondere Societät der Neunaugenbrater gab. Die Mitglieder wurden mitsamt ihren Frauen vereidigt und waren neben den Wassermüllern allein berechtigt, die selbstgefangenen Neunaugen zu braten und für den Versand in Fässer zu packen. Noch um 1890 fanden sich in der Werderstraße und an der Tiefer Türschilder mit der stolzen Aufschrift: „Beeidigter Neunaugenbrater“.[57]

Der *Stör* war wegen seines schmackhaften Fleisches und seines Rogens, den man zu Kaviar veredelte, eines der beliebtesten Fangobjekte. Obwohl es von 1858 bis 1863 im Amte Brake eine Blütezeit des Störfangs gab, ließ sich wegen der hohen Pacht kein lohnendes Geschäft daraus machen. Auch Fischer aus Sandstedt gingen speziell auf Stör. Die Erlaubnis zu seinem Fang mußte von dem hannoverschen Amt Hagen gegen eine jährliche Pacht erworben werden.[58] Der Fisch wurde lebend vermarktet und morgens vor acht Uhr geschlachtet.[59]

Der Erbfischer von Lübken fing um 1860 in der Lesum ein Exemplar von 375 Pfund. Einige Jahre später haben die Erbfischer in einer Nacht einen ganzen Zug, ca. 30 Stück, in der Unterweser vor der Plate beobachtet. Im Jahre 1876 wurde bei Vegesack ein Exemplar von 110 Pfund gefangen und im Frühjahre 1888 – ebenfalls bei Vegesack – ein Exemplar von 83 Pfund.[60] Eines der letzten Weserexemplare ist 1938 ins Netz gegangen.

Maifische hat man oberhalb der Vegesacker Kurve auf Sandbänken während ihrer Laichzüge gefischt. Es dürfte sich überwiegend oder ausschließlich um die *Finte* und nicht um die Große Alse gehandelt haben. Sie waren an der Unterweser bis etwa 1860 ein billiges Volksnahrungsmittel.[61]

Der *Lachs* und die *Meerforelle* – die Fischerei hat die beiden Arten nicht unterschieden – wurden bei dem Bestreben, zu den Laichgründen in den Nebenflüssen von Weser, Fulda und Werra zu gelangen, abgefischt. Die Hauptlaichgebiete für den Lachs lagen in der Eder. Zwar gibt es eine Reihe von anthropogenen Einflüsssen auf die Lachsbestände wie Flußbegradigungen, Wehrbau und Verschmutzung, doch ist auch die zum großen Teil übermäßige Fischerei speziell auf den Lachs mitverantwortlich zu machen für das Aussterben der ursprünglichen Weserstämme. Es ist schwierig, das Aussterben allein auf einen Faktor zurückzuführen; bereits im 18. Jahrhundert, als noch keine Strombauten ausgeführt waren und die Schiffahrt geringfügig war, traten große Schwankungen im Fangertrag auf.[62] Klagen über die Errichtung und die Erhöhung von Wehren, welche der Lachsfischerei schadeten, sind bereits aus den Jahren 1591, 1604, 1647, 1663 bekannt.[63] Mit der Errichtung der Edertalsperre 1914 setzte der ohnehin rückgängige Lachsfang schlagartig aus. Wenige Jahre zuvor mußte der Bestand mit Brütlingen aus Zuchtanstalten gestützt werden.

Bezüglich des Lachses ist die viel zitierte Geschichte, wonach die Dienstboten es früher abgelehnt haben sollen, jeden Tag Lachs vorgesetzt zu bekommen, von Schwarz als Märchen entlarvt worden.[64] Doch dazu später. Genährt wird der Glaube an die gute alte Zeit durch einzeln verbürgte Überlieferungen großer Fangzahlen. So fing ein Fischer im Jahre 1443 in Fulda mit einem einzigen Netzzug 803 Lachse.[65] 1547 sollen es noch sechzig Lachse in einem Zuge gewesen sein.[66] Für das Jahr 1644 heißt es: „In diesem Sommer sind überauß viele Lachse in der Weser, sonderlich aber zwischen der Brugke und St. Stephans Zwinger gefangen worden, offtermahls 80, ja auch offt 100 Lachse in einem Zug.“ „Am Steffenswerder werden

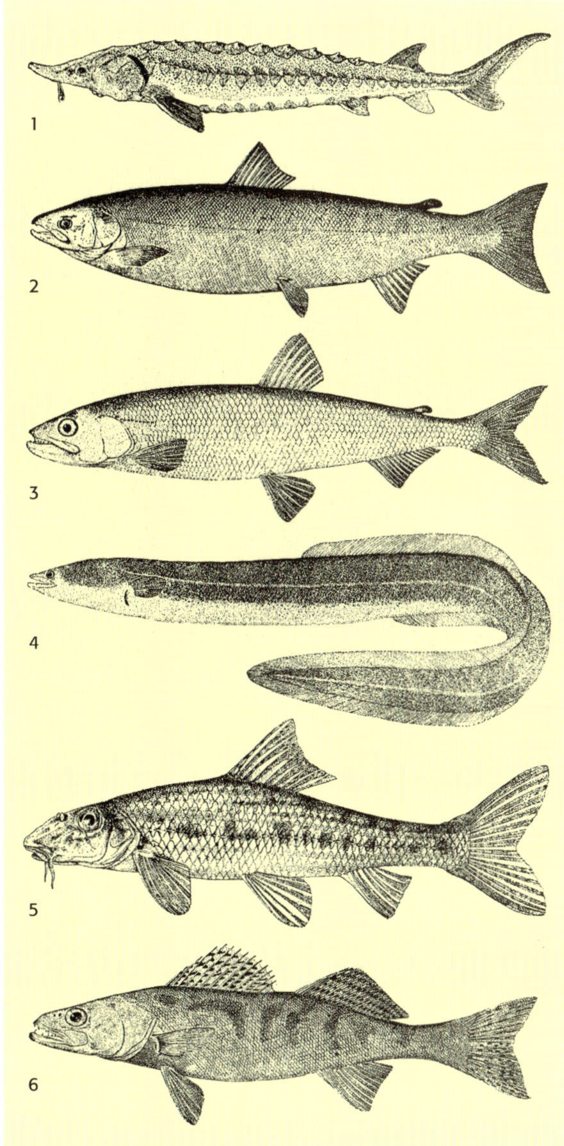

Einstmals (1, 2, 3, 5) und heute (3, 4, 6) wichtige Fischarten der Weser: 1 Stör, 2 Lachs, 3 Stint, 4 Aal, 5 Gründling, 6 Zander

so viel Lachse gefangen, daß sie mit Wagen in die Stadt geführet seyn.“[67] Vor 1669 sind bei Wolfershausen (Eder) nicht selten bis zu 300 Lachse im Jahr erbeutet worden.[68] Im Jahr 1770 hat man in der oberen Werra an verschiedenen Orten Lachse bis zu 20 Pfund gefangen.[69] Bei Hameln waren es 1875 vor den Mühlenwehren 4 300 Lachse.[70]

Schwarz weist nach, daß es keinen Überfluß an Weserlachs gegeben hat, und folglich auch nicht die vielzitierte Bremer Verordnung, die es den Dienstboten erlaubte, nicht mehr als zwei Mal in der Woche Lachs essen zu müssen.[71] Viel mehr war der Lachs schon damals ein sel-

Angler an der Weser bei Höxter, 1999

tener und teurer Leckerbissen. Wahrscheinlich bezogen sich derartige Verfügungen auf noch weitere importierte, gesalzene und getrocknete Fischarten, die man allesamt mit der Handelsbezeichnung „Lax" verkaufte. Bis 1630 hätte ein Geselle mindestens einen ganzen Tagelohn für ein Pfund ausgeben müssen infolge eines stark vermehrten Aufkommens an Lachsen nicht nur in der Weser, sondern auch in der Elbe und dem Rhein und wahrscheinlich auch in Schottland setzte ein Preisrückgang ein, der den Lachs einige Jahre lang so „billig" wie Fleisch machte und zu den niedrigsten Preisen führte, die in der Neuzeit zu belegen sind. Dennoch stellte der Lachs keine Nahrung der breiten Masse dar, und als es 1675 mit der Billig-Periode in Bremen vorbei war, kostete ein Pfund Lachs wieder mehr als einen Tagelohn. Zehn Jahre später hatten die Preise eine Höhe erreicht, die den Lachs bis weit ins 20. Jahrhundert hinein zur Delikatesse machte. Ein Pfund kostete während des 18. Jahrhunderts fast ständig mehr, als ein Bauhandwerker während eines ganzen Sommertages verdiente, mitunter sogar das Doppelte oder mehr. Lachsverzehr ist nachgewiesenermaßen zwischen 1700 und 1800 und sehr wahrscheinlich schon im 17. Jahrhundert genauso ein Luxus gewesen wie später. Immerhin hat der Lachs die Fischer gut genährt, ließen sich doch lukrative Stückpreise erzielen.

Bereits zu Kellers Zeiten war es mit dem Lachsreichtum vorbei. Die Fulda erlebte ihre letzten guten Lachsjahre 1865, 1876 und 1881.[72] Bis etwa 1910 hat man in der Weser jährlich 4 000 bis 5 000 Lachse, was einem Gesamtgewicht von 20 000 bis 25 000 kg entsprach, gefangen.[73] Im Jahre 1982 begannen norddeutsche Fischereiverbände zunächst in der Oertze im Allergebiet mit Wiederansiedlungsversuchen von Lachsen. Zunehmende Besatzmaßnahmen dieser Verbände und der ihnen angeschlossenen Vereine werden seit 1990 auch in anderen Nebenflüssen der Weser vorgenommen. Seit 1988 hat die Obere Fischereibehörde der Bezirksregierung Detmold hunderttausende Lachsbrütlinge ausgeschickt. Besondere Bedeutung wird der Herkunft der Lachseier geschenkt. Aus genetischer Sicht erscheint es den Verbänden vielversprechend, auf Eier aus irischen Wildlachsbeständen zurückzugreifen, die um die Jahrhundertwende Besatz bzw. in einem Fall sogar Bestandsbegründung mit Weserlachsen erhalten hatten.[74] Andererseits ist zu beachten, daß Irland durch die letzte Eiszeit lange brauchte, um mit Süßwassertieren vom Osten her wieder besiedelt zu werden, so daß z.B. die Forellen Frankreichs den unsrigen näher stehen als die irischen.

Der *Stint*fang ist auch heute noch lohnend. Sie lassen sich in der Wesermündung das ganze Jahr hindurch vom Kutter aus mit Hamen fangen. Niederländische Aufkäufer nehmen vor Ort nicht mehr absetzbare Stintfänge ab.[75] Zur Laichzeit wird dem Stint unterhalb des Weserwehrs Bremen-Hemelingen mit Senknetzen und mit Fangkörben nachgestellt. In früheren Zeiten ernährten sich die Fischer und ihre Familien selbst vom Stint, gab es doch häufig Überschüsse. In manchen Jahren, wenn der Fang besonders ergiebig war, hat man den Fisch auch in gesalzenem Zustande nach England exportiert.[76]

Der Hauptertragsfisch, auf den sich das Einkommen der Flußfischer im wesentlichen stützt, ist der *Aal*, der noch zur Jahrhundertwende von den Fischern als Beifang angesehen worden sein soll.[77] Der Aal macht ungefähr 50 % der Fänge der Berufsfischer an der Weser aus, auch bei Sportfischern liegt der Anteil immerhin bei 25 % und mehr.[78] Die Nachfrage ist immer groß. Geräucherte Aale sind besonders begehrt. Das Verfahren, die Aale zu räuchern ist sehr einfach und erfordert in der Regel nur wenig Zeit. In einem Behälter, dessen Boden durchlöchert ist, werden die Aale einzeln aufgehängt; Rauch von einem mäßigem Feuer aus Holz dringt durch den Boden zu den Fischen. Früher gingen die an der Unterweser geräucherten Aale unter dem Namen „Elsflether Speckaale" nicht nur in den innerdeutschen Handel, sondern auch nach England.[79] Heute ist die Nachfrage vor Ort so groß, daß importiert werden muß. Um der Nachfrage nachzukommen, werden Besatzmaßnahmen durchgeführt. Buhse spricht von Überbesetzung und macht sie als eine Ursache für die Auslösung der Rotseuchenkrankheit unter den Aalen verantwortlich.[80]

Ein wenig überraschend mag dem Leser erscheinen, daß der wichtigste Fangfisch in der Mindener Fischerei der *Gründling*, nicht zu verwechseln mit der Grundel der Unterweser, gewesen ist – ein Fischchen, früher auch als „Grimpe" bezeichnet und trotz seiner geringen Größe von meist nur 12 cm und weniger als Speisefisch sehr geschätzt.[81] Das Fleisch der Grimpen galt als überaus zart und schmackhaft.[82] Heute verwendet man ihn nur noch als Köderfisch.

Weißfische, wie z.B. Plötze, Brassen, Güster, Aland, Döbel und Zährte, sind je nach Flußabschnitt sehr zahlreich, aber außerordentlich schwer verkäuflich. Sportfischer stellen in der Oberweser dem Döbel und der Zährte gezielt nach. Schiemenz berichtet von einem Netzfischer, der nach ein paar Zügen den Fang auf Plötzen einstellte, weil die Verwertung weiterer Mengen unmöglich war.[83]

Auf den Speisekarten vieler Ausflugslokale entlang der Weser werden Zandergerichte angeboten. Der *Zander* stellt ein Beispiel für eine geglückte Einbürgerung dar, denn die Art existierte bis vor etwas mehr als 100 Jahren noch nicht in der Weser.[84] Dank seiner guten Vermarktbarkeit und seines festen Fleisches ist er bei Berufsfischern und den Raubfischspezialisten unter den Sportanglern beliebt. Nach wie vor wird Zander besetzt, obwohl er sich in starkem Maße in der Weser fortpflanzt und sich im Fluß viele Jungzander tummeln.[85]

Keine in Massen gefangene Fische, aber gut absetzbar, sind *Hecht* und *Barbe*. Den Bestand an Hechten sucht man durch Besatz zu stützen, da der Hecht kaum noch geeignete Laichplätze in der Weser findet. Die Barbe ist ebenfalls ein beliebter Fisch bei den Anglern, wird von der Berufsfischerei aber seltener gefangen. In der Außenweser, die dem Bereich der Küsten- und Nordseefischerei zugeordnet werden kann, spielt die Kutterfischerei auf *Kabeljau, Plattfische* (Flunder, Scholle, Seezunge) und *Garnelen* („Nordseegranat") eine bedeutende Rolle.

Wie sieht die Zukunft der Weserfischerei aus? Die wenigen Berufsfischer möchten sicherlich nicht nur der Traditionsbewahrung verhaftet bleiben, sondern erhoffen eine ökonomische Perspektive für sich und ihre Familien. Zu erwarten ist, daß die Zahl der Fischer in den kommenden Jahren auf niedrigem Niveau stagniert. Die Ertragsentwicklung läßt sich schwer vorhersagen. Zum einen können ökologische Verbesserungen in Bezug auf die Wasserqualität und die Fischaufstiegsanlagen an den Wehren zu gesünderen und größeren Beständen führen, andererseits ist nicht auszumachen, wie sich der Ausbau der Mittelweser für die Binnenschiffahrt auf die Fischbestände und Fangmöglichkeiten auswirkt. Entscheidend wird der erzielbare Preis für Flußfische sein. Zweifellos könnte es der Weserfischerei zu einem Aufschwung verhelfen, wenn die staatliche Förderung verbrauchernah gewonnener und direkt vermarkteter landwirtschaftlicher Erzeugnisse auch wild lebende Weserfische einbeziehen wird. Die Fischerei wird sich weiter im Spannungsfeld von Ökonomie und Ökologie bewegen. Die Entwicklung der Bestände als Indikator für die Umweltverhältnisse an der Weser, wie es vor allem jene Gewässerkundler interessiert, die sich mit Naturschutzproblemen beschäftigen, ist aus den Fängen der Berufs- und Freizeitfischer ablesbar. Selbstbeschränkungen beim Fang von wiederangesiedelten Arten wie Lachs und Nordseeschnäpel dürften unumgänglich sein, will man nicht mit dem Naturschutz in Konflikt geraten.

Anmerkungen

1 Karl Löbe, Das Weserbuch. Roman eines Flusses, Hameln 1968

2 Jürgen Albrecht/Norbert Kirchhoff, Ökologie der Weser – Der Fluß als Lebensraum im Wandel der Zeit. In: Jutta Bachmann/Helmut Hartmann (Hrsg.), Schiffahrt, Handel, Häfen – Beiträge zur Geschichte der Schiffahrt auf Weser und Mittellandkanal, Minden 1987, S. 295-325

3 Günter Landau, Geschichte der Fischerei in beiden Hessen. (= Zeitschrift des Vereins für hessische Geschichte, Supplement 10), Kassel 1865

4 Wilhelm Koch, Aus der Altthüringischen Fischerei. In: Thüringer Fähnlein, Jg. 1934, S. 661-667

5 Willy Nolte (1968): Die Küstenfischerei in der Unter- und Aussenweser und die Abwasserbedrohung. In: Helgoländer wissenschaftliche Meeresuntersuchungen, Nr. 17/1968, S. 156-167
6 Ebd., S. 156
7 Willy Nolte, Nordseeküstengebiet der Länder Niedersachsen und Bremen. In: P.F. Meyer-Waarden (Hrsg.), Die Aalwirtschaft in der Bundesrepublik Deutschland. Archiv für Fischereiwissenschaft, 16. Jg., Beiheft 1/1966, S. 398-404
8 Th. Schräder, Fischereibiologische Untersuchungen im Wesergebiet. II. Hydrographie, Biologie und Fischerei der Unter- und Außenweser. In: Zeitschrift für Fischerei, Nr. 39/1941, S. 527-693
9 Fritz Gläbe, Die Unterweser. Chronik eines Stromes und seiner Landschaft, Bremen 1963, S. 70
10 Th. Schräder, Fischereibiologische Untersuchungen im Wesergebiet
11 Joh. Gärdes, Die Erbfischer in Grohn. In: Verein für Naturkunde für Vegesack und Umgegend, Jahresheft 1913, S. 1-16
12 Ludwig Häpke, Die Lachsfischerei in der Weser. In: Abhandlungen des naturwissenschaftlichen Vereins Bremen, Jg. 1894, Bd. 13, S. 477-482
13 Willy Nolte, Versuch einer Statistik der Binnenfischerei 1946-1948 im Bereich des Landesfischereiverbandes Niedersachsen. Ein Beitrag zur Statistik der Binnenfischerei. In: Neues Archiv für Niedersachsen, Jg. 1953, Heft 7/9, S. 332-350
14 Friedrich-Wilhelm Tesch, Niedersachsen. In: Paul-Friedrich Meyer-Waarden (Hrsg.), Die Aalwirtschaft in der Bundesrepublik Deutschland. In: Archiv für Fischereiwissenschaft, Bd. 16, Beiheft 1/1965, S. 361-385
15 Günter Buhse, Fischereibiologische Auswirkungen durch die Salzstörungen in Werra und Oberweser. Fischereikunde am Institut für Wildbiologie und Jagdkunde der Universität Göttingen. Masch. Manuskript, Göttingen 1987 (87 S. + Anhang)
16 Albrecht Blume, Die letzten Flußfischer auf der Unterweser. In: Nils Aschenbeck/Wolf-Dietmar Stock (Hrsg.), Die Weser, Fischerhude 1998, S. 112-115
17 Hermann Banser/Wilfried Brandes/Friedhelm Weber/Wöbbeking, Heringsfänger aus Schaumburg-Lippe und von der Mittelweser, Bremen 1997
18 Jens Rösemann, Von Spillöpern, Reepschietern und Afhauern. Heringsfischerei mit dem Treibnetz. In: Deutsches Schiffahrtsarchiv, Bd. 19/1996, S. 87-104
19 Horst Gnettner, Bremen-Vegesacker Fischerei-Gesellschaft. In: Ein Kapitel Industriegeschichte von Bremen-Nord, Schönebeck o.J., Gerhard Köhn/Wolfgang Berber, Seegekehlt und seegesalzen. Loggerfischerei von der deutschen Nordseeküste. Hrsg. von Walter Wilkens, Soest 1994
20 Detlef Meyer/Günther Kluge/Ewald Wulf/Herbert Aulich/Fritz Steiniger, Grundlagen einer Fischfauna Niedersachsens. In: Beiträge zur Naturkunde Niedersachsens, 23-24 Jg./1971, S. 33-66
21 G. Buhse, Fischereibiologische Auswirkungen durch die Salzstörungen in Werra und Oberweser
22 Th. Schräder, Fischereibiologische Untersuchungen im Wesergebiet
23 Ebd.; vgl. auch Bastian Schuchardt/Dieter Busch/Michael Schirmer/Karsten Schröder, Von Pödder, Längen und Pümpelgarn. Die Monotonisierung der Fischereimethoden an der Unterweser. In: Gezeiten. Archiv regionaler Lebenswelten zwischen Ems und Elbe, Nr. 4/1984, S. 67-75
24 Th. Schräder, Fischereibiologische Untersuchungen im Wesergebiet; ebenso Friedrich Schiemenz, Die Fischerei auf der Hamelner Weserstrecke. In: Die Weser, 27. Jg., Nr. 3/1953, S. 39-41
25 Th. Schräder, Fischereibiologische Untersuchungen im Wesergebiet
26 Friedrich Wilhelm Tesch, Niedersachsen
27 Th. Schräder, Fischereibiologische Untersuchungen
28 Ebd.
29 L. Wittmack, Beiträge zur Fischerei-Statistik des Deutschen Reiches sowie eines Teils von Österreich-Ungarn und der Schweiz. In: Circulare des Deutschen Fischereivereins, Berlin 1876, S. 3-255 + Tabellen
30 Wilhelm Dobberschütz/Steffen Göckemeyer, Weserfischerei in Bedrängnis. Ein Situationsbericht von der Mittelweser. In: Fischer und Teichwirt, Heft 3/1994, S. 95
31 Ludwig Häpke, Ichthyologische Beiträge: Fische und Fischerei im Wesergebiete. Abhandlungen des naturwissenschaftlichen Vereins Bremen, Bd. 6/1880, S. 577-616
32 H. Keller, Weser und Ems, ihre Stromgebiete und ihre wichtigsten Nebenflüsse. Bd. III: Die Weser von Münden bis Geestemünde. 2. Abteilung, 9. Kapitel: Fischereiverhältnisse und Flußverunreinigung, Berlin 1901, S. 406-432
33 W. Dobberschütz/St. Göckemeyer, Weserfischerei in Bedrängnis
34 L. Häpke, Ichthyologische Beiträge: Fische und Fischerei im Wesergebiete; Th. Schräder, Fischereibiologische Untersuchungen im Wesergebiet
35 B. Schuchardt/D. Busch/M. Schirmer/K. Schröder, Von Pödder, Längen und Pümpelgarn
36 W.G. Preuss, Fische und Fischerei in der Unterweser. In: Circulare des Deutschen Fischerei-Vereins, Berlin 1874, S. 75-83
37 H. Keller, Weser und Ems, ihre Stromgebiete und ihre wichtigsten Nebenflüsse
38 F. Schiemenz, Die Fischerei auf der Hamelner Weserstrecke
39 Th. Schräder, Fischereibiologische Untersuchungen im Wesergebiet; vgl. auch B. Schuchardt/D. Busch/M. Schirmer/K. Schröder, Von Pödder, Längen und Pümpelgarn
40 B. Schuchardt/D. Busch/M. Schirmer/K. Schröder, Von Pödder, Längen und Pümpelgarn
41 F. Schiemenz, Die Fischerei auf der Hamelner Weserstrecke
42 Die Norddeutsche, 10.3.1993
43 L. Häpke, Ichthyologische Beiträge: Fische und Fischerei im Wesergebiete, S. 587
44 Friedrich Schiemenz, Die Oberweser, ihr Nahrungsreichtum und ihre Aufenhaltsstellen für die Fische (Schluß). In: Fischerei-Zeitung, Bd. 43, Nr. 3/1940, S. 13 ff.

45 Ebd.
46 Th. Schräder, Fischereibiologische Untersuchungen im Wesergebiet
47 Ebd., S. 163
48 B. Schuchardt/D. Busch/M. Schirmer/K. Schröder, Von Pödder, Längen und Pümpelgarn
49 G. Landau, Geschichte der Fischerei in beiden Hessen
50 Ludwig Häpke, Ichthyologische Beiträge. 1. Zur Entdeckungsgeschichte der künstlichen Fischzucht. 2. Zur Kenntnis der Fischfauna des Wesergebiets. Abhandlungen des naturwississenschaftlichen Vereins Bremen, Jg. 1876, Bd. 5, S. 157-192
51 Ebd.
52 L. Wittmack, Beiträge zur Fischerei-Statistik des Deutschen Reiches
53 Ede Brumund-Rüther/Carl-Werner Schmidt-Luchs, Stützung und Wiedereinbürgerung bedrohter Salmoniden durch Angler in Norddeutschland. Arbeitsgemeinschaft Fischarten- und Gewässerschutz in Norddeutschland im Verband Deutscher Sportfischer, Eigenverlag 1995
54 Paul-Friedrich Meyer, Die Aalbrutfangstation Herbrum in Oldenburg – ein wichtiger Faktor in der Aalwirtschaft des Bundesgebietes. In: Der Fischwirt, 1. Jg., Nr. 8/1951, S. 207-212; C. Köbke, Verwaltungseinheit Weser-Ems. In: Paul-Friedrich Meyer-Waarden (Hrsg.), Die Aalwirtschaft in der Bundesrepublik Deutschland. In: Archiv für Fischereiwissenschaft, 18. Jg., Beiheft 1/1967, S. 386-398
55 Günter Buhse, Auswirkungen der Salzkonzentration auf die Biozönose der Fließgewässer. In: Deutscher Versand für Wasserwirtschaft und Kulturbau-Mitteilungen, Heft 24/1993, S. 83-103
56 Hans-Joachim Scheffel, Habitatbindung von Weserfischen (ökologische Gruppen bzw. Gilden) und die Bedeutung ökomorphologischer Strukturen dieses Fließgewässers und der Auen für reproduktive Fischbestände. Erstellt für die Bundesanstalt für Gewässerkunde, Koblenz 1996 (56 S.)
57 Hanns Meyer, Weserlachs, gebackene Stinte, gebratene Neunaugen. In: Die Weser, 34 Jg., Nr. 6/1960, S. 100 f.
58 W.G. Preuss, Fische und Fischerei in der Unterweser
59 L. Häpke, Ichthyologische Beiträge: Fische und Fischerei im Wesergebiete
60 Fr. Borcherding, Das Tierleben auf und an der Plate bei Vegesack. In: Abhandlungen des Naturwissenschaftlichen Vereins zu Bremen, 11. Jg., Heft 1/1889, S. 265-279
61 L. Häpke, Die Lachsfischerei in der Weser
62 H. Keller, Weser und Ems, ihre Stromgebiete und ihre wichtigsten Nebenflüsse
63 Max von dem Borne, Die Fischerei-Verhältnisse des Deutschen Reiches, Oesterreichs, Ungarns, der Schweiz und Luxemburgs, Berlin 1883
64 Klaus Schwarz, Der Weserlachs und die bremischen Dienstboten. Zur Geschichte des Fischverbrauchs in Norddeutschland. In: Bremisches Jahrbuch, Bd. 74/75, Bremen 1995/96, S. 134-173
65 E. Konken, Die Weser als Lachsfluß, Archiv des LFV Weser-Ems, Oldenburg 1932
66 Fritz Gläbe, Die Unterweser
67 Ebd., S. 81
68 Karl Müller, Hat der Weserlachs noch eine Zukunft. In: Die Weser, 34. Jg., Nr. 2/1960, S. 19 ff.
69 Paul Bärwinkel, Die Entwicklung der Fischerei und Fischzucht in Thüringen. In: Thüringer Jahrbuch von 1927, S. 58-61
70 Arbeitsgemeinschaft zur Reinhaltung der Weser (Hrsg.): Wiederansiedlung von Wanderfischen im Wesereinzugsgebiet, Hildesheim 1996 (7 S.)
71 Klaus Schwarz, Der Weserlachs und die bremischen Dienstboten
72 H. Keller, Weser und Ems, ihre Stromgebiete und ihre wichtigsten Nebenflüsse
73 Horst Neumann/Detlef Gaumert/Volkhard Herbst/Jan Schilling, Betrachtungen über die ökologischen und ökonomischen Schäden der Salzbelastung von Werra und Weser. In: Die Weser, 64. Jg., Nr. 2-3/1990, S. 77-86
74 Arbeitsgemeinschaft zur Reinhaltung der Weser (Hrsg.): Wiederansiedlung von Wanderfischen
75 Wolfgang Hagena, Die Kleine Hochsee- und Küstenfischerei Niedersachsens und Bremens im Jahr 1997. Jahresbericht des Staatlichen Fischereiamtes Bremerhaven. In: Das Fischerblatt, 46. Jg., Heft 5, S. 148-169
76 WG. Preuss, Fische und Fischerei in der Unterweser
77 Dieter Busch/Karsten Schröder/Bastian Schuchardt, Niedergang der Flußfischerei auf der Unterweser. Projekt Weserwasser der Universität Bremen (unveröffentlicht), Bremen 1982
78 Friedrich-Wilhelm Tesch, Niedersachsen
79 W.G. Preuss, Fische und Fischerei in der Unterweser
80 Günter Buhse, Gefahr einer Überbesetzung von Aalen? Auslösen der Rotseuche? Beobachtungen an der Oberweser. Arbeiten des Deutschen Fischerei-Verbandes, Die Aalkommission des Deutschen Fischereiverbandes, Heft 26/1978, S. 58-74
81 Hans-Walter Keweloh, Das Lattenboot eines Mindener Weserfischers im Mindener Museum für Geschichte, Landes- und Volkskunde. In: Jutta Bachmann/Helmut Hartmann (Hrsg.), Schiffahrt, Handel, Häfen, S. 137-141
82 G. Landau, Geschichte der Fischerei in beiden Hessen
83 Friedrich Schiemenz, Angelfischerei – Netzfischerei in der Weser erläutert an der Frage des Aalschnurlegens. In: Der Angelsport, 10. Jg., Heft 5/1934, S. 102-105
84 D. Busch/K. Schröder/B. Schuchardt, Niedergang der Flußfischerei auf der Unterweser
85 H.-J. Scheffel, Habitatbindung von Weserfischen

Dietrich Reusche

Der Leuchtturm „Roter Sand“

Wer hat nicht schon einmal davon geträumt, einige Tage auf einem mitten in der See stehenden Leuchtturm zu verbringen, die vorbeiziehenden Schiffe zu beobachten und nachzuempfinden, wie es den Wärtern jahrein jahraus in der Abgeschiedenheit ergangen sein mag? Noch dazu auf dem Leuchtturm aller Leuchttürme, als welcher der „Rote Sand“ zumindest in deutschen Landen gilt. Dieses Urlaubserlebnis der besonderen Art bietet seit kurzem die Bremerhaven-Touristik an, und es muß nicht gerätselt werden, ob die Offerte viel Anklang finden wird, auch wenn die Leuchtfeuer, die einst den Schiffen aus aller Welt den Weg in die Wesermündung – oder aus ihr hinaus – gewiesen haben, schon lange erloschen sind.

In der zweiten Hälfte des 19. Jahrhunderts gab es eine Reihe von Gründen, neue und technisch zeitgemäße Seezeichen einzuführen. Der Übergang von der Segel- zur Dampfschiffahrt hatte größere und immer schnellere Schiffe zur Folge. Zugleich war die Erweiterung der Flotten in den industrialisierten Ländern mit einem erhöhten Konkurrenzdruck verbunden. Der überseeische Handel nahm zu, und Deutschland begann, sich in den Verteilungskampf der Kolonialländer einzumischen, so daß der Schiffsverkehr allen Grund hatte, verläßlicher und möglichst unabhängig von den Gezeiten des Meeres zu werden. Da die Transportgeschwindigkeit schon damals eine bedeutende Rolle spielte, war es notwendig, den sich abzeichnenden Gefahren auf See vorzubeugen. So kamen die Weserstaaten Preußen, Oldenburg und Bremen 1878 überein, das Seezeichenwesen künftig gemeinsam zu regeln.

„Rothesandleuchtturm vor der Wesermündung“, Postkarte, 1915

Um wettbewerbsfähig zu bleiben, schlug Ludwig Franzius 1881 vor, der Hansestadt einen eigenen Seehafen zu verschaffen. Die Weser sollte bis Bremen für Schiffe mit einem Tiefgang bis zu 5 Metern befahrbar sein, damit der zeitraubende Umschlag von Gütern an anderen Orten entfiel. Der 1885 fertiggestellte Leuchtturm, die nachfolgende Vertiefung der Unterweser, der 1888 vollendete Freihafen (der heutige Europahafen) und der zunehmende Bau größerer Seeschiffe hingen also eng miteinander zusammen.

Es gibt nicht viele historische Kulturdenkmäler in Deutschland, die so sehr von Graphikern, Künstlern, Bastlern und Photographen beansprucht worden sind wie der Leuchtturm „Roter Sand“. Zumindest im norddeutschen Raum und vor allem an der Küste kommt man an ihm nicht vorbei. Unzählige Male diente er Ansichtskarten, Souvenirs, Ölgemälden, Graphiken, Bausätzen u.a.m. als Vorlage. Aus der Werbung, in der er die Verpackungen oder Etiketten zahlreicher Produkte – Teedosen, Feuerzeuge, Gläser, Bierdeckel etc. – ziert, ist er nicht fortzudenken. Lokale sind und werden nach ihm benannt, oder er begegnet uns auf dem Jahrmarkt, wo er als Modell einen Fischimbiß beherbergt. Selbst wenn man den heute unter Denkmalschutz stehenden Leuchtturm nicht rechtzeitig vor der Verschrottung bewahrt hätte, lebte er dennoch.

Erhält das Seezeichen auch manches Mal eine geschmacklose, als Souvenir bisweilen eine kitschige Gestalt, so berührt es andererseits immer wieder das menschliche Gemüt und weckt Sehnsüchte, Wehmut und

Der Leuchtturm „Roter Sand"
nach der Restauration, um 1995

Gedanken des Abgeschiedenseins vom Alltagsstress. Dem deutschen Seefahrer galt er als erster Gruß des heimatlichen Festlands oder als Zeichen des Abschieds, wenn sein Schiff für lange Zeit die Heimat verließ. Manchem Auswanderer wurde er zum letzten sichtbaren Zeichen seines Vaterlandes.

Seinen Ruf verdankt der Leuchtturm nicht nur der exponierten Lage in der Außenweser. Als man ihn in den Jahren von 1883 bis1885 erbaute, hielt man seine Errichtung zunächst für eine Pionierleistung und ein Meisterstück deutscher Ingenieurskunst. Einen Leuchtturm in dieser Größe zu errichten – er ruht auf einem eisernen, 30 Meter hohen „Caisson", dem Gründungsbauwerk; der Turm selbst mißt 35 Meter –, bei weit ins Meer vorgeschobener Lage und dazu auf weichem Meeresboden, war noch unerprobt und kein leichtes Unterfangen. So war zunächst der erste Versuch, den Sockel aufzustellen, im Jahre 1881 gescheitert.

Seit seinem Bestehen beeindruckt der Leuchtturm „Roter Sand" durch seine einzigartige Form und romantische Aura und regte stets – nicht selten in übersteigerten Darstellungen – den künstlerischen Schaffensdrang an. Er wirkt weder schlank noch gedrungen, steigt in sanftem Bogen aus dem Wasser hervor und besitzt mit seinem dekorativ anmutenden vierten Stockwerk sowie dem darüber liegenden Laternengeschoß einen harmonischen Abschluß. Die aus dem Wohnraumgeschoß herausragenden, zylinderförmigen Erker ähneln selbst kleinen Türmchen. Mit dem außen in der Luft schwebenden Rettungsboot und den auf Abbildungen meistens mit bunten Fähnchen versehenen Masten erscheint der Leuchtturm stets ein wenig verspielt. Der „Rote Sand" wirkt, trotz seiner Größe und seines Gewichtes, keineswegs wie ein Koloß aus Stahl, sondern erhält durch seine ausgewogenen Maße und seine schmuckhaften oberen Stockwerke ein Gepräge, das die eigentliche Schwere des Bauwerks kaschiert. In seinen weißen und roten Farben bildet er zudem einen wohltuenden Kontrast zu den atmosphärischen Farben des Meeres und des Himmels. Wundert es, wenn Bremerhaven das Leuchtfeuer schon früh zu seinem Wahrzeichen erkoren hat, obwohl die Stadt nahezu 50 km von ihm entfernt liegt?[1]

Immer wieder begegnet man Bildern und Ansichten, auf denen Schnelldampfer zu sehen sind, die in beängstigender Nähe den Leuchtturm „Roter Sand" passieren.

Zeichnung von Otto Ubbelohde aus dem Buch „Bremen und seine Bauten“, um 1900

Plakat zur „Ausstellung für Gewerbe, Industrie und Schiffahrt“ in Geestemünde/Bremerhaven, 1913

Abbildung aus einer Serie „Leuchttürme“, vermutlich für einen Bildsammelband

Zwar gewannen die Darstellungen so an Leben und erzielten einen beeindruckenden Effekt, der Realität entsprachen sie jedoch kaum. Vor allem große Schiffe mußten sich viel weiter entfernt in tieferem Fahrwasser bewegen. Ein anderes Kapitel von „Erfindungen" bilden die Ansichten des Leuchtturmes selbst, dessen Form recht unterschiedlich „interpretiert" wird. Findet er hier eine filigrane Ausprägung, ist er dort als ein eher klobiges Monument zu sehen, einmal wirkt er kurz und gedrungen, ein anderes Mal schlank, oder er ist kaum als Leuchtturm „Roter Sand" zu identifizieren – ein Ausdruck dafür, in welchem Ausmaß er die Künstler fasziniert und ihre Phantasie beflügelt hat, wobei es vielen hauptsächlich auf die charakteristische Wiedergabe des Atmosphärischen ankam und das Objekt „Leuchtturm 'Roter Sand' mitten im Meer stehend" geradezu eine ideale Gelegenheit bot.

Eisenkonstruktionen als Ausdruck modernen Bauwesens waren im 19. Jahrhundert in fast allen Bereichen anzutreffen, bei der Errichtung von Brücken und Bahnhofsüberdachungen ebenso wie bei Leuchttürmen und im Seeschiffbau, wo sie zu immer neuen Dimensionen führten. Diese Entwicklung fand malerisch ihren Widerhall nicht zuletzt in einer neuen künstlerischen Spezies, den Marinemalern, die besonders von den Reedereien – wie dem Norddeutschen Lloyd – zur Gestaltung von Plakaten, Speisekarten u.a. herangezogen wurden.[2] Das Augenmerk der Marinemaler richtete sich auf so repräsentative Großdampfer wie die „Bremen", die „Columbus" oder den 1897 erbauten „Kaiser Wilhelm der Große", die gern zusammen mit dem Leuchtturm „Roter Sand" wiedergegeben wurden. Unabhängig von einer künstlerischen Einschätzung dokumentieren die Ansichten stets das moderne überseeische Verkehrswesen, verbunden mit einem gewissen Stolz auf den technischen (deutschen) Fortschritt.

Im Gegensatz dazu muß eine recht frühe Zeichnung des hessischen Malers *Otto Ubbelohde* gedeutet werden, der sich vor der Jahrhundertwende für längere Zeit in der Künstlerkolonie Worpswede aufhielt. Als er um 1900 den Leuchtturm „Roter Sand" zeichnete, setzte er ihn nicht wie gewöhnlich in den Vorder-, sondern den Hintergrund, an den Horizont des Meeres, wo das Positionsfeuer gleich einem Schattenriß eher die Gestalt eines ruhenden Poles im Bildganzen einnimmt. Bei ihm tritt die repräsentative Zurschaustellung technisch beeindruckender Innovation zurück zugunsten eines funktionalen, der Sicherheit des Seeverkehrs dienenden Objektes, das, in geheimnisvolles Dunkel gehüllt, wie ein mahnender Hüter inmitten des aufgewühlten Meeres steht. Auf der Ansicht ist kein Großdampfer zu erkennen, sondern ein Segelschiff mittlerer Größe, das sich seine Route durch die stürmische See bahnt. Mit Hilfe verhältnismäßig geringen technischen Aufwands – den Segeln – mißt es sich mit den Kräften der Natur, während auf den populäreren Ansichten der farbigen Postkarten die Schnelldampfer zumeist majestätisch über das Meer gleiten, ganz gleich, ob es windstill oder stürmisch ist. Ubbelohde läßt die von Menschenhand geschaffenen Objekte, Leuchtturm und Segelschiff, eher untergeordnet erscheinen und hebt statt des-

„Bremerhaven – Kaiser Wilhelm der Große passiert den Rothen Sand-Leuchtturm", Postkarte, vor 1914

Verpackung für eine Kaffee-Ersatz-Mischung der Firma Schütz in Bremerhaven

Lissi Jacobsen, L.R.S. Werk 26, 1999,
Öl auf Leinwand, 60x50cm

sen die unkontrollierbare Kraft der offenen See hervor, deren Launen sich die menschliche Kreatur in direkter Weise gegenüberstellt. Unter diesem Aspekt ist es bezeichnend, daß es dem hessischen Künstler nicht darauf ankam, das Segelschiff in seiner vollen Größe zu zeigen oder es mit einem Namen zu versehen – es handelt sich offenbar um ein x-beliebiges Schiff –, sondern darauf, das Naturgemäß-Atmosphärische sichtbar zu machen.[3]

Eine gelungene Darstellung zeigt ein Plakat aus dem Jahr 1913 für die „Ausstellung für Gewerbe, Industrie und Schiffahrt" in Bremerhaven/Geestemünde. Es dokumentiert, daß der „Rote Sand" 28 Jahre nach seiner Indienststellung immer noch als aktuelles technisches Meisterwerk galt. Zumindest „Industrie und Schiffahrt" diente der Leuchtturm als Vorlage und Symbol zeitgemäßen Fortschritts. Davon zeugt letztlich auch die Gestaltung des Plakates selbst, das mit seiner moderaten Farbigkeit, der Darstellung nur eines, aber wesentlichen Objektes sowie einer am Jugendstil orientierten Typographie die Ansprüche eines modernen Plakates erfüllt, indem es dem Betrachter ermöglicht, bereits en passant alle wesentlichen Informationen aufzunehmen.

Eine Werbung anderer Art geht von der Verpackung einer Kaffee-Ersatz-Mischung aus, die von dem heute nicht mehr existierenden Bremerhavener Unternehmen Schütz hergestellt wurde. Ein Zusammenhang mit dem Leuchtturm „Roter Sand" und der an ihm vorbeifahrenden „Columbus" wird nicht sogleich sichtbar und ist ein weiteres Zeichen für die Anziehungskraft des Leuchtfeuers und der damals noch jungen Passagierschiffahrt. Den Ausschlag für die maritime Reklame mag letztlich der nach oben zielende Schütze gegeben haben, das rot-weiße Signet des Produzenten, das mit den Farben des Leuchtturms übereinstimmt.

Ein letztes Beispiel aus der Werbung. Es entstammt einer Serie (Thema „Leuchttürme") für „Liebig's Fleisch-Extract" und war offenbar für einen Bildsammelband vorgesehen. „Roter Sand" ist erneut spielerisch gestaltet. Eine Innensicht, welche die Bewunderung für die moderne Technik verdeutlicht, bereichert die Darstellung. Ein Mann bestaunt das Hauptfeuer. Es ist ein Fresnelscher Leuchtapparat mit Otterblenden, die beim Leuchtturm „Roter Sand" erstmals in Deutschland zum Einsatz kamen. Die Otterblenden waren senkrechte Jalousien, die in gleichmäßigem Rhytmus geschlossen und geöffnet werden konnten. Die Lichtquelle selbst wurde bis Anfang der 40er Jahre noch durch Petroleum gespeist, nachdem sich zwischen 1896 und 1904 ein erster Versuch der Elektrifizierung als zu unverlässig erwiesen hatte.

Postkarte aus dem Jahre 1912

Die Bedeutung des Leuchtturms „Roter Sand" zeigt sich nicht nur in der historischen Rezeption und Werbung, sondern ebenso in der zeitgenössischen Kunst. Eine Ausstellung, die 1999 in Bremerhaven stattfand und sich ausschließlich mit dem „Roten Sand" befaßte, zeigte 50 Werke einer Künstlergruppe mit ungewohnten Ansichten des maritimen Denkmals.[4] Aus der Präsentation gegenstandsloser bis abstrakter Malerei sei eine Arbeit von Lissi Jacobsen hervorgehoben, die der letzten Gruppe zuzuordnen ist. Der Blick auf „ihren" Leuchtturm läßt eine freie Interpretation vermuten, die mit den tatsächlichen Gegebenheiten wenig gemeinsam hat – eine Annahme, die richtig und zugleich falsch ist, denn der Leuchtturm „Roter Sand" wird erkennbar durch seine maßstabsgetreue Wiedergabe im Verhältnis 1:88 sowie die Sichtbarmachung des unter Wasser liegenden Fundaments: Das Seezeichen offenbart seine Ganzheit. Dem Unterbau folgen, der Wirklichkeit gemäß, je 2 rote und 3 weiße Streifen. Ein schwarzer Streifen, der die Kuppel symbolisiert, bildet den Abschluß.

Es erstaunt, daß die Weser in dieser Ansicht fehlt. Und es klingt zunächst widersprüchlich, wenn die Künstlerin sagt, sie wolle allein ihren Empfindungen während mehrfacher Aufenthalte auf dem Leuchtturm Ausdruck verleihen. Dort erlebte sie das Gefühl des „totalen Freiseins, einem Schwebezustand gleich", der aber zugleich aufgefangen worden sei durch die Statik des Leuchtturmes und dessen Balance in der Vertikalen. Zwar habe sie die Weite des Meeres fasziniert, aber der Eindruck, sich auf einem ruhenden Pol inmitten der (selten ganz ruhigen) See zu befinden, sei stärker gewesen. So entschlüsselt sich die Darstellung Lissi Jacobsens in zweifacher Hinsicht: Die Außenweser bleibt unberücksichtigt, in der Vorstellung ohnehin präsent beim Anblick des „Roten Sand", denn sie will ihr Erleben auf dem Leuchtturm konzentriert mitteilen; das Fundament fließt in die Bildkomposition ein, weil in ihm die Statik und Kraft begründet liegt. Sie erreicht ihr Ziel mit sparsamen Mitteln, nur mit den Farben Schwarz, Rot und Weiß. Der helle Malgrund bildet zugleich – durch Aussparung der betreffenden Flächen – die zwei weißen Streifen des Leuchtturms.

Die Geschichte des Leuchtturms Roter Sand, untrennbar verbunden mit einer Vielzahl künstlerischer Ansichten, bietet reichhaltigen Stoff, vom Fehlschlag seiner Errichtung bis zu seiner Außerdienststellung 1963, als die letzten Wärter ihren Arbeitsplatz verlassen mußten. Danach folgte die Episode seiner dramatischen Rettung. Sie verdeutlicht, daß es nicht darum ging, ein weithin beachtetes Seezeichen, sondern ein Kulturdenkmal erster Güte zu erhalten.[5] Nach Restauration des Fundamentes und des Äußeren ist man dabei, das Innere des Leuchtturms wieder vollständig herzurichten und ihn so zumindest einigen Gästen wieder zu öffnen. Man bewahrte der Weser, was zu ihr gehört, wie der Weserstein am Zusammenfluß von Werra und Fulda oder die Porta Westfalica mit ihrem Kaiser-Wilhelm-Denkmal. Bevor der Fluß sich in der Nordsee verliert, drängt er sich noch einmal durch einen Leuchtturm ins Bewußtsein, der selbst Geschichte geworden und mit ihm aufs engste verwachsen ist. Was hätte der Weser Besseres widerfahren können?

Anmerkungen

1 Hin und wieder wurde der Leuchtturm auch als Wahrzeichen Bremens betrachtet, als „Bremens Wahrzeichen vor der Wesermündung", wie in einer hansestädtischen Tageszeitung 1935 zu lesen ist. In der Blütezeit der Schnelldampfer wurde er bisweilen auch als Haussymbol des Norddeutschen Lloyd betrachtet.

2 Hier seien vor allem Hans Bohrdt und der bereits erwähnte Robert Schmidt-Hamburg genannt. Vgl. den Beitrag über „Die Weser in der Werbung" in diesem Band.

3 Zur außerordentlichen Beliebtheit des Leuchtturms „Roter Sand" im Bereich der Werbegraphik vgl. den Beitrag über „Die Weser in der Werbung" in diesem Band.

4 Ausstellungsprojekt „Seezeichen – Roter Sand – Sehzeichen", Künstlergruppe ART5 (Annemarie Arndt, Heinz Glaasker, Lissi Jacobsen, Matthias Kopka, Horst Poppe, Bernd Schäfer), Altes Kraftwerk, Bremerhaven, 1.-16. Mai 1999. Zu der Ausstellung ist eine Mappe mit 16 Drucken erschienen (im Besitz des Verfassers).

5 In entscheidender Weise trug dazu der Förderverein „Rettet den Leuchtturm Roter Sand e.V." in Bremerhaven bei, der auch diesen Beitrag mit Bildmaterial entscheidend bereicherte.

Nachweis der Abbildungen

Josef Apportin, Hameln: S. 140, 183 (oben); Hans L. Bischoff, Bremen: S. 251; Bröhan-Museum, Berlin: S. 88, 89; Wilhelm M. Busch-Archiv, Hamburg: S. 160-163, 167, 172; Titus E. Czerski, Bremen: S. 95; Deutsches Schiffahrtsmuseum, Bremerhaven: S. 65 (unten), 227, 228, 229; Wilhelm Dobberschütz, Drakenburg: S. 239 (unten); Donat Verlag, Bremen: S. 59 (oben), 158, 173, 174 (unten), 180, 189 (unten), 194, 235, 245; Ellen Fischer, Varel: S. 184 (unten); Joachim Fliegner, Bremen: S. 134 (oben); Focke-Museum, Bremen: S. 45; Förderverein „Rettet den Leuchtturm Roter Sand e.V.", Bremerhaven: S. 250, 252 (unten rechts), 253, 254 (unten); foto-KONO, Bremen: S. 238, 240 (oben), 244; Ronald Franke, Köln: S. 142, 143; Galerie Beim Steinernen Kreuz, Bremen: S. 143 (unten), 144; Galerie pro Art, Verden: S. 231; Horst Gnettner, Bremen: S. 90; Rudi Günther, Hameln: S. 102 (unten); Georg Heil, Kalletal: S. 62 (unten links); Heimatmuseum Schloß Schönebeck: S. 237 (oben); Heimatverein Scheeßel: S. 114, 230: Werner Hinsch, Hohnstorf: S. 64; Otto Hoppe, Braunschweig (Städtisches Museum Braunschweig): S. 85 (unten); Lissi Jacobsen, Bremerhaven: S, 254 (oben); Rudolf Jahns-Stiftung, Detmold: 126, 127; M. Jelter, Aachen: S. 34; Lothar Klimek, Worpswede: S. 72-79, 147-157, 202-211 (die Aufnahmen entstanden Ende der 50er Jahre); Kommunalarchiv Minden: S. 218; E. Koßmann, Minden: S. 41 (oben); Kraft Jacobs Suchard (Archiv), Bremen: S. 223; Bernd-Peter Keiser, Braunschweig (Herzog Anton-Ulrich-Museum, Braunschweig): S. 81; Klaus Krieger, Bremen: S. 200 (unten); Landesmuseum Oldenburg: S. 252 (unten links); Rüdiger Lubricht, Worpswede: S. 30/31, 43, 93, 98/99, 108, 110 (oben), 125, 128 (oben), 134 (unten), 135, 136 (oben), 137, 139, 145, 186/187, 200 (oben), 201, 232/233; Hans-Helmuth Meyer, Bremen: S. 63; Midgard Deutsche Seeverkehrs AG, Nordenham: S. 68; Museum Bochum: S. 180 (unten); Museum Hameln: S. 214, 217; Museum Höxter-Corvey: S. 133, 242 (oben); Museum Weserburg, Bremen: S. 134 (oben); Museum Minden: S. 38, 47, 54 (unten), 55 (Mitte und unten), 56 (unten), 62 (unten rechts), 101, 102 (oben); Petra Neumann, Hildesheim: S. 237 (unten); Oldewage, Wilhelmshaven: S. 49; Friedrich Piesk, Wiesbaden: S. 115 (unten); Elisabeth Pluquet, Bremen: S. 136 (unten); Stefanie Prahl, Bremen: S. 7, 60 (unten), 170, 179, 181, 182; Privatarchiv Jürgen Dierking, Bremen: S. 176, 178, 183 (unten); Privatarchiv Andreas Frenzel, Bremen: S. 188, S. 189 (oben), 190, 192, 193, 195-199; Privatarchiv Rainer Halpaap: S. 33, 35, 36, 39, 40, 41 (unten), 42 (oben), 44, 46, 48: Privatarchiv Bernd Küster, Rastede: S. 109, 166, 246; Privatarchiv Dietrich Reusche, Bremen: S. 213, 219, 252 (oben); Privatarchiv Hans-Joachim Scheffel, Bremen: S. 234, 242 (unten); Privatarchiv Herbert Schwarzwälder, Bremen: S. 8-26, 27 (oben), 54 (oben), 58, 59, 60 (oben), 164, 221; Sammlung Hans-Walter Keweloh, Bremerhaven: S. 65 (oben); Hans Scheidulin, Bremen: S. 69; Schreiber-Reederei, Bremen: 225, 226; Staatliches Museum für Naturkunde und Vorgeschichte, Oldenburg: S. 37; Staatsarchiv Bremen: S. 224; Stadtarchiv Brake: S. 174 (oben), 175; Stadtarchiv Hameln: S. 240 (unten); Stadtarchiv Holzminden/Paul Kretschmer: S. 67; Stadtarchiv Nienburg: S. 122, 124, 222, 243; Stadtmuseum Holzminden: S. 165; Städtisches Museum Braunschweig: S. 84; Städtisches Museum Hannoversch Münden: S. 66, 216; Chr. Stahl, Barsinghausen: S. 122 (unten), 243; Steintor Verlag, Bremen: S. 212; Studio Seekamp, Bremen: S. 82 (unten), 83; Ernst August Sundermann, Fürstenberg (Werksmuseum Fürstenberg): S. 82 (oben), 85 (oben), 86 (oben); Hans Rainer Wacker, Oldenburg: S. 27, 105, 115, (oben), 117, 119, 123, 132, 143, 177, 184 (oben), 191; Wasserstraßenmaschinenamt Minden: S. 56 (oben); Werksmuseum Fürstenberg: S. 86 (Mitte und unten), 87; Weserbund e.V., Bremen: S. 53; Worpsweder Verlag, Worpswede: S. 94, 104, 111, 112 (oben), 116, 118; Wasser- und Schiffahrtsdirektion Mitte: S. 57.

In einigen Fällen ließen sich die Rechteinhaber nicht ermitteln. Wir bitten um Verständnis. Bei allen Leihgebern bedanken wir uns an dieser Stelle sehr herzlich.